Steven Beller

WIEN UND DIE JUDEN
1867–1938

BÖHLAUS ZEITGESCHICHTLICHE BIBLIOTHEK

Band 23

Herausgegeben von Helmut Konrad

Steven Beller

WIEN UND DIE JUDEN

1867–1938

Aus dem Englischen übersetzt von
Marie Therese Pitner

BÖHLAU VERLAG · WIEN · KÖLN · WEIMAR

Gedruckt mit Unterstützung durch
das Österreichische Bundeskanzleramt,
die Österreichische Forschungsgemeinschaft und
das Bundesministerium für Wissenschaft und Forschung

Titel der Originalausgabe:
Steven Beller : Vienna and the Jews 1867–1938.
A cultural history
Cambridge University Press 1989.
Paperback edition 1990.

Die Deutsche Bibliothek – CIP-Einheitsaufnahme
Beller, Steven:
Wien und die Juden : 1867 – 1938 / Steven Beller. [Aus dem
Engl. von Marie Therese Pitner]. – Wien ; Köln ; Weimar :
Böhlau, 1993
(Böhlaus zeitgeschichtliche Bibliothek ; Bd. 23)
ISBN 3-205-05542-X
NE: GT

Satz: Zehetner Ges. m. b. H., A-2105 Oberrohrbach
Druck: Tiskarna Ljudske pravice, Ljubljana / Slovenia

Inhalt

Vorwort

Seit Beginn meiner Forschungsarbeiten zur Rolle der Juden in der Kultur Wiens bin ich so vielen Menschen für ihre Hilfe zu Dank verpflichtet, daß ich gar nicht weiß, bei wem ich beginnen (und bei wem ich aufhören) soll. Um meine Unterlassungen vorweg zu nehmen, möchte ich allen danken, die hier nicht namentlich erwähnt sind, mir aber dennoch sehr hilfreich waren.

Ein großer Teil meiner Studie stützt sich auf Erkenntnisse, die ich aus den Erzählungen von Menschen gewonnen habe, die Teil jenes kulturellen und sozialen Phänomens waren, das auf den folgenden Seiten untersucht werden soll. Dafür, daß sie mir großzügig ihre Zeit geschenkt und mich an ihren Erinnerungen teilhaben ließen, schulde ich Dank in Wien: Erika Czuczka, Milan Dubrovic, Marcel Faust, Ernst Federn, Bruno Frei, Ernst Fuchs, Dr. Hans Goldschmidt, Iwan Hacker, Ernst Häussermann, Prof. Walther Kraus, Prof. Albert Lauterbach, Paul Neurath, Lily Schnitzler, Dr. Michael Stern, Heinrich Sussmann, Graf Tamare, Dr. Hans Thalberg und Emmy Wellesz; in England: Stella Ehrenfeld, Bettina Ehrlich, Frieda von Hofmannsthal, Rudolf Ray-Rappaport, Hilde Spiel und auch Prof. Frederick Wyatt; in Kalifornien: Ella Heinz und Ann Unger; in New York: Prof. Martha Steffy Browne; und in Venedig: Manina Tischler.

Für ihren Rat und ihre Ermutigung möchte ich danken in England: Sir Isaiah Berlin, Dr. Tim Blanning, Richard Calvocoressi, Dr. Christine Carpenter, Maurice Cowling, Dr. Nicholas de Lange, Robert Evans, Prof. Alexander Goehr, Martin Golding, Sir Ernst Gombrich, Dr. Boyd Hilton, Dr. Harold James, Daniel Johnson, Lionel Kochan, John Leslie, Dr. Jan und Herta Palme, Dr. Jon Parry, Laszlo Peter, Robert Pynsent, Dr. Miri Rubin, Yehuda Safran, Dr. Anil Seal, Dr. David Sorkin, Dr. Jonathan Steinberg, Prof. George Steiner, Prof. J. P. Stern, Trevor Thomas und Peter Vergo; in Österreich: Dr. Helmut Andics, Viktor Anninger, György Bence, Prof. Kurt Blaukopf, Dr. Wolfdieter Bihl, Dr. Breicha, Dr. Bernhard Denscher, Fritz Endler, Dr. Peter Eppel, Prof. Kurt Rudolf Fischer, Dr. Hacker, Dr. Hodik, Dr. Hanns Jäger-Sunstenau, Dr. Lothar Höbelt, Herrn und Frau Charles Kessler, Dr. Eckehart Koehler, Henryk Krzeczkowski, Silvio Lehmann, Dr. Helmut Leitner, Dr. Harald Leupold-Löwenthal, Dr. Klaus Lohrmann, Dr. Lunzer, Dr. Viktor Matejka, Jonny und Gwynn Moser, Dr. Werner Neudeck, Dr. Obermayer, Dr. Alfred Pfabigan, Prof. Walther B. Simon, Prof. Spitzy, Desider Stern, Dr. Nikolaus Vielmetti, Dr. Robert Waissenberger, Prof. Erika Weinzierl, Ulrich Weinzierl und Margot Winge; in Frankfurt/Main: Dr. Renate Heuer; in den USA: Prof. Gary Cohen und Prof. Harry Zohn; in Israel: Prof. Dr. Sol Lypcin und Dr. Herbert Rosenkranz; in Paris: Prof. Eugène Fleischmann und Victor Karady.

Mein Dank gilt weiters dem Trinity College in Cambridge, der British Academy und der Leitung und den Mitgliedern von Peterhouse für ihre finanzielle Unterstützung während meiner Forschungsarbeiten, wobei ich in diesem Zusammenhang Lord Dacre of Glanton ganz besonders herzlich für seine Ermutigungen danken möchte. Oberrat Dr. Wieser und später Dr. Anzböck vom Wiener Stadtschulrat gestatteten es mir freundlicherweise, Einsicht in die diversen Schulberichte zu nehmen, die in der folgenden Studie einen so wichtigen Platz einnehmen, wofür ich beiden besonders dankbar bin.

Mein Aufenthalt in Wien wurde mir durch das Institut für die Wissenschaften vom Menschen äußerst angenehm gestaltet, und so möchte ich den Institutsmitgliedern, insbesondere Klaus Nellen, Cornelia Klinger sowie Institutsdirektor Krzysztof Michalski, für ihre großzügige Gastfreundschaft danken. Aus demselben Grund gilt mein Dank Christian und Renée Nebehay, Francesca Fuchs, Elisabeth de Gelsey, Dr. Mascha Hoff und Christl Fabrizii. Größten Dank schulde ich in Wien aber vor allem Ingeborg Lau für ihre nahezu grenzenlose Bereitschaft, mich bei meinen Forschungsarbeiten zu unterstützen.

Vier weitere Personen seien noch namentlich genannt, nämlich Prof. Peter Pulzer vom All Souls College, Oxford, von dem viele der scharfsinnigsten Anregungen zu meiner Arbeit stammen. George Clare stand mir stets mit Rat und Tat zur Seite. Prof. Ivar Oxaal von der Hull University leistete mir große Hilfe bei der Ausformulierung meiner Ideen hinsichtlich der Frage, wie ich an die soziologischen Aspekte meiner Forschung herangehen sollte, und dafür, daß er mich stets ermuntert hat, in dieser Richtung weiterzuarbeiten. Im Ideengeschichtlichen war auch der Rat von Allan Janiks unerläßlich. Vor allem aber möchte ich mich von ganzem Herzen bei meinem Betreuer Norman Stone für seinen einzigartigen Beistand in allen Bereichen, seine moralische Unterstützung in Zeiten der Krise und all seine Bemühungen um mich in den letzten zehn Jahren bedanken. Weiters möchte ich für die deutsche Ausgabe Herrn Dr. Rauch, Frau Dr. Weisz, Frau Dietmayer und dem Böhlau Verlag sehr herzlich danken. Besonderen Dank möchte ich an Frau Pitner geben für ihre klare und elegante Übersetzung.

Es verbleibt mir abschließend noch, jenen Menschen meinen Dank auszusprechen, die ihn am meisten verdienen: meinen Eltern dafür, daß sie sich so viele Jahre mit mir herumgeschlagen haben, und Esther Brimmer dafür, daß es sie gibt.

Während ich all den oben Erwähnten in der einen oder anderen Weise Dank schulde, ist dennoch keiner von ihnen für die in diesem Buch geäußerten Ansichten verantwortlich. Diese Verantwortung liegt ganz allein bei mir.

Einführung:
Wien zur Zeit des *Fin de siècle* und die jüdische Frage

1948 schrieb Hermann Broch einen jener großen Essays, in denen die moderne Kultur interpretiert wird: *Hofmannsthal und seine Zeit.*[1] In diesem Werk beschrieb er Wien als Zentrum dessen, was er als *Wertvakuum* bezeichnete.[2] Damit war Broch einer der ersten, für den Wien den Ursprung jener Fragen und Einstellungen darstellte, die die moderne Welt kennzeichneten. Zu der Zeit, als Broch diese Zeilen schrieb, galt Wien kulturell allgemein weitgehend als Brachland. Erst durch die Veröffentlichungen von Carl Schorske in den frühen sechziger Jahren unseres Jahrhunderts begann man Wien als großes, wenn nicht als *das* kulturelle Zentrum Europas in der Zeit um 1900 zu sehen.[3]

Seit damals erreicht das Interesse am sogenannten Wien des *Fin de siècle* immer wieder beachtliche Höhepunkte. Blieben früher die Kunst eines Klimt und die Musik eines Mahler weitgehend unbeachtet, erfreuen sie sich heute allgemeiner Popularität. Es gibt unzählige Konferenzen und Ausstellungen über die Kulturgeschichte Wiens um 1900, und auch die Literatur zu diesem Thema ist explosionsartig angestiegen.[4] Man spricht über Wien, als hätte alles, was wir

---

1   Dieser Essay ist abgedruckt in Hermann Broch, *Schriften zur Literatur 1,* Hg. P. M. Lützeler (Frankfurt am Main; 1975), S. 111–284. (Hier: Bd. 9, Teil 1 der angegebenen Ausgabe der Werke Brochs.)

2   Broch, *Hofmannsthal und seine Zeit,* S. 135 ff.

3   Schorskes erster Artikel zu diesem Thema war „Politics and the Psyche in Fin-de-Siècle Vienna: Schnitzler and Hofmannsthal" in: *American Historical Review,* Bd. 66 (Juli 1961), S. 930–946. Zu den Hauptwerken, die seit damals zu diesem Thema erschienen sind, zählen: Ilsa Barea, *Vienna* (London 1966); Frank Field, *The Last Days of Mankind* (London 1967); William M. Johnston, *Österreichische Kultur- und Geistesgeschichte. Gesellschaft und Ideen im Donauraum 1848–1938* (Wien – Köln – Graz 1974); Allan Janik und Stephen Toulmin: *Wittgensteins Wien* (München – Wien 1984); William McGrath, *Dionysian Art and Populist Politics in Austria* (New Haven 1974); Peter Vergo, *Art in Vienna 1898–1918* (London 1975); Frederic Morton, *Schicksalsjahr Wien 1888–1889* (Wien – München – Zürich – New York 1981); Carl E. Schorske, *Wien: Geist und Gesellschaft im Fin de Siècle* (Frankfurt am Main 1985); Michael Pollak, *Vienne 1900: Une identité blessée* (Paris 1984); *The Viennese Enlightenment,* Hg. Mark Francis (Beckenham, Kent 1985); Kirk Varnedoe, *Wien 1900: Kunst, Architektur und Design* (Köln 1987); und Hilde Spiel, *Glanz und Untergang. Wien 1866–1938* (Wien 1987)

4   In den letzten Jahren gab es mindestens fünf große Ausstellungen über die Kunst in Wien. 1983: *Vienna 1900* in Edinburgh; 1984: *Le arti a Vienna* in Venedig; 1985: *Traum und Wirklichkeit: Wien 1870–1930* in Wien selbst; 1986: *Vienne 1880–1938: L'apocalypse joyeuse* in Paris und im selben Jahr: *Vienna 1900: Art, Architecture and Design* in New York. Die Konferenzberichte zweier 1985 abgehaltener Konferenzen wurden bereits veröffentlicht: siehe Alfred Pfabigan, Hg., *Ornament und Askese im Zeitgeist des Wien der Jahrhundertwende* (Wien 1985) und P. Berner, E.

sagen oder denken, seinen Ursprung irgendwie in dieser Stadt zwischen 1867 und 1938.

Es gibt viele Vorbehalte, die gegen eine solche Sicht Wiens als Geburtsstätte der Welt der Moderne ins Treffen geführt werden könnten. Wenn wir einen Blick auf Europa oder die Vereinigten Staaten von Amerika um die Jahrhundertwende werfen, so zeigt sich, daß es in vielen Zentren eine kulturelle Explosion gab. Die Behauptung, daß Wien mehr als eines dieser vielen Zentren war, in denen die neue Kultur geschaffen wurde, erscheint daher stark übertrieben.[5] Die Welt der Moderne ist ohne Darwin, Nietzsche oder Einstein ebenso undenkbar. Die Soziologie eines Weber, die Quantentheorie eines Max Planck, die Romane eines Tolstoj und Dostojewski, die Kunst eines Munch, der Futurismus eines Marinetti, die Wolkenkratzer New Yorks – all das ist Teil des modernen Zeitalters und hat doch herzlich wenig mit Wien zu tun. Die Entstehung „der modernen Welt" war zur Zeit der Jahrhundertwende ein europaweites, ja weltweites Phänomen, und es wäre eine nicht zu rechtfertigende Engstirnigkeit, Wien als Zentrum all dessen zu bezeichnen.

Demgegenüber kann man einwenden, daß die kulturellen Strömungen in anderen Städten, wie etwa die französische Kunst und Musik, nicht so „modern" waren wie in Wien. Hier stellt sich allerdings die Frage der Definition von „modern". Wenn Schorske beispielsweise von Wien als der Geburtsstätte der Idee des „psychologischen Menschen" spricht, was für ihn wiederum das Kennzeichen von „modern" ist, so kann man dies bezweifeln oder sogar ablehnen.[6] Was ist mit Charcot, Bourget oder Proust? Und warum gerade der „psychologische Mensch" als zentrale Idee unserer Welt? Wie steht es mit Begriffen wie George Steiners „Sprachwende" oder auch Brochs „Wertvakuum"?[7] Es sind dies nur zwei von zahlreichen Beschreibungsversuchen der modernen Welt. In der Tat gibt es so viele widersprüchliche Definitionen von „modern", daß sich die Frage nach der Sinnhaftigkeit dieses Wortes stellt; „Postmodernität" macht diese Fragestellung noch komplizierter.

Andererseits war Wien für unsere Kultur, für die moderne Welt zweifellos von

---

Brix und W. Mantl, Hgg., *Wien um 1900: Aufbruch in die Moderne* (Wien 1986). Große Konferenzen zu diesem Thema wurden im September 1985 an der Londoner Universität abgehalten: *The Habsburg Monarchy in Transition 1890–1914: Decay and Innovation,* und im Juli 1991 in Kassel: *Die Wiener Moderne.*

5   Zum Anspruch Wiens als Mittelpunkt der kulturellen Erneuerung um 1900 siehe Norman Stone, *Europe Transformed 1878–1919* (Glasgow 1983), S. 406–407; Johnston, *Österreichische Kultur- und Geistesgeschichte*; Schorske, *Wien: Fin de Siècle,* S. XVIII. Es sei hinzugefügt, daß diese Autoren in ihren gedruckten Äußerungen bezüglich der Vorrangstellung Wiens vorsichtiger sind als man dies aufgrund der derzeitigen Modewelle für Wien vermuten würde.

6   Zu Schorskes Behauptung siehe *Wien: Fin de Siècle,* S. 4–5.

7   George Steiner, „Le langage et l'inhumain", in: *Revue d'esthétique,* neue Serie, Nr. 9, 1985: *Vienne 1880–1938* (Toulouse 1985), S. 65–66. Der Artikel war ursprünglich ein Beitrag anläßlich der Konferenz *Vienne 1880–1938: Fin de Siècle et Modernisme* am Centre Georges Pompidou in Paris am 10. Oktober 1984.

besonderer Bedeutung. Wenn wir uns die zahlreichen Größen des kulturellen Lebens in und um Wien zwischen etwa 1890 und 1938 ansehen, so springt ins Auge, daß Wien einen enormen Beitrag zur intellektuellen und kulturellen Geschichte jener Zeit geleistet hat.[8] Was Historiker vielleicht dazu verleiten mag, Wiens Bedeutung überzubewerten, ist die Tatsache, daß damals Paris, jener Stadt, die mindestens 200 Jahre lang das führende kulturelle Zentrum Europas war, der Rang von Wien erstmals streitig gemacht wurde, von einer Stadt, die niemals zuvor und niemals danach für ihre geistigen Glanzleistungen außer auf dem Gebiet der Musik bekannt war. Ist es nicht eben diese außerordentliche Art der kulturellen Bedeutung Wiens um die Jahrhundertwende, mit der wir uns beschäftigen sollten? Es geht nicht so sehr darum, ob Wien um 1900 vielleicht die Geburtsstätte der Moderne war, sondern vielmehr darum, daß es zwischen 1900 und den dreißiger Jahren des 20. Jahrhunderts ein großes Zentrum geistigen und kulturellen Denkens war und als solches das höchste Interesse jedes Kulturhistorikers verdient.

Gängige Erklärungen, warum Wien die Geburtsstätte der modernen Welt war, geben gewissermaßen Antwort auf diese ganz verschiedene, alternative Auffassung von Wien um 1900. Die im Augenblick führende Theorie ist jene von Carl Schorske. Kurz zusammengefaßt ist für ihn Wien die Keimstätte der modernen Kultur, weil der bürgerliche Rationalismus in Europa hier erstmals ein Ende fand und es den Trägern jener Kultur daher leichter war, die Fragen und Probleme des kommenden Zeitalters aufzuzeigen. Schorske vertritt die Ansicht, daß das liberale Wiener Bürgertum auf eine aristokratische und amoralische *Gefühlskultur* stieß, die im Widerspruch zu ihrem moralisch-wissenschaftlichen Liberalismus (einem aus dem Norden stammenden protestantischen Konzept) stand und von ihm nie erfolgreich bewältigt wurde. In einem im übrigen Europa nie gekannten Ausmaß ahmte das Bürgertum schließlich den Adel nach und nicht umgekehrt. Als das Bürgertum in den neunziger Jahren des vergangenen Jahrhunderts durch den Erfolg von Luegers „Politik der neuen Tonart" daher die Macht verlor, zogen sich seine Söhne in den ästhetischen Tempel der Kunst zurück, für den ihre Eltern sie in Nachahmung des aristokratischen Lebensstils ausgebildet hatten. Daher „entfremdeten sich die österreichischen Ästheten nicht *von* ihrer Klasse, sondern gemeinsam *mit* dieser von einer Gesellschaft, die ihre Erwartungen zunichte machte und ihre Werte verwarf".[9]

Dieser Ansatz Schorskes ist in einer Hinsicht sehr verlockend. Durch die Verwendung politischer und sozialer Determinanten für kulturelle Einstellun-

---

8 Auf einer entsprechenden Liste wären, um nur einige zu nennen, zu finden: Sigmund Freud, Ludwig Wittgenstein, Gustav Mahler, Arnold Schönberg, Gustav Klimt, Egon Schiele, Otto Wagner, Adolf Loos, Ernst Mach, Ludwig Boltzmann, Kurt Gödel, die Österreichische Schule der Nationalökonomie, der Wiener Kreis der logischen Positivisten, Karl Popper, Hans Kelsen, Karl Kraus, Arthur Schnitzler, Hugo von Hofmannsthal, Hermann Broch, Robert Musil u. v. a. m.
9 Schorske, *Wien: Fin de Siècle*, S. 288; für allgemeine Einwände siehe *ibid.*, S. 5–10, 286–295.

gen ermöglicht er, so scheint es, einen Vergleich mit der gesamteuropäischen Entwicklung jener Zeit und eine Einordnung in sie. Die Allgemeingültigkeit von Begriffen wie „liberal" und „bürgerlich" erlaubt eine gleichermaßen allgemeine Erklärung der Entstehung der „Modernität" in Europa. Schorske selbst verweist auf diesen Aspekt der Universalität, wenn er die Vereinigten Staaten von Amerika aus dem Jahre 1950 als Vorbild für das Wien um 1900 nimmt.[10]

Wenn wir uns nun vom Allgemeinen weg dem besonderen Fall Wien um 1900 zuwenden, zeigt sich, daß den Vorteilen von allgemein verwendbaren Begriffen wie „liberales Bürgertum" die kompliziertesten besonderen Fakten gegenüberstehen. Wie später noch eingehender behandelt werden soll, gab es in Wien ein äußerst bunt gemischtes „liberales Bürgertum". Der politische Zusammenbruch des Liberalismus im Jahre 1895 war, wie John Boyer gezeigt hat, in erster Linie darauf zurückzuführen, daß breite Kreise jener Schichten, die eigentlich das „liberale Bürgertum" hätten darstellen sollen, für die Gegenseite, nämlich die antisemitischen Christlichsozialen, stimmten.[11] Diese Erschwernis, wodurch die Anwendbarkeit des Ausdrucks „liberales Bürgertum" durch den besonderen Wiener Kontext begrenzt wird, steht in enger Verbindung zu einem anderen Aspekt des kulturellen Lebens in Wien um 1900. Dieser Aspekt ist in vieler Hinsicht für alle, die nach einem allgemein anwendbaren Schema der kulturellen Entwicklung suchen, am verwirrendsten. Es handelt sich um die Tatsache, daß viele, vielleicht die meisten der bekanntesten Vertreter der Wiener Kultur des *Fin de siècle* – mit Ausnahme der bildenden Kunst und der Architektur – jüdischer Abstammung waren.

Ob die Rede von Schnitzler oder Wittgenstein ist – die Zahl jener, die eine führende Rolle in der Wiener Kultur oder vielmehr jener Kultur spielten, für die Wien heute so berühmt ist, und die zumindest teilweise jüdischer Abstammung waren, ist so groß, daß dieses Faktum nicht einfach übergangen werden kann. Wer sich Schorske anschließt, vertritt in diesem Zusammenhang üblicherweise die Meinung, das jüdische Element wäre, unabhängig von seiner zahlenmäßigen Stärke, für die allgemeine Kulturgeschichte Wiens belanglos. Und zwar deshalb, so wird gerne weiter ausgeführt, weil diese Persönlichkeiten trotz ihrer jüdischen Abstammung völlig assimiliert und daher wie alle anderen Angehörigen des liberalen Bürgertums waren, von denen nicht alle jüdischer Herkunft gewesen sein konnten. Außerdem sei das jüdische Element stark übertrieben worden und Lueger viel eher als Vorbote eines neuen politischen Stils als wegen seines Antisemitismus berühmt.[12] Anders ausgedrückt wäre die Blüte der Wiener Kultur um die Jahrhundertwende in erster Linie keine Antwort einer religiösen und ethnischen Minderheit, sondern vielmehr einer gesellschaftlichen Klasse gewesen.

Von Schorske stammt auch der folgende Ausspruch: „Das Versagen beim

---

10 *Ibid.*, S. XIV–XVI.
11 John W. Boyer, *Political Radicalism in Late Imperial Vienna* (Chicago 1981), S. 307–357.
12 Schorske, *Wien: Fin de Siècle*, S. 126–138.

Erringen eines Monopols der Macht gab dem Bürgertum immer etwas von einem Außenseiter, der zu seiner Vervollständigung sich mit dem Adel verbinden wollte. Der große und wohlhabende jüdische Bevölkerungsanteil in Wien bestärkte noch mit seinem heftigen Assimilationsdrang diese Neigung."[13] Und später, als er über Herzl spricht: „Assimilation durch Bildung als zweite Etappe in der jüdischen Assimilation war aber nur ein Sonderfall unter den Verlaufsformen der Aufstiegsbewegungen der Mittelschicht von wirtschaftlichen zu intellektuellen Berufen."[14] Um gerecht zu sein: Schorske erkennt, wenn die Rede auf Freud kommt, einen gewissen Einfluß durch den Antisemitismus und das jüdische Bewußtsein an, im allgemeinen aber bemüht er sich in seiner Aufsatzsammlung, die jüdische Frage in der Wiener Kultur als marginal und weitgehend irrelevant abzutun. Gleiches gilt für die meisten heutigen Forscher, die sich mit diesem Thema befassen, wobei Mark Francis, der beharrlich jeglichen jüdischen Aspekt überhaupt leugnet, nur einer in einer langen Reihe ist.[15]

Die Überlegungen, die hinter einem solchen Ansatz stehen, sind in vielfacher Hinsicht lobenswert. Schließlich war es der innigste Wunsch der meisten jüdischen Bürgerlichen Wiens, nicht als Juden behandelt zu werden. Ist es nicht irgendwie rassistisch – so könnte man fragen –, auf einem gewissen jüdischen Einfluß zu beharren und so das Augenmerk in besonderer Weise auf die Juden zu lenken? War dies nicht genau das, was die Nationalsozialisten taten? Und dann ist da noch das Gefühl, die jüdische Frage sei ein zu sensibles Thema, um sich damit zu beschäftigen. Schließlich ist es reichlich ungünstig, sich mit spezifischen ethnischen Problemen zu befassen, wenn man eine allgemeine Erklärung der Kultur braucht. Andererseits ist es, wie Wissenschaftler wie William Johnston oder Allan Janik erkannt haben, so offenkundig, daß die Juden eine große Rolle im kulturellen Leben Wiens gespielt haben, daß dieses Thema nach wie vor von großer Bedeutung ist, wie u. a. auch Ivar Oxaal unterstreicht.[16]

Schorskes Ansatz bezüglich der Kultur des Wiener *Fin de siècle* ist nicht der einzige. So gibt es eine lange Tradition, die noch heute durch Leute wie George

---

13 *Ibid.*, S. 7.

14 *Ibid.*, S. 144.

15 Zu Freud siehe Schorske, *Wien: Fin de Siècle,* S. 169–193; in diversen Arbeiten wurde jeder jüdische Aspekt des Themas beiseite gelassen: beispielsweise W. W. Bartley III in seiner Biographie *Wittgenstein, ein Leben* (München 1983), S. 59; William J. McGrath vermeidet dieses Thema, wenn er sich in *Dionysian Art and Populist Politics,* S. 6, mit dem geistigen Hintergrund Victor Adlers und seines Kreises befaßt; bzgl. Deutschland vertritt eine ähnliche Haltung Peter Gay, „Encounter with Modernism: German Jews in German Culture 1888–1914", in: *Midstream,* Februar 1975, Bd. XII, Nr. 2, S. 23–65. Eine andere Fassung dieses Aufsatzes erschien unter dem Titel „Encounter with Modernism: German Jews in Wilhelminian Culture" in: Gay, *Freud,* Juden und andere Deutsche (München 1989), S. 115–188. Siehe auch Francis, *The Viennese Enlightenment,* S. 8.

16 Johnston William M., *Österreichische Kultur- und Geistesgeschichte. Gesellschaft und Ideen im Donauraum 1848 bis 1938* (Wien – Köln – Graz 1974), S. 39–45; Allan Janik, „Creative Milieux: The Case of Vienna", in: Janik, *How not to Interpret a Culture* (Bergen 1986), S. 117; eine äußerst

Steiner lebendig gehalten wird, derzufolge die Wiener Kultur der Moderne eine Schöpfung des jüdischen Bürgertums war.[17] Die unterhaltsamste Schilderung der überragenden Bedeutung der Juden für Wien ist Hugo Bettauers beißende, aber nur allzu gut beobachtende Beschreibung, was Wien ohne seine Juden wäre, in seinem Werk *Die Stadt ohne Juden* (1922). In diesem prophetischen Roman schildert Bettauer, was geschähe, wenn die antisemitische Regierung Österreichs alle Juden, einschließlich der Konvertiten (denen man nicht trauen könne), des Landes verwiese. Gesellschaftlich und wirtschaftlich bricht alles zusammen. Die Banken müssen von Ausländern übernommen werden, die Politiker haben keinen Sündenbock mehr, und die eleganten Modehäuser verlieren ihre Kunden, denn es waren die jüdischen Damen, die den Ton in der Mode angaben. Statt dessen, so sah Bettauer voraus, gehen die Modehäuser dazu über, Lodenbekleidung an die nun bäuerliche Bevölkerung der Stadt zu verkaufen. Die mondänen Kurorte machen ebensowenig Geschäft wie so manch andere „Therapieform", wie etwa die Prostituierten und die „süßen Mädeln" der Vorstädte. Die einzigen, die mit dieser Situation wirklich zufrieden sind, sind die sozialistischen Arbeiter, denen ihre jüdischen Chefs nicht mehr im Nacken sitzen.[18]

Kulturell gesehen bewies Bettauer in einigen Punkten beachtliche Weitsicht, wenn man bedenkt, daß er diese Zeilen 1922 und nicht 1990 verfaßte. Was das kulturelle Leben betrifft, so schreibt er, lagen die Theater im argen, da alle talentierten Schauspieler abgewandert waren, mit Ausnahme der Oper, an der ein hohes Niveau gehalten werden konnte. Die Welt der Operette war verschwunden, da es keine Juden mehr gab, um die Musik und die Librettos zu schreiben. In den großen Wiener Cafés herrschte gähnende Leere, da nur Juden gerne dorthin gegangen waren und an den intellektuellen Kaffeehausrunden teilgenommen hatten. Alle übrigen gaben sich damit zufrieden, ihr Stammlokal, ob Heuriger oder Kaffeehaus, zu besuchen. Die Künste wurden nicht mehr gefördert. „Wien versumpert ohne Juden", wie ein alter Antisemit meint.[19]

Bettauer ging es wohl mehr um die Polemik als um eine ernstzunehmende Vorhersage. Und dennoch muß jedem, der Wien in den letzten Jahren besucht hat, eine erstaunliche Ähnlichkeit zwischen der Stadt, wie sie sich heute bietet, und dem auffallen, was Bettauer vorhersah, selbst wenn er sich auf wirtschaftlichem Gebiet täuschte und den kulturellen Niedergang übertrieb. Seine Ansichten über die Rolle der Juden auf dem Gebiet der Kultur wurden auch von einer Vielzahl zeitgenössischer Zeugen bestätigt, wie etwa dem Schriftsteller Jakob

---

profunde Darstellung der methodologischen Probleme, die durch diese Frage aufgeworfen werden, findet sich in Ivar Oxaal, *The Jews of Pre–1914 Vienna: Two working Papers* (Hull 1981), S. 1–51. Siehe auch I. Oxaal, M. Pollak und G. Botz, Hgg., *Jews, Antisemitism and Culture in Vienna* (London 1987), mit den neuesten Forschungsarbeiten zu diesem Thema.

17 Steiner, *Le langage et l'inhumain*, S. 67–69.

18 Hugo Bettauer, *Die Stadt ohne Juden* (Wien 1922, Neudruck 1980), S. 37–46, 75, 113–114.

19 *Ibid.*, S. 71–72, 81–82, 113–114.

Wassermann, dem Architekten Paul Engelmann, Stefan Zweig, Julius Braunthal, Käthe Leichter und Ernst Lothar; George Clare ist nur einer von vielen und
vermutlich nicht der letzte Zeuge jener Zeit, der das spezifisch Jüdische der
sozialen Grundlage der Wiener Kultur betont.[20]

Häufig sagen diese Zeugen, daß die Kultur, welche die Juden in Wien hervor-
brachten, keinen besonders jüdischen Charakter hatte, womit sie in dieser Hinsicht Schorske nicht widersprechen.[21] In ihrer klaren Unterscheidung zwischen
einem *jüdischen* im Gegensatz zu einem bloß liberalen Bürgertum widersprechen sie allerdings dessen Grundannahme, daß die Juden ganz allgemein mit
diesem Begriff umfaßt werden können. Ihrer Meinung nach gab es entweder kein
anderes Bürgertum oder spielte dieses in der modernen Kultur keine Rolle bzw.
mußte, um es deutlicher zu sagen, jeder, der im kulturellen Umfeld kein Jude
war, zu Juden gehen, um Unterstützung zu erhalten. Wie Stefan Zweig es
ausdrückt: „Wer in Wien etwas Neues durchsetzen wollte, wer als Gast von
außen in Wien Verständnis und ein Publikum suchte, war auf die jüdische
Bourgeoisie angewiesen."[22] Aus diesen Aussprüchen von Zeitzeugen geht hervor,
daß die Juden trotz aller Assimilation oder vielmehr gerade deshalb das kulturelle Leben Wiens beherrschten und es als jüdisches Bürgertum beeinflußten –
wenn sie auch kaum je sagen, in welcher Weise. Statt wie Schorske die jüdische
Komponente *lediglich* als Sonderfall eines allgemeinen Wiener Phänomens zu
bezeichnen, wird in diesen Darstellungen von Zeitgenossen das Gegenteil behauptet, daß nämlich jeder nicht-jüdische bürgerliche Beitrag eher die Ausnahme als die Regel war und die Juden in dieser Gesellschaftsschicht so dominier-
ten, daß sie besondere Beachtung verdienen. Es entsteht der Eindruck, daß die
kulturelle Blüte Wiens in erster Linie ein im wesentlichen jüdisches Phänomen
war, während alle übrigen nur eine zweitrangige Rolle spielten.

Ziel dieser Studie ist es, die Frage des jüdischen Einflusses *in* der Wiener
Kultur und *auf* sie zu klären. Ziel ist es aber auch, die jüdische Frage im Lichte
jener Arbeiten zu sehen, die in den vergangenen Jahren ganz allgemein zum
Thema Wiener Kultur verfaßt wurden, und ein gewisses Einvernehmen darüber
zu erzielen, wie die jüdische Herkunft vieler Protagonisten in den kulturellen
Aufbruch eingeordnet werden kann. Mit anderen Worten, ich möchte überprü-
fen, ob Schorskes Ansatz der traditionellen Ansicht standhält, daß die Wiener
Kultur von Juden beherrscht wurde, und von dem Ergebnis ausgehend schließ-

---

20 Zum Beispiel Jakob Wassermann, *Mein Weg als Deutscher und Jude*, S. 107–110; *Paul Engel-
    mann, Ludwig Wittgenstein. Briefe und Begegnungen*. Hg. von B. F. McGuiness (Wien – München
    1970), S. 98.; Stefan Zweig, *Die Welt von Gestern* (Frankfurt am Main 1944, Neudruck 1982),
    S. 37–38; Julius Braunthal, *Auf der Suche nach dem Millenium* (Wien 1964), S. 20–21; *Käthe
    Leichter, Leben und Werk*, Hg. Herbert Steiner (Wien 1973), S. 238; Ernst Lothar, *Der Engel mit
    der Posaune* (Salzburg 1947), S. 644; George Clare, Vortrag am Österreichischen Institut in Paris
    am 27. März 1985.
21 Z. B. Zweig, *Die Welt von Gestern*, S. 38.
22 *Ibid.*, S. 37.

lich Wege aufzeigen, wie die jüdische Frage mit der Kulturgeschichte des Wiener *Fin de siècle* in Einklang gebracht werden kann.

Zwei Hauptaspekte der Problemstellung sollen untersucht werden. Zunächst beschäftige ich mich in Teil I damit, wie stark „jüdisch" – in Personen ausgedrückt – das Wiener *Fin de siècle* war. Der erste Abschnitt ist somit ein statistischer Überblick über die Auswirkung der Assimilation der Juden auf die personelle Zusammensetzung der kulturellen Elite Wiens und deren sozialer Basis in den Reihen des gebildeten, liberalen Bürgertums; in Zahlen ausgedrückt: Wie jüdisch war Schorskes *Fin de siècle?* Weiters sollen Gründe für die Bedeutung der Juden in den modernen kulturellen Strömungen in Wien angeführt werden.

Der zweite der beiden untersuchten Aspekte ist wesentlich komplexer und für einen rein empirischen Ansatz viel weniger geeignet, aber letztlich die zentrale Frage dieses Themas: Wie sollen wir an die heikle Frage des „jüdischen" Elements der Wiener Kultur zur Jahrhundertwende herangehen? Abschnitt II, in dem darauf eine Antwort gesucht wird, ist keineswegs als definitive Aussage gedacht, sondern stellt lediglich den Versuch dar, durch die Augen der in Wien assimilierten Juden, die einen so wesentlichen Teil der kulturellen Elite stellten, einen konzeptuellen Rahmen für das Herangehen an den sozialen und kulturellen Kontext Wiens zur Zeit der Jahrhundertwende zu schaffen. In diesem Abschnitt wird versucht, eine Methode zur Untersuchung des „jüdischen Elements" im Denken und Handeln dieser Menschen zu entwickeln und dabei die üblicherweise mit Studien über den „jüdischen Geist" verbundenen Fallen zu vermeiden. Ich beschäftige mich dabei zunächst mit individuellen Erfahrungen der kulturellen Elite, und erst danach versuche ich, all diese verschiedenen Geschichten in Beziehung zueinander zu setzen. So wird im Zusammenhang mit Wien hoffentlich deutlich, wie weitläufig das jüdische Erbe ist und was es bedeutete, jüdisch zu sein. Nachdem die Studie also untersucht, inwieweit der jüdische Hintergrund für viele Bereiche der Wiener Kultur tatsächlich auf unterschiedlichste Art von großer Bedeutung war, schließt sie mit dem Versuch, all das, was über den jüdischen Einfluß gesagt wurde, in die Wiener Kultur als solche einzubetten und Wien – und den jüdischen Einfluß auf seine Kultur – im größeren Kontext der aufblühenden Moderne im Europa jener Zeit zu sehen.

Mit dieser Studie ist, wie sich bald zeigen wird, weder das letzte Wort zum Thema des jüdischen Einflusses auf die Wiener Kultur gesprochen, noch wurde dies bezweckt. Ich hoffe jedoch, daß damit die Diskussion darüber, wie an dieses Problem herangegangen werden soll, erneut eröffnet und darüber hinaus auf einen fruchtbareren Weg geführt wird, als dies bisher der Fall war. Aber bevor wir uns darum bemühen und in das tiefe Dickicht der jüdischen Aspekte des Lebens und der Arbeit der kulturellen Elite Wiens eindringen, müssen wir uns mit der Frage der Zahlen beschäftigen. Bevor wir Spekulationen über das „jüdische Element" anstellen können, brauchen wir einen soliden Grundstock an Fakten, den das folgende Kapitel liefern soll.

TEIL I

Die Juden in der Wiener Kultur und Gesellschaft:
Ein statistischer Überblick

1. Wer war um die Jahrhundertwende in Wien ein Jude?

Ziel dieses Kapitels ist es zu ermitteln, wie stark die „jüdische" Präsenz in der Kultur der Moderne in Wien war, und dann einen Kontext herzustellen, in dem diese Präsenz verständlich wird. Das klingt vielleicht ganz einfach, und tatsächlich war die Zahl der Konvertiten in der jüdischen Gemeinde Wiens prozentuell zur Gesamtzahl der Juden gesehen nie besonders hoch. Bleibt aber noch der schwierige Sachverhalt, daß viele der berühmtesten „jüdischen" Persönlichkeiten Wiens entweder bei ihrer Geburt getauft wurden oder später konvertierten. Selbst Persönlichkeiten wie etwa Freud waren sicherlich keine frommen Juden und daher, einer bestimmten Definition nach, nicht jüdisch. Würden wir eine so eng gefaßte Definition des Judentums zur Grundlage nehmen, wäre die „jüdische" Präsenz im kulturellen Leben Wiens in der Tat sehr gering.[1]

Das von mir hier gewählte Kriterium, wer Jude ist und wer nicht, ist das am weitesten gesteckte, nämlich jenes der Abstammung. Wo diese bekannt ist, habe ich jene Personen, die zumindest zum Teil jüdischer Herkunft waren, der Kategorie der Juden hinzugezählt. Dieses Kriterium für die Definition der jüdischen Identität ist allerdings nicht allgemein anerkannt. Und tatsächlich könnte man einer solchen Definition eine rassische (und rassistische) Nebenbedeutung zuschreiben, die auf die Zeit des Holocaust zurückgeht. Objektiv gesehen sollte sie allerdings nicht umstritten sein: Das Interesse an der Abstammung eines Menschen ganz allgemein muß nichts Rassistisches an sich haben. Es ist richtig, daß viele Leute sich daran stoßen, wenn jemand als „halb jüdisch" bezeichnet wird, wohingegen man oft die Bezeichnung „halb amerikanisch", „halb österreichisch" oder sogar „ein Viertel Tscheche" hört, ohne daß dies in irgendeiner Weise beleidigend gemeint oder aufgefaßt wird. Solche Äußerungen beziehen sich ja letztlich üblicherweise auf das kulturelle Erbe und sind das Ergebnis der Befriedigung der Neugier hinsichtlich jemandes Vorfahren, einer Neugier, die uns fast allen innewohnt und die der Adel zu einem eigenen Beruf gemacht hat. Oder sollte man Genealogen als Rassisten bezeichnen?

Zweifellos fühlen sich Leute nur dann – und dies durchaus berechtigterweise – beleidigt, wenn besonders starke (im allgemeinen negative) Werturteile ins

---

1 Zu denen, die selbst Konvertiten oder Kinder von Konvertiten waren bzw. aus Mischehen stammten, gehören Alfred Adler, Hugo Bettauer, Hermann Broch, Egon Friedell, Hans Hahn, Hans Kelsen, Karl Kraus, Gustav Mahler, Otto Neurath, Arnold Schönberg und Ludwig Wittgenstein. Sowohl Otto Bauer als auch Sigmund Freud waren nach eigenen Aussagen Atheisten.

Spiel kommen. In der Bezeichnung „halb jüdisch" ist für einige nicht das Wort „halb" das Problem, sondern der noch immer herabsetzende Charakter des Wortes „jüdisch". Rassismus beginnt dort, wo biologisch vererbten Merkmalen bestimmte Werte zugeschrieben werden und entsprechend gehandelt wird. Was ich hingegen hier zeigen möchte, ist der Einfluß des jüdischen kulturellen Hintergrundes und der besonderen Lebenssituation auf die jüdischen Angehörigen der kulturellen Elite Wiens. Obwohl ich daher notwendigerweise das Kriterium der Abstammung zur Definition der jüdischen Identität heranziehen muß, geht aus der Tatsache, daß dies nichts mit rassischen Merkmalen zu tun hat, hervor, daß dieses Kriterium nicht rassistisch sein kann.

Ist ein solches Kriterium, wie umstritten es auch immer sein mag, also historisch genau? Eines der Ziele meines Buches ist es, gerade dies zu beweisen. Aber lassen Sie mich hier einige einfache Feststellungen machen, die später noch bestätigt werden. Erstens wurde in der Wiener Gesellschaft jeder, der konvertiert war oder aus einer Mischehe stammte, sowohl von Juden als auch von Nicht-Juden stets als jüdisch bezeichnet – dies nicht zur Kenntnis zu nehmen, war fast unmöglich und hätte eine Reihe von Problemen mit sich gebracht. Außerdem war es, da viele dieser konvertierten Wiener Juden geadelt wurden oder in nicht-jüdische adelige Familien einheirateten, aus genealogischen Gründen praktisch nicht möglich, das Andenken an einen jüdischen Vorfahren auszulöschen, und die Tatsache gerade dieser jüdischen Vorfahren mußte Einfluß darauf nehmen, wie der Adelsbrief angesehen wurde. Anders ausgedrückt war eine jüdische Abstammung auf subjektiver Ebene sowohl öffentlich als auch privat bekannt und von Bedeutung.

Zweitens möchte ich deutlich machen, daß es auch auf objektiver Ebene einen Grund gibt, in dieser Studie das Kriterium der Abstammung zur Definition von „jüdisch" heranzuziehen. Wenn vom „jüdischen Einfluß" auf die moderne Kultur die Rede ist, sind damit nicht so sehr bestimmte religiöse Traditionen gemeint, sondern vielmehr die sozialen und kulturellen Auswirkungen eines der bedeutendsten historischen Ereignisse der jüngsten Geschichte Europas – die Integration der Juden in die Gesellschaft ihrer jeweiligen Gastgesellschaften. Diese fand innerhalb einer relativ kurzen Zeitspanne statt, wenn man bedenkt, daß die völlige Gleichstellung in vielen Staaten erst in der zweiten Hälfte der 19. Jahrhunderts erfolgte und in den meisten Teilen Europas bereits ein halbes Jahrhundert später wieder ein Ende fand. Im wesentlichen geht es hier um drei oder vier Generationen. In dieser kurzen Zeit leistete die Gruppe der assimilierten Juden und ihrer Nachkommen vor allem in Wien einen großen Beitrag zur Kultur der Moderne in Europa. Ihr Beitrag war, so gesehen, das Ergebnis eines historischen Assimilationsprozesses.

Wenn immer wieder behauptet wird, daß Hofmannsthal dem Religionsbekenntnis nach keineswegs und auch der Abstammung nach nur kaum „jüdisch" war (er war nur zu einem Viertel Jude), so vergessen diese Leute, daß er dennoch ebenso wie Wittgenstein ein Produkt der Assimilation war.[2] Ohne diese Assimilation hätte es keinen von beiden gegeben. Man könnte über das eben Gesagte streiten, aber dies allein würde in sich schon die Anerkennung der Notwendigkeit des Wissens um den Hintergrund der Assimilation bedeuten. In diesem Sinne sind sowohl Hofmannsthal als auch Wittgenstein, wenn auch nur am Rande, Teil dieses historischen Phänomens der Integration der Juden in die westliche Kultur und Gesellschaft.

Meiner Meinung nach war die Tatsache jüdischer Vorfahren in der Familie gleichbedeutend mit einer Weltanschauung, die sich von jener der Mitbürger nicht-jüdischer Abstammung grundlegend unterschied. Aus diesem Blickwinkel gesehen, war die Assimilation, die sich bei weitem nicht in einer vollständigen Mischung mit der übrigen Bevölkerung vollzog, schon als solches ein jüdisches Phänomen. Daher kann jeder, der ein Produkt dieser Assimilation war, zu den Juden gezählt werden, und darunter fallen notwendigerweise auch Konvertiten und andere. Dies bedeutet allerdings nicht, daß jeder Mensch mit einem solchen Hintergrund in das stereotype Modell eines „jüdischen Geistes" hineinpaßt. Es heißt vielmehr, daß diese Menschen für unsere Studie möglicherweise von Bedeutung sind und daher, zumindest zu Beginn, in unsere statistische Analyse mit einbezogen werden müssen. Auch wenn der „jüdische" Einfluß auf sie vielleicht nur minimal war oder gar nicht existierte, waren sie doch das Produkt jenes historischen Ereignisses des Assimilationsprozesses.

Zu unserer Auswahlgruppe zählen daher all jene, die *möglicherweise* Teil dieser jüdischen Assimilation waren. Welchen Einfluß dieses Phänomen auf sie gehabt hat, ist nicht Gegenstand einer statistischen Analyse und wird daher im nächsten Abschnitt behandelt. Hier beschäftigen wir uns lediglich mit der zahlenmäßigen Auswirkung dieser Assimilation auf die Beteiligung an der Kultur und versuchen, dafür eine Erklärung zu finden.

---

2   Zu Hofmannsthals familiärem Hintergrund siehe Werner Volke, *Hofmannsthal* (Hamburg 1967), S. 9–10. Zu Wittgensteins Abstammung siehe W. W. Bartley III, *Wittgenstein, ein Leben* (München 1983), Anhang (Wittgensteins Abstammung), S. 213–216. Erwähnenswert ist auch, daß Hermann Broch Hofmannsthals Hintergrund sehr von der Assimilation beeinflußt sah. Siehe Hermann Broch, *Hofmannsthal und seine Zeit,* in: Broch, *Schriften zur Literatur 1* (Frankfurt am Main 1975), S. 176–181. Eine andere Meinung vertritt Egon Schwarz, „Melting Pot or Witch's Cauldron? Jews and Anti-Semites in Vienna at the Turn of the Century", in: David Bronsen, Hg., *Jews and Germans from 1860–1933: the Problematic Symbiosis* (Heidelberg 1979), S. 265.

2. Wie jüdisch war Wien zur Zeit des *Fin de siècle*?

Um ein Bild von der jüdischen Teilnahme an der Wiener Kultur zu zeichen, ist es wohl am einfachsten, die verschiedenen kulturellen Gebiete einzeln durchzugehen und zu versuchen, den Anteil der Juden an der führenden Gruppe auf dem jeweiligen Gebiet zu ermitteln. Der Ergebnis ist bemerkenswert.

Psychologie

Dieser Bereich wird von Sigmund Freud und der Begründung der Psychoanalyse beherrscht. Aus den Berichten der Mittwochgesellschaft, jener informellen Schülergruppe um Freud, aus der später die Psychoanalytische Gesellschaft wurde, geht hervor, daß alle regulären Mitglieder zwischen 1902 und 1906 jüdisch waren.[1] Auch die post-freudianische Psychologie war eine jüdische Domäne. Da war die Individualpsychologie Alfred Adlers, und nach dem Ersten Weltkrieg lehrten Karl und Charlotte Bühler, die eine experimentelle Form der freudianischen Psychologie vertraten, an der Wiener Universität.[2] Das Andenken an Otto Weininger lebte noch in den Ideen von Leuten wie Gustav Grüner, dem „Philosophen" des Café Central.[3] Aber die Juden waren nicht die einzigen Psychologen und Psychiater in Wien. Ärzte wie Wagner-Jauregg oder Philosophen wie Brentano und seine Schüler etwa waren nicht jüdischer Herkunft.[4] Die spezifisch freudianische Schule und deren Nachfolger in Wien waren jedoch weitgehend eine jüdische Domäne.

---

1 Dennis B. Klein, *The Jewish Origins of the Psychoanalytic Movement* (New York 1981), S. VII. Es gab Vermutungen, daß dies zum Teil darauf zurückzuführen war, daß Freud, bewußt oder unbewußt, nicht-jüdischen Persönlichkeiten, wie etwa Wagner-Jauregg, den Besuch dieser zunächst privaten Treffen verwehrte. Dazu siehe Peter Drucker, *Zaungast der Zeit. Ungewöhnliche Erinnerungen an das 20. Jahrhundert* (Düsseldorf – Wien 1979), S. 69.

2 Zu Alfred Adler siehe Manès Sperber; und auch Kurt Adler, „Ursprünge und Ausstrahlungen der Individualpsycholgie", in: Norbert Leser, Hg., *Das geistige Leben Wiens in der Zwischenkriegszeit* (Wien 1981), S. 162–170. Über die beiden Bühlers siehe Marie Jahodas Aufsatz „Aus den Anfängen der sozialwissenschaftlichen Forschung in Österreich" in der gleichen Sammlung *Das geistige Leben Wiens*, S. 218. Nach Renate Heuer von der *Bibliographica Judaica* in Frankfurt am Main war Charlotte Bühler jüdischer Abstammung. Ihr Ehemann Karl hingegen scheint nicht jüdischer Herkunft gewesen zu sein.

3 Siehe Hartmut Binder, „Ernst Polak – Literat ohne Werk", in: *Jahrbuch der deutschen Schiller Gesellschaft*, Nr. 23, 1979 (Stuttgart 1979), S. 384.

4 Zu den Schülern Brentanos siehe William M. Johnston, *Österreichische Kultur- und Geistesge-*

Philosophie

Die bedeutendste Philosophengruppe in Wien in der Zeit bis 1938 war der *Wiener Kreis,* die Gründungsschule des logischen Positivismus.[5] Dieser Kreis sah sich selbst in der Tradition Ernst Machs und verfolgte seine eigenen Ideen der Logik bis zurück auf Franz Brentano.[6] Weder Mach noch Brentano waren jüdischer Abstammung, beide aber hatten enge Verbindungen zu Juden. So zählte beispielsweise Josef Popper-Lynkeus zu den engsten Freunden Machs, und Brentano war mit Ida von Lieben, einer Verwandten von Josephine von Wertheimstein, verheiratet, deren Salon er oft besuchte.[7] Außerdem gab es viele Juden unter den prominenten Vertretern des positivistischen Denkens in Wien, zu denen, außer Josef Popper-Lynkeus Wilhelm Jerusalem, Rudolf Goldscheid und Theodor Gomperz zählten (und in Czernowitz spielte Richard Wahle eine zentrale Rolle).[8] Otto Neurath wählte Gomperz in seiner Schrift *Wissenschaftliche Weltauffassung* als blühendes Beispiel für die Fortführung des anti-metaphysischen Geistes in Wien um 1900.[9]

Mein Hauptanliegen ist es hier, die Rolle jener Mitglieder dieses Kreises zu bestimmen, die jüdischer Herkunft waren. Nach Philipp Frank geht diese Gruppe in ihren Anfängen auf die Zeit vor dem Ersten Weltkrieg und die Diskussionen zwischen ihm selbst, Otto Neurath und Hans Hahn über die in der Philosophie durch die Relativitätstheorie Einsteins aufgetauchten Probleme zurück.[10] In dieser Dreiergruppe war Philipp Frank selbst jüdischen Bekenntnisses, und die Väter der beiden anderen waren, möglicherweise anläßlich ihrer Hochzeit, kon-

---

schichte. *Gesellschaft und Ideen im Donauraum 1848–1938* (Wien – Köln – Graz 1974), S. 294–310; siehe auch Barry Smith, Hg., *Structure and Gestalt: Philosophy and Literature in Austria-Hungary and her Successor States* (Amsterdam 1981), *passim.*

5 Zur Geschichte der philosophischen Ideen dieser Gruppe siehe Viktor Kraft, *Der Wiener Kreis* (Wien 1950); Carl G. Hempel, „Der Wiener Kreis und die Metamorphosen seines Empirismus", in: Leser, Hg., *Das geistige Leben Wiens,* S. 205–216; Friedrich Stadler, *Vom Positivismus zur „Wissenschaftlichen Weltauffassung"* (Wien 1982).

6 Diese Behauptung wurde im Manifest der Gruppe, *Wissenschaftliche Weltauffassung: der Wiener Kreis,* veröff. 1929, behauptet; Neudruck in Otto Neurath, *Empiricism and Sociology* (Dordrecht 1973), S. 302; vgl. Kurt Rudolf Fischer, „Philosophie 1895–1918", in: Maria Marchetti, Hg., *Wien um 1900: Kunst und Kultur* (Wien 1985), S. 419–426.

7 Zu Mach und Popper siehe Ingrid Belke, *Die sozialreformerischen Ideen von Josef Popper-Lynkeus* (1838–1921) (Tübingen 1978), S. 187–188; John T. Blackmore, *Ernst Mach: his Work, Life and Influence* (Berkeley 1972), S. 21–22; auch Stadler, *Vom Positivismus,* S. 3 ff. Zu Brentano siehe Ilsa Barea, *Vienna* (London 1966), S. 307.

8 Zu Wilhelm Jerusalem siehe sein *Gedanken und Denker: gesammelte Aufsätze* (Wien 1925); Stadler, *Vom Positivismus,* S. 42–44. Zu Rudolf Goldscheid siehe Stadler, *Vom Positivismus,* S. 157 ff. Zu Theodor Gomperz siehe *Theodor Gomperz: ein Gelehrtenleben im Bürgertum der Franz-Josephszeit,* Hgg. H. Gomperz und R. A. Kann (Wien 1974). Zu Richard Wahle siehe Johnston, *Österreichische Kultur- und Geistesgeschichte,* S. 210 ff.

9 Neurath, *Empiricism and Sociology* (Dordrecht 1973), S. 302.

10 Philipp Frank, *Between Physics and Philosophy* (Cambridge, Mass. 1941), S. 7.

vertiert. Hahns ältere Schwester heiratete Otto Neurath und seine jüngere Schwester den jüdischen Maler Walter Fraenkel. Hahn gehörte somit in jeder Hinsicht der Welt des voll assimilierten jüdischen Bürgertums an.[11]

Aus dieser kleinen Gruppe ging nach dem Krieg der *Wiener Kreis* hervor, der die Bezeichnung *Verein Ernst Mach* trug. Die Bekanntgabe der Gründung dieses Kreises erfolgte in der Schrift *Wissenschaftliche Weltauffassung* im Jahre 1929.[12] Darin wurde eine Liste der angeblichen Mitglieder des Kreises veröffentlicht, wobei nicht alle angeführten Personen glücklich darüber waren, mit dieser Gruppe in Verbindung gebracht zu werden.[13] Die Liste umfaßte vierzehn Namen. Davon sind meinen Nachforschungen zufolge acht jüdischer Abstammung: Gustav Bergmann, Herbert Feigl, Philipp Frank, Hans Hahn, Marcel Natkin, Otto Neurath, Olga Hahn-Neurath und Friedrich Waismann.[14] Zwei der verbleibenden sechs, nämlich Rudolf Carnap und Moritz Schlick, die zu den bedeutendsten Mitgliedern zählten, kamen aus Deutschland. Zwei weitere, Kurt Gödel und Carl Menger, erhoben Einspruch gegen ihre Nennung in dieser Aufzählung.[15] Bleiben noch der entschwundene Theodor Radakovic und Viktor Kraft, von dem allgemein angenommen wurde, daß er jüdischer Abstammung war, was aber nicht richtig zu sein scheint.[16] Diese Vermutung lag allerdings nahe, bedenkt man, daß die Mehrzahl der Gruppenmitglieder Juden waren und alle Nicht-Juden entweder keine Wiener waren oder mit diesem Kreis nicht in Verbindung gebracht werden wollten. Daß Kraft ein begeisterter und zugleich liberal gesinnter Anhänger war, ließ die Annahme zu, daß er Jude gewesen sein mußte.

Im Kreis selbst war allem Anschein nach nicht Schlick die Leitfigur, die Hauptorganisatoren waren vielmehr Neurath und Hahn, die in ihren Bemühungen von Carnap unterstützt wurden. Die tatsächlich treibende Kraft hinter dem *Verein Ernst Mach* war Neurath, und Hahn eröffnete nicht nur als erster die Diskussion über Wittgensteins *Tractatus Logico-Philosophicus,* sondern betrieb auch Schlicks Bestellung zum Leiter des Vereines.[17] Fügt man noch hinzu, daß Wittgenstein die Grundlagen für die philosophischen Theorien des Kreises erarbeitete, so wird deutlich, welch große Bedeutung bei der Entwicklung der Theorien des logischen Positivismus tatsächlich Persönlichkeiten jüdischer Herkunft

---

11 Die jüdische Abstammung von Frank und Neurath ist allgemein bekannt. Über Hans Hahns Hintergrund erfuhr ich von Paul Neurath, dem Sohn Otto Neuraths und Stiefsohn Olga Hahn-Neuraths, Hans Hahns Schwester, in einem Interview in Wien am 17. Mai 1983.

12 Zur Entstehung des Wiener Kreises siehe Stadler, *Vom Positivismus,* S. 167 ff.

13 Information von Eckehart Köhler, Wien.

14 Bei Bergmanns Herkunft stütze ich mich auf die Aussagen von Kurt Rudolf Fischer, Wien. Bezüglich Natkin auf jene von Eckehart Köhler, Wien. Die anderen sind allgemein bekannt bzw. siehe auch Anm. 11 dieses Kapitels.

15 Aussage von Eckehart Köhler.

16 Ich stütze mich hier auf die Aussagen von Dr. Hanns Jäger-Sunstenau, Wien.

17 Zu Neurath siehe Stadler, *Vom Positivismus,* S. 171 ff.; zu Hahn siehe Frank, *Between Physics and Philosophy,* S. 8.

gemeinsam mit zwei deutschen Protestanten zukam. Daß die berühmteste Kritik dieser Ideen gerade von Karl Popper stammt, ist dafür nur eine Bestätigung.[18]

Politisches Denken – Sozialismus

Es ist allgemein bekannt, daß die Führungspersönlichkeiten der Sozialistischen Partei Österreichs vor und nach dem Ersten Weltkrieg in überwiegendem Maße jüdisch waren.[19] Dies gilt auch für die gemeinhin als Austromarxisten bekannte, wohl interessanteste Gruppe politischer Theoretiker, die aus dem liberalen Bürgertum Wiens hervorging.[20] Von den bedeutenden Theoretikern des Austromarxismus war lediglich Karl Renner nicht jüdischer Herkunft. Rudolf Hilferding, Otto Bauer, Max Adler, Gustav Eckstein und Friedrich Adler hingegen waren Juden. Wie stark jüdisch geprägt das sozialistische Umfeld in Wien war, zeigt Ernst Glasers Buch *Im Umfeld des Austromarxismus* über sozialistisches und quasi-sozialistisches Denken in Österreich.[21] In seinem Inhaltsverzeichnis führt Glaser alle Namen berühmter Persönlichkeiten des intellektuellen Lebens an. Untersucht man diese Liste im Hinblick auf die jüdische Abstammung, so zeigt sich, daß unter den vor 1905 geborenen Persönlichkeiten 81 von 137 (59%) eindeutig als jüdisch identifiziert werden können. Zählt man hinzu noch die Hälfte jener Fälle, in denen Zweifel bestehen, so erhöht sich diese Zahl auf 88 (64%).[22] Wenn dies auch keine wissenschaftlich völlig korrekte Vorgangsweise ist, um den jüdischen Anteil unter den sozialistischen Intellektuellen zu bestimmen, zeigt sich doch, daß auch hier das jüdische Element eine Vorrangstellung einnahm.

Soziales Denken rund um Popper-Lynkeus

Ingrid Belke, die eine sehr umfassende Studie über die sozialen Reformgruppen aus dem bürgerlichen Lager im Umkreis von Josef Popper-Lynkeus durchgeführt hat, stellte hinsichtlich der verschiedenen sozialen Reformbewegungen wie etwa auf dem Gebiet der Frauenrechte, des Pazifismus oder der Volksbildung fest: „In den meisten der genannten österreichischen Reformvereine spielten Juden, oder Bürger jüdischer Herkunft, eine führende Rolle; es ist daher fast leichter, die

---

18 Zu Poppers Haltung gegenüber dem Wiener Kreis siehe Kraft, *Der Wiener Kreis*, S. 113–136.

19 Siehe z. B. Hans Mayer, *Außenseiter* (Frankfurt am Main 1981), S. 438.

20 Siehe Johnston, *Österreichische Kultur- und Geistesgeschichte*, S. 112–124.

21 Ernst Glaser, *Im Umfeld des Austromarxismus: ein Beitrag zur Geistesgeschichte des österreichischen Sozialismus* (Wien 1981).

22 Die Berechnungen stützen sich auf Informationen von Dr. Renate Heuer, Dr. Jäger-Sunstenau und Sigmund Kaznelson, Hgg., *Juden im deutschen Kulturbereich: ein Sammelwerk*, 3. Aufl. (Berlin 1962).

Ausnahmen zu nennen: Marianne Hainisch, Rosa Mayreder, Wilhelm Börner, Edgar Herbst, R. N. Coudenhove-Kalergi und ein paar andere.“[23] Sie fährt fort, daß dies vor allem für den sehr eng mit Popper-Lynkeus verbundenen „Verein Allgemeine Nährpflicht“ galt.

Obwohl Ingrid Belke diese Behauptung durch keine statistische Analyse untermauert, findet man bei näherer Beschäftigung mit den verschiedenen in ihrem Buch erwähnten Personen eine Bestätigung. Von den acht großen Reformern, die sie besonders hervorhebt, waren sechs, nämlich Rudolf Goldscheid, Julius Ofner, Max Ermers, Ludo Hartmann, Fritz Kobler und Popper selbst jüdischer Abstammung. (Die beiden anderen, nicht-jüdischen Reformer waren Edgar Herbst und Wilhelm Börner.)[24] Die treibende Kraft hinter der bedeutenden Bewegung der Volksbildung war Ludo Hartmann, der Sohn des radikalen liberalen Schriftstellers Moritz Hartmann.[25] Der große Theoretiker der Friedensbewegung und Berater Bertha von Suttners, A. H. Fried, war ebenfalls jüdischer Herkunft.[26] Belke zählt auch die wichtigsten Persönlichkeiten auf, die zu Popper in dessen Haus nach Hietzing „pilgerten“, wie sie es sagt. Von den 25 in dieser Liste angeführten Personen waren 19 (76%) jüdischer Abstammung.[27] Die Bewegung für fortschrittliche Sozialreformen in Wien scheint weitgehend von solchen Einzelpersonen jüdischer Herkunft abhängig gewesen zu sein.

Die österreichische Schule der Nationalökonomie

Es ist so gut wie sicher, daß keiner der Angehörigen der ursprünglichen *Wiener Schule der Nationalökonomie* – Carl Menger, Friedrich von Wieser und Eugen von Böhm-Bawerk – jüdischer Herkunft war.[28] Daher war die Grenznutzentheo-

---

23 Belke, *Popper-Lynkeus,* S. 239.

24 *Ibid.*, S. 4. Bezüglich der Herkunft der einzelnen Personen stütze ich mich auf Informationen von Dr. Renate Heuer, Frankfurt.

25 Belke, *Popper-Lynkeus,* S. 19.

26 *Ibid.*, S. 29. Fried war bezeichnenderweise auch eine bekannte Persönlichkeit der österreichischen Freimaurer. Siehe *Zirkel und Winkelmaß, 200 Jahre Große Landesloge der Freimaurer* (Wien 1984), S. 127–128.

27 Die Liste stammt aus Belke, *Popper-Lynkeus,* S. 80–81. Die jüdische Herkunft der in dieser Aufzählung angeführten Personen wurde mit Hilfe der Daten der *Bibliographica Judaica* in Frankfurt am Main überprüft.

28 Oft wird behauptet, daß der als Sohn eines Kaufmanns in Galizien geborene Carl Menger jüdischer Herkunft gewesen sei. Ernst von Plener soll Carl Mengers Bruder Max einen „wasserpolakischen“ Juden genannt haben. Was neue Untersuchungen anbelangt, so zählt Wolfdieter Bihl Menger zu den berühmten jüdischen Persönlichkeiten jener Zeit; siehe W. Bihl, *Die Juden,* in: *Die Habsburger Monarchie 1848–1918,* Hgg. A. Wandruszka und P. Urbanitsch, Bd. 2, S. 929. Dr. Jäger-Sunstenau, der sich mit der Genealogie Mengers beschäftigt hat, versicherte mir jedoch, daß es für diese Behauptung keinen Beweis gibt. Hinsichtlich Böhm-Bawerk und von Wieser gibt es keine derartigen Behauptungen.

rie mit all ihren Folgen für die Mathematisierung der Ökonomie keine „jüdische" Erfindung. Joseph Schumpeter dürfte ebensowenig jüdischer Abstammung gewesen sein. Es liegt eine gewisse Ironie darin, daß in Anbetracht der Tatsache, daß den Juden vorgeworfen wurde, die akademischen Disziplinen zu „vermathematisieren", der Nicht-Jude Schumpeter gerade von Ludwig von Mises, der jüdisch war, kritisiert wurde, weil er den quantitativen Aspekt in der Wiener Wirtschaftstheorie eingeführt hatte, statt sich mit realen handels- und wirtschaftspolitischen Fragen zu beschäftigen.[29]

Auch wenn in den Anfängen keine Juden direkt Teil der offiziellen akademischen Schule waren (es wurde wiederholt die Behauptung aufgestellt, daß sie absichtlich von diesem akademischen Bereich ausgeschlossen wurden, der als Domäne der hohen Beamten und deren Söhnen angesehen wurde), so spielten sie doch außerhalb der Universität in der Finanzwelt und der Presse eine bedeutende Rolle.[30] In seiner *History of Economic Analysis* hebt Schumpeter vor allem zwei Bankfachleute, nämlich Auspitz und Lieben, besonders hervor und unterstreicht, daß sie ihrer Zeit weit voraus wären.[31] (In diesem Zusammenhang sei hinzugefügt, daß Auspitz und Lieben als Bankfachleute in ihrem Ansatz viel mathematischer orientiert waren als die offizielle Wiener Schule!) Auf dem Gebiet des Pressewesens waren Josef Neuwirth und Moritz Benedikt, der Herausgeber der *Neuen Freien Presse,* die bedeutendsten Theoretiker.[32] Unter den sozialistischen Nationalökonomen zählte Karl Grünberg bereits zu den führenden Persönlichkeiten, noch bevor er Präsident des Instituts für Soziale Forschung, also der Frankfurter Schule, wurde.[33]

Erstmals tatsächlich vertreten waren Juden der Hauptströmung des ökonomischen Denkens in Wien im Böhm-Bawerk-Seminar, dem sowohl Schumpeter als auch Otto Neurath, Otto Bauer und Ludwig von Mises angehörten.[34] Nach dem Ende des Ersten Weltkrieges und der Pensionierung Wiesers war Ludwig von Mises, zumindest seiner eigenen Meinung nach und auch nach Ansicht Hayeks, der einzig qualifizierte Erbe der Tradition der Österreichischen Schule. Die drei

---

29 Ludwig von Mises, *Erinnerungen* (Stuttgart 1978), S. 21.

30 Die Behauptung, daß Juden von öffentlichen Posten an der Fakultät ausgeschlossen waren findet sich in Erich Streissler, „Die Wiener Schule der Nationalökonomie", in: P. Berner, E. Brix und W. Mantl, Hgg., *Wien um 1900: Aufbruch in die Moderne* (Wien 1986), S. 80.

31 Joseph Schumpeter, *Geschichte der ökonomischen Analyse* (Göttingen 1965), Band 6, Teil 5, S. 1.036.

32 Zu Neuwirth siehe Sigmund Mayer, *Die Wiener Juden: Kommerz, Kultur, Politik 1700–1900* (Wien 1918), S. 389. Zu Benedikt siehe Albert Fuchs, *Geistige Strömungen in Österreich 1867– 1918* (Wien 1949), S. 22; A. Wandruszka, *Geschichte einer Zeitung: das Schicksal der „Presse" und der „Neuen Freien Presse" von 1848 zur Zweiten Republik* (Wien 1958), S. 96, 98. Ein anderer jüdischer Ökonom, der sich als Journalist einen Namen machte, war Gustav Stolper. Siehe Toni Stolper, *Gustav Stolper* (Tübingen 1960).

33 Zu Grünberg siehe Johnston, *Österreichische Kultur- und Geistesgeschichte,* S. 105; siehe auch Herbert Steiner, Hg., *Käthe Leichter: Leben und Werk* (Wien 1973), S. 363–367.

34 Mises, *Erinnerungen,* S. 23–24.

Ordinarien für Nationalökonomie der damaligen Zeit waren Othmar Spann, der der nationalsozialistischen Denkweise sehr nahe stand, Ferdinand Graf Degenfeld-Schonburg, der nicht sehr fähig gewesen sein dürfte, und der einzig ernstzunehmende Gegenspieler, Hans Mayer. Mises war, allem Anschein nach zumindest zum Teil aufgrund seiner jüdischen Abstammung, nur Extraordinarius. Mayer sollte Wiesers Nachfolge in der Österreichischen Schule antreten, scheint aber durch seine Verwicklung in interne akademische Auseinandersetzungen von einer ernsthaften wissenschaftlichen Forschungsarbeit abgelenkt worden zu sein. So war Mises der einzig kompetente Nachfolger in dieser Tradition.[35]

Mises' Privatseminar wurde zum neuen Mittelpunkt der Tradition der Österreichischen Schule, wo Friedrich von Hayek seine Erfahrungen sammeln sollte. In seinen Erinnerungen zählt Hayek alle Mitglieder dieses Seminars auf.[36] Verschiedenen Quellen zufolge, allen voran den Aussagen von Professor Martha Steffy Browne, die selbst diesem Seminar angehörte, waren 23 der 29 auf dieser Liste angeführten Seminarmitglieder, das heißt 79%, jüdischer Herkunft.[37] Einige der bekanntesten Persönlichkeiten, wie etwa Gottfried von Haberler, Friedrich von Hayek und Oskar Morgenstern, waren allerdings nicht-jüdischer Abstammung.[38] Dennoch scheint eine der für die moderne liberale Wirtschaftstheorie bedeutendsten Keimzellen in ihrer Zusammensetzung stark jüdisch geprägt gewesen zu sein.

Rechtstheorie – Die reine Rechtslehre

Die österreichische Rechtsgeschichte wird von Persönlichkeiten jüdischer Herkunft beherrscht, beginnend mit Joseph von Sonnenfels, jenem großen Gesetzesreformer zur Zeit Maria Theresias und Josephs II. Die Kodifizierung des Strafrechts und des Bürgerlichen Rechts in der zweiten Hälfte des 19. Jahrhunderts

---

35 *Ibid.*, S. VII–XVI (Einführung von Hayek), 61. Nach Prof. Martha Steffy Browne spielte der Umstand, daß Mises jüdischer Abstammung war, für die Verweigerung einer Professur eine geringere Rolle als seine Überheblichkeit. Interview in New York am 12. September 1987.

36 *Ibid.*, S. 65.

37 Meine Hauptquelle hiefür ist ein Brief von Prof. Martha Steffy Browne vom 16. November 1984. Andere Quellen, wie Dr. Renate Heuer, Dr. Hanns Jäger-Sunstenau und Prof. Albert Lauterbach, Wien, bestätigen Prof. Brownes Aussagen weitgehend. Die jüdischen Seminarteilnehmer waren: Ludwig Bettelheim-Gabillon, Victor Bloch, Stephanie Braun-Browne, Friedrich Engel von Jánosi, Walter Fröhlich, Marianne von Herzfeld, Felix Kaufmann, Rudolf Klein, Helene Lieser-Berger, Rudolf Löbl, Gertrud Lovasy, Fritz Machlup, Ilse Mintz-Schüller, Elly Offenheimer-Spiro, Adolf G. Redlich-Redley, Paul N. Rosenstein-Rodan, Karol Schlesinger, Fritz Schreier, Alfred Schütz, Emmanuel Winternitz, Herbert von Fürth, Walter Weißkopf, Erich Schiff. Die Nicht-Juden waren: Gottfried von Haberler, Friedrich von Hayek, Oskar Morgenstern, Richard von Strigl, Erich Vögelin und Robert Wälder.

38 Zur Geschichte von Mises' Privatseminar siehe die Artikel von Martha Steffy Browne und Gottfried Haberler in *Ludwig von Mises – seine Ideen und seine Wirkung*, Sonderausgabe der *Wirtschaftspolitischen Blätter* 4 (Wien 1981) 28, S. 110–127.

war das Werk der beiden jüdischen Konvertiten Glaser und Unger. Emil Steinbach, ein weiterer Konvertit, war Ende des 19. Jahrhunderts maßgeblich an der Sozialgesetzgebung beteiligt. In Czernowitz entwickelte Eugen Ehrlich einen soziologischen Rechtsansatz. Der große Rechtstheoretiker in Heidelberg, Georg Jellinek, war der Sohn des Predigers am Wiener Tempel Adolf Jellinek.[39]

Der einflußreichste der aus Wien stammenden Rechtstheoretiker war zweifellos Hans Kelsen. Seine *Reine Rechtslehre* versuchte das Studium der Rechte zu einer selbständigen Wissenschaft zu machen, indem es moralisch neutral wurde. Die Gesetze wurden nicht beurteilt, sondern studiert. Es verdient durchaus Erwähnung, daß Kelsen seine Theorie in bewußter Anlehnung an Hermann Cohens *Ethik des reinen Willens* die „Reine Rechtslehre" nannte. Wie so oft in der Wiener Geistesgeschichte muß eine berühmte positivistische Theorie vor einem neukantianischen Hintergrund gesehen werden. Die politischen Nachteile von Kelsens Ansatz traten in den Ereignissen der dreißiger Jahre nur allzu deutlich zutage, obwohl für Gelehrte des Internationalen Rechts Kelsens Ideen nach wie vor von zentraler Bedeutung sind und er zweifellos den bedeutendsten österreichischen Beitrag zur modernen Rechtstheorie geleistet hat.[40]

Ich habe hier nur einige Beispiele dafür gebracht, welche Rolle Juden in der österreichischen Rechtslehre spielten, doch bereits aus diesen geht hervor, daß es sich dabei durchaus um eine Schlüsselrolle an vorderster Front handelte.

Literatur

Das literarische Schaffen um die Jahrhundertwende kann vielleicht als das Kernstück der Wiener Kultur des *Fin de siècle* bezeichnet werden und gilt noch für die Kulturhistoriker jener Zeit zweifellos auch als solches. Die Aufmerksamkeit konzentriert sich fast immer auf jene Gruppe von Schriftstellern, die gemeinsam als *Jung Wien* bekannt wurden. Zu diesem Kreis zählten so zentrale Persönlichkeiten wie Arthur Schnitzler, Hugo von Hofmannsthal, Richard Beer-Hofmann und Hermann Bahr. Diese Gruppe war es auch, die die Ideen von der „schorskischen" Kultur des *Fin de siècle* verbreitete. Darüber hinaus waren ihre Mitglieder überwiegend jüdischer Herkunft.

Von den fünf Hauptvertretern, Schnitzler, Beer-Hofmann, Hofmannsthal, Salten und Bahr, hatte nur der Letztgenannte keinen jüdischen Hintergrund. Dem kann freilich entgegenhalten werden, daß eine Gruppe von fünf Schriftstellern wohl keine Rückschlüsse auf die ethnische Zusammensetzung der literarischen Bewegung insgesamt erlaubt. Eine von Schnitzler im Jahre 1891 verfaßte Liste schafft

---

39 Siehe Franz Kobler, „The Contribution of Austrian Jews to Jurisprudence", in: Josef Fraenkel, Hg., *The Jews of Austria: Essays on their Life, History and Destruction* (London 1967), S. 25–40.

40 Zu Kelsen siehe R. A. Métall, *Hans Kelsen: Leben und Werk* (Wien 1969), bes. S. 7–8 über seine Verbindung zu Hermann Cohen.

hier jedoch Abhilfe.[41] Schnitzler schrieb hier die Namen jener Künstler nieder, die für ihn die führenden Vertreter der neuen Wiener Literatur waren. Insgesamt umfaßt diese Liste 23 Personen, von denen 16, das heißt 70%, eindeutig zumindest zum Teil jüdischer Herkunft waren.[42] Wenn wir uns auf Schnitzlers Liste als verläßliche Information über die Zentralfiguren von *Jung Wien* verlassen, so war das literarische Geschehen im Wiener *Fin de siècle* überwiegend jüdisch geprägt.

Diese Vorrangstellung scheinen sich die Schriftsteller jüdischer Abstammung bis 1938 bewahrt zu haben. So stellte etwa Friedrich Torberg einmal fest: „Wenn in der Zeit zwischen den beiden Weltkriegen der Ruhm der deutsch-sprachigen Literatur zu gut drei Viertel österreichisch war, so war der Ruhm der österreichischen Literatur im gleichen Ausmaß jüdisch."[43] Während seine Behauptung bezüglich der österreichischen und der deutschen Schriftsteller diskutiert werden kann, scheint seine Feststellung hinsichtlich des jüdischen Anteils an der österreichischen Literatur weitgehend korrekt. Ernst Lothar erinnert sich in seinen Memoiren an jene Gruppe von Schriftstellern, die sich in Stefan Zweigs Wohnung in der Kochgasse zu treffen pflegten.[44] Hiezu zählten die Hauptvertreter der zweiten Generation von Schriftstellern, die Elite der Zwischenkriegszeit: Stefan Zweig, Robert Musil, Franz Werfel, Joseph Roth, Hermann Broch, Felix Braun, Grünewald, F. T. Csokor und Ernst Lothar selbst. Sieben der genannten neun waren Juden, nur Musil und Csokor nicht. Damit waren 78% dieser Gruppe jüdischer Abstammung.[45] Dies bestätigt also Torbergs Behauptung und beweist einen sehr großen jüdischen Prozentsatz.

41 Die Liste ist abgedruckt in Bernhard Zeller, Ludwig Greve und Werner Volke, Hgg., *Jugend in Wien: Literatur um 1900* (Stuttgart 1974), S. 119.

42 Die meisten Namen wurden in den Daten der *Bibliographica Judaica* in Frankfurt am Main identifiziert. Was die Verbleibenden betrifft, so erfuhr ich über E. M. Kafkas Abstammung von Prof. Harry Zohn; Brandeis, Julius Kulka fand ich in den Geburtsmatrikeln der Israelitischen Kultusgemeinde im Wiener Stadtarchiv; Leo Vanjung zählte ich aufgrund seiner Anwesenheit bei Beer-Hofmanns jüdischer Hochzeit hinzu sowie aufgrund der Nennung eines gewissen Boris Fan-Jung in den Berichten des Akademischen Gymnasiums betreffend die achte Klasse des Jahres 1890. Leo Vanjungs jüngerer Bruder hieß Boris, und der Familienname wurde oft falsch geschrieben. Zu Beer-Hofmanns Hochzeit siehe Zeller, *Jugend in Wien,* S. 211, und zu Boris Vanjung siehe *Hofmannsthal – Schnitzler: Briefwechsel* (Frankfurt am Mai 1983), S. 325. Eine weitere Bestätigung gibt uns Norbert Abels, der Vanjung als Schnitzlers „zionistischen Freund" beschreibt; siehe Norbert Abels, *Sicherheit ist nirgends: Judentum und Aufklärung bei Arthur Schnitzler* (Königstein 1982), S. 81. Jüdischer Herkunft auf Schnitzlers Liste waren: Richard Beer-Hofmann, Felix Salten, Hugo von Hofmannsthal, Arthur Schnitzler, Felix Dörmann, Leo Ebermann, Karl Federn, Paul Goldmann, Jacques Joachim, Eduard M. Kafka, C. Karlweis, Julius Kulka, Rudolf Lothar, Gustav Schwarzkopf, Richard Specht und Leo Vanjung. Die sieben Genannten, die offensichtlich nicht jüdischer Abstammung waren, sind: Hermann Bahr, Ferry Bératon, Friedrich M. Fels (Mayer), Heinrich von Korff, Friedrich Schick, Falk (Heinrich) Schupp und K. von Torresani.

43 Friedrich Torberg in: *B'nai B'rith 1895–1975* (Wien 1975), S. 49.

44 Ernst Lothar, *Das Wunder des Überlebens* (Wien 1966), S. 38.

45 Der einzige auf dieser Liste, dessen Herkunft vielleicht nicht allgemein bekannt ist, ist Grüne-

Stella Ehrenfeld gründete ihr zufolge gemeinsam mit Graf Wilczek die Musil Gesellschaft, weil ihrer Meinung nach der einzig bedeutende nicht-jüdische Schriftsteller materielle Unterstützung erhalten und ihm Anerkennung für seine geradezu einzigartige Leistung zuteil werden sollte, daß er, obwohl Nicht-Jude, ein berühmter Wiener Schriftsteller war. Für Stella Ehrenfeld waren alle anderen bedeutenden Wiener Schriftsteller jüdisch.[46] Auch wenn ihre Ansichten noch kein Beweis sind, bestätigen sie doch einmal mehr den Eindruck, daß jede Beschäftigung mit dem literarischen Schaffen in Wien unweigerlich auch eine Beschäftigung mit der Welt jüdischer Persönlichkeiten ist.

Theater und Operette

Über den Prozentsatz der Juden in dieser so typischen Sparte des Wiener Kulturlebens gibt es keine verläßlichen Statistiken. Es ist nicht sehr wahrscheinlich, daß sie hier eine ebensolche Vorrangstellung einnahmen wie in der Literatur, vor allem wenn man bedenkt, wie die Wiener im allgemeinen zum Theater kamen. Dennoch gab es auch im Bereich von Drama und Operette berühmte Persönlichkeiten jüdischer Herkunft.

Einer der großen Salons für alles, was mit der Welt des Theaters zu tun hatte, war in der liberalen Ära jener des Baron Friedrich von Schey, der als enger Freund Heinrich Laubes das seine dazu beitrug, das Stadttheater zum führenden Wiener Privattheater zu machen.[47] Der berühmteste Schauspieler des Burgtheaters vor 1914, Adolph von Sonnenthal, war ebenfalls jüdischer Herkunft.[48] Nach dem Ersten Weltkrieg versuchte Max Reinhardt, der Meisterregisseur des deutschen Theaters, in Wien gleichermaßen Fuß zu fassen wie in Berlin. Und eben für Reinhardt ließ der jüdische Theaterliebhaber und Financier Castiglioni das Theater in der Josefstadt, auch heute noch Wiens schönstes Theater, auf seine Kosten renovieren.[49] Reinhardt und Hugo von Hofmannsthal gründeten gemeinsam mit Leopold von Andrian auch die Salzburger Festspiele. Alle drei waren auf ihre Weise das Resultat jüdischer Assimilation.[50]

Auch in der Welt der Operette nahmen Juden einen prominenten Platz ein. Von den großen Operetten-Komponisten waren Leo Fall, Edmund Eysler, Oskar

---

wald. Seine jüdische Abstammung wird allerdings in den Daten der *Bibliographica Judaica* bestätigt.

46 Interview in Surrey am 25. März 1984. Siehe auch Milan Dubrovic, *Veruntreute Geschichte* (Wien 1985), S. 94–95.

47 Mayer, *Die Wiener Juden*, S. 364–365; siehe auch Robert Waissenberger, Hg., *Traum und Wirklichkeit, Wien 1870–1930*, Katalog (Wien 1985), S. 225.

48 Hans Tietze, *Die Juden Wiens* (Wien 1935), S. 213.

49 Leonhard M. Fiedler, *Max Reinhardt* (Hamburg 1975), S. 36 ff.; Gusti Adler, *Aber vergessen Sie nicht die chinesischen Nachtigallen* (Wien 1980), S. 141–142.

50 Fiedler, *Reinhardt*, S. 103 ff.

Straus und Emmerich Kálman jüdischer Abstammung.[51] Und auch die große Dynastie der Welt des Walzers und der Operette, die Musikerfamilie Strauß, hatte einen jüdischen Vorfahren. Ihr Familienname geht auf Johann Michael Strauß zurück, der 1759 anläßlich seiner Hochzeit zum Katholizismus übertrat. Er war der Urgroßvater Johann Strauß' des Jüngeren.[52] Auch der bedeutendste Librettist der Wiener Operette, Viktor Leon, war jüdisch.[53] Wenn hier auch nicht näher darauf eingegangen werden kann, gab es doch in diesen Bereichen der Wiener Kultur eine beträchtliche jüdische Beteiligung.

Musik

Wie schon Ende des 18. Jahrhunderts war Wien auch Ende des 19. Jahrhunderts erneut Schauplatz einer Revolution auf dem Gebiet der Musik. Diese Revolution konzentrierte sich um die später so genannte *Zweite Wiener Schule*. Führer dieser Schule war Arnold Schönberg, auch er jüdischer Herkunft. Seine berühmtesten Schüler jedoch, Berg und Webern, waren es nicht. Es ist daher falsch, wenn man, wie ich es wiederholt gehört habe, behauptet, diese neue Musik sei gewissermaßen „jüdisch", als ob nur Juden sie schreiben und verstehen könnten.[54]

Juden spielten aber sicherlich eine Schlüsselrolle im modernen Musikleben in Wien um 1900. Die großen Komponisten in Wien in der zweiten Hälfte des 19. Jahrhunderts waren Brahms und Bruckner, beide nicht jüdisch (und auch keine Wiener). Es gab aber sehr wohl auch bedeutende jüdische Komponisten wie Karl Goldmark und Ignaz Brüll.[55] Goldmark kommt vor allem deshalb besondere Bedeutung zu, weil er sich als erster Wiener Komponist bei seinen Opern der Methoden Wagners bediente.[56] Er war auch von der ersten Stunde an ein Bewunderer und Anhänger des großen Nachfolgers im Wiener musikalischen Erbe: Gustav Mahler. Bereits als Mahler noch am Konservatorium war, machte Goldmark ausdrücklich auf dessen großes Talent aufmerksam.[57] Er engagierte

---

51 Siehe Kaznelson, *Juden im deutschen Kulturbereich;* siehe auch *B'nai B'rith 1895–1975,* S. 44.

52 Hanns Jäger-Sunstenau, *Die geadelten Judenfamilien im vormärzlichen Wien* (Wien Univ.-Diss. 1950), S. 70.

53 Peter Herz, „Viktor Leon – ein jüdischer Meisterlibrettist", in: *Illustrierte Neue Welt,* März 1984, S. 12.

54 Zum Beispiel Ernst Ansermets Haltung gegenüber Schönberg in: *Les Fondements de la Musique dans la Conscience Humaine,* besprochen in Peter Gradenwitz, „Jews in Austrian Music", in: J. Fraenkel, Hg., *The Jews of Austria,* S. 23.

55 Tietze, *Die Juden Wiens,* S. 214.

56 Zu Goldmarks Wagnerianismus siehe Karl Goldmark, *Erinnerungen aus meinem Leben* (Wien 1922), S. 77. Siehe auch Caroline von Gomperz-Bettelheim, *Biographische Blätter* (Wien 1915), S. 17–31.

57 Kurt Blaukopf, *Mahler. Sein Leben, sein Werk und seine Welt* (Wien 1976), S. 161.

Mahlers engen Freund und Ratgeber Siegfried Lipiner, ebenfalls jüdischer Herkunft, um das Libretto zu seiner Oper *Merlin* zu schreiben.[58] Mahler scheint auch, was nicht verwunderlich ist, Goldmarks Hilfe in Anspruch genommen zu haben, um seine Bestellung an die Wiener Hofoper im Jahre 1897 durchzusetzen.[59] So waren also bereits in der Zeit vor Mahler Juden im Wiener Musikleben präsent.

Mit Mahler setzte dann jene Umgestaltung der Musik ein, die schließlich in Schönbergs Zwölftonlehre gipfelte. Während es noch andere bedeutende Komponisten in Wien gab, wie etwa Hugo Wolf, waren es doch Mahler und Schönberg, die den revolutionären Wandel verkörperten. Die beiden kannten einander persönlich und zollten sich nach anfänglichen Spannungen gegenseitigen Respekt. Das ursprüngliche Bindeglied zwischen den beiden in persönlicher wie in musikalischer Hinsicht war Alexander von Zemlinsky, der Lehrer Schönbergs und Alma Schindlers vor ihrer Heirat mit Mahler. Diese drei – Mahler, Zemlinsky und Schönberg – standen im Zentrum der Umwälzungen im musikalischen Denken.[60] Alle drei waren jüdischer Herkunft. Zemlinsky stammte aus einer sephardisch-jüdischen Familie, und sein Vater hatte die offizielle Geschichte der sephardischen Gemeinde in Wien geschrieben.[61] Franz Schreker, ein weiterer Vertreter der Wiener Moderne, war ebenfalls zum Teil jüdischer Abstammung.[62]

Es blieb schließlich Schönberg und seiner Schule vorbehalten, die Möglichkeiten der Atonalität zu ergründen und die Zwölftonmethode der Komposition zu entwickeln. Schönbergs Kreis war, wie die Beispiele Berg und Webern zeigen, keineswegs rein jüdisch. Auch wenn es keine statistischen Unterlagen gibt, auf die wir uns stützen könnten, scheinen sich doch viele Künstler jüdischer Abstammung in Wien um Schönberg geschart zu haben. Dazu gehören Männer wie David Josef Bach, Egon Wellesz, Erwin Stein, Paul A. Pisk, Heinrich Jalowetz und Hanns Eisler. Hinzufügen könnte man noch Erich Wolfgang Korngold und Rudolf Réthi. Sie alle spielten eine wichtige Rolle in der modernen Wiener Musik.[63] Wie groß der jüdische Anteil an Schönbergs (und natürlich auch Mahlers) Kreis wirklich war, läßt sich diskutieren, allem Anschein nach dürfte er aber sehr bedeutend gewesen sein.

Auch in anderen Bereichen des musikalischen Lebens standen in Wien Juden

---

58 Goldmark, *Erinnerungen,* S. 153.

59 Herta Singer, *Im Wiener Kaffeehaus* (Wien 1959), S. 243.

60 H. H. Stuckenschmidt, *Schönberg: Leben, Umwelt, Werk* (Zürich – Freiburg im Breisgau 1974), S. 94–107.

61 Zu Alexander von Zemlinskys Hintergrund siehe die Geburtsmatrikel der Israelitischen Kultusgemeinde (Kopien) für 1871. Siehe auch Fraenkel, Hg., *The Jews of Austria,* S. 327 über dessen Vater Adolf von Zemlinsky.

62 Auskunft von Dr. Renate Heuer, Frankfurt am Main.

63 Bezüglich einer Liste der Mitglieder von Schönbergs Kreis siehe Stuckenschmidt, *Schönberg,* S. 75. Die jüdische Abstammung der Genannten wird durch die Daten der *Bibliographica Judaica* bestätigt.

in vorderster Front. Der Begründer der Wiener Schule der Musikwissenschaften, Guido Adler[64], war ebenso wie Arnold Rosé, Chef der Philharmoniker und Schwager Mahlers, jüdischer Herkunft. Außerdem gibt es noch eine lange Liste berühmter Virtuosen mit Namen wie Eduard Steuermann, Rudolf Serkin, Alfred Grünfeld, Rudolf Kolisch (Schönbergs zweiter Schwager), dem Cellisten David Popper und dem berühmtesten von allen, Joseph Joachim. Hinzu kommen die Dirigenten Bruno Walter und Otto Klemperer sowie die Sänger Selma Kurz, Richard Tauber und Marya Freund, um nur einige unter vielen anderen zu nennen. Marie Pappenheim schrieb das Libretto zu Schönbergs *Erwartung,* und Emil Hertzka war der Chefherausgeber für neue Musik bei Universal Edition. Sie alle waren jüdischer Herkunft.[65] Einer der größten Musiksalons der Stadt und ein Zentrum des Mäzenatentums war das Haus Wittgenstein.[66]

Diese Fakten vermitteln uns nur einen vagen, vielleicht irreführenden Eindruck über das Ausmaß der jüdischen Beteiligung an der musikalischen Revolution in Wien, und wir sollten uns vor Augen halten, daß es auch andere Musiker gab, wie etwa Richard Strauss und Hugo Wolf oder Anna Bahr-Mildenburg unter den Ausführenden. Mangels fundierter Forschungen müssen wir uns mit Spekulationen begnügen. Sicher scheint jedoch, daß Juden im musikalischen Leben Wiens, vor allem auf dem Gebiet der Moderne, eine führende Rolle gespielt haben.[67]

Kunst

Die ästhetische Welt des Wiener *Fin de siècle* wird von der Jugendstil-Bewegung beherrscht, die in der Secession und der Wiener Werkstätte zum Ausdruck kam. Ihr Einfluß auf die Wiener Kulturgeschichte ist jenem von *Jung Wien* zu vergleichen. Beide Bewegungen waren einander durchaus ebenbürtig.[68] Wir wollen uns also näher mit den Mitgliedschaften der Secession beschäftigen, um dadurch Aufschluß über die Beteiligung der Juden an der Welt der Kunst zu erhalten.

In diesem Bereich scheint ihr Einfluß äußerst gering gewesen zu sein.[69] Es gab zwar einige Künstler jüdischer Abstammung, die in Kontakt mit dieser Gruppe standen, wie etwa Eugen Jettel, Max Kurzweil, Emil Orlik und Max Oppenheimer; die Zahl der jüdischen Maler aber ist zumindest um 1900 relativ gering.[70]

---

64 Siehe Guido Adlers Autobiographie, *Wollen und Wirken* (Wien 1935).

65 Die jüdische Herkunft wird bestätigt in Kaznelson, *Juden im deutschen Kulturbereich,* und durch die Daten der *Bibliographica Judaica.*

66 Allan Janik und Stephan Toulmin, *Wittgensteins Wien* (München – Wien 1984), S. 230.

67 Vgl. Manfred Wagners Ausführungen in Marchetti, Hg., *Wien um 1900: Kunst und Kultur,* S. 405.

68 Carl E. Schorske, „Generational Tension and Cultural Change: Reflections on the Case of Vienna", in: *Daedalus,* Herbst 1978, S. 111–122.

69 Gespräch mit Dr. Robert Waissenberger, Wien, 24. Februar 1984.

70 Kaznelson, *Juden im deutschen Kulturbereich,* S. 84 ff.; Harry Zohn, „Fin de siècle Vienna: the

Natürlich *gab* es jüdische Maler, wie etwa die der Tradition verhafteten Akademie-Mitglieder Isidor Kaufmann und Jehudo Epstein, den Gesellschaftsportraitisten Horowitz und die Impressionistinnen Tina Blau-Lang und Broncia Koller-Pinell.[71] Der berühmteste jüdische Maler war vielleicht Richard Gerstl, der einen jüdischen Vater hatte. Gerstl war Schönbergs Lehrer in der Malerei, und gemeinsam entwickelten die beiden, wie erst kürzlich eine Ausstellung gezeigt hat, ihren Stil bis hin zu einem extremen Expressionismus. Einige der letzten Arbeiten Gerstls, bevor er 1908 wegen Mathilde Schönberg Selbstmord beging, sind von bemerkenswerter Freiheit in der Farbgebung und Linienführung und scheinen stilistisch spätere Kunstformen vorwegzunehmen. Man darf nicht vergessen, daß 1908 weder Kokoschka noch Schiele ihren expressionistischen Stil entwickelt hatten und daß Kokoschkas Bild *Die träumenden Knaben* von der Absicht her zwar etwas radikal Neues, in seinem Ausdruck aber noch sehr ornamental war. Gerstl hatte zu seiner Zeit den Ornamentalismus schon lange überwunden und war damals bereits tot.[72]

Solche Fälle waren aber die Ausnahme. Damit sei nicht gesagt, daß es keine jüdischen Maler in Wien gegeben hätte, die Hauptströmung der Wiener Kunst der Moderne aber wurde von Gustav Klimt, Egon Schiele und Oskar Kokoschka getragen, von denen keiner jüdischer Herkunft war. Gleiches gilt im Bereich der angewandten Kunst für Kolo Moser, Alfred Roller und Josef Hoffmann, den Protagonisten der Wiener Werkstätte. Auch die Hauptwerke im Bereich der plastischen Kunst wurden nicht von jüdischen Künstlern geschaffen. Was auf der anderen Seite die Unterstützung für diese Künstler betraf, so zeigt sich das übliche Bild. Die gesellschaftliche Unterstützung der Secession scheint stark von jüdischer Seite getragen worden zu sein, sei es durch Werbung in der Presse, finanzielle Unterstützung, die Vermittlung von Kontakten zu Künstlergruppen in anderen Ländern oder einfach durch die Möglichkeit, in einem Salon mit der übrigen Wiener Kulturszene in Berührung zu kommen.

Zwei große Kritiker, die sich für die neue Kunst einsetzten, waren jüdischer Herkunft: Ludwig Hevesi und Berta Zuckerkandl. Von Hevesi stammt das Motto für das neue Secessions-Gebäude: „Der Zeit ihre Kunst, der Kunst ihre Freiheit."[73] Berta Zuckerkandl veranlaßte dank ihrer engen Kontakte mit der Elite des Pariser Kulturlebens (ihre Schwester war mit Paul Clemenceau verheiratet) den Besuch Auguste Rodins in Wien im Jahre 1902.[74] In ihrem Salon war es

---

Jewish contribution", in: J. Reinharz und W. Schatzberg, Hgg., *The Jewish response to German Culture* (Hannover, New Hampshire, 1985), S. 146.

71 *Ibid.*, S. 83 ff.; siehe auch *Le Arti a Vienna,* Katalog der Ausstellung im Palazzo Grassi (Venedig 1984).

72 Siehe *Richard Gerstl: Katalog,* Hgg. O. Breicha, R. Kassal-Mikula und W. Deutschmann (Wien 1983); siehe auch *Vienne 1880–1938: l'apocalypse joyeuse* (Paris 1986), S. 440–475.

73 Christian M. Nebehay, *Ver Sacrum: 1898–1903* (München 1979), S. 31.

74 Berta Zuckerkandl, *Österreich Intim: Erinnerungen 1892–1942* (Frankfurt 1970), S. 56–62.

auch, wo die ersten Gespräche über die Gründung der Secession stattfanden.[75] Ihre Wohnung in der Oppolzergasse war natürlich von Josef Hoffmann ausgestaltet.[76] In vieler Hinsicht war sie gemeinsam mit Hevesi und Bahr die Hauptpropagandistin dieser Bewegung. Als Hoffmann 1912 den Titel eines Regierungsrats erhielt, schrieb sie ihm ein Glückwunschschreiben. In diesem Brief stellte sie sich vor, daß auch den anderen Mitgliedern der Secession ähnliche Ehren zuteil würden, so würde Klimt beispielsweise zu „Klimt von Frauentrieb". Zu Hoffmanns Titel schrieb sie: „Und sehr geschickt, daß unsere Revolution ein bißl schwarzgelben Anstrich bekommt: blöd Wien schleicht darum."[77] An dem Ausdruck „unsere Revolution" wird deutlich, wie sehr sie sich damit identifizierte.

Die Frage der Förderung ist eine äußerst schwierige. Aus unterschiedlichsten Gründen bekamen die Secession und die ihr angeschlossenen Künstler und Architekten bisweilen beträchtliche Summen an öffentlichen Förderungsgeldern. Dies gilt vor allem für den Architekten Otto Wagner, der beispielsweise beauftragt wurde, das Psychiatrische Krankenhaus am Steinhof zu entwerfen und zahlreiche Ausstattungsarbeiten für die berühmte Kirche an seine Freunde von der Wiener Werkstätte weiterleitete.[78] Auch Klimt erhielt zahlreiche öffentliche Förderungen, wie etwa die berühmte Geschichte des Deckengemäldes zeigt.[79] Viele Künstler waren auch staatliche Angestellte, einschließlich Hoffmann und Roller, die beide Professoren waren.[80] Wir dürfen auch nicht vergessen, daß jene Künstler, die an der Spitze dieser neuen Richtung in der Kunst standen, dem Establishment nicht so entfremdet waren, wie dies auf den ersten Blick den Anschein hat.[81]

Was hingegen das private Mäzenatentum betrifft, so scheint dies in erster Linie von Juden getragen worden zu sein. Das Secessionsgebäude selbst soll von Ludwig Wittgensteins Vater Karl finanziert worden sein.[82] Die Wiener Werkstätte wurde fast ausschließlich von Fritz Wärndorfer, dem Sohn eines jüdischen Textilindustriellen, finanziert, der schließlich nach Amerika geschickt werden mußte, weil er sein gesamtes Vermögen und das seiner Familie im finanziellen Fiasko der Werkstätte zu verlieren drohte.[83] Weitere Beispiele liefern die Namen

---

75 K. Blaukopf, *Mahler,* S. 226, zitiert Ludwig Hevesi zu der Schlüsselrolle, die der Salon Zuckerkandl spielte.

76 Information von Graf Tamare, Wien.

77 Brief an Josef Hoffmann, Februar 1912, in der Handschriftensammlung der Stadtbibliothek Wien, Nr. I.N.158.767.

78 Zu Otto Wagners Bau Am Steinhof siehe *Traum und Wirklichkeit,* Katalog, S. 92–97, 106–113.

79 Schorske, *Wien: Fin de Siècle,* S. 196–231.

80 Peter Vergo, *Art in Vienna 1898–1914* (London 1975), S. 129 (zu Roller).

81 Eine ähnliche Ansicht vertritt James Shedel, *Art and Society: the New Art Movement in Vienna 1897–1914* (Palo Alto 1981), S. 60.

82 Janik und Toulmin, *Wittgensteins Wien* (München – Wien 1984), S. 233.

83 Vortrag von Peter Vergo bei den Festspielen in Edinburgh am 23. August 1983; vgl. Nicholas Powell, *The Sacred Spring: the Arts in Vienna 1898–1914* (London 1974), S. 92.

der Damen der Gesellschaft, die sich von Klimt malen ließen. Dazu zählen Margarete Stoneborough (Wittgensteins Schwester), Adele Bloch-Bauer, Serena Lederer, Elisabeth Bachofen-Echt (die Tochter der Lederers), Hermine Gallia, Friederike Maria Beer, die alle aus jüdischen Familien kamen.[84] Jener Mann, der die bei weitem beste Sammlung der Werke Klimts besaß und Klimt auch aus der Deckengemälde-Geschichte heraushalf, war August Lederer, dessen Name im Wahlverzeichnis der jüdischen Gemeinde aufschien.[85] Zwei der führenden Mitglieder der Secession, nämlich Josef Engelhardt und Kolo Moser, hatten in die vermögende Familie Mautner-Markhof eingeheiratet, deren Ahnherr ein jüdischer Branntweinerzeuger war.[86]

Einzelfälle wie diese veranlaßten Historiker, die sich mit der Secession beschäftigten, zu der Schlußfolgerung, daß die Mehrheit der privaten Gönner dieser neuen Kunstrichtung jüdischer Abstammung waren. Wenn dies nur einigermaßen stimmt, verwundert es kaum, daß die Secession als *goût juif* bekannt wurde, was zumindest hinsichtlich der Käufer der Kunstwerke seine Richtigkeit hat.[87]

Es gibt einen interessanten Epilog zu dieser Unterstützung von jüdischer Seite für die nicht-jüdische Secession. Zwischen den Kriegen begannen die Juden zunehmend auch als Künstler eine wichtige Rolle in der Welt der bildenden Kunst zu spielen. Da gab es Leute wie Georg Ehrlich, Heinrich Sussmann und Rudolph Ray-Rappaport.[88] Ironischerweise setzte sich dieser Prozeß auch nach dem Zweiten Weltkrieg in Wien weiter fort, also in jener Stadt, in der praktisch keine Juden mehr lebten. Eine der wichtigsten zeitgenössischen Kunstschulen Wiens ist jene des Phantastischen Realismus, deren Mentor Albert Paris Gütersloh war. Ernst Fuchs zufolge waren vier der fünf führenden Vertreter dieser

---

84 Die Information über Adele Bloch-Bauer stammt von ihrer Nichte Bettina Ehrlich, London, 4. Jänner 1984; über Hermine Gallia von Frieda von Hofmannsthal (Gallia), London, 31. Mai 1984; zu Mutter und Tochter Lederer siehe C. M. Nebehay, *Gustav Klimt und Egon Schiele und die Familie Lederer* (Bern 1987), S. 27. Siehe auch Schorske, *Wien: Fin de Siècle*, S. 258.

85 Lederer scheint im *Verzeichnis der im Wiener Gemeindegebiet wohnhaften Wähler für die Wahlen in den Kultusvorstand und der Vertrauensmänner im Jahre 1910* (Wien 1910) auf; über die Beziehung der Familie Lederer zu Klimt siehe Nebehay, *Klimt, Schiele und die Familie Lederer,* und auch C. M. Nebehay, *Gustav Klimt* (München 1976), S. 142–143. Über seine Rolle in der Deckengemälde-Affaire siehe Alice Strobl, „Zu den Fakultätsbildern von Gustav Klimt", in: *Albertina Studien, II* (Wien 1964), Anm. 88 (S. 168) und 124 (S. 169). Zu Klimt und seiner jüdischen Klientel siehe Powell, *Sacred Spring,* S. 144.

86 Nebehay, *Ver Sacrum,* S. 90; zur Familiengeschichte siehe Jäger-Sunstenau, „Die geadelten Judenfamilien", S. 154–155.

87 Siehe James Shedel, *Art and Society,* S. 61; Ilona Sarmány-Parsons, *Das Wiener Privatmäzenatentum der Moderne im Bereich der schönen Künste* (???., wird herausgegeben); siehe auch *Die Fackel,* Nr. 44, Mitte Juni 1900, S. 15. Zur Rolle der Juden als Gönner des Expressionismus siehe Oskar Kokoschka, *Mein Leben* (München 1971), S. 72.

88 Die Information über Georg Ehrlich stammt von Bettina Ehrlich, London am 4. Jänner 1984 und auch Bettina Ehrlich, *Georg Ehrlich 1897–1966: biographische Notizen;* zu Heinrich Sussmann: Gespräch mit dem Künstler, Wien, 7. Juni 1983; zu Rudolph Ray-Rappaport: Gespräch mit dem Künstler, London, 4. Jänner 1984. Auch Gespräch mit Viktor Matejka, Wien, 21. November 1983.

Schule zumindest teilweise jüdischer Abstammung, nämlich Fuchs selbst, Arik Brauer, Rudolf Hausner und Wolfgang Hutter. Friedensreich Hundertwasser, der fünfte und bekannteste dieser Gruppe, behauptet angeblich von sich, jüdischer Abstammung zu sein. Es liegt zweifellos eine gewisse Ironie in der Tatsache, daß drei der führenden Wiener Künstler, nämlich Fuchs, Hundertwasser und Brauer, bewußt jüdische Bilder in ihren Arbeiten verwenden.[89]

Architektur

Was für die jüdische Beteiligung an der bildenden Kunst gilt, hat auch für die Architektur seine Gültigkeit. Die großen Architekten der Wiener Moderne, Otto Wagner und Adolf Loos, waren nicht jüdischer Herkunft.[90] Doch vor allem die Förderer von Adolf Loos waren in erster Linie Juden.[91] So wurde beispielsweise das berühmte (oder berüchtigte) Looshaus am Wiener Michaelerplatz von dem jüdischen Schneider Leopold Goldman für seine Firma Goldman & Salatsch in Auftrag gegeben.[92] Während vor dem Ersten Weltkrieg, ähnlich wie in der bildenden Kunst, nur wenige bedeutende Architekten Juden waren, änderte sich dies nach dem Krieg mit Leuten wie etwa Adolf Loos' Mitarbeiter Paul Engelmann, einem Freund Wittgensteins, Josef Frank, dem Bruder des Philosophen Philipp Frank, und Oskar Strnad, Max Reinhardts bevorzugtem Bühnenbildner der Zwischenkriegszeit.[93] Ebenso wie in der bildenden Kunst setzte jedoch auch in der Architektur die jüdische Beteiligung später und weniger spektakulär ein als in vielen der anderen Bereiche.

---

89 Gespräch mit Ernst Fuchs, 15. Mai 1984. Manina Tischler, Tochter des recht bekannten jüdischen Malers Viktor Tischler, äußerte sich skeptisch hinsichtlich der Behauptungen von Ernst Fuchs über die jüdische Abstammung diverser Künstler, vor allem hinsichtlich jener, daß Hundertwasser nicht jüdischer Abstammung war. (Tatsächlich soll Hundertwasser selbst eine solche behauptet haben; siehe Avram Kampf, *The Jewish Experience in the Art of the Twentieth Century* [South Hadley, Mass., 1984], S. 119–120.) Wie auch immer, das bewußt jüdische Element in der Malerei von Fuchs und Brauer ist im derzeitigen Wiener Kontext sicherlich bemerkenswert. Gespräch mit Manina Tischler, Venedig, 1. Mai 1985.

90 Loos war trotz gegenteiliger Behauptungen wie beispielsweise Johnston, *Österreichische Kultur- und Geistesgeschichte*, S. 274, eindeutig nicht jüdisch.

91 Information von Yehuda Safran, London. Richard Calvocoressi teilte mir auch mit, daß sich Kniže, eine der bedeutendsten Gönnerfirmen von Loos, im Besitz der jüdischen Familie Wolf, später Kniže-Wolf, befand. Siehe auch Burkhardt Rukschcio und Roland Schachel, *Adolf Loos: Leben und Werk* (Salzburg 1982), S. 295.

92 *Traum und Wirklichkeit*, Katalog, S. 443.

93 Siehe Helmut Weihsmann, *Wiener Moderne 1910–1938* (Wien 1983); siehe auch den Beitrag von Friedrich Achleitner über die Österreichische Architektur in der Zwischenkriegszeit in: Norbert Leser, Hg., *Das geistige Leben Wiens,* S. 277–292. Die jüdische Abstammung von Oskar Strnad wird von Kaznelson behauptet und durch den Hauptkatalog seiner Schule, der Realschule im 1. Bezirk, bestätigt.

Ein aus dem Leben der kulturellen Elite gegriffenes Beispiel

Eine kurze, von Ulrich Weinzierl ausgegrabene Geschichte zeichnet ein Bild des Milieus, in dem die kulturelle Elite lebte. Es geht hier um den Hintergrund zu Schnitzlers unvollendetem Schauspiel *Das Wort* (kürzlich in Wien uraufgeführt).[94] Die Handlung wurde ursprünglich nicht von Schnitzler selbst, sondern von Hofmannsthal niedergeschrieben.[95] In Schnitzlers Fassung beginnt ein junger Künstler, Willi Langer, eine Affaire mit einer verheirateten Frau, die schließlich darin gipfelt, daß er die Frau zwingt, ihren Mann zu bitten, ihr die Freiheit zu geben. Der Ehemann lacht ihr ins Gesicht und weigert sich. Voll Verzweiflung fragt der Künstler seinen Freund Anastasius Treuenhof, was er nun tun solle. Der meint, daß er eigentlich Selbstmord begehen *sollte,* in Wirklichkeit aber wohl darüber hinwegkommen und weiterleben werde. Langer, der den zynischen Humor der Bemerkung nicht erkennt, geht hin und erschießt sich. Das Stück wird zu einer Morallektion über die Verantwortung der Sprache:

TREUENHOF: „Worte sind nichts."
WINKLER: „Worte sind alles. Wir haben ja nichts anderes."[96]

Es ist dies zum einen ein interessanter Hintergrund für das Konzept von Wittgensteins Wien, darüber hinaus aber haben die Ereignisse in Schnitzlers Stück eine weitere Bedeutung, da sie auf Fakten basieren. Es werden hier reale Persönlichkeiten portraitiert, und es gab tatsächlich einen jungen Mann, der unter ähnlichen Umständen Selbstmord beging. Darauf beruhte die von Hofmannsthal skizzierte und von Schnitzler dann umgesetzte „Handlung". Die in diesem Stück angesprochenen realen Personen sind:

Anastasius Treuenhof – Peter Altenberg
Lina van Zack (die verheiratete Frau) – Lina Loos
Der Ehemann – Adolf Loos
Gleissner – Alfred Polgar
Rapp – Stefan Grossmann
Willi Langer – Heinz Lang
Winkler – Schnitzler

Heinz Lang beging 1904 Selbstmord, nachdem er von Lina Loos in der von Schnitzler in seinem Stück geschilderten Weise verstoßen worden war. Er stammt aus einer jener Familien, die im Zentrum des kulturellen Lebens in Wien standen. Seine Mutter war die Frauenrechtlerin Marie Lang und sein Vater der Rechtsanwalt Edmund Lang. Sie waren eng mit Rosa Mayreder befreundet und

---

94 In Alfred Polgar: *Sperrsitz,* Hg. Ulrich Weinzierl, mit einem Aufsatz von Weinzierl, *Wien, Jahrhundertwende, der junge Alfred Polgar* (Wien 1980), S. 236–243.
95 *Ibid.,* S. 236.
96 *Ibid.,* S. 243.

standen auch in Verbindung zu dem Komponisten Hugo Wolf.[97] Die aus einer alten Wiener Familie des liberalen Bürgertums stammende Marie Lang war der Mittelpunkt jener kleinen „Kolonie", die sich in den Sommermonaten im Schloß Bellevue oberhalb von Grinzing zu treffen pflegte.[98] Ihr Mann Edmund hingegen wurde 1860 als Sohn des Fabriksbesitzers Leopold Lang in eine jüdische Familie hineingeboren. Vermutlich anläßlich seiner Heirat war er zum Protestantismus übergetreten. Vielleicht noch aufschlußreicher ist die Tatsache, daß er der Sohn Ernestine von Hofmannsthals war.[99] Als Hofmannsthal die Handlung zu Papier brachte, beschrieb er also, bewußt oder unbewußt, das Schicksal seines wenn auch entfernten Cousins. So weit ging damals die Assimilation.

Unter den Protagonisten des Stückes sind lediglich Adolf Loos und seine Frau nicht jüdischer Abstammung. Alle anderen in der oben aufgezählten Liste sind in irgendeiner Form das Resultat der jüdischen Assimilation.

Der allgemeine Eindruck

Der Hintergrund eines Stückes von Schnitzler ist noch lange kein Beweis für die ethnische Zusammensetzung der kulturellen Elite insgesamt, war dies doch letztlich eine aus Schnitzlers Perspektive gesehene Elite. Es ist jedoch nach meiner Ansicht ein Anzeichen. Es zeigt, daß die Elite nicht gänzlich jüdisch war, was auch recht erstaunlich gewesen wäre. Andererseits enthält dieses Beispiel, im Kontext mit der Analyse der anderen Bereiche gesehen, den Hinweis auf eine anteilsmäßig äußerst starke Beteiligung der Juden an der kulturellen Elite, ja in vielen Bereichen sogar eine beherrschende Position. Zweifellos umfaßt diese Beteiligung ein sehr buntes Spektrum, wobei der Anteil der Juden in den Bereichen der bildenden Kunst wesentlich geringer ist als in anderen Sparten (was angesichts der Ablehnung jeder bildlichen Darstellung in der jüdischen Religion nicht verwundert). Aber selbst dort, wo Juden nicht zu den kreativen Künstlern zählten, spielten sie bei der Unterstützung der neuen Kultur eine wichtige Rolle. Wenn wir uns noch einmal alle Angaben vor Augen halten, die wir auf den vorangehenden Seiten zusammengetragen haben, so wird deutlich, wieso es eine so lange Tradition gibt, die Wiener Kultur der Moderne als „jüdisch" zu bezeich-

---

97 Zu Rosa Mayreder siehe ihre Autobiographie, *Das Haus in der Landskrongasse* (Wien 1948).

98 Friedrich Eckstein, *Alte unnennbare Tage!* (Wien 1936), S. 183; zu Marie Lang siehe die Eintragung im *Österreichischen Biographischen Lexikon (ÖBL)*.

99 Edmund Langs jüdische Herkunft wird erwähnt in Stefan Grossmann, *Ich war begeistert: eine Lebensgeschichte* (Berlin 1931), S. 160. Bestätigt wurde dies durch die Angabe des ungefähren Todesdatums bei der Eintragung von Marie Lang im *ÖBL*. Das exakte Todesdatum, den 6. April 1918, fand ich dann bei der Durchsicht der Totenbeschauprotokolle im Stadtarchiv. So kam ich zum Geburtsdatum des Verstorbenen, das ich dann in den Geburtsbüchern (Kopie) der Israelitischen Kultusgemeinde zurückverfolgte, die im 7. Bezirk in der Kandlgasse aufbewahrt werden. Hier fand ich die Eintragung über Edmund Lang. Er wurde am 12. November 1860 geboren.

nen. Auch mir erschiene jeder Versuch, ein umfassendes Bild der Wiener Kultur zu zeichnen, ohne den jüdischen Aspekt zu berücksichtigen, ziemlich tollkühn.

Während die kulturelle Elite Wiens keineswegs gänzlich jüdisch war und der Anteil der Juden je nach kulturellem Bereich schwankte, scheinen sie doch innerhalb der Elite als solche die große Mehrheit gestellt und in einzelnen Gruppen sogar eine überwältigende Dominanz ausgeübt zu haben. Daraus ergeben sich einige Fragen über den Kontext, die Ursache und die Wirkung. Fand die Beteiligung der Juden an kleinen Gruppen der Elite ihren Widerhall im sozialen Kontext der Kultur? War, mit anderen Worten, die gebildete liberale Klasse, die das Publikum dieser Kultur stellte, ebenso weitgehend jüdisch? Und noch grundsätzlicher gefragt: Wie war es für Leute jüdischer Abstammung möglich, in der kulturellen Elite eine solche Vorrangstellung einzunehmen? Kann dies durch soziologische und kulturelle Begriffe erklärt werden, oder müssen wir hier sozusagen nach einer metaphysischen Erklärung im Sinne eines den Juden eigenen, angeborenen Hanges zur intellektuellen Erneuerung (andernorts als dekadente, materialistische Abstraktion bezeichnet) suchen?

Die dritte und bei weitem am schwierigsten zu beantwortende Frage angesichts dieser starken jüdischen Beteiligung ist, wie es dazu kam und ob es von entscheidender Bedeutung war, daß diese Persönlichkeiten jüdischer Abstammung waren? Können wir von einem „jüdischen Element" der Wiener Kultur zur Zeit der Jahrhundertwende sprechen, und wenn ja, in welcher Hinsicht? Bevor wir uns mit diesem Punkt beschäftigen, müssen zuerst die beiden anderen Fragen, die wir uns gestellt haben, beantwortet werden.

3. Das soziale Umfeld

Das gesellschaftliche Potential der kulturellen Elite des Wiener *Fin de siècle* und ihres Publikums war das gebildete liberale Bürgertum. Wie diese gesellschaftliche Klasse zu definieren ist, läßt sich diskutieren. Meinen eigenen Definitionsversuch des liberalen Bürgertums habe ich bereits weiter oben dargelegt. Weitgehende Einigkeit dürfte darüber bestehen, daß zu jenen, die sozusagen das „Rückgrat" dieser Klasse und deren Führungsschicht bildeten, zweifellos auch die Angehörigen der Universitäten und der freien Berufe, d. h. Juristen, Mediziner und Journalisten, zählten. Im folgenden wollen wir einen Blick darauf werfen, wie es um den jüdischen Anteil in diesen Bereichen bestellt war. In der kulturellen Welt des liberalen Wiener Bürgertums gab es außerdem zwei zentrale, wenn auch informelle Einrichtungen: den Salon und das Kaffeehaus. Diese wurden stets als *das* Milieu des Wiener *Fin de siècle* angesehen. Auch diese beiden Institutionen sollen beleuchtet werden um festzustellen, welche Rolle der jüdische Teil der Wiener Gesellschaft im sozialen Kontext der Kultur gespielt hat.

Juden an der Wiener Universität

Studenten

Die Wiener Universität galt innerhalb der Monarchie als angesehene Ausbildungsstätte und zog, als nationales Zentrum, Studenten aus einem großen Einzugsgebiet an, von dem Wien nur einen Teil ausmachte. Daher war die Studentenschaft wohl auch eher eine nationale denn eine Wiener Elite. Dies vorangeschickt, sei darauf hingewiesen, daß die Juden, dem Religionsbekenntnis nach definiert, einen beträchtlichen Anteil ausmachten. Tabelle 1 zeigt, daß die Juden in den späten achtziger Jahren einmal sogar ein Drittel aller Studenten an der Universität stellten, wobei es sich hier sicherlich um einen Spitzenwert handelt, der bis zum Jahre 1904 auf knapp unter 24% zurückging, ein Rückgang, den ein Historiker zum Teil auf den Antisemitismus breiter Kreise der Wiener Studentenschaft zurückführt.[1] Wie Tabelle 2 zeigt, gab es bei der Zahl der jüdischen Studenten große Unterschiede zwischen den einzelnen Fakultäten. Bis nach dem Ersten Weltkrieg hatte die medizinische Fakultät den bei weitem höchsten Anteil an jüdischen Studenten zu verzeichnen, was zum Teil auf den Zustrom mittelloser

---

1 Jakob Thon, Hg., *Die Juden in Österreich* (Berlin 1908), S. 101.

Tabelle 1: *Der Anteil jüdischer Studenten an der Wiener Universität 1881–1904*

Jahr	insgesamt	Juden	Prozentsatz
1881–1886	3,456	1,706	33,00
1886–1891	3,875	1,905	33,00
1891–1896	3,939	1,621	29,20
1896–1901	4,660	1,527	24,80
1901–1904	5,027	1,561	23,70

Quelle: *Die Juden in Österreich: Veröffentlichung des Bureaus für Statistik der Juden*, Hg. Jakob Thon (Berlin 1908), S. 104

Tabelle 2: *Der Anteil der Juden an den einzelnen Fakultäten 1880–1926*

Jahr	Jus	Medizin	Philosophie
1880[1]	22,30	38,60	15,50
1890[2]	22,00	48,00	15,00
1914[3]	25,81	40,56	16,43
1926[3]	24,20	33,84	34,26

Quellen:
[1] Berthold Windt, „Die Juden an den Mittel- und Hochschulen Österreichs 1850, in: *Statistische Monatschrift*, 7(1881), S. 452–455;
[2] Hans Tietze, *Die Juden Wiens* (Wien 1935), S. 232.
[3] Leo Goldhammer, *Die Juden Wiens: eine statistische Studie* (Wien 1927), S. 40.

jüdischer Studenten aus den östlichen Teilen der Monarchie zurückzuführen war, der mit ein Grund für eine der ersten Veranstaltungen im Zeichen des wachsenden Antisemitismus in Wien war, nämlich Billroths Rede im Jahre 1875.[2]

Die Tatsache, daß bis zu einem Drittel aller Studenten an der Wiener Universität Juden waren, gewinnt noch mehr an Bedeutung, zieht man den Kontext der Universität in Betracht. Das Hauptziel der universitären Ausbildung in Österreich war es stets gewesen, den Staat in ausreichendem Maße mit Lehrern und Beamten zu versorgen. Die Universität verkörperte somit die „offizielle Intelligenz" und nicht so sehr die „liberale Intelligenz", wobei die erste keineswegs notwendigerweise immer der Bündnispartner der zweiten war. Wenn wir weiters in Betracht ziehen, daß die übliche Laufbahn eines Universitätsabsolventen als Lehrer oder höherer Beamter nur Juden offenstand, die konvertierten, erstaunt der hohe Prozentsatz an Juden noch mehr. Fügen wir noch hinzu, daß ab den achtziger Jahren in breiten Kreisen der Studentenschaft ein rassischer Antisemitismus „in Mode" kam, so entsteht der Eindruck, daß die meisten der weiterhin eine liberale Weltanschauung vertretenden Studenten, die noch Teil der gebildeten liberalen Klasse blieben, jüdisch waren.[3]

---

2   Klaus Lohrmann, Hg., *1000 Jahre österreichisches Judentum* (Eisenstadt 1982), S. 161 ff.
3   Eine eingehende Studie der sozialen Zusammensetzung der Studentenschaft an der Wiener

Universitätslehrer

Während die Studenten ganz allgemein gesprochen ab einem gewissen Zeitpunkt nicht mehr Teil der gebildeten liberalen Klasse waren, blieben die Professoren weiterhin liberal. Eine besondere Erschwernis bei der Feststellung des Anteils jüdischer Professoren an der Universität bedeutet die Tatsache, daß – wie allgemein bekannt – viele der brillantesten Köpfe Österreichs konvertieren mußten, um eine akademische Laufbahn einschlagen zu können. Dies hatte eine ganze Flut von Konversionen zur Folge. Rabbi Dr. Bloch erzählt in seinen Memoiren, wie er einst den Vorwurf entkräftet hätte, die Juden würden die medizinische und juridische Fakultät völlig vereinnahmen, indem er beweisen konnte, daß von den 55 Professoren an den beiden Fakultäten, die nach Meinung des antisemitischen Abgeordneten Türk jüdischer Abstammung waren, nur je ein ordentlicher Professor an den beiden Fakultäten jüdischen Bekenntnisses war. Die übrigen 22 Angehörigen des Lehrerkollegiums an den beiden Fakultäten, die jüdischen Bekenntnisses waren, waren entweder Privatdozenten oder außerordentliche Professoren und erhielten Bloch zufolge keine Bezahlung.[4] Das war 1885. Aus den Zahlen der medizinischen Fakultät für 1894 liest Hans Tietze das gleiche Phänomen heraus. Damals gab es 2 Ordinarii, 14 Extraordinarii und 37 Privatdozenten jüdischen Glaubens. Für Tietze unterstreicht dies die Tatsache, daß eine ordentliche Professur als hoher Beamtenposten zunehmend denselben Regeln unterlag wie die übrige Bürokratie: kein Zugang für Juden, außer sie konvertierten.[5] Um angesichts dieser Situation den tatsächlichen Anteil der Juden zu ermitteln, müssen wir uns demnach eher mit der Frage der Abstammung als mit jener der Religion beschäftigen.

Da es (außer jenen von Türk!) keine Statistiken gibt, die diesen Punkt berücksichtigen, mußten die erforderlichen Daten rekonstruiert werden. Wenn wir das Vorlesungsverzeichnis der Universität für das Jahr 1910 als Grundlage nehmen, so kommen wir, unter Verwendung verschiedener Quellen, zu den in Tabelle 3 wiedergegebenen Zahlen.[6] Diese Zahlen stellen eine sehr konservative Schät-

---

Universität bietet Gary B. Cohen, der dabei zu einer ähnlichen Schlußfolgerung kommt: Gary B. Cohen, „Die Studenten der Wiener Universität von 1860 bis 1900: ein soziales und geographisches Profil", in: R. G. Plaschka und K. Mack, Hgg., *Wegenetz europäischen Geistes II: Universitäten und Studenten* (Wien 1987), S. 290–316.

4   Dr. Joseph S. Bloch, *Erinnerungen aus meinem Leben* (Wien 1922), S. 261.

5   Hans Tietze, *Die Juden Wiens* (Wien 1935), S 232.

6   Das Vorlesungsverzeichnis für das Sommersemester 1910 wurde als repräsentativ für den Lehrkörper der Universität angesehen. Die Namen aus diesem Verzeichnis wurden dann in dem Wiener Adressbuch von Lehmann weiterverfolgt. Die Adresslisten wurden dann mit den vier Hauptquellen verglichen: a) Helmut Leitner, *Alphabetisches Register wissenschaftlich bedeutender Mediziner jüdischer Abstammung in Österreich (mit Einschluß der Emigranten)* (freundlicherweise überließ mir Dr. Leitner vom Institut für die Geschichte der Medizin, Wien, eine Kopie); b) *Verzeichnis der im Wiener Gemeindegebiet wohnhaften Wähler für die Wahlen in den*

Tabelle 3: *Vortragende jüdischer Abstammung an den Fakultäten der Wiener Universität im Sommersemester 1910*

Fakultät	Juden	insgesamt	Prozentsatz
Jus	24 (26)	64	37,5 (40,6)
Medizin	131 (152)	254	51,2 (59,4)
Philosophie	36	167	21,6
insgesamt	191 (214)	487	39,2 (43,9)

Quelle: Öffentliche Vorlesungen an der KK. Universität Wien, Sommer 1910 (Wien 1910); siehe auch Anm. 6, S. 44.

zung des Prozentsatzes der Juden an den einzelnen Fakultäten dar, und naturgemäß können wir nur ihre Kernschicht, nicht aber ihren Gesamtprozentsatz mit Sicherheit angeben. Bei den in Klammern angeführten Zahlen handelt es sich um Berechnungen, die sich aus den bewiesenen Zahlen plus der Hälfte jener Personen ergeben, die allem Anschein nach jüdisch gewesen sein dürften, was jedoch nicht bewiesen werden kann (z. B. Samuel Jellinek, Bertold Spitzer) und die von den beiden Spezialisten auf diesem Gebiet, Dr. Heuer und Dr. Jäger-Sunstenau, angegeben wurden. Diese Zahlen spiegeln die Realität möglicherweise besser wider. So dürfte die Hälfte der Lehrenden an der medizinischen Fakultät jüdischer Herkunft gewesen sein, gut über ein Drittel an der juridischen Fakultät, über ein Fünftel an der philosophischen Fakultät und über 40% der Lehrenden an allen drei Fakultäten zusammen. Bedenkt man das Problem der Konversion für die Erlangung eines höheren Postens (vor allem an der philosophischen Fakultät) und hält man sich weiters vor Augen, daß selbst Konvertiten Schwierigkeiten bei einer Beförderung haben konnten, so zeigen diese Zahlen einen sehr hohen Anteil der Juden an der offiziellen akademischen Intelligenz der Hauptstadt.[7] Erwähnenswert ist auch noch, daß jene Fakultät, wo der jüdische Anteil am höchsten war, nämlich die medizinische, bei weitem die angesehenste der drei Fakultäten war.[8]

Kultusvorstand und der Vertrauensmänner im Jahre 1910 (Wien 1910) (Professor Ivar Oxaal, Hull, überließ mir freundlicherweise eine Kopie); c) die Archive und Datenverzeichnisse im Büro der *Bibliographica Judaica* unter der Leitung von Dr. Renate Heuer, Frankfurt am Main; d) die genealogischen Archive von Dr. Hanns Jäger-Sunstenau, Wien. Aus diesen und anderen Quellen kam ich schließlich zu den Ergebnissen in Tabelle 3.

7   Zum Wissen um diese Problematik siehe *Theodor Gomperz: Ein Gelehrtenleben im Bürgertum der Franz-Josephszeit,* Hgg. H. Gomperz und R. A. Kann (Wien 1974), S. 67–68; zu den Konvertiten siehe auch R. A. Métall, *Hans Kelsen: Leben und Werk* (Wien 1969), S. 10–11.

8   William M. *Johnston, Österreichische Kultur- und Geistesgeschichte. Gesellschaft und Ideen im Donauraum 1848–1938* (Wien – Köln – Graz 1974), S. 230–234.

Freie Berufe: Juristen und Mediziner

Ein Großteil der gebildeten liberalen Klasse kam aus den freien Berufen auf den Gebieten Jus und Medizin. *Hof- und Gerichtsadvokat* (Anwalt) zu sein, war in der liberalen Bourgeoisie Wiens gleichbedeutend damit, ein Intellektueller zu sein.[9] Unter den Ärzten der Wiener Gesellschaft seien Freud, Schnitzler und Victor Adler als Beispiele dafür erwähnt, daß auch der Medizinerberuf einen beträchtlichen Beitrag zum kulturellen Leben Wiens leistete.

Was eine juristische Laufbahn in Wien betraf, so war es für Leute jüdischen Glaubens praktisch unmöglich, eine vom Staat bezahlte Stelle in der Rechtssprechungshierarchie zu erlangen. Daher stand jenen Juden, die nicht bereit waren zu konvertieren, nur die Möglichkeit offen, die Laufbahn eines Anwalts einzuschlagen. Dies erklärt bis zu einem gewissen Grad auch, wieso die große Mehrheit der Wiener Anwälte Juden waren, wie aus Tabelle 4 hervorgeht. Diese Zahlen berücksichtigen aber ausschließlich das Religionsbekenntnis. Wieviele Anwälte darüber hinaus jüdischer Abstammung waren, bleibt offen. Einem Zeugen jener Zeit zufolge – Dr. Michael Stern, heute ein angesehener Anwalt in Wien – betrug der Anteil der Anwälte jüdischer Herkunft in den zwanziger Jahren etwa 75%. Wie es um die jüdische Teilhabe an der Jurisdiktion bestellt war, kann derzeit nur geschätzt werden. In diesem Zusammenhang sei auf die weiter oben angeführte Aufzählung bekannter jüdischer Konvertiten im juridischen Bereich verwiesen. Stern schätzt, daß etwa die Hälfte der höheren Richter im Wien der Zwischenkriegszeit jüdischer Abstammung waren.[10]

Auch im Ärzteberuf wurde es niemandem gedankt, daß er ein Jude war. In zumindest einem Fall wurde einem jüdischen Arzt aufgrund seines Religionsbekenntnisses eine Stelle verweigert, doch dürfte dies keineswegs ein Einzelfall gewesen sein.[11] Auch hier konnte ein Religionsübertritt äußerst hilfreich sein, um eine gut bezahlte Stellung in der Spitalshierarchie zu erreichen. Wir müssen daher die Zahlen der Ärzte nach oben revidieren, wenn wir diese Konversionen berücksichtigen wollen. So geht aus Tabelle 4 hervor, daß bereits seit den achtziger Jahren des 19. Jahrhunderts und anhaltend bis zum Jahr 1938 gut über die Hälfte der Wiener Ärzte und Anwälte Juden waren.

Freie Berufe: Journalisten

Es ist fast ein Klischee, zu sagen, die Wiener Presse sei überwiegend jüdisch gewesen. Das Problem der antisemitischen Angriffe auf die „jüdische Presse" lag

---

9 *Käthe Leichter: Leben und Werk,* Hg. Herbert Steiner (Wien 1973), S. 242–243.
10 Gespräch mit Dr. Michael Stern, 23. Jänner 1984.
11 Zu den Problemen, mit denen ein Jude zu kämpfen hatte, wenn er sich um einen medizinischen Posten bewarb, siehe *Neue Freie Presse,* 18. August 1895, Morgenausgabe, S. 3–4.

Tabelle 4: *Rechtsanwälte und Ärzte jüdischen Bekenntnisses*

	Rechtsanwälte			Ärzte		
Jahr	Juden	insgesamt	%	Juden	insgesamt	%
1880[1]	–	–	–	1.016	2.140	47,43
1881[2]	–	–	–	–	–	61,00
1890[3]	394	681	57,92	–	–	–
	(310)	(360)	(86,11)	–	–	–
1930[1]	–	–	–	–	4.110	50,00
1936[4]	1.341	2.163	62,00	1.531	3.268	47,18

Anmerkung: Die Zahlen aus dem Jahre 1880 gelten für ganz Österreich, alle übrigen für Wien. Die Zahlen in Klammern geben die Zahl der „Advokatur"-Anwärter an.

Quellen:
[1] K. Lohrmann, Hg., *1000 Jahre österreichisches Judentum* (Eisenstadt 1982), S. 166;
[2] W. Bihl, „Die Juden", in: *Die Habsburgermonarchie 1848–1918,* Hgg. A. Wandruszka und P. Urbanitsch, Bd. 2, Teil 2, S. 911;
[3] Hans Tietze, *Die JudenWiens* (Wien 1935), S. 232;
[4] Sylvia Maderegger, *Die Juden im österreichischen Ständestaat 1934–1938* (Wien 1973), S. 220, zit. aus Leo Goldhammers Artikel in: *Der Jude,* 14. Jänner 1938.

darin, daß dies, zumindest in Wien, schlicht und einfach den Tatsachen entsprach.[12] Die Eigentümer oder Herausgeber der großen Tageszeitungen der liberalen Presse waren durchwegs jüdischer Abstammung. So beispielsweise Bacher und Benedikt von der *Neuen Freien Presse,* einem Blatt, das in den Augen vieler als die *Times* Mitteleuropas galt. Der Auflage nach war das *Neue Wiener Tagblatt* unter seinem Gründer und Chefredakteur Moritz Szeps deren schärfster Konkurrent. Als Szeps 1886 nach einer Auseinandersetzung mit der Geschäftsleitung aus dem Unternehmen schied und das Konkurrenzblatt *Wiener Tagblatt* gründete, wurde die *Neue Freie Presse* von den beiden Brüdern Singer weitergeführt. Weiters gab es noch die *Wiener Allgemeine Zeitung,* die von Theodor Hertzka und später Szeps' Sohn Julius herausgegeben wurde. Herausgeber der sozialistischen *Arbeiter Zeitung* war Friedrich Austerlitz. All diese Hauptakteure der Geschichte der liberalen Wiener Presse waren jüdischer Herkunft.[13] Damit ist aber die Liste der von Juden geleiteten Zeitungen bei weitem noch nicht vollständig. Selbst bei jenen Zeitungen, die von ihrer Linie her konservativ, klerikal oder sogar antisemitisch waren, konnte man auf Juden treffen. Tietze führt als Beispiel das *Neue Wiener Journal* an, wobei das jedoch nicht der einzige

---

12 Siehe John M. Boyer, *Political Radicalism in Late Imperial Vienna* (Chicago 1981), S. 82. Zum antisemitischen Standpunkt siehe *Statistisches zur modernen Judenfrage,* K. H. (Broschüre ca. 1905), S. 5–29.
13 Zur jüdischen Präsenz im Pressewesen siehe Richard Grunberger, „Jews in Austrian Journalism" in: Joseph Fraenkel, Hg., *The Jews of Austria* (London 1967), S. 83–94; Gerda Barth, „Der Beitrag der Juden zur Entfaltung des Pressewesens in Wien zwischen 1848 und dem Ersten Weltkrieg", in: Lohrmann, Hg., *1000 Jahre,* S. 152–160; Tietze, *Juden Wiens,* S. 257–258.

Fall war.[14] Die Geschichte der jüdischen Journalistik und der Wiener Presse im allgemeinen waren praktisch ident, wurde einmal gesagt.[15] Besonders bemerkenswert ist die Tatsache, daß die drei bedeutendsten Kulturzeitschriften der Jahrhundertwende in wesentlichen von Juden geleitet wurden: *Die Zeit* von Heinrich Kanner und Isidor Singer, zusammen mit Hermann Bahr (der nicht jüdischer Abstammung war), *Die Wage,* herausgegeben von Rudolf Lothar, und *Die Fackel* von Karl Kraus.[16] Auf der Ebene der Herausgeber wurde die liberale Presse zweifellos von Juden beherrscht.

Bleibt noch zu untersuchen, wie es mit der Vertretung der Juden in den unteren Rängen, also in der breiten Masse der Journalisten, aussah. Eine Festschrift der Journalisten- und Schriftstellervereinigung *Concordia* enthält eine Aufzählung aller Mitglieder der Vereinigung von deren Anfängen im Jahre 1859 bis 1909 – dem Jahr der Herausgabe der Festschrift.[17] In dieser Liste wird auch angeführt, welche Mitglieder in diesem Jahr noch am Leben waren. Wenn wir hier einen ähnlichen Modus zur Anwendung bringen wie bei den Universitätsfakultäten, können wir eine Liste der 1909 noch lebenden *Concordia*-Mitglieder jüdischer Herkunft zusammenstellen und so den Prozentsatz der Juden ermitteln. Da die Vereinigung im Grunde eine Journalistengewerkschaft mit einem eigenen Pensionsschema war, gehörten ihr nicht nur Journalisten der liberalen Presse, sondern auch solche konservativerer Blätter an.[18] Von den insgesamt 359 Mitgliedern waren nachweislich 185, das heißt 51,5% jüdisch. Zählen wir, wie bei den Professoren, noch etwa die Hälfte all jener hinzu, von denen Heuer und Jäger-Sunstenau vermuten, sie dürften jüdischer Abstammung gewesen sein, so kommen wir auf eine Gesamtzahl von 227 oder 63,2%.

Diese Zahl deutet weitreichende Folgen für die kulturelle Elite Wiens an, waren doch die Verbindungen zwischen der Presse und den bedeutendsten kulturellen Gruppierungen, wie etwa *Jung Wien,* sehr eng. Damals galten Journalisten in liberalen Kreisen noch als „Ritter vom Geiste".[19] Vor allem in Wien bestimmte das „Feuilleton", was gerade in Mode war. Als Arthur Schnitzler Burckhardt beweisen wollte, wie gut sein Stück „Liebelei" war, und ihn (entgegen der Empfehlung Hermann Bahrs) zu einer Aufführung veranlassen wollte, ersuchte er Theodor Gomperz, für ihn bei Ludwig Speidel, dem Burgtheater-Feuilletonisten der *Neuen Freien Presse,* vorzusprechen und um eine Kritik zu

---

14 Tietze, *Juden Wiens,* S. 258.
15 In ihrem Artikel „Der Beitrag der Juden", S. 152–153 schreibt Gerda Barth: „Die Geschichte der jüdischen Journalistik ist daher faktisch auch der Geschichte der Wiener Presse gleichzusetzen."
16 Die jüdische Herkunft von Kanner, Singer und Lothar wurde durch den Datenindex in der *Bibliographica Judaica* bestätigt.
17 Siehe Julius Stern, *Werden und Walten der Concordia* (Wien 1909), S. 239–258.
18 Information von Dr. Peter Eppel, Wien.
19 Siehe Richard Kola, *Rückblick ins Gestrige: Erlebtes und Empfundenes* (Wien 1922), S. 56. Zum Einfluß der Presse siehe Edward Timms, *Karl Kraus: Apocalyptic Satirist: Culture and Catastrophe in Habsburg Vienna* (London 1986), S. 30–31.

bitten. Speidels Lob bedeutete, daß das Stück unverzüglich aufgeführt wurde.[20] Von Hanslick, Speidels Kollegen auf dem Gebiet der Musik, heißt es, daß er den musikalischen Geschmack der ganzen Stadt diktierte.[21] Sein Nachfolger war Julius Korngold. Nach 1918 waren fünf der besten Wiener Kritiker als Feuilletonisten der *Neuen Freien Presse* tätig: Raoul Auernheimer, Felix Salten, Ernst Lothar, Korngold und A. F. Seligmann. Alle fünf waren zumindest zum Teil jüdischer Abstammung.[22]

Es sei allerdings darauf hingewiesen, daß die Wiener Presse nicht zur Gänze jüdisch war: einige der bekanntesten Journalisten, wie etwa Hermann Bahr (und vielleicht Hanslick) waren nicht-jüdischer Herkunft.[23] Dennoch waren die Juden in diesem Bereich eindeutig dominierend. Der Grund hiefür liegt auf der Hand, war doch der Journalismus das einzige Gebiet, wo man ungeachtet des Religionsbekenntnisses Karriere machen konnte, was, wie wir bereits gesehen haben, nicht einmal für Juristen und Mediziner möglich war.[24] Wichtig in diesem Zusammenhang ist allerdings weniger die Ursache als die Wirkung: Zu einer Zeit, da die Presse sowohl kulturell als auch ganz allgemein das einzige Massenmedium war, war die liberale Presse weitgehend eine jüdische Presse.

Kulturelle Zentren: Salon und Kaffeehaus

Jene beiden Institutionen, die das entscheidende Umfeld für das kulturelle Leben Wiens darstellten, waren der Salon und das Kaffeehaus. Anders als bei den in den vorhergehenden Abschnitten behandelten Gruppen gibt es hierüber keinerlei fundierte statistische Analyse. Wir verfügen lediglich über Aussagen von Zeitgenossen, denen zufolge die Juden sehr stark vertreten waren.

Der Salon als Zentrum des intellektuellen und kulturellen Lebens wurde durch Fanny von Arnstein im späten 18. Jahrhundert von Berlin nach Wien gebracht.[25] Das Leben in den Salons wurde laut Hilde Spiel und Sigmund Mayer

---

20 *Gomperz: ein Gelehrtenleben,* S. 252–254; D. G. Daviau, Hg., *The Letters of Arthur Schnitzler to Hermann Bahr* (Chapel Hill 1978), S. 19 zu Bahrs Kritik der „Liebelei".

21 Johnston, *Österreichische Kultur- und Geistesgeschichte,* S. 142–145; Allan Janik und Stephen Toulmin, *Wittgensteins Wien* (München – Wien 1984), S. 43, 135–140.

22 Eine Aufzählung findet sich in Ernst Lothar, *Das Wunder des Überlebens: Erinnerungen und Ergebnisse* (Wien 1966), S. 45. Die jüdische Abstammung wird durch den Datenindex der *Bibliographica Judaica* bestätigt.

23 Bzgl. Hanslicks nicht-jüdischer Abstammung siehe Wolfdieter Bihl, „Die Juden" in: *Die Habsburger Monarchie 1848–1918,* Hgg. A. Wandruszka und P. Urbanitsch, Bd.2, Teil 2, S. 391.

24 Boyer, *Political Radicalism,* S. 82.

25 Hilde Spiel, „Jewish Women in Austrian Culture" in: Fraenkel, Hg., *The Jews of Austria,* S. 97–110, bes. S. 97–101; Sigmund Kaznelson, Hg., *Juden im deutschen Kulturbereich: ein Sammelwerk,* 3. Aufl. (Berlin 1962), S. 891 ff.

auch im 19. Jahrhundert von jüdischen Gastgeberinnen beherrscht.[26] Fanny von Arnsteins Tochter, Henrietta Pereira, führte die Tradition ihrer Mutter fort. Nach ihr war dann der bedeutendste liberale Salon in Wien jener von Josephine von Wertheimstein. Um die Jahrhundertwende folgte ihr Berta Zuckerkandl, die Tochter von Moritz Szeps. Ihr Salon stand in engem Zusammenhang mit der Gründung der *Secession,* und hier war es auch, wo Gustav Mahler Alma Schindler traf. Während der Salon Zuckerkandl dem Jugendstil huldigte, war der Salon von Eugenia Schwarzwald der Treffpunkt für Schönberg, Loos, Kokoschka und andere, etwas radikalere Künstler. All diese Gastgeberinnen waren jüdisch.[27] Außerdem gab es noch eine Reihe kleinerer und bescheidenerer Salons, und es ist nahezu unmöglich anzugeben, wieviele davon von jüdischen Gastgeberinnen geführt wurden. Bleibt noch zu sagen, daß es auch nicht-jüdische Gastgeberinnen gab, wie etwa Karoline Pichler oder später Alma Mahler-Werfel.[28] Allem Anschein nach war es Tradition, daß eine „kulturbeflissene" jüdische Dame ihren Salon in Döbling führte, wobei der Salon hier – anders als in der nicht-jüdischen Welt – nicht als rein gesellschaftliche, sondern vielmehr als kulturelle Einrichtung gesehen wurde.[29]

Für das Kaffeehaus gilt das gleiche wie für den Salon. So sagt ein Wiener Sprichwort: „Der Jud' gehört ins Kaffeehaus." Wir werden dies verstehen, wenn wir uns die großen Literatencafés im Zentrum Wiens ansehen. Das Café Griensteidl wurde vor allem von *Jung Wien* besucht, und Karl Kraus setzte ihm in *Die demolierte Literatur* ein literarisches Denkmal. Wie wir bereits gesehen haben, war diese Gruppe vorwiegend jüdisch. Ein weiterer bekannter Treffpunkt war das Café Central, dem nach dem Ersten Weltkrieg das Café Herrenhof folgte.[30] Zeitgenössischen Beschreibungen zufolge waren die Besucher in beiden Lokalen vorwiegend jüdisch. Der damals junge Reporter Milan Dubrovic, selbst kein Jude, behauptet, daß 80% der intellektuellen Stammtischbesucher im Café Herrenhof in der Zwischenkriegszeit jüdisch waren.[31] Diese Zahl ist vielleicht etwas zu hoch gegriffen, der Eindruck aber, daß das Leben in den Kaffeehäusern als den Zentren der modernen Kultur vorwiegend von Juden geprägt war, wird durch die vorwiegend jüdischen Charaktere in Friedrich Torbergs Anekdoten-Sammlung *Die Tante Jolesch* bestätigt. Wenn Hugo Bettauer beschreibt, wie öde und verlassen die Kaffeehäuser in der Wiener Innenstadt nach der Vertreibung der Juden waren, so spielt er damit auf die allseits bekannte Tatsache an, daß die

---

26 Hilde Spiel, „Jewish Women", S. 99–109; Sigmund Mayer, *Die Wiener Juden: Kommerz, Kultur, Politik 1700–1900* (Wien 1918), S. 296–198, 364–365, 459–461.

27 Spiel, „Jewish Women", S. 97–109.

28 Diese Bemerkung machte mir gegenüber Hilde Spiel am 15. März 1985 in Wien.

29 Auf diese Salon-Tradition in den Villen von Döbling wurde ich durch Bruno und Gerda Frei am 12. Oktober 1982 in Klosterneuburg aufmerksam gemacht.

30 *Das Wiener Kaffeehaus,* mit einer Einführung von Hans Weigel (Wien 1978), S. 56–80; Herta Singer, *Im Wiener Kaffeehaus* (Wien 1959), S. 197–227, 256–259.

31 Gespräch mit Milan Dubrovic am 29. September 1983 in Wien.

zentralen Persönlichkeiten in den für das kulturelle Leben so wichtigen Kaffee-häusern jüdischer Abstammung waren.[32]

Gab es eine jüdische liberale Bildungsschicht?

Menschen jüdischer Abstammung scheinen eine namhafte Minderheit der „offi-ziellen Intelligenz" des akademischen Lebens und eine namhafte Mehrheit der „liberalen Intelligenz" der freien Berufe gestellt zu haben, was sich auch im Leben in den Salons und Kaffeehäusern widerspiegelte. Dies legt die Vermutung nahe, daß die liberale Bildungsschicht weitgehend jüdisch war und die Zahlen für die einzelnen kulturellen Bereiche Teil eines umfassenderen Phänomens und nicht bloßer Zufall waren. Daraus folgt weiter, daß nicht nur die kulturellen „Produzenten", sondern auch die „Konsumenten", das Publikum, jüdisch wa-ren.[33]

Dies zu beweisen, ist allerdings schwierig, und selbst wenn wir beispielsweise über Publikumslisten bei verschiedenen Vorstellungen verfügten, bliebe immer noch die Frage nach dem Grund für diesen Besuch offen, da die Teilnahme an einer kulturellen Veranstaltung häufig nicht mehr als eine gesellschaftliche Tat darstellt. Wir können uns allerdings die Leserschaft einer der führenden libera-len Zeitungen, der *Neuen Freien Presse,* näher ansehen. Verzeichnisse dieser Leser gibt es nicht mehr, wenn es sie überhaupt je einmal gegeben hat. Was hingegen existiert, sind die Todesanzeigen auf der letzten Seite der einzelnen Ausgaben der Zeitung. Diese sind allerdings kein hundertprozentiger Hinweis darauf, wer diese Zeitungen las. Da die *Neue Freie Presse* ein berühmtes *Welt-blatt* war, erschienen in den einzelnen Ausgaben vermutlich auch die Todesanzei-gen von Persönlichkeiten des gesellschaftlichen und öffentlichen Lebens sowie von Leuten, die keine regelmäßigen Leser des Blattes waren.[34] Dies vorausge-schickt, kann uns die Zahl der Todesanzeigen jüdischer Verstorbener in einem bestimmten Zeitraum aber dennoch einen gewissen Aufschluß darüber geben, wie jüdisch die Leserschaft der *Neuen Freien Presse* war. Zwischen September 1900 und August 1901 stammten grob geschätzt 60% der Todesanzeigen von Juden (oder Personen jüdischer Abstammung). Wenn wir die Hälfte der Zweifels-fälle hinzuzählen, kommen wir auf 64%, was einer recht beträchtlichen Anzahl

---

32 Friedrich Torberg, *Die Tante Jolesch oder der Untergang des Abendlandes in Anekdoten* (Mün-chen 1977); Torberg, *Die Erben der Tante Jolesch* (München 1981); Hugo Bettauer, *Die Stadt ohne Juden* (Neudruck Wien 1980); auch Hartmut Binder, „Ernst Polak – Literat ohne Werk", in: *Jahrbuch der deutschen Schiller Gesellschaft* 23, 1979 (Stuttgart 1979), S. 366–415.

33 Vgl. Jakob Katz, „German culture and the Jews" in: Jehuda Reinharz und Walter Schatzberg, Hgg., *The Jewish Response to German Culture: from the Enlightenment to the Second World War* (Hanover, New Hampshire, 1985), S. 85–99.

34 Adam Wandruszka, *Geschichte einer Zeitung: das Schicksal der „Presse" und der „Neuen Freien Presse" von 1848 zur Zweiten Republik* (Wien 1958), S. 99–101.

entspricht. Sollte dies tatsächlich ein weitgehend genaues Spiegelbild der Leser der Zeitung geben, so ist das durchaus aufschlußreich.[35]

Diese Zahl würde nahelegen, daß die oft wiederholte Behauptung, derzufolge die liberale Bildungsschicht in Wien überwiegend jüdisch war, nicht aus der Luft gegriffen ist, sondern vielmehr den Tatsachen entspricht. Damit wird die Dominanz der Juden in bestimmten kulturellen Gruppierungen verständlich, ja mehr noch, sie war sogar zu erwarten. Offen bleibt aber immer noch die Frage, wieso eine so kleine Minderheit, wie sie die Juden in der Habsburgermonarchie darstellten, eine so zentrale Rolle innerhalb der liberalen Bildungsschicht der Hauptstadt und damit in den Kreisen der Hochkultur der Moderne spielen konnte. Der nächste Abschnitt versucht, dies zu erklären.

---

35 Diese Zahlen geben nur einen Eindruck von der Zahl der Todesanzeigen und nicht von jener der erwähnten Todesfälle. Es ist daher möglich, daß unterschiedliche Praktiken bzgl. der Ankündigung eines Begräbnisses bei Katholiken und Juden den jüdischen Anteil scheinbar noch erhöhen, was allerdings nur eine Vermutung ist.

4. Bildung und Klasse – Über die Stellung der Juden in der Wiener Gesellschaft

Allgemeiner Überblick

In letzter Zeit wurden, vor allem von Ivar Oxaal und Marsha Rozenblit, zahlreiche Forschungsarbeiten über die gesellschaftliche und wirtschaftliche Stellung der Juden in Wien durchgeführt.[1] Wir können uns daher ein ziemlich genaues Bild von den wesentlichen Fakten machen. Diese verheißen allerdings für eine soziologische Erklärung der jüdischen Vorrangstellung in der liberalen Kultur nichts Gutes.

Die Zahlen über die Höhe des jüdischen Anteils an der Wiener Gesamtbevölkerung sind in Tabelle 5 abgedruckt. Daraus ist zu ersehen, daß dieser in Wien bis 1890 rasch anstieg und sich dann ziemlich konstant bei 9% einpendelte. Die Eingemeindung der äußeren Bezirke im Jahre 1890 führte dazu, daß die jüdische Bevölkerung in der Stadt selbst etwas unterschätzt wurde. Ab 1890 lag sie bei etwa 12%, was für eine mitteleuropäische Hauptstadt einen relativ hohen Anteil darstellte, gleichzeitig aber noch immer bedeutete, daß die Juden eine Minderheit waren.

Die jüdische Bevölkerung war nicht überall in der Stadt gleichmäßig verteilt, sondern konzentrierte sich auf einige Bezirke. Tabelle 6 zeigt uns die Zahlen für die Bezirke mit den höchsten Anteilen an jüdischer Bevölkerung. Die Konzentration auf den I., II. und IX. Bezirk ist insofern bezeichnend, als dies die einzigen drei Bezirke waren, in denen die zweite Kurie bei der Wahlniederlage des Jahres 1895 liberal blieb.[2] Dennoch stellten die Juden auch in diesen Bezirken, selbst auf der „Mazzesinsel"[3], nur eine Minderheit.

Die hier angeführten Zahlen geben eine erste Orientierung, bieten aber keinerlei Erklärung für die kulturelle Vorherrschaft. Um eine solche zu finden, müssen wir uns der Sozialgeschichte Wiens und der gesellschaftlichen Basis der kulturellen Elite zuwenden.

---

1 Marsha Rozenblit, *Juden in Wien 1867–1914. Assimilation und Identit*ät (Wien 1989); Ivar Oxaal, *The Jews of Pre–1914 Vienna. Two Working Papers* (Hull 1981); siehe auch Ivar Oxaal und Walter R. Weizman, „The Jews of Pre–1914 Vienna: An Exploration of Basic Sociological Dimensions", in: *Leo Baeck Institute Yearbook (LBIY)*, Nr. XXX (1985), S. 495–432.
2 *Neue Freie Presse*, Morgenausgabe, 24. September 1885, S. 6: Wahlergebnisse der zweiten Kurie. Für eine nähere Erklärung des Wahlrechts siehe weiter unten, S. 54 f.
3 Es ist dies der in Wien gebräuchliche Name für den II. Bezirk, die „Leopoldstadt".

Tabelle 5: *Die jüdische Bevölkerung Wiens*

Jahr	insgesamt	Juden	Prozentsatz
1869	607.510	40.227	6,6
1890	827.567	99.441	12,0
1890*	1,364.548	118.495	8,7
1910*	2,031.498	175.318	8,6

* Diese Zahl beinhaltet die neuen Bezirke XI.–XX.
Quelle: Ivar Oxaal, *The Jews of Pre-1914 Vienna: Two Working Papers* (Hull 1981), S. 60.

Tabelle 6: *Die höchste Konzentration der jüdischen Bevölkerung im Jahre 1910 in Wien nach Bezirken*

Bezirk	Juden	Prozentsatz
I.	10.807	20,35
II.	56.779	33,95
IX.	21.615	20,50

Quelle: Leo Goldhammer, *Die Juden Wiens: eine statistische Studie* (Wien 1927), S. 10.

Teile des liberalen Bürgertums fallen ab

Auf der Suche nach den Wurzeln der kulturellen Strömungen der Moderne steht meist eine Gruppe im Mittelpunkt des Interesses: das liberale Bürgertum, wie auch immer man es definieren mag. Gängige Erklärungen für die kulturelle Blüte Wiens um die Jahrhundertwende sprechen häufig von einem liberalen Bürgertum, das, durch seine politischen Niederlagen gegen die Christlichsozialen ins Abseits gedrängt, in der Kunst eine Zuflucht vor der Realität der politischen Ohnmacht suchte und fand. Diesen Aspekt hebt vor allem Carl Schorske hervor.[4] Wenn wir uns den Hintergrund der in vorderster und zweiter Linie des kulturellen Lebens stehenden Persönlichkeiten ansehen, scheint dies eine recht überzeugende Theorie. Doch auch sie hat ihre Schwachstellen. Eine davon ist die vage Definition des liberalen Bürgertums. Wenn unter dieser Klasse, wie es den Anschein hat, jene Gruppen verstanden werden, die von den Christlichsozialen besiegt und in das politische Nichts gedrängt wurden, dann hat John Boyer gezeigt, daß viele, die eigentlich zum liberalen Bürgertum gezählt werden sollten, gerade das Gegenteil waren, indem sie bei den traumatischen Wahlen des Jahres 1895 gegen die Liberalen stimmten.[5] Wenn wir uns hingegen die österreichischen liberalen Wähler näher ansehen, so scheint vieles unvereinbar mit jener Art von Moderne, von der Schorske spricht.

4 Carl E. Schorske, *Wien: Geist und Gesellschaft im Fin de siècle* (Frankfurt am Main 1985), S. 5–10, 286–295.
5 John W. Boyer, *Political Radicalism in Late Imperial Vienna* (Chicago 1981).

Nach Boyer war das Wahlrecht für die Wiener Gemeinderatswahlen so konzipiert, daß Lueger mit seiner Partei 1895 die Liberalen unmöglich hätte schlagen können, wäre es ihm nicht gelungen, einige der Theorie nach Stammwählerschichten der Liberalen für sich zu gewinnen. Der Grund hiefür liegt darin, daß es entsprechend des Wahlrechtes drei Kurien gab, die jeweils ein Drittel der Gemeinderatssitze beschickten. Zur Dritten Kurie gehörten all jene, die mindestens 5 Gulden Steuern zahlten, d. h. die recht breite untere Mittelschicht von Handwerkern und anderen. Diese Kurie stimmte seit den achtziger Jahren zu einem hohen Prozentsatz für die Antisemiten.[6] Die Erste Kurie war jene der reichsten Wähler, obwohl, wie Boyer betont, zu dieser aufgrund der Sensibilität des Wahlrechts auch zahlreiche *Hausbesitzer* des Mittelstandes zählten. Diese Kurie stimmte auch nach 1895 weiter vorwiegend für die Liberalen, vor allem in den innerstädtischen Bezirken, aber selbst dort untergruben die Stimmen der *Hausbesitzer* für die Christlichsozialen die Position der Liberalen beträchtlich.[7] In der Zweiten Kurie schließlich spielten sich die Auseinandersetzungen ab, die für den Sieg der Christlichsozialen entscheidend waren. Diese Kurie hätte für die Liberalen eigentlich ein sicherer Tip sein sollen, war doch gerade sie der „Wahlkörper der Intelligenz"[8.] Der Hauptteil der Wähler waren Beamte und Lehrer, also die beamteten Bildungsschichten der Monarchie. In den sechziger und siebziger Jahren waren sie treue Anhänger der liberalen Interessenskoalition gewesen. Das Blatt begann sich 1879 zu wenden, als die Liberalen aus den diversen Machtzentren ausschieden, wodurch die Beziehungen zwischen den Liberalen und diesen beiden staatsbeamteten Gruppen natürlich empfindlich gestört wurden. 1895 stimmten diese beiden Gruppen, allem Anschein nach aufgrund der wirtschaftlichen Ernüchterung über die Vorstellung der Liberalen in der Koalitionsregierung jener Zeit, in großer Zahl für die antisemitische und antiliberale Partei Luegers.[9]

Dieser Umschwung war damals allseits bekannt und eine stete Quelle des Ärgers für die Journalisten der *Neuen Freien Presse,* die voller Schaudern beschrieben, wie Beamte, in Amtsuniform direkt aus ihren Ämtern kommend, ostentativ für Lueger und seine Partei stimmten.[10] Die Grenzen des vermeintlichen Liberalismus der österreichischen Beamtenschaft waren also recht eng

---

6 *Ibid.,* S. 90–109.

7 *Ibid.,* S. 298–300, 396–403.

8 *Ibid.,* S. 285–286; *NFPm,* 24. September 1885, S. 1; *Wiener Tagblatt,* 1. April 1885, S. 1.

9 Boyer, *Political Radicalism,* S. 258–268, 281–285, 349–357; siehe auch *NFPm,* 29. September 1885, S. 3, Brief eines alten liberalen Beamten; und E. E., „Das Martyrium der Lehrer", in: *Die Wage,* 26. Februar 1899, Nr. 9, S. 134.

10 *NFPM,* 2. April 1885, S. 1; *NFPm,* 8. Mai 1895, S. 4; *NFPa,* 23. September 1895, S. 1, 4–5. Es wird berichtet, daß die Lehrer bei den Wahlen des Jahres 1896 weiße Blumen, das Zeichen der Christlichsozialen, trugen, *NFBa,* 2. März 1886, S. 2. Weiters *NFPm,* 3. März 1886, S. 2. Siehe auch *Wiener Tagblatt,* 2. April 1895, S. 3; 24. September 1895, S. 1. Zum Antisemitismus der Lehrer siehe Joseph S. Bloch, *Erinnerungen aus meinem Leben* (Wien 1922), S. 24.

gesteckt: Statt die ins Abseits gedrängten Opfer von Luegers Sieg zu sein, waren gerade die Beamten und Lehrer der Grund für seinen Sieg.

Damit sei jedoch nicht gesagt, daß die Beamten und Lehrer aller Rangstufen die Liberalen im Stich ließen.[11] So deutet vieles darauf hin, daß die höhere Bürokratie im liberalen Lager verblieb und daher dem „liberalen Bürgertum" zugerechnet werden sollte. Dies bringt allerdings viele Probleme mit sich. Erstens gibt es keinen eindeutigen Beweis, daß die höhere Bürokratie politisch liberal war, und außerdem war, wenn wir an die lange Ära unter Taaffe denken, jeder anfängliche Liberalismus wohl sehr gemäßigt.[12] Zweitens war der von den Bürokraten vorwiegend vertretene Liberalismus der Josephinismus. Dieser Josephinismus setzte sich zwar für vernünftige Lösungen administrativer Probleme ein und bevorzugte vielleicht auch die Politik des Liberalismus gegenüber anderen Formen, bestimmte aber keineswegs die Ziele der Regierung und konnte unter einem Autokraten ebenso gut funktionieren wie im Rahmen einer Verfassung. Dies führt uns zu einem dritten Punkt: Die Bürokratie stand in der Monarchie der Konzeption nach über der Politik oder sollte darüber stehen, und die Treue der Beamten galt in erster Linie dem Kaiser und dem Staat. Der österreichischen Bürokratie war also die gleiche etatistische Einstellung zu eigen wie den Bürokratien der meisten anderen west- und mitteleuropäischen Staaten, und – wie dort – war ihre Beziehung zum politischen Liberalismus im besten Falle eine zweideutige. Dies hinderte die österreichischen Spitzenbeamten aber nicht daran, in einem gewissen Sinne „liberal" zu sein, doch unterschied sich ihr Liberalismus von jenem der Vertreter der freien Berufe und der Kaufleute.[13] Ein vierter Punkt, den wir berücksichtigen müssen, ist der, daß die höhere Bürokratie in den neunziger Jahren nicht an Macht verloren hatte, sondern ihr vielmehr im Zuge der Beamtenministerien, angefangen mit der Regierung Koerber im Jahre 1900, praktisch die gesamte Kontrolle übertragen wurde. Man kann hier also wohl kaum von einem politischen „Abseits" sprechen.[14] Die Bürokratie blieb wie seit altersher die Elite. Dagegen gingen der Liberalismus und seine Anhänger, die nicht das Glück hatten, zur Beamtenhierarchie der Monarchie zu gehören, im Triumph der Massenpolitik der neunziger Jahre unter.

Selbst jene hohen Beamten aber, die weiterhin für die Liberalen stimmten, dürften nicht in dem gleichen Maße betroffen gewesen sein wie Schorskes liberales Bürgertum, und sie dürften auch nicht die entsprechende Einstellung vertre-

---

11 Darauf wies mich Prof. P. G. J. Pulzer, All Souls College, Oxford, hin.

12 Vgl. E. W., „Gewaltpolitik", in: *Die Wage*, 6. August 1899, Nr. 32, S. 547.

13 William M. Johnston schreibt über das Wesen des Josephinismus und die Bürokratie in seinem Werk *Österreichische Kultur- und Geistesgeschichte. Gesellschaft und Ideen im Donauraum 1848–1938* (Wien – Köln – Graz 1974), S. 31–34, 60–65. Siehe auch Arthur J. May, *The Habsburg Monarchy 1867–1914* (London 1965), S. 488–489.

14 Für weitere Ausführungen zu diesem Punkt siehe James Shedel, *Art and Society: the New Art Movement in Vienna 1897–1914* (Palo Alto 1981), S. 60.

ten haben. Bei aller Notwendigkeit darauf hinzuweisen, daß andere Gruppen sehr wohl an liberalen Werten festhielten, zählten die hohen Beamten meiner Meinung nach nicht zum liberalen Bürgertum. Andere Gruppierungen, die man vermutlich ebenfalls dem liberalen Bürgertum zugerechnet hätte, schlossen sich in Wien zu einer antiliberalen und antisemitischen Koalition zusammen. Boyer spricht von einer Unterstützung der Antisemiten durch nicht-jüdische Privatbeamte und kleine Geschäftsleute.[15] Auf der Suche nach einer brauchbaren Definition jener Kernschicht des liberalen Bürgertums, die durch den Aufschwung der im Sinne Schorskes anti-liberalen Politik zurückgedrängt wurde, müssen wir uns auf einige wenige Kategorien beschränken. Die Annahme, daß sich die breite Masse des liberalen Wiener Bürgertums auf die folgenden sozio-ökonomischen Bereiche verteilte, scheint nicht unberechtigt: selbständig und teilweise selbständig Handel Treibende, Finanz, Industrie, Rechtsanwälte, Ärzte, Journalisten und Privatiers. Wenn sowohl Boyer als auch Schorske recht haben, kam der liberale Teil der Wiener Bildungsschicht aus nahezu rein kapitalistischen Kreisen.

Wie wir bereits gesehen haben, stellten die Juden den überwiegenden Teil des „Überbaus" des liberalen Bürgertums, wie wir es hier definiert haben (d. h. der freien Berufe). Wenn wir antisemitischen (aber auch philosemitischen) Berichten jener Zeit Glauben schenken, dürften die Juden auch in den anderen „kapitalistischen" Gruppen, die hier erwähnt wurden, vor allem im Bankwesen und im Handel, eine ebenso beherrschende Stellung eingenommen haben. Die Volkszählung aus dem Jahre 1910 beispielsweise stützt diese Annahme allerdings nicht. Es ist sicherlich richtig, daß die Sozialstruktur der jüdischen Bevölkerung Wiens sich stark von jener der übrigen Bevölkerung der Stadt unterschied und der Anteil der Selbständigen wesentlich höher und jener der Arbeiter wesentlich geringer war. Anders ausgedrückt gehörten die Juden überwiegend der Mittelklasse an, während die nicht-jüdische Bevölkerung großteils in der Arbeiterklasse vertreten war.[16] Dies brachte es natürlich mit sich, daß die Juden in Gruppen wie dem selbständigen Handel „überrepräsentiert" waren. Ivar Oxaal unterstreicht jedoch, daß selbst dort, wo die Zahlen das deutlichste Übergewicht der Juden zeigen, diese keineswegs eine beherrschende Stellung einnahmen – nicht einmal im Handel. So schreibt Oxaal: „1900 kamen in Österreich auf jeden Juden vier Katholiken, die in einem für das jüdische Klischee typischen Bereich tätig waren."[17] Damit läßt sich die Behauptung aufstellen, daß die Hypothese eines jüdischen Bürgertums eine reine Erfindung der Antisemiten war.

Die Zahlen der Volkszählung aus dem Jahre 1910 scheinen Oxaals Ansicht zu unterstützen. Wie Tabelle 7 zeigt, stellten die Juden 1910 in Wien nur 17% der Selbständigen im Sektor Handel und Transportwesen. Selbst wenn wir uns nur

---

15 Boyer, *Political Radicalism*, S. 306–311.
16 Oxaal und Weizman, *The Jews of Pre–1914 Vienna*, S. 427; Rozenblit, *Die Juden Wiens*, S. 64 f.
17 Oxaal und Weizman, *The Jews of Pre–1914 Vienna*, S. 111.

Tabelle 7: *Der jüdische Anteil unter den Selbständigen Wiens nach Branchen gemäß der Volkszählung aus dem Jahre 1910*

Branche	Juden	insgesamt	Prozentsatz
Landwirtschaft	68	2.328	2,92
Industrie	7.919	75.605	10,47
Handel und Transportwesen	15.806	93.269	16,95
Freie Berufe, Beamte und Militär	20.953	147.636	14,19

Quelle: *Berufsstatistik*, 3 Bde., 1. Bd. (neue Serie), *Österreichische Statistik* (Wien 1916), zit. in Oxaal, *The Jews of Pre-1914 Vienna*, S. 113.

Tabelle 8: *Der jüdische Anteil unter den männlichen Selbständigen nach Branchen in Wien gemäß der Volkszählung aus dem Jahre 1910*

Branche	Juden	insgesamt	Prozentsatz
Industrie	5.445	49.535	11,00
Handel und Transportwesen	12.905	42.024	30,71
Freie Berufe, Beamte und Militär	9.797	66.909	14,64

Quelle: Berechnungen aus der Quelle von Tab. 7.

die männlichen Selbständigen in dieser Branche ansehen, unter denen die Juden wesentlich stärker vertreten sind, beträgt ihr Anteil nur 31%, wie aus Tabelle 8 hervorgeht. Daraus läßt sich aber keine soziologische Erklärung für das kulturelle Übergewicht der Juden im Sinne Schorskes und Boyers ableiten. Zum Teil, so könnte ins Treffen geführt werden, ist dies auf die Definitionsbreite der Zensuskategorien zurückzuführen. Der niedrige Anteil der Juden im Sektor Industrie beispielsweise kann weitgehend dadurch erklärt werden, daß darunter sowohl die großen Industrien als auch die Handwerksbetriebe fallen. Die Zahlen der Volkszählung aus dem Jahre 1910 sind aber dennoch keine Untermauerung für die behauptete jüdische Vorrangstellung in den liberal-bürgerlichen Wirtschaftssektoren. Sie sind weit von jenen Prozentsätzen entfernt, durch die das jüdische Übergewicht innerhalb der liberalen Bildungsschicht und der kulturellen Elite erklärt werden könnte.

Wenn wir uns eingehender mit diesem Problem befassen, so wird deutlich, daß wir uns nicht nur mit der sozio-ökonomischen Grundlage des liberalen Bürgertums, wie wir es hier definiert haben, beschäftigen dürfen, sondern vielmehr auch damit, wie die verschiedenen gesellschaftlichen Gruppen Zugang zur liberalen Bildungsschicht fanden. Wir müssen uns also ganz offensichtlich der gebildeten Elite des liberalen Bürgertums zuwenden, denn es war eben die Bildung, mit deren Hilfe aus dem liberalen Bürgertum dessen Bildungsschicht und aus dieser wiederum die kulturelle Elite hervorging. Wenn Schorskes Erklärung des *Fin de siècle* stimmt, so war es gerade der *gebildete* Teil des liberalen Bürgertums, der diese mutmaßliche Distanzierung zum Ausdruck brachte. Zu untersuchen, wie hoch der jüdische Anteil unter jenen liberal-bürgerlichen Eltern war, die ihre Kinder auf höhere Schulen schickten, könnte somit eine Möglichkeit sein, die „jüdische" kulturelle Elite dem entsprechenden sozialen und kulturellen Rahmen zuzuordnen. Wir müssen uns also mit jener Einrichtung beschäftigen, in der die kulturelle Elite Wiens ihre Ausbildung erhielt, dem Gymnasium.

Beispiele aus den Gymnasien

Die Rolle des Gymnasiums in der Wiener Gesellschaft

Wenn wir etwas über die Zusammensetzung der geistigen Elite Wiens herausfinden wollen, wenden wir uns wohl am besten der klassischen Bildungseinrichtung in Österreich, dem Gymnasium, zu. Bis 1904 war das Gymnasium die einzige Institution der Monarchie, wo eine höhere Bildung vermittelt und damit die Voraussetzung für den Zugang zur Universität geschaffen wurde, das Ziel aller, die kulturelle Ambitionen hatten oder Ärzte bzw. Anwälte werden wollten.[18] Obwohl auch die Realschulen eine profunde Bildung vermittelten, waren ihre Absolventen nur für den Besuch einer der Universität entsprechenden Technischen Schule oder Handelsschule qualifiziert. Während an den Gymnasien sowohl Latein als auch Griechisch unterrichtet wurde – im 19. Jahrhundert unerläßlich für wahre Bildung – vermittelte die Realschule eine wesentlich praxisorientiertere Ausbildung, wobei an Stelle der klassischen Sprachen lebende gelehrt wurden.[19] Dies war auch die Trennungslinie innerhalb der Wiener gebildeten Gesellschaft. Jene, die eine Realschule besucht hatten, stellten innerhalb der kulturellen Elite eine Ausnahme dar. Wittgenstein etwa besuchte eine technische Schule in Linz (eine typische Ausnahme).[20] Schönberg war Schüler an der Realschule in der Leopoldstadt.[21] Alban Berg ging, ebenso wie Hermann Broch, in die Realschule im ersten Bezirk. Broch ist hier jedoch die Ausnahme, die die Regel bestätigt. Sein ganzes Leben lang grollte er seinem Vater, der ihn nicht auf ein Gymnasium hatte gehen lassen, denn eben dieser Besuch einer Realschule versperrte ihm den Weg an die Universität, und damit zur Welt des Geistes. Die weitere Geschichte seines Lebens liest sich wie der Versuch, diesen Nachteil wettzumachen.[22]

Ein Großteil der kulturellen Elite besuchte also ein Gymnasium. In manchen Fällen ein Gymnasium außerhalb Wiens. Viele Protagonisten des kulturellen

---

18 Gustav Strakosch-Grassmann, *Geschichte des Unterrichtswesens in Österreich* (Wien 1905), S. 321.

19 *Ibid.,* S. 249, 276.

20 Allan Janik und Stephen Toulmin, *Wittgensteins Wien* (München – Wien 1984), S. 235.

21 H. H. Stuckenschmidt, *Schönberg: Leben, Umwelt, Werk* (Zürich – Freiburg im Breisgau 1974), S. 20.

22 Manfred Durzak, *Hermann Broch* (Hamburg 1966), S. 23; Paul Michael Lützeler, *Hermann Broch. Eine Biographi*e (Frankfurt 1985), S.31–32.

Lebens Wiens gingen jedoch in ein innerstädtisches Gymnasium, so etwa Sigmund Freud, der in das Sperlgymnasium in der Leopoldstadt ging.[23] Arthur Schnitzler, Hugo von Hofmannsthal, Richard Beer-Hofmann, Peter Altenberg, Hans Kelsen, Ludwig von Mises sowie der Kernphysiker Erwin Schrödinger und Thomas Masaryk besuchten alle das Akademische Gymnasium.[24] Stefan Zweig, Felix Braun und der Philosoph Philipp Frank gingen in das Wasagymnasium.[25] Karl Kraus war im Franz-Josefsgymnasium, Otto Weininger im Piaristengymnasium und Victor Adler im Schottengymnasium.[26] Es ist richtig, daß nicht alle Angehörigen der kulturellen Elite, abhängig von dem Gebiet, auf das sie sich spezialisiert hatten, ein Gymnasium besuchten. Die Künstler Klimt, Kokoschka und Schiele erhielten nie eine umfassende humanistische Bildung, dafür aber eine solche, die verstärkt auf ihr Talent ausgerichtet war.[27] Als solche stellten sie jedoch innerhalb der intellektuellen Elite Wiens eine wenn auch fest verankerte Besonderheit dar. Die übliche Bildungsgrundlage eines Mitglieds der Wiener Elite war das Gymnasium. Eine Untersuchung der sozialen und ethnischen Zusammensetzung der Absolventen der innerstädtischen Gymnasien würde demnach ein recht repräsentatives Bild der sozialen und ethnischen Zusammensetzung der Basis der gebildeten Elite insgesamt bieten.

Eine Stichprobe

In der Zeit zwischen 1870 und 1910 gab es in den innerstädtischen Bezirken Wiens 11 Schulen, die mit der Matura abschlossen. Darunter zwei Realgymnasien: das Sperl- und das Mariahilfer Gymnasium.[28] Von 9 dieser 11 Schulen sind zumindest irgendwelche Aufzeichnungen erhalten. Daß es von den beiden verbleibenden Schulen keine Aufzeichnungen gibt, ist, wie ich weiter unten noch

---

23 R. W. Clark, *Sigmund Freud* (Frankfurt am Main 1990), S. 29.

24 *Vierhundert Jahre Akademisches Gymnasium: 1553–1953: Festschrift* (Wien 1953), S. 14, 67–69.

25 *Maturaprotokolle* des Real- und Ober-Real-Gymnasiums im IX. Bezirk (des Wasagymnasiums), 1900, 1902, 1904.

26 Paul Schick, *Karl Kraus* (Hamburg 1965), S. 17 ff.; *Maturaprotokoll* des Gymnasiums im VIII. Bezirk (Piaristengymnasium); William McGrath, *Dionysian Art and Populist Politics in Austria* (New Haven 1974), S. 17 ff.

27 Klimt ging in die Kunstgewerbeschule des Österreichischen Museums für Kunst und Industrie (siehe *Traum und Wirklichkeit: Wien 1870–1930*, Katalog [Wien 1985], S. 472); ebenso Kokoschka (siehe Peter Vergo, *Art in Vienna 1898–1918* [London 1975], S. 189). Schiele besuchte die Akademie der Bildenden Künste (siehe Frank Whitford, *Egon Schiele* [London 1981], S. 32).

28 Diese Schulen stellten eine Besonderheit dar, da sie nach dem vierten Jahr die Wahl zwischen einer Realschule und einem Gymnasium anboten. In der Oberstufe wurde jedoch eine normale Gymnasialbildung vermittelt, die mit der Matura abschloß. Freud besuchte eine dieser Schulen, nämlich das Sperlgymnasium. Diese Schulen dürfen allerdings nicht mit der späteren Form der höheren Schule, dem Realgymnasium, verwechselt werden, das eine ganz andere Struktur hatte und auch einen ganz anderen Zweck verfolgte.

näher ausführen werde, nicht so störend, wie zunächst vermutet. Aus diesen Schulberichten in Form von Maturaprotokollen und Hauptkatalogen können wir folgende Informationen ablesen: Religion des Schülers, Beruf des Vaters, Geburtsort und häufig auch das an der Universität gewählte Studium. Mit anderen Worten stehen uns damit Materialien zur Verfügung, die einen großen Überblick über das religiöse, soziale, geographische und berufliche Bild einer Kerngruppe der Gesellschaft geben. Im Augenblick interessieren uns nur die beiden ersten Kategorien: die Religion und der Beruf des Vaters.

Aufgrund der räumlichen und zeitlichen Begrenzung und des teilweisen Fehlens der Aufzeichnungen in vielen Schulen schien mir die folgende Vorgangsweise bei der Bearbeitung dieser Unterlagen am angebrachtesten: Ich traf eine Auswahl, bei der ich jeden fünften Maturajahrgang berücksichtigte, angefangen mit dem willkürlich gewählten Jahr 1870 bis 1910 (und damit die Maturajahrgänge 1870, 1875, 1880 usw.). Eine Auswahl bringt immer eine Verzerrung mit sich, vor allem wenn die betreffende Gruppe sehr klein ist. Insgesamt dürfte die hier zusammengestellte Stichprobe aber weitgehend der Realität entsprechen: Der Anteil der Juden (nach dem Religionsbekenntnis) beträgt in unserer Auswahl 39,1%, dem gegenüber lautete der aus den Jahresberichten berechnete Prozentsatz 38,8%, was also einer Abweichung von 0,3% entspricht. Weiters weisen die Berechnungen auf chronologischer Ebene hier und da ebenfalls Abweichungen von bis zu einem Prozent auf.[29] Bei den wichtigsten Ergebnissen können wir daher von einer gewissen Genauigkeit ausgehen, und da diese Ergebnisse, wie wir noch sehen werden, recht eindeutig sind, benötigen wir somit keinen differenzierten statistischen Ansatz.

Daß die Berichte zweier innerstädtischer Schulen in Wien fehlen, mag Zweifel an der Objektivität bzw. der Ausgewogenheit der Stichprobe aufkommen lassen. Es ist sehr schade, daß die beiden in Frage stehenden Schulen, nämlich das Theresianum und das Elisabethgymnasium, in dieser Statistik nicht berücksichtigt sind.[30] Der Charakter dieser beiden Schulen legt allerdings nahe, daß ihrer Auslassung bei einer Untersuchung der liberal-bürgerlichen kulturellen Elite keine allzu große Bedeutung zukommt. Das Theresianum wurde im 18. Jahrhundert als „Ritterakademie" für die österreichischen Aristokratie gegründet und blieb diesem Ziel auch während des 19. Jahrhunderts treu, wobei die meisten Schüler aus begüterten Adelsfamilien der Monarchie kamen.[31] Daher zählte das Theresianum auch nie wirklich zu den Wiener Bildungseinrichtungen.

---

29 Der Prozentsatz der Juden in der Auswahl der Jahre 1870–1880 beträgt 34% gegenüber den erwarteten 32%. In der Stichprobe für die Jahre 1885–1895 stehen 41% erwarteten 40% gegenüber, zwischen 1900–1910 sind es 45% gegenüber erwarteten 45%. In diesen Zahlen sind auch alle Konvertiten als Juden enthalten, deren Wechsel des Religionsbekenntnisses bekannt war.

30 Den Direktoren der beiden Schulen zufolge gingen die Aufzeichnungen während des Zweiten Weltkriegs verloren.

31 Strakosch-Grassmann, *Geschichte des Unterrichtswesens,* S. 107; Eugen Gugli, *Das Theresianum in Wien* (Wien 1912), S. 156–157.

1870 war es eines von vier Gymnasien in Wien und nahm Schüler aus dem vierten Bezirk auf. Ein Zeitzeuge berichtet von der Sonderstellung der Schule, die sich klar von den übrigen unterschied.[32] Diese Sonderstellung und das aristokratische Ambiente bedeuten aber, daß der Verlust der Aufzeichnungen für eine Studie über die liberal-bürgerliche kulturelle Elite die Ergebnisse nicht übermäßig beeinflußt. Was das ebenfalls im vierten Bezirk gelegene Elisabethgymnasium betrifft, muß erwähnt werden, daß es sich hier um das jüngste Gymnasium aus dieser Gruppe handelt. Das bedeutete, daß im Jahre 1910 von hier nur 4% der Maturanten aller elf Schulen kamen.[33] Daher ist auch der Verlust dieser Berichte nicht allzu beeinträchtigend.

Von einer dritten Schule, dem Landstraßer Gymnasium, gibt es nur Berichte über drei aufeinanderfolgende Jahre, nämlich 1905–1907. Da diese Schule im Hinblick auf das Einzugsgebiet dem Elisabethgymnasium am nächsten liegt, sind diese Zahlen von besonderer Bedeutung und wurden daher, trotz der Abweichung vom chronologischen Raster in die Auswahl aufgenommen. Zum Glück für unsere Schlußfolgerungen zeichnen diese Zahlen ein sehr ähnliches Bild wie jene der übrigen Gymnasien. Doch davon später; hier sei nur festgehalten, daß die von mir zusammengestellte Stichprobe für die Gymnasien sehr repräsentiv ist und wir mit einiger Zuversicht die Rolle der Juden in diesen Schulen untersuchen können.

Juden in den Gymnasien

Vorhandene Statistiken zeigen bereits, daß die Juden, etwa 10% der Gesamtbevölkerung Wiens, rund 30% der Gymnasiasten stellten.[34] Diese Überrepräsentation war für die gesamte Habsburgermonarchie typisch.[35] In den acht Gymnasialklassen der innerstädtischen Bezirke (I. bis IX.) lag der Anteil sogar noch höher und stieg kontinuierlich. Für die Zeit zwischen 1870 und 1883 liegt der Durchschnitt bei 26,8%, für 1884 bis 1897 bei 32,5% und für 1898 bis 1910 bei 35,3%. Wenn die Zahlen für das atypische Theresianum abgezogen werden, betragen die entsprechenden Anteile 31,8%, 37,1% und 39,2%. Der Gesamtprozentsatz für die Zeit von 1870 bis 1910 beläuft sich auf 32,3% (36,7%).[36]

---

32 1865 sagte der Direktor des Leopoldstädter Communal-Realgymnasiums: „Da man das Theresianische (Gymnasium) als ein der freien Aufnahme zugängliches (Gymnasium) nicht füglich mitzählen kann", *Jahresbericht des Leopoldstädter Communal-Realgymnasiums* 1865 (Wien 1865), S. 3.

33 Berechnungen anhand der *Jahresberichte* der elf Schulen.

34 Siehe *Statistisches Jahrbuch der Stadt Wien* 1886, Abschnitt über die Mittelschulen für die offiziellen Statistiken. Siehe auch Rozenblit, *Die Juden Wiens,* S. 107–114.

35 Berthold Windt, „Die Juden an den Mittel- und Hochschulen Österreichs seit 1850" in: *Statistische Monatsschrift* 7 (1881), S. 442–443.

36 Berechnung auf Grundlage der Jahresberichte der elf Schulen.

Diese sehr breite jüdische Präsenz war übrigens nicht gleichmäßig auf die elf Gymnasien der Stadt verteilt. In drei Schulen waren die Juden in der Mehrheit und in zwei anderen stellten sie über 40% der Schüler, während sie in den beiden Schulen mit dem höchsten Sozialprestige, dem Theresianum und dem Schottengymnasium, nur eine kleine Minderheit waren.[37] Die jüdischen Schüler konzentrierten sich in den Schulen der „liberalen" Bezirke, des ersten, zweiten und neunten Bezirks. 79,8% aller jüdischen Schüler gingen in Schulen dieser Bezirke, verglichen mit einem allgemeinen Prozentsatz von 55,7% und einem nicht-jüdischen Anteil von 44,3%. Damit stellten die Juden in diesen politisch liberalen Bezirken 46,1% der Gymnasiasten. Wenn die Zahlen für das konfessionelle und eher aristokratische Schottengymnasium abgezogen werden, steigt dieser Anteil auf 57,4%.[38] Noch bevor wir uns den Berufen der Väter zuwenden, wird ersichtlich, daß die Wechselwirkung zwischen den Juden und der liberalen Bildungsschicht, zumindest geographisch, sehr groß gewesen sein dürfte.

Wenn wir nun in unserer Stichprobe die Religion des Schülers (Abstammung) dem Beruf des Vaters gegenüberstellen, wie in Tabelle 9, dann wird diese Vermutung bestätigt. Während die Juden insgesamt knapp unter 40% der Stichprobe ausmachten, betrug ihr Anteil im Handelsbereich über 80%, fast 60% im Finanz- und Industriebereich, mehr als 50% bei den Privatiers, bei den Ärzten knapp mehr als die Hälfte und entsprach bei den Anwälten und Journalisten immer noch einer leichten Überrepräsentation. Die hier angeführten Gruppen bildeten, wie zuvor angesprochen, das liberale Bürgertum, wenn wir uns der Definition sowohl Boyers als auch Schorskes anschließen. Die Berufe aus den Branchen Handel, Finanz und Industrie sowie die Anwälte, Ärzte, Journalisten und Privatiers wurden in Tabelle 9 zur Gruppe A zusammengefaßt. In unserer Stichprobe waren somit 65,3% der Schüler in dieser Gruppe A Juden. Wenn diese Zahl annähernd der Wirklichkeit entspricht, hieße dies, daß die jüdische Vorrangstellung sowohl innerhalb der kulturellen Elite als auch innerhalb der liberalen Bildungsschicht darin begründet war, daß der gebildete Teil des liberalen Bürgertums überwiegend jüdisch war. Die „jüdische" Prägung des kulturellen Lebens lag somit in der Stellung der Juden im Bildungssystem und innerhalb der liberalen bürgerlichen Gesellschaft begründet.[39]

---

37 Die drei Schulen mit einer jüdischen Mehrheit waren das Sperl-, das Sophien- und das Wasagymnasium, die beiden Einrichtungen mit weniger als 40% das Akademische und das Franz-Josephs-Gymnasium.

38 Diese Zahlen wurden auf Grundlage der Berichte über die achte Klasse in den Jahresberichten der elf Schulen ermittelt. Zum aristokratischen Charakter des Schottengymnasiums siehe *Vierhundert Jahre Akademisches Gymnasium,* S. 14, wo das Schottengymnasium in eine Reihe mit dem Theresianum und dem Jesuitenkolleg in Kalksburg gestellt wird. Siehe auch Rozenblit, *Juden in Wien,* S. 106; McGrath, *Dionysian Art,* S. 27 ff.

39 Die Richtigkeit dieser Schlußfolgerung hängt davon ab, ob meine Analyse über das liberale Bürgertum Wiens stimmt, die sich auf die Behauptungen Schorskes und Boyers stützt. Es gibt aber auch gute Argumente für eine andere und detailliertere Analyse der Berufsstruktur, die

Tabelle 9: Gegenüberstellung des Berufes des Vaters und der Religion (und/oder ethnischen Abstammung) des Sohnes unter den Maturanten der innerstädtischen Gymnasien in Wien 1870–1910 (Auswahl)

Beruf	jüdisch	katholisch	protestantisch	andere	insgesamt	Prozentsatz	jüdisch	katholisch	protestantisch	andere
1. Handel	318	53	16	4	391	21,6	81,3	13,6	4,1	1,0
2. Finanz	34	17	6	–	57	3,1	59,6	29,8	10,5	–
3. Industrie	68	37	11	1	117	6,5	58,1	31,6	9,4	0,9
4. Handwerker	19	96	2	–	117	6,5	16,2	82,7	1,7	–
5. Öffentlich Bedienstete	23	297	12	3	335	18,5	6,9	88,7	3,6	0,9
6. Privatangestellte	62	112	12	2	188	10,4	33,0	59,6	6,4	1,1
7. Eisenbahnbedienstete	14	52	2	–	68	3,8	20,6	76,5	2,9	–
8. Rechtsanwälte	37	49	3	1	90	5,0	41,1	54,4	3,3	1,1
9. Ärzte	44	38	7	1	90	5,0	48,9	42,2	7,8	1,1
10. Journalisten	7	10	–	–	17	0,9	41,2	58,8	–	–
11. Lehrer	34	87	13	–	134	7,4	25,4	64,9	9,7	–
12. diverse Berufe	16	29	12	2	59	3,3	27,1	49,2	20,3	3,4
13. Gutsbesitzer	6	14	1	–	21	1,2	28,6	66,7	4,8	–
14. Landwirtschaft	2	47	1	–	50	2,8	4,0	94,0	2,0	–
15. Privateinkommen	39	33	2	2	76	4,2	51,3	43,4	2,6	2,6
Gesamtsumme	723	971	100	16	1,810	100	39,9	53,6	5,5	0,9
(+/– Konvertiten)	(707)	(982)	(101)	(20)	–	–	39,1	54,3	5,5	1,1
Gruppe A	547	237	45	9	838	46,3	65,3	28,3	5,4	1,1
Gruppe B	176	734	55	7	972	53,7	18,1	75,5	5,7	0,7
Gruppe A*	88	97	10	2	197	10,9	44,7	49,2	5,1	1,0

Gruppe A = 1–3, 8–10 und 15; Gruppe B = 4–7, 11–14; Gruppe A* = 8–10
Quelle: siehe S. 60–62.

Man könnte einwenden, daß die fehlenden Informationen über die beiden anderen Schulen die Zahl zu hoch erscheinen lassen. Die Unterlagen des Landstraßer Gymnasiums, also jener Schule, deren Bezirk von der Struktur her am meisten jenem ähnelt, in dem die beiden Schulen liegen, nämlich Wieden, entschärfen dieses Argument allerdings. Obwohl die Juden dort nur 22,7% der Maturanten stellten, machten sie doch 65,5% der Gruppe A aus, was über dem allgemeinen Durchschnitt liegt. Dies ist darauf zurückzuführen, daß dieser Gruppe A nur 26,4% der Landstraßer Auswahl angehören, während der Prozentsatz im allgemeinen Durchschnitt bei 46,3% liegt. Wir können also mit einiger Sicherheit davon ausgehen, daß unsere Zahl stimmt, der zufolge grob gesprochen 60 bis 65% der liberal-bürgerlichen Klasse in den Gymnasien jüdisch war. Es gibt sogar gute Gründe, daß es sich hiebei um eine sehr konservative Schätzung handeln dürfte. So wurden zwar einige bekannte Fälle von Konversionen ausgeforscht, so manch anderer Religionsübertritt aber blieb unberücksichtigt. Würden wir diese nun zum jüdischen Prozentsatz hinzuschlagen, wären dadurch die Angaben aus den beiden fehlenden Schulen in Gruppe A wohl mehr als kompensiert. Es ist keine allzu große Überraschung, daß etwa zwei Drittel der kulturellen Elite Wiens jüdisch waren, gilt doch allem Anschein nach dasselbe für die gebildete gesellschaftliche Basis dieser Elite.

Die Dynamik der Situation der Juden

Die Zahlen in Tabelle 9 können, wie dies in den Tabellen 10, 11 und 12 getan wurde, zeitlich noch weiter aufgesplittert werden. Es zeigt sich dabei, daß es, wie vielleicht zu erwarten war, eine interne Dynamik bei diesen Zahlen gibt. In den ersten drei Auswahljahren – 1870, 1875 und 1880 – (Tabelle 10) lag der Anteil der Juden in der Gruppe A unter 60%. In den letzten drei Auswahljahren – 1900, 1905 und 1910 – (Tabelle 12) lag er bei über 70%. Das liberal-bürgerliche Lager wurde also zunehmend jüdisch. Der Grund hiefür scheint, den Zahlen zufolge, in dem äußerst starken Anstieg des Prozentsatzes jüdischer Ärzte, Rechtsanwälte und Journalisten, also in den freien Berufen, gewesen zu sein (in den Tabellen als Gruppe A* bezeichnet). Dieser war sowohl auf einen Anstieg der Zahl der jüdischen Angehörigen freier Berufe als auch durch einen absoluten Rückgang

---

vielleicht die höheren Beamten, sicher aber die Universitätsprofessoren dem liberalen Bürgertum zurechnen würde, um nur zwei auffallende Beispiele zu nennen. Dagegen könnte aber eingewendet werden, daß in diesem Fall erstens *alle* Juden, unabhängig von ihrem Beruf, dem liberal-bürgerlichen Lager zugeordnet werden müßten, und zweitens die tatsächliche Vorrangstellung der Juden in den „kapitalistischen" Sektoren offenkundig ist und auch das signifikant *neue* Element in der Bildungselite darstellt. Obwohl also, mit anderen Worten, das jüdische Übergewicht in Gruppe A nur ein grober Indikator für die aktuelle Sachlage ist, würde jede eingehendere Analyse diesen ersten Eindruck über die gebildeten Angehörigen des liberalen Bürgertums nur bestätigen.

Tabelle 10: *Gegenüberstellung des Berufes des Vaters und der Religion (und/oder ethnischen Abstammung) des Sohnes unter den Maturanten der innerstädtischen Gymnasien in Wien 1870–1880 (Auswahl)*

Beruf	jüdisch	katholisch	protestantisch	andere	insgesamt	Prozentsatz	jüdisch	katholisch	protestantisch	andere
1. Handel	62	13	2	–	77	19,7	80,5	16,9	2,6	–
2. Finanz	13	3	1	–	17	4,4	76,5	17,6	5,9	–
3. Industrie	10	7	2	–	19	4,9	52,6	36,8	10,5	–
4. Handwerker	3	24	–	–	27	6,9	11,1	88,9	–	–
5. Öffentlich Bedienstete	1	89	–	–	90	23,1	1,1	98,9	–	–
6. Privatangestellte	6	11	–	–	17	4,4	35,3	64,7	–	–
7. Eisenbahnbedienstete	2	5	–	–	7	1,8	28,6	71,4	–	–
8. Rechtsanwälte	3	20	1	–	24	6,2	12,5	83,3	4,2	–
9. Ärzte	7	15	1	1	24	6,2	29,2	62,5	4,2	4,2
10. Journalisten	2	2	–	–	4	1,0	50,0	50,0	–	–
11. Lehrer	7	15	2	–	24	6,2	29,2	62,5	8,3	–
12. diverse Berufe	6	7	2	–	15	3,8	40,0	46,7	13,3	–
13. Gutsbesitzer	2	4	–	–	6	1,5	33,3	66,7	–	–
14. Landwirtschaft	–	19	1	–	20	5,1	–	95,0	5,0	–
15. Privateinkommen	10	9	–	–	19	4,9	52,6	47,4	–	–
Gesamtsumme	134	243	12	1	390	100	34,4	62,3	3,1	0,3
Gruppe A	107	69	7	1	184	47,2	58,2	37,5	3,8	0,5
Gruppe B	27	174	5	–	206	52,8	13,1	84,5	2,4	–
Gruppe A*	12	37	2	1	52	13,3	23,1	71,2	3,8	1,9

Gruppe A = 1–3, 8–10 und 15; Gruppe B = 4–7, 11–14; Gruppe A* = 8–10
Quelle: siehe S. 60–62.

Tabelle 11: *Gegenüberstellung des Berufes des Vaters und der Religion (und/oder ethnischen Abstammung) des Sohnes unter den Maturanten der innerstädtischen Gymnasien in Wien 1870–1880 (Auswahl)*

Beruf	jüdisch	katholisch	protestantisch	andere	insgesamt	Prozentsatz	jüdisch	katholisch	protestantisch	andere
1. Handel	111	18	2	4	135	21,7	82,7	13,3	1,5	3,0
2. Finanz	11	11	4	–	26	4,2	42,3	42,3	15,4	–
3. Industrie	24	10	9	–	43	6,9	55,8	23,2	20,9	–
4. Handwerker	10	28	–	–	38	6,1	26,3	73,7	–	–
5. Öffentlich Bedienstete	8	82	3	–	93	15,0	9,7	88,2	3,2	–
6. Privatangestellte	10	32	2	1	45	7,2	22,2	71,1	4,4	2,2
7. Eisenbahnbedienstete	7	28	1	–	36	5,8	19,4	77,8	2,8	–
8. Rechtsanwälte	8	16	1	1	26	4,1	30,8	61,5	3,8	3,8
9. Ärzte	18	14	2	–	34	5,5	52,9	41,2	5,9	–
10. Journalisten	2	5	–	–	7	1,1	28,6	71,4	–	–
11. Lehrer	19	30	9	–	58	9,3	32,8	51,7	15,5	–
12. diverse Berufe	4	12	5	2	23	3,7	17,4	52,2	21,7	8,7
13. Gutsbesitzer	2	5	–	–	7	1,1	28,6	71,4	–	–
14. Landwirtschaft	1	19	–	–	20	3,2	–5,0	95,0	–	–
15. Privateinkommen	17	12	1	1	31	5,0	54,8	38,7	3,2	3,2
Gesamtsumme	252	322	39	9	622	100	40,5	51,8	6,3	1,4
Gruppe A	191	86	19	6	302	48,6	63,2	28,5	6,3	2,0
Gruppe B	61	236	20	3	320	51,4	19,1	73,8	6,3	0,9
Gruppe A*	28	35	3	1	67	10,8	41,8	52,2	4,5	1,5

Gruppe A = 1–3, 8–10 und 15; Gruppe B = 4–7, 11–14; Gruppe A* = 8–10
Quelle: siehe S. 60–62.

Tabelle 12: *Gegenüberstellung des Berufes des Vaters und der Religion (und/oder ethnischen Abstammung) des Sohnes unter den Maturanten der innerstädtischen Gymnasien in Wien 1900–1910 (Auswahl)*

Beruf	jüdisch	katholisch	protestantisch	andere	insgesamt	Prozentsatz	jüdisch	katholisch	protestantisch	andere
1. Handel	133	22	11	–	166	24,1	80,1	13,3	6,6	–
2. Finanz	10	3	1	–	14	2,0	71,4	21,4	7,1	–
3. Industrie	33	17	–	–	50	7,3	66,0	34,0	–	–
4. Handwerker	5	31	2	1	39	5,7	12,8	79,5	5,1	2,6
5. Öffentlich Bedienstete	14	112	5	2	133	19,3	10,5	84,2	3,8	1,5
6. Privatangestellte	41	48	9	1	99	14,4	41,4	48,5	9,1	1,0
7. Eisenbahnbedienstete	5	15	–	–	20	2,9	25,0	75,0	–	–
8. Rechtsanwälte	23	12	1	–	36	5,2	63,9	33,3	2,8	–
9. Ärzte	16	8	3	–	27	3,9	59,3	29,6	11,1	–
10. Journalisten	3	1	–	–	4	0,6	75,0	25,0	–	–
11. Lehrer	8	32	2	–	42	6,1	19,0	76,2	4,8	–
12. diverse Berufe	6	6	3	–	15	2,2	40,0	40,0	20,0	–
13. Gutsbesitzer	2	5	1	–	8	1,2	25,0	62,5	12,5	–
14. Landwirtschaft	1	9	–	–	10	1,5	10,0	90,0	–	–
15. Privateinkommen	12	11	1	1	25	3,6	48,0	44,0	4,0	4,0
Gesamtsumme	312	332	39	5	688	100	45,3	48,3	5,7	0,7
Gruppe A	230	74	17	1	322	46,8	71,4	23,0	5,3	0,3
Gruppe B	82	258	22	4	366	53,2	22,0	70,5	6,0	1,1
Gruppe A*	42	21	4	–	67	9,7	62,7	31,3	6,0	–

Gruppe A = 1–3, 8–10 und 15; Gruppe B = 4–7, 11–14; Gruppe A* = 8–10

*) Um die Kontinuität gegenüber den Tabellen 10–11 zu sichern, sind die Daten des Landstraßer Gymnasiums Wien nicht berücksichtigt.

Quelle: siehe S. 60–62.

der Zahlen ihrer katholischen Berufskollegen zurückzuführen. Der Anteil der Juden, deren Väter freiberuflich tätig waren, stieg stetig von 9% in der ersten Stichprobe bis auf 14% in der letzten, während der Anteil der Katholiken von über 15% auf unter 7% zurückging. Die Daten über die Gymnasien legen also die Vermutung nahe, daß das „Jüdische" der kulturellen Elite Ausdruck einer Intellektualisierung des liberalen jüdischen Bürgertums zu einer Zeit war, zu der sich die katholische Bevölkerung anderen Karrieremöglichkeiten als den freien Berufen zuwandte.

In diesem Zusammenhang könnte man einwenden, daß eine solche Schlußfolgerung aufgrund der geringen Zahl der verfügbaren Daten unzulässig ist. Zweifellos ist die Genauigkeit der Aussagen über die Tendenzen innerhalb der freien Berufe in dieser Stichprobe aufgrund der wenigen Daten relativ gering. Dies ist allerdings nicht die einzige Information, die uns diese Jahresberichte der Gymnasien über die Dynamik der Berufswahl (soziale Mobilität) von Juden (und Nicht-Juden) liefern. Auch die gewählte Berufslaufbahn (Fakultäten) von etwa zwei Drittel der Gesamtauswahl wurde festgehalten, und für zwei Schulen gibt es Aufstellungen über die tatsächlich erreichte Karriere ehemaliger Schüler aus verschiedenen Abschlußjahren. Diese zusätzlichen Quellen untermauern die Vermutung, daß die Vorherrschaft der Juden unter jenen, die auf einen liberal bürgerlichen Hintergrund zurückblicken konnten, durch die Unterschiede in der gewählten und tatsächlich erreichten Karriere zwischen Juden und Nicht-Juden nach Verlassen des Gymnasiums noch verstärkt wurde.

Die Genauigkeit dieser zusätzlichen Datenquellen ist allerdings nicht so groß wie jene der Gesamtauswahl. Was die Verteilung der Berufswahl betrifft, so macht der Anteil der Juden jedenfalls 40% der Stichprobe aus, gegenüber 39,9% in der Gesamtauswahl (wenn die Konvertiten mitberücksichtigt werden) – liegt also ungefähr gleich hoch. Dies läßt vermuten, daß auch die anderen großen Trends weitgehend repräsentativ sind. Was die erreichte Karriere anbelangt – wobei diese Berechnungen auf einer völlig anderen Stichprobe beruhen –, darf man von den Schülerlisten, die in den Jahresberichten zweier Schulen enthalten sind, nämlich des Mariahilfer Gymnasiums und des Wasa-Gymnasiums, keine allzu große Genauigkeit erwarten. Zum einen ist dies durch die geringe Größe der Stichprobe bedingt – insgesamt enthalten die Schülerlisten nur 676 Namen –, zum anderen dadurch, daß für unsere Studie eine umfassendere Analyse notwendig wäre. Nichtsdestotrotz können erstaunliche Parallelen zwischen den Stichproben an den beiden Schulen beobachtet werden, und so grob die Ergebnisse auch sind, so zeigen sich doch definitive Trends.

Bei all diesen Zahlen schauen wir uns am besten die Prozentsätze an, lassen sich daraus doch die Abweichungen in der Berufswahl zwischen Juden und Nicht-Juden in den jeweiligen Gesellschaftsklassen deutlich ablesen. Die Tabellen 13 und 14 geben die prozentuelle Aufgliederung der Berufswahl für Juden und Nicht-Juden wieder. Aus ihnen geht hervor, daß die Verteilung auf die

Tabelle 13: *Prozentuelle Aufgliederung der Berufswahl von Wiener Maturanten nach dem Beruf des Vaters 1870–1910 (Auswahl): Juden*

Beruf	Jus	Medizin	Philosophie	Theologie	Kunst	Musik	chemisch/technisch	Landwirtschaft	Militär/Beamter	Handel	diverse Berufe	Prozentsatz gesamt	Gesamtsumme
1. Handel	33	33	8	0**	0**	2	8	1	2	12	1	46	212
2. Finanz	42	16	11	–	–	–	21	5	–	15	5	4	19
3. Industrie	38	17	13	–	–	2	15	2	–	11	–	9	48
4. Handwerker	67	22	–	–	–	–	–	–	–	11	–	2	9
5. Öffentlich Bedienstete	47	13	20	–	–	7	13	–	–	–	–	3	15
6. Privatangestellte	42	40	9	–	–	–	2	–	2	4	–	9	45
7. Eisenbahnbedienstete	46	23	8	–	–	–	8	–	8	8	–	3	13
8. Rechtsanwälte	75	7	7	–	–	–	7	–	–	4	–	5	28
9. Ärzte	28	50	3	–	–	3	9	3	–	3	–	6	32
10. Journalisten	75	25	–	–	–	–	–	–	–	–	–	1	4
11. Lehrer	12	40	20	–	–	4	16	–	4	4	–	5	25
12. diverse Berufe	27	–	27	9	9	9	9	–	–	9	–	2	11
13. Gutsbesitzer	40	40	–	–	–	–	–	20	–	–	–	1	5
14. Landwirtschaft	–	–	–	–	–	–	–	100	–	–	–	0**	1
15. Privateinkommen	35	22	22	–	–	–	17	–	–	4	–	5	23
Prozentsatz gesamt	37	29	10	0**	0**	2	9	1	1	8	1	100	–
Gesamtsumme	189	148	52	2	2	9	48	7	7	43	3	–	510
Gruppe A	37	29	9	0**	0**	2	10	1	1	10	1	76	386
Gruppe B	37	30	13	1	1	2	7	2	2	2	5	24	124
Gruppe A*	52	28	6	–	–	2	8	2	–	3	–	13	64

Gruppe A = 1–3, 8–10 und 15; Gruppe B = 4–7, 11–14; Gruppe A* = 8–10
0** = weniger als 0,5%
Quelle: siehe Seite 60–62, 69.

Tabelle 14: *Prozentuelle Aufgliederung der Berufswahl von Wiener Maturanten nach dem Beruf des Vaters 1870–1910 (Auswahl): Nicht-Juden*

Beruf	Jus	Medizin	Philosophie	Theologie	Kunst	Musik	chemisch/technisch	Landwirtschaft	Militär/Beamter	Handel	diverse Berufe	Prozentsatz gesamt	Gesamtsumme
1. Handel	53	11	11	–	–	2	6	2	4	13	–	7	55
2. Finanz	61	22	6	–	–	–	–	3	6	6	–	2	18
3. Industrie	54	13	3	3	–	–	8	–	3	15	–	5	39
4. Handwerker	57	13	10	10	–	–	3	–	7	–	–	8	60
5. Öffentlich Bedienstete	56	9	13	4	1	–	5	2	10	–	–	25	195
6. Privatangestellte	39	8	16	5	2	2	8	4	13	4	–	13	101
7. Eisenbahnbedienstete	47	20	7	2	2	–	–	4	18	–	–	6	45
8. Rechtsanwälte	70	3	15	3	–	–	3	–	8	–	–	5	40
9. Ärzte	39	36	19	–	–	–	3	–	3	–	–	4	31
10. Journalisten	44	33	22	–	–	–	–	–	–	1	–	1	9
11. Lehrer	34	19	26	1	1	–	11	1	4	1	–	9	70
12. diverse Berufe	47	3	16	–	–	–	16	9	9	–	–	4	32
13. Gutsbesitzer	42	25	–	–	8	–	25	–	–	–	–	2	12
14. Landwirtschaft	68	6	6	3	–	–	–	6	10	–	–	4	31
15. Privateinkommen	56	4	19	11	–	–	4	–	4	4	–	4	27
Prozentsatz gesamt	51	12	13	4	1	0**	6	2	8	3	–	100	–
Gesamtsumme	388	93	103	27	6	3	44	18	63	20	–	–	765
Gruppe A	55	14	12	2	–	0**	4	1	4	7	–	29	219
Gruppe B	49	11	14	4	1	0**	6	3	10	1	–	71	546
Gruppe A*	55	19	186	1	–	–	3	–	5	–	–	10	80

Gruppe A = 1–3, 8–10 und 15; Gruppe B = 4–7, 11–14; Gruppe A* = 8–10
Quelle: siehe Seite 60–62, 69.
0** = weniger als 0,5%
(Der Prozentsatz der Juden in der Auswahlgruppe beträgt 510/1.275 = 40%).

beiden größten Fakultäten der Universität, nämlich die juridische und die medizinische, völlig unterschiedlich war, obwohl sich die Juden und Nicht-Juden der Stichprobe zu etwas mehr als 60% für diese Studienrichtungen entschieden. Innerhalb der gleichen Gesellschaftsschicht wird diese Diskrepanz noch deutlicher. In jener Gruppe, deren Väter aus der Handelsbranche kamen, entschieden sich etwas mehr Juden für das Medizin- als für das Jus-Studium, während die Nicht-Juden fast fünfmal so häufig Jus statt Medizin wählten. Nehmen wir alle Kategorien der Gruppe A zusammen, so liegt der Prozentsatz der Juden, die sich für Jus entschieden, ebenfalls nur um 8% höher als der Anteil derjenigen, die sich für Medizin entschieden, während er bei den Nicht-Juden 41% beträgt. Die Tabellen 13 und 14 zeigen weiters, daß der Unterschied in Gruppe B (das sind all jene, die nicht zu Gruppe A gehören) genauso groß ist wie in Gruppe A. Die Juden scheinen demnach eindeutig eine Vorliebe für Medizin gehabt zu haben, wie auch immer sich dies erklären läßt.

Es ist klar, warum sich so viele Nicht-Juden für Jus entschieden, war eine juridische Ausbildung doch nicht nur Voraussetzung für eine juridische Laufbahn, sondern auch für eine Karriere im höheren Staatsdienst. Der inoffzielle amtliche Antisemitismus war gleichbedeutend damit, daß einem Juden, der auch Jude bleiben wollte, eine Beamtenlaufbahn in der Praxis nie wirklich offenstand. Zwar war eine Karriere als Anwalt für Juden durchaus attraktiv, doch war es viel einfacher sich als Mediziner einen hinreichenden Lebensunterhalt zu verdienen, auch wenn es selbst hier Schwierigkeiten geben konnte. Wenn wir weiters in Betracht ziehen, daß die Ausübung des ärztlichen Berufes unter den Juden eine große Tradition hatte, konnte man diese unterschiedliche Verteilung durchaus erwarten.

Wenn diese Erklärung zutrifft, so müßten wir bei den tatsächlich ausgeübten Berufen unter den Nicht-Juden einen hohen Anteil von Beamten und bei den Juden einen niedrigen Prozentsatz von Beamten bzw. einen hohen bei Ärzten und Anwälten erwarten. Wenn wir uns nun den Tabellen 15 bis 18 zuwenden, können wir sehen, daß dies auch, abgesehen von kleinen Abweichungen zwischen den einzelnen Schulen (die in Anbetracht der Größe der Stichproben erstaunlich klein sind), zutrifft. In Gruppe A, jener Schlüsselgruppe für die Ablesung eines Trends innerhalb des liberalen Bürgertums, sind die prozentuellen Unterschiede beachtlich. Im Mariahilfer Gymnasium schlugen 8% der Juden gegenüber 33% der Nicht-Juden eine Beamtenlaufbahn ein, und 36% respektive 21% der Juden wurden Anwälte bzw. Ärzte gegenüber 20% bzw. 13% der Nicht-Juden. Bezeichnenderweise sind die Unterschiede innerhalb der Gruppe B noch markanter. Für das Wasa-Gymnasium gilt ähnliches, allerdings mit einer etwas anderen Verteilung auf die Ärzte und Anwälte unter den Juden. Groß ist die Diskrepanz auch hier zwischen dem Prozentsatz der Juden und jenem der Nicht-Juden, die eine Karriere in der Bürokratie einschlugen: 7% verglichen mit 35% in Gruppe A. Der Anteil der Anwälte liegt hier mit 23% bei den Juden und

Tabelle 15: *Prozentuelle Aufgliederung der vom Sohn erreichten Berufslaufbahn gegenüber dem Beruf des Vaters für die Maturanten des Mariahilfer Gymnasiums 1872–73, 1875–85, 1892–1907: Juden*

Beruf des Vaters	1	2	3	4	5	6	7	8	9	10	11	12	13	14	15	Prozentsatz gesamt	Gesamtsumme
1. Handel	11	–	–	–	11	7	7	40	20	2	2	–	–	–	–	38	45
2. Finanz	20	20	–	–	–	–	–	20	40	–	–	–	–	–	–	4	5
3. Industrie	13	–	6	–	6	3	3	38	19	–	13	–	–	–	–	27	32
4. Handwerker	–	–	–	–	–	13	13	38	25	–	13	–	–	–	–	7	8
5. Öffentlich Bedienstete	–	–	–	50	–	–	–	50	–	–	–	–	–	–	–	2	2
6. Privatangestellte	–	–	–	–	15	15	8	15	46	–	–	–	–	–	–	11	13
7. Eisenbahnbedienstete	–	–	–	–	–	–	50	50	–	–	–	–	–	–	–	2	2
8. Rechtsanwälte	–	–	–	–	–	–	–	100	–	–	–	–	–	–	–	1	1
9. Ärzte	–	–	–	–	–	20	–	–	40	20	–	20	–	–	–	4	5
10. Journalisten	–	–	–	–	–	–	–	–	–	–	–	–	–	–	–	–	–
11. Lehrer	–	–	–	–	–	–	–	–	–	–	–	–	–	–	–	–	–
12. diverse Berufe	–	–	–	–	–	33	–	33	–	–	–	33	–	–	–	3	3
13. Gutsbesitzer	–	–	–	–	–	–	–	100	–	–	–	–	–	–	–	1	1
14. Landwirtschaft	–	–	–	–	–	–	–	100	–	–	–	–	–	–	–	1	1
15. Privateinkommen	–	–	–	–	–	–	–	–	–	–	–	100	–	–	–	2	2
Prozentsatz gesamt	8	1	2	1	8	8	6	35	23	2	5	3	–	–	–	100	–
Gesamtsumme	10	1	2	1	9	9	7	42	27	2	6	4	–	–	–	–	120
Gruppe A	11	1	2	–	8	6	4	36	21	2	6	3	–	–	–	75	90
Gruppe B	–	–	–	3	7	13	10	33	27	–	3	3	–	–	–	25	30
Gruppe A*	–	–	–	–	–	17	–	17	33	17	–	17	–	–	–	5	6

Die obigen Kategorien 1–15, A, B, und A* für den Beruf des Vaters und die vom Sohn erreichte Berufslaufbahn entsprechen jenen in den Tabellen 9–12.

Quelle: siehe S. 60–62, 69.

Tabelle 16: *Prozentuelle Aufgliederung der vom Sohn erreichten Berufslaufbahn gegenüber dem Beruf des Vaters für Maturanten des Mariahilfer Gymnasiums 1872–73, 1875–85, 1892–1907: Juden*

Beruf	1	2	3	4	5	6	7	8	9	10	11	12	13	14	15	Prozentsatz gesamt	Gesamtsumme
1. Handel	4	–	4	–	33	–	4	30	4	–	19	4	–	–	–	8	27
2. Finanz	–	100	–	–	–	–	–	–	–	–	–	–	–	–	–	0**	1
3. Industrie	–	–	5	–	40	5	5	14	12	–	12	7	–	–	–	13	42
4. Handwerker	–	–	–	–	34	4	–	27	15	–	32	2	–	–	–	13	41
5. Öffentlich Bedienstete	1	–	–	–	62	4	4	8	7	–	11	4	–	–	–	26	84
6. Privatangestellte	–	–	–	–	39	3	3	9	12	–	27	6	–	–	–	10	33
7. Eisenbahnbedienstete	–	–	–	–	43	–	43	14	–	–	–	–	–	–	–	2	7
8. Rechtsanwälte	–	–	–	–	33	–	17	50	–	–	–	–	–	–	–	2	6
9. Ärzte	–	–	–	–	25	–	8	8	50	–	8	–	–	–	–	4	12
10. Journalisten	–	–	–	–	–	–	–	–	50	–	50	–	–	–	–	1	2
11. Lehrer	–	–	–	–	45	3	–	–	10	–	31	10	–	–	–	9	29
12. diverse Berufe	–	–	–	–	57	–	14	5	5	–	10	10	–	–	–	7	21
13. Gutsbesitzer	–	–	25	–	25	–	25	–	–	–	–	25	–	–	–	1	4
14. Landwirtschaft	–	–	–	–	75	–	–	–	25	–	–	–	–	–	–	1	4
15. Privateinkommen	–	–	–	–	20	–	10	20	–	–	50	–	–	–	–	3	10
Prozentsatz gesamt	1	0**	1	–	45	2	5	12	11	–	18	5	–	–	–	100	–
Gesamtsumme	2	1	4	–	144	7	17	39	34	–	59	16	–	–	–	–	323
Gruppe A	1	1	3	–	33	2	6	20	13	–	17	4	–	–	–	31	100
Gruppe B	0**	–	0**	–	50	2	5	9	9	–	19	5	–	–	–	69	223
Gruppe A*	–	0**	–	–	25	–	10	20	35	–	10	–	–	–	–	6	20
Juden und Nicht-Juden insgesamt	3	0**	–	0**	35	4	5	18	14	0**	15	5	–	–	–	100	443

Die obigen Kategorien 1–15, A, B und A* für den Beruf des Vaters und die vom Sohn erreichte Berufslaufbahn entsprechen jenen in den Tabellen 9–12.

0** = weniger als 0,5%

Quelle: siehe S. 60–62, 69.

(Der Prozentsatz der Juden in der Auswahlgruppe beträgt 120/443 = 27,1%).

Tabelle 17: *Prozentuelle Aufgliederung der vom Sohn erreichten Berufslaufbahn gegenüber dem Beruf des Vaters für die Maturanten des Wasa-Gymnasiums 1876–1888 Juden*

Beruf	1	2	3	4	5	6	7	8	9	10	11	12	13	14	15	Prozentsatz gesamt	Gesamtsumme
1. Handel	3	–	–	–	5	13	–	21	44	–	10	5	–	–	–	46	39
2. Finanz	38	–	–	–	–	–	–	38	25	–	–	–	–	–	–	9	8
3. Industrie	–	–	20	–	–	–	–	40	20	–	–	20	–	–	–	6	5
4. Handwerker	–	–	–	–	–	–	–	–	–	–	–	–	–	–	–	–	–
5. Öffentlich Bedienstete	–	–	–	–	–	14	14	29	43	–	–	–	–	–	–	8	7
6. Privatangestellte	–	–	–	–	33	–	–	33	33	–	–	–	–	–	–	4	3
7. Eisenbahnbedienstete	–	–	–	–	–	–	–	–	–	–	–	–	–	–	–	–	–
8. Rechtsanwälte	17	–	–	–	17	–	–	33	–	17	17	–	–	–	–	7	6
9. Ärzte	–	–	–	–	–	–	–	–	100	–	–	–	–	–	–	1	1
10. Journalisten	–	–	–	–	25	–	–	–	25	25	50	–	–	–	–	5	4
11. Lehrer	–	–	–	–	–	–	–	–	50	–	50	–	–	–	–	5	4
12. diverse Berufe	–	–	–	–	–	50	–	50	–	–	–	–	–	–	–	2	2
13. Gutsbesitzer	–	–	–	–	–	–	–	–	–	–	–	–	–	–	–	–	–
14. Landwirtschaft	–	–	–	–	–	–	–	–	–	–	–	–	–	–	–	–	–
15. Privateinkommen	–	–	–	–	17	33	–	17	33	–	–	–	–	–	–	7	6
Prozentsatz gesamt	6	1	1	–	7	11	1	24	34	2	11	4	–	–	–	100	–
Gesamtsumme	5	1	1	–	6	9	1	20	29	2	9	3	–	–	–	–	85
Gruppe A	7	1	1	–	7	10	–	23	33	3	10	4	–	–	–	81	69
Gruppe B	–	–	–	–	6	13	6	25	38	–	13	–	–	–	–	19	16
Gruppe A*	9	–	–	–	18	–	–	18	9	18	27	–	–	–	–	13	11

Die obigen Kategorien 1–15, A, B und A* für den Beruf des Vaters und die vom Sohn erreichte Berufslaufbahn entsprechen jenen in den Tabellen 9–12.

Quelle: siehe S. 60–62, 69.

Tabelle 18: *Prozentuelle Aufgliederung der vom Sohn erreichten Berufslaufbahn gegenüber dem Beruf des Vaters für die Maturanten des Wasa-Gymnasiums 1876–1888: Nicht-Juden*

Beruf	1	2	3	4	5	6	7	8	9	10	11	12	13	14	15	Prozentsatz gesamt	Gesamtsumme
1. Handel	9	–	–	–	27	–	9	9	18	–	18	9	–	–	–	7	11
2. Finanz	–	–	–	–	–	–	100	–	–	–	–	–	–	–	–	1	1
3. Industrie	–	–	–	–	75	–	–	25	–	–	–	–	–	–	–	3	4
4. Handwerker	–	–	–	–	60	–	–	–	40	–	–	–	–	–	–	3	5
5. Öffentlich Bedienstete	–	–	–	–	66	–	8	11	8	–	5	2	–	–	–	42	62
6. Privatangestellte	–	–	–	–	63	–	–	–	25	–	–	13	–	–	–	5	8
7. Eisenbahnbedienstete	–	–	–	–	25	–	–	–	50	25	–	–	–	–	–	3	4
8. Rechtsanwälte	–	–	–	–	40	–	–	40	–	–	–	10	–	–	10	7	10
9. Ärzte	–	–	–	–	–	–	–	33	67	–	–	–	–	–	–	4	6
10. Journalisten	–	–	–	–	50	–	–	50	–	–	–	–	–	–	–	1	2
11. Lehrer	–	–	5	–	24	–	–	5	24	–	33	10	–	–	–	14	21
12. diverse Berufe	–	–	–	–	33	–	17	–	50	–	–	–	–	–	–	4	6
13. Gutsbesitzer	–	–	–	–	100	–	–	–	–	–	–	–	–	–	–	1	1
14. Landwirtschaft	–	–	–	–	25	–	–	25	–	–	25	25	–	–	–	3	4
15. Privateinkommen	–	–	–	–	67	–	–	–	–	–	33	–	–	–	–	2	3
Prozentsatz gesamt	1	–	1	–	49	–	5	12	17	1	9	5	–	–	1	100	–
Gesamtsumme	1	–	1	–	72	–	8	18	25	1	14	7	–	–	1	–	148
Gruppe A	3	–	–	–	35	–	5	24	16	–	8	5	–	–	3	25	37
Gruppe B	–	–	1	–	53	–	5	8	17	1	10	5	–	–	–	75	111
Gruppe A*	–	–	–	–	28	–	–	39	22	–	–	6	–	–	6	12	18
Juden + Nicht-Juden insgesamt	3	–	1	–	34	4	4	16	23	1	10	4	–	–	0	100	233

Die obigen Kategorien 1–15, A, B und A* für den Beruf des Vaters und die vom Sohn erreichte Berufslaufbahn entsprechen jenen in den Tabellen 9–12.

0** = weniger als 0,5%. Quelle: siehe S. 60–62, 69.

(Der Prozentsatz der Juden in der Auswahlgruppe beträgt 85/233 = 36,5%).

24% bei den Nicht-Juden in etwa gleich hoch. Dies wird allerdings durch die großen Unterschiede hinsichtlich des Anteils der Ärzte bei weitem wieder wettgemacht, der in Gruppe A etwa ein Drittel aller Juden betrug gegenüber nur 16% der Nicht-Juden in dieser Gruppe.

Wenn wir die Berufsgruppen Anwälte, Ärzte und Journalisten zusammenfassen, liegt der Prozentsatz der Juden in Gruppe A bei weitem über jenem der Nicht-Juden in dieser Gruppe. Im Mariahilfer Gymnasium betrug der auf diese drei Kategorien bezogene Anteil bei den Juden 59%, aber nur 33% bei den Nicht-Juden. Für das Wasa-Gymnasium lauten die entsprechenden Zahlen 59% respektive 41%. In den einzelnen vergleichbaren Gruppen waren die Juden unter den freien Berufen stark überrepräsentiert. Hinzu kommt noch, daß ein beträchtlicher Teil der Nicht-Juden diese Laufbahn wählte, weil sie Söhne von Ärzten oder Anwälten waren, die in die Fußstapfen ihrer Väter traten, was unter Juden wesentlich seltener vorkam, obwohl wir über zu wenige Zahlen verfügen, um diese Behauptung zu beweisen. (Die Zahlen und Prozentsätze werden unter Gruppe A* in den Tabellen 15–18 wiedergegeben.) Wenn wir uns lediglich die Abwanderungen aus den Bereichen Handel, Finanz und Industrie ansehen, so sind die Abweichungen bei den Übertrittszahlen in einen freien Beruf zwischen Juden und Nicht-Juden sogar noch größer. Dieser Anteil beträgt im Mariahilfer Gymnasium 60% bei den Juden und 29% bei den Nicht-Juden. Im Wasa-Gymnasium ist der Unterschied mit 64% bei den Juden und 25% bei den Nicht-Juden noch signifikanter. In der Terminologie der sozialen Mobilität gesprochen, scheinen Juden viel häufiger den Übertritt vom kapitalistischen zum intellektuellen Flügel des liberalen Bürgertums gewählt zu haben als Nicht-Juden, die sich anderen Karrieremöglichkeiten, vor allem innerhalb der Bürokratie, zuwandten.

Die Auswirkungen dieser Unterschiede im tatsächlich ausgeübten Beruf waren für die liberale Bildungsschicht äußerst dramatisch, wie selbst aus den recht kleinen Stichproben unserer beiden Gymnasien hervorgeht. Wenn wir die Zahlen beider Schulen zusammenfassen, betrug der Anteil der Juden nur etwa 30%. Bei den ausgebildeten Ärzten und Anwälten stellten sie allerdings etwa die Hälfte. Und dies verglichen mit nur 28% in der Spalte des Berufes des Vaters. Für die Gruppe A sind diese Zahlen sogar noch deutlicher. Die Juden machten in dieser Stichprobe 53% der Gruppe A aus, im Vergleich zu 65,3% bei der Gesamtauswahl der Berufe. Innerhalb dieser Gruppe waren 65% der Ärzte und Anwälte Juden. Selbst dort, wo sie unterrepräsentiert waren, waren etwa zwei Drittel der Söhne aus liberal-bürgerlichem Elternhaus, die die Laufbahn eines Arztes oder Anwalts einschlugen, jüdisch. Es ist daher verständlich, daß das liberale Wiener Bildungsbürgertum häufig als eine überwiegend jüdische Klasse angesehen wurde. Wie bereits weiter oben ausgeführt, dürfte die Vorrangstellung der Juden innerhalb dieser Gruppe auf deren Sonderstellung im Bildungssystem und ihre besondere Art der sozialen Mobilität – im Rahmen des liberalen Bürgertums – zurückzuführen sein, die bei den Juden in viel höherem Maße anzutreffen war als bei ihren nicht-jüdischen Standesgenossen.

Diese Abweichung ist möglicherweise darauf zurückzuführen, daß die Beamtenlaufbahn für die meisten ohne eine Konversion nicht in Frage kam. Außerdem könnte es auch „interne" jüdische Gründe für diese Unterschiede gegeben haben. Für uns entscheidend ist allerdings, daß es einen solchen Unterschied gegeben hat und daß sich daraus erklärt, wieso die Juden im liberalen Flügel der Bildungsschicht so stark vertreten waren.

Erklärungsversuch für die jüdische Vorherrschaft in der kulturellen Elite Wiens

Die Erkenntnisse aus diesen Schulberichten legen die Vermutung nahe, daß mehrere Faktoren für die in früheren Abschnitten dieses Kapitels beschriebene Vorrangstellung verantwortlich waren. Fest steht, daß sich mit Erreichen einer höheren Bildungsstufe eine von Juden dominierte bürgerliche Schicht herauskristallisierte, deren Entstehen durch die erhöhte Bereitschaft der Juden zu sozialer Mobilität noch gefördert wurde. Offen bleibt die Frage, wieso die Juden diese Stellung innerhalb des Erziehungs- und Bildungswesens einnehmen konnten.

Selbst unter der Annahme ihrer Überrepräsentation im Bereich „selbständiger Handel", scheint es sehr unwahrscheinlich, daß die Juden tatsächlich, wie bei den Schulberichten, 80% der Händler und Kaufleute ausmachten. Da darüber keine detaillierten Statistiken vorhanden sind, kann dies jedoch leider weder bestätigt noch widerlegt werden.[40] In Ungarn liegt der Fall etwas anders. Hier hat Victor Karady eine eingehende Untersuchung der tatsächlichen Überrepräsentation gegenüber der gesellschaftsschichtspezifischen der Juden im ungarischen höheren Bildungswesen vor 1914 durchgeführt. Ihm zufolge kann die jüdische Überrepräsentation auf ein Verhältnis von 3:2 reduziert werden.[41] Damit besuchte ein Jude vor dem Ersten Weltkrieg – unabhängig von seiner sozialen Klasse – aber immer noch mit eineinhalb mal größerer Wahrscheinlich-

---

40 Rozenblit, *Die Juden Wiens,* S. 55–79, untersucht die Beschäftigungsstruktur der Juden, bringt aber keinerlei umfassende Statistiken über die Stellung der Juden innerhalb der allgemeinen Beschäftigungsstruktur. Es gibt zwar Statistiken über die Stellung der Juden in der Beschäftigungsstruktur Wiens, allerdings nur für die Zeit nach dem Ersten Weltkrieg. Siehe Sylvia Madereger, *Die Juden im österreichischen Ständestaat 1934–1938* (Wien 1973), S. 219–220; Herbert Rosenkranz, „The Anschluss and the Tragedy of Austrian Jewry 1938–1945", in: Josef Fraenkel (Hg.), *The Jews of Austria, Essays on their Life, History and Destruction* (London 1967), S. 480.

41 Victor Karady, „Jewish Enrolement Pattern in Classical Secondary Education in Old Régime and Inter-War Hungary", in: *Studies in Contemporary Jewry I,* hg. von J. Fraenkel (Bloomington 1984), S. 225–252, bes. S. 240–241.

keit eine höhere Schule als ein Nicht-Jude. Mir wichtiger erscheint allerdings, daß Karady durch diese Verallgemeinerung seiner Zahlen einen meiner Meinung nach entscheidenden Faktor jedes Erklärungsversuches für die jüdische Vorherrschaft in der liberalen Bildungsschicht unberücksichtigt läßt, daß es nämlich die Söhne von Unternehmern (Kaufleuten) waren, die neu zu dieser Bildungsschicht hinzustießen und es gerade in diesem Bereich die meisten Juden gab.

Tabelle 9 zeigt noch etwas anderes als die überproportional starke Vertretung der Juden im Unternehmerbereich, sie zeigt nämlich auch, daß sie in den Gruppen „freie Berufe" oder „öffentlicher Dienst" nicht oder nur leicht überrepräsentiert waren. Darin spiegelt sich die Tatsache wider, daß es in der deutschen (österreichischen) Gesellschaft eine Bildungstradition gab, die jener der Juden ähnlich war. Dies gilt vor allem für die Bürokratie mit ihrem josephinischen Erbe und dem Wunsch, sich als Familie einen Status innerhalb der herrschenden Elite zu bewahren.[42] Hier spielten soziale Überlegungen bei der Einstellung zur Bildung mit, und daher besuchten erwartungsgemäß viele Söhne von Beamten ein Gymnasium. Nicht so zu erwarten ist bei einer rein soziologischen und klassenspezifischen Betrachtungsweise die noch größere Zahl von Söhnen jüdischer Kaufleute. Hier, in dieser Kernschicht des liberalen Bürgertums, sind die Juden überproportional stark vertreten, was nur durch den unterschiedlichen kulturellen Hintergrund und die unterschiedlichen Ziele jüdischer und katholischer Kaufleute in der Monarchie erklärt werden kann.[43] Und eben diese Flut von Söhnen, die aus Kreisen des jüdischen Handels kamen, bedeutete den wirklich dynamischen Faktor im kulturellen Leben Wiens zu Ende des 19. Jahrhunderts. Wir müssen damit wohl auf die Bedeutung der Bildung in der jüdischen Tradition zurückgreifen, um dadurch die soziale Erklärung der jüdischen Vorherrschaft in der liberalen Bildungsschicht und der kulturellen Elite zu ergänzen.

Wien um 1900 – eine jüdische Erfahrung?

Aus den diversen auf den vorangehenden Seiten zusammengestellten Statistiken geht hervor, daß die Juden sowohl innerhalb der kulturellen Elite als auch in

---

42 Siehe Paul R. Mendes-Flohr, „The Study of the Jewish Intellectual: Some Methodological Proposals", in: Frances Malino und Phyllis Albert (Hgg.), *Essays in Modern Jewish History* (London 1982), S. 158–159.

43 Zu diesem Punkt siehe Julius Carlebach, „The Forgotten Connection – Women and Jews in the Conflict between Enlightenment and Romanticism", in: *LBIY* 1979, S. 113–118. Carlebach beschreibt, wie „bürgerlich" die Juden von ihrer religiösen und kulturellen Tradition her sind, bevor er sich mit ihrer Rolle in der Wirtschaft beschäftigt. Dies gilt auch für ihre Einstellung gegenüber der Bildung. Die katholische Tradition war eine andere. Siehe weiter unten, S. 101 ff.

deren anzunehmender gesellschaftlicher und bildungsmäßiger Basis eine Vorrangstellung einnahmen. Sollte Schorske mit seinen Überlegungen zum liberalen Bürgertum und Boyer mit den seinen zur Sozialgeschichte der Politik im späten 19. Jahrhundert in Wien recht haben, so machen uns die Erkenntnisse, die wir aus der Untersuchung der Gymnasien gewonnen haben, ganz deutlich, daß es unvermeidbar war, daß die Kultur der Moderne weitgehend von jüdischer Seite getragen wurde, da sich die kulturelle Elite immer stärker aus Juden unter Juden rekrutierte.

Man könnte dies als bedeutungslos abtun, da sich jene Juden, die diese Elite zum Großteil ausmachten, in nichts von den Nicht-Juden unterschieden. Von ihren Grundeinstellungen und ihrem Hintergrund her waren sie ganz einfach liberal-bürgerlich. Das Problem dabei liegt in der Frage, ob ihr Hintergrund eben doch ein anderer war und welche Rolle dieser jüdische Hintergrund und die Tatsache, ein Jude zu sein, für den einzelnen spielte. Wie meine Zahlen recht deutlich zeigen, gab es – sei es aus „internen" oder „externen" Gründen – eindeutig Unterschiede zwischen Juden und Nicht-Juden im liberal-bürgerlichen Lager, wenn es um so wichtige Entscheidungen wie die Studien- oder Berufswahl ging. Diese Unterschiede in der Berufswahl und bei der tatsächlich erreichten Karriere vertieften noch die große Kluft im sozialen Hintergrund zwischen Juden und Nicht-Juden (jüdische Kaufleute, katholische Beamte). Wenn wir das starke jüdische Übergewicht in den einzelnen liberal-bürgerlichen Gruppen zusammenfassen, zeigt sich, daß der Hintergrund vieler liberaler Bürgerlicher in Wien häufig ein jüdischer war und damit mit einer Erfahrung verbunden war, die sozusagen als jüdisches Monopol bezeichnet werden kann.

Eines der deutlichsten Beispiele ist der berühmte Wiener Jude Sigmund Freud. Freud wurde in Mähren als Sohn eines Kaufmanns geboren, kam dann nach Wien und besuchte das Sperlgymnasium in der Leopoldstadt. Schon diese Lebensgeschichte allein ist ein Hintergrund, den es fast nur bei Juden gibt.[44] Er entschied sich dann für das Medizinstudium. Meine Zahlen über die Berufswahl zeigen, daß 78% der Söhne aus liberal-bürgerlichen Familien und 93% der Söhne von Kaufleuten, die sich für ein Medizinstudium entschieden, Juden waren. Und so wurde Freud Arzt. Wie wir gesehen haben, waren im Falle der Unterrepräsentation 65% aller, die aus der liberalbürgerlichen Gruppe Ärzte oder Anwälte wurden, Juden. Leute wie Freud und seinesgleichen mußten praktisch jüdisch sein, war ihr Bildungsweg in bezug auf Wien doch eindeutig ein jüdischer. Aufgrund dieser Berechnungen war es also kein Zufall, daß dem Kreis um Freud in der Frühzeit fast ausschließlich Juden angehörten.

Es gab auch Nicht-Juden, die einen ähnlichen Bildungsweg durchliefen und aus einem weitgehend gleichem Hintergrund kamen. Man muß in diesem Zu-

---

44 Die 10 Beispiele aus meiner Stichprobe des Sperlgymnasiums, auf die derselbe Hintergrund wie bei Freud zutrifft, waren alle jüdischer Abstammung.

sammenhang festhalten, daß Wien um 1900 keineswegs ein ausschließlich jüdisches Phänomen war. Vor allem im Bereich der Graphik, in dem es nicht so viele ausgebildete Juden gab, waren Nicht-Juden die Träger derselben Kultur der Moderne wie die Juden. Dies könnte Anlaß dazu bieten, das „jüdische Element" als bedeutungslos abzutun, da es ja auch Nicht-Juden mit denselben Ideen, derselben Gesinnung gab. Wir dürfen allerdings nicht vergessen, daß diese Leute in der Mehrzahl meist einen ganz besonderen Hintergrund hatten, nämlich jenen der Assimilation. Während Ideen und Strömungen in Kunst und Kultur sozial objektiv und damit für jedermann, der sich darum bemüht, zugänglich sind oder zumindest sein können, müssen wir dennoch die Auswirkungen sozialer, religiöser, kultureller oder ethnischer Bindungen und gemeinsamer Erfahrungen untersuchen, um daraus einen breiträumigen Einfluß abzuleiten. In der Geschichte kultureller Strömungen werden deren einzelne Träger stets aus dem unterschiedlichsten Umfeld kommen. Wenn allerdings in einer Gruppe zahlreiche Angehörige aus demselben Hintergrund kommen, dann ist es nur allzu verständlich, zu untersuchen, ob die Geschichte oder die Erfahrung dieser Gruppe bestimmte Traditionen oder Weltanschauungen vermittelt, die einzelne Angehörige dieser Gruppe für ein bestimmtes bereits bestehendes Gedankengut empfänglicher macht und sie zu neuen Ideen und Einsichten anregt.

Wien um 1900 wurde nicht ausschließlich von Juden geprägt, sie stellten jedoch bei weitem die Mehrheit, und ihre Stellung macht sie in vieler Hinsicht zur Kernschicht der modernen Kultur. Während es durchaus auch Menschen einer anderen Tradition und mit einem anderen Hintergrund gab, die ihren Beitrag zum Wien um 1900 leisteten, so war es doch die jüdische Erfahrung, die bei den meisten Protagonisten und deren Publikum den Ton angab, selbst wenn diese Erfahrung nicht einmal ethnisch, sondern sozial definiert wird, wie das Beispiel Freuds zeigt. Das starke Übergewicht der Juden in einigen Kernbereichen der Wiener Kulturgeschichte läßt uns den jüdischen Hintergrund dieser Leute nicht einfach als irrelevant beiseite schieben. Wir müssen nun also versuchen herauszufinden, ob es für diese Leute und die von ihnen hervorgebrachte Kultur von Bedeutung war, daß sie Juden mit einem jüdischen Hintergrund waren.

Teil II

Der jüdische Hintergrund der Wiener Kultur

5. Jüdisches Bewußtsein – jüdischer Geist?

Es gibt zwei Möglichkeiten, den jüdischen Hintergrund der kulturellen Elite Wiens zu untersuchen. Die beiden Möglichkeiten unterscheiden sich dabei voneinander sehr stark in ihrer Komplexität, aber auch in ihrer empirischen Überprüfbarkeit. Der erste Ansatz ist, zu prüfen, was verschiedene Angehörige der Elite selbst über ihr Judentum und dessen Konsequenzen zu sagen haben. Hätte die Assimilation völlig gegriffen, hätte jenes Bewußtsein nicht überlebt. Wie sehr es doch noch existiert, ist also gewissermaßen ein empirischer Hinweis auf das Fortleben einer gesonderten jüdischen Identität, selbst wenn diese, was die einzelnen Personen betrifft, negativ sein sollte.

Der zweite Weg, sich mit der Bedeutung des jüdischen Hintergrundes zu beschäftigen, ist wesentlich komplexer und beruht stärker auf Spekulationen. Dieser Ansatz geht über das Empirische hinaus und beinhaltet den Versuch, Verbindungen auf der Ebene eines gewissen „jüdischen Elements" herzustellen, das sich in der modernen Kultur Wiens erhalten hat. Ein solcher Ansatz bringt viele Schwierigkeiten mit sich und muß daher etwas genauer ausgearbeitet werden. Es gilt zu allem Anfang einmal festzustellen, daß es ein Problem zu untersuchen gibt, zumindest auf der bewußten Ebene, bevor wir uns in ausführliche Diskussionen über die jüdische Geisteshaltung einlassen.

Der Fortbestand eines jüdischen Bewußtseins

Vor der Assimilation hatten die meisten Juden eine bestimmte Vorstellung, was es bedeutete, jüdisch zu sein. Eine völlige Assimilation hätte bedeutet, daß dieser Sinn für eine jüdische Identität verschwunden wäre. Immer wieder hört man die Behauptung, die Juden wären durch die Assimilation allen anderen gleich geworden, die demselben liberal-bürgerlichen Milieu entstammten, und wären nicht mehr in signifikanter Weise Juden gewesen, sondern ausschließlich liberale Bürgerliche mit demselben Selbstverständnis wie ihre Standesgenossen. In diesem Falle wäre die jüdische Frage aus dem Bewußtsein von Juden und Nicht-Juden verschwunden. Davon kann aber im Wien um die Jahrhundertwende nicht die Rede sein.

Vielleicht ist es richtig, daß vielen Leuten jüdischer Abstammung ein positiver Zugang zu ihrem religiösen und kulturellen Erbe fehlte. Viele „Juden" hatten nicht die geringste Ahnung von der jüdischen Religion und wollten davon auch gar nichts wissen. Viele behaupteten, ihr Judentum wäre irrelevant und bereits überwunden. All dies zeigt aber nur, daß der Betreffende sich auf einer tieferen Ebene sehr wohl dieses Problems, jüdisch zu sein, bewußt war.

Wie ausgeprägt dieses Bewußtsein war, hängt von der Definition des Wortes *Bewußtsein* ab. Zum einen kann man ein „bewußter Jude" im bejahenden Sinn des deutschen Wortes sein. Nur wenige der führenden Persönlichkeiten des Wiener kulturellen Lebens waren in diesem Sinne *bewußte Juden*. Zum anderen waren sich die meisten sehr wohl der Tatsache bewußt, Juden zu sein, woraus wir folgern können, daß jede Stellungnahme zur jüdischen Frage, ob positiv oder negativ, ein Beweis dafür ist, daß dieser Faktor immer noch eine Rolle im Denken dieser Menschen spielte.

Wenn wir den Begriff „Bewußtsein" so weit wie möglich fassen, sehen wir, daß die jüdische Frage in Wien um 1900 noch einen sehr hohen Stellenwert hatte, und zwar unter Juden wie unter Nicht-Juden. Wien wurde nach 1895 von einer antisemitischen Partei regiert und war gleichzeitig die Geburtsstätte des modernen Zionismus. Wien war die Stadt, wo Hitler lernte, Juden zu „erkennen".[1] Zwei der bedeutendsten literarischen Werke dieser Zeit, Schnitzlers *Weg ins Freie* und Weiningers *Geschlecht und Charakter,* beschäftigen sich ausführlich mit der jüdischen Frage. Auch in ihrem privaten Briefwechsel nimmt dieses Thema einen wichtigen Platz ein. In welcher Form der Fortbestand eines jüdischen Bewußtseins diese Menschen in ihrer Selbst- und Weltsicht beeinflußte, soll in einem späteren Kapitel behandelt werden. Hier möchte ich nur die Grenzen dieses Bewußtseins ausleuchten und zeigen, daß selbst eine negative Haltung oder die Leugnung, ein Jude zu sein, als Ausdruck für eine gewisse Anerkennung des jüdischen Problems gesehen werden kann.

Viele Vertreter der kulturellen Elite Wiens leugneten, Juden zu sein. Dies hieß aber nicht, daß damit auch das jüdische Problem beseitigt war. Für den sozialistischen Denker Max Adler war seine jüdische Abstammung ebenso bedeutungslos wie für den Rechtstheoretiker Hans Kelsen oder den Psychologen Alfred Adler. Alle drei machten jedoch die Erfahrung, daß andere in ihnen immer noch Juden sahen, vor allem, wenn es darum ging, die akademische Karriereleiter zu erklimmen.[2] Meiner Meinung nach gibt es einen Unterschied zwischen, nicht als Jude gesehen werden zu wollen, aber weiterhin als solcher behandelt zu werden, und von dem jüdischen Problem völlig unberührt zu sein, sich dessen also völlig nicht bewußt zu sein, daß es ein jüdisches Problem gab. Der Wunsch, mit dieser Frage nichts zu tun zu haben, impliziert aber bereits, daß man sich bewußt ist, daß es dieses Problem überhaupt gibt. Nur ist das damit verbundene Bewußtsein eben ein negatives.

Viele Zeitzeugen behaupten, sich nie bewußt gewesen zu sein, Juden zu sein, ja dies nicht einmal leugneten. Ihre Aufrichtigkeit muß dabei nicht unbedingt in Frage gestellt werden. Es war entweder aufgrund eines behüteten Lebens oder

---

1   Ivar Oxaal, *The Jews of Pre–1914 Vienna: Two Working Papers* (Hull 1981), S. 1–4.
2   Zu Alfred Adler siehe Manès Sperber, *Alfred Adler oder das Elend der Psycholog*i*e* (Wien – München – Zürich 1970), S. 43. Zu Hans Kelsen und Max Adler siehe R. A. Métall, *Hans Kelsen: Leben und Werk* (Wien 1969), S. 10–12, 43.

einer fröhlichen Unwissenheit zweifellos möglich, jedes Gefühl für die schwierige Lage der Juden zu vermeiden. Wenn wir uns allerdings näher mit diesen Behauptungen über das Fehlen eines jüdischen Bewußtseins beschäftigen, stellt sich oft heraus, daß diese Aussagen falsch verstanden wurden oder aus dem Zusammenhang heraus eine Art impliziten jüdischen Selbstbewußtseins beinhalteten. Sigmund Mayer stellt in seinen Erinnerungen fest, daß er sich bis zu den achtziger Jahren des vergangenen Jahrhunderts nicht bewußt war, ein Jude zu sein.[3] Dies wurde als Beweis dafür zitiert, daß es am Höhepunkt der liberalen Ära möglich war, das jüdische Problem zu vergessen.[4] An anderer Stelle behauptet Mayer, daß es zu jener Zeit sehr wohl einen Antisemitismus gab und die liberale Regierung aus Angst vor der Reaktion der Wähler auf zu viele Juden in der Verwaltung keine Juden als Beamten aufnahm.[5] Mayers Behauptung, sich selbst nicht als Jude gesehen zu haben, wird zum rhetorischen Kunstgriff, um zu unterstreichen, welch enormen Einfluß auf ihn und seinesgleichen das Aufkommen des radikalen Antisemitismus als starke politische Kraft in den achtziger Jahren hatte. Allem Anschein nach war Mayer nach diesen achtziger Jahren ein seiner selbst sehr bewußter Jude.[6]

Ein ähnliches Beispiel enthüllen die Erinnerungen Käthe Leichters, der Tochter einer typischen jüdischen liberal-bürgerlichen Familie, die später zu einer Soziologin des linken Flügels wurde. Sie scheint so abgeschirmt von allen antisemitischen Vorurteilen aufgewachsen zu sein, daß sie sagen konnte, daß bis 1938 keiner ihrer Kollegen in ihr eine Jüdin sah.[7] Es stellt sich die Frage, wieso sie sich dessen so sicher war. Tatsächlich war dem auch nicht so. Viele ihrer Kollegen sahen in ihr nämlich, vielleicht hinter ihrem Rücken, sehr wohl eine Jüdin.[8] Daß sie zu wissen glaubte, daß niemand sie als Jüdin sah, kann nur aus ihrem Bewußtsein resultieren, daß sie anders war als ihre jüdischen Freunde. All das war, ihren eigenen Erzählungen zufolge, das Resultat einer halb bewußten, halb unbewußten Assimilation an die Lebensweise der nicht-jüdischen Mädchen an ihrer Schule. Sie ist sich völlig im klaren darüber, daß sie eine Vermittlerrolle zwischen der ihrer Definition nach eindeutig jüdischen Gruppe und den anderen spielte.[9]

Ihre Behauptung, nicht als jüdisch angesehen worden zu sein, ist mit anderen Worten wohl Ausdruck des Stolzes, nicht für eine Jüdin gehalten worden zu sein. Es ist dies der klassische Fall eines „negativen Bewußtseins", des Wunsches oder des Glaubens, es wäre einem gelungen, dem eigenen Jüdisch-Sein zu entfliehen.

---

3 Sigmund Mayer, *Ein jüdischer Kaufmann 1831–1911: Lebenserinnerungen* (Leipzig 1911), S. 289.

4 Z. B. Wolfgang Häusler, „Toleranz, Emanzipation und Antisemitismus", in: N. Vielmetti, Drabek, Häusler, Stuhlpfarrer, *Das österreichische Judentum* (Wien 1974), S. 109.

5 Sigmund Mayer, *Die Wiener Juden: Kommerz, Kultur, Politik 1700–1900* (Wien 1918), S. 478–479.

6 Mayer, *Ein jüdischer Kaufmann*, S. 289.

7 *Käthe Leichter: Leben und Werk*, Hg. Herbert Steiner (Wien 1973), S. 309.

8 *Ibid.*, S. 24.

9 *Ibid.*, S. 24.

Die Ironie liegt darin, daß dies eine ausschließlich jüdische Erfahrung ist, da es sinnlos wäre, davon zu sprechen, wie stolz ein Mensch nicht-jüdischer Abstammung war, nicht als Jude angesehen zu werden, während im Falle Käthe Leichters die Tatsache ihres Stolzes, als „Arierin" angesehen zu werden, bloß ein zusätzlicher Beweis für eine recht seltsame Art jüdischen Bewußtseins ist.

Sowohl das Beispiel Sigmund Mayers als auch jenes von Käthe Leichter zeigen sehr gut die Zweideutigkeit, die in jeder Leugnung des bewußten Jüdisch-Seins liegt. Jede diesbezügliche Behauptung eines Zeitgenossen ist vielmehr schon in sich der Beweis für ein zumindest negatives Bewußtsein, das zu Beginn des Jahrhunderts in Wien sehr weit verbreitet war. Dem zugrunde liegt die Tatsache, daß Wien eines der großen europäischen Zentren des Antisemitismus vor dem Ersten Weltkrieg war und damals als einzige Hauptstadt eine gewählte antisemitische Regierung besaß.[10] Anders ausgedrückt war es nahezu unmöglich, das jüdische Problem zu ignorieren – Bestätigung und Leugnung waren nur zwei Seiten ein und derselben Medaille.[11] Dies gilt sowohl am Rande unserer Studie als auch für deren Schwerpunkt, wie die Beispiele von völlig assimilierten Persönlichkeiten nur teilweise jüdischer Abstammung, wie etwa Hugo von Hofmannsthal und Ludwig Wittgenstein, zeigen.

Oft wird argumentiert, daß diese Persönlichkeiten nicht Teil der jüdischen Frage sein können, da diese sie nur sehr am Rande betraf.[12] Aber weder Hofmannsthal noch Wittgenstein waren in ihrer Geisteshaltung völlig frei von ihrem jüdischen Erbe. Bei Hofmannsthal finden sich nur wenige sichere Beweise für ein Bewußtsein seines Erbes, außer vielleicht den oft zitierten Zeilen:

Ganz vergessen Völker Müdigkeiten
kann ich nicht abtun von meinen Lidern.[13]

Was Hofmannsthals tatsächliche Einstellung zum jüdischen Teil seines Erbes betrifft, so ist dies eine Streitfrage. Broch zum Beispiel sah in ihm weitgehend das Produkt eines Assimilationsprozesses, einen Dichter, der in seinen Gedichten wiederholt versuchte, den Traum von Assimilation seines Urgroßvaters Isaak Löw-Hofmann zu verwirklichen.[14] Es gibt jedoch auch Hinweise, daß

---

10 Zur allgemeinen Geschichte des antisemitischen Siegeszuges in Wien siehe P. G. J. Pulzer, *Die Entstehung des politischen Antisemitismus in Deutschland und Österreich 1867–1914* (Gütersloh 1966), S. 109–152; John W. Boyer, *Political Radicalism in Late Imperial Vienna* (Chicago 1981).

11 Vgl. Ludwig Hirschfeld, *Was nicht im Baedeker steht: Wien und Budapest* (München 1927), S. 56, wo Hirschfeld meint, daß es eine Wiener Spezialität sei, als erste Frage über einen Menschen zu fragen: „Ist er ein Jud?"

12 Z. B. Klaus Lohrmann (Hg.), *1000 Jahre österreichisches Judentum* (Eisenstadt 1982), S. 200.

13 Zitiert in Ilsa Barea, *Vienna* (London 1966), S. 300.

14 Hermann Broch, *Hofmannsthal und seine Zeit,* in: Broch, *Schriften zur Literatur 1* (Frankfurt am Main 1975), S. 178–179; siehe auch Lohrmann (Hg.), *1000 Jahre,* S. 339, über Hofmannsthals jüdische Abstammung.

Hofmannsthal, um es gelinde auszudrücken, etwas gereizt auf seine jüdische Abstammung reagierte, wie seine Beziehung zu Willy Haas zeigt.[15] Für Felix Salten verhielt er sich völlig konform zu seinem Judentum, indem er nicht versuchte, Zugang zum Hochadel zu finden.[16] Was für Auswirkungen all dies mit sich brachte, soll noch später behandelt werden, in diesem Zusammenhang ist lediglich von Bedeutung, daß bei ihm wenn auch nur spärliche Reste eines offensichtlich jüdischen Bewußtseins vorhanden waren.

Ähnliches gilt für den Fall Wittgenstein. Viele Jahre hindurch war nicht ganz klar, wie jüdisch die Familie Wittgenstein wirklich war. Allem Anschein nach war Ludwig Wittgenstein zu drei Viertel jüdischer Abstammung.[17] Heute wissen wir auch, daß er sich zumindest einmal in seinem Leben, nämlich in den dreißiger Jahren unseres Jahrhunderts, seines Jüdisch-Seins viel bewußter war, als man dies einst dachte. Das geht aus der Veröffentlichung einiger seiner Notizen in dem Band *Vermischte Bemerkungen* hervor. Dazu zählt auch das folgende Bekenntnis: „Das jüdische ‚Genie‘ ist nur ein Heiliger. Der größte jüdische Denker ist nur ein Talent. (Ich z. B.)"[18] Es ist dies nur ein schwacher Lichtstrahl, der uns aber nichtsdestotrotz Wittgensteins Denkart als „Jude" erhellt.

Dieser kryptische Kommentar ist nur einer der deutlichsten in einer ganzen Reihe von Bemerkungen, die Wittgenstein in diesem Band über Juden macht. Rush Rhees hat sich näher mit diesen Äußerungen befaßt und stellt dabei fest, daß, obwohl eine gewisse Ähnlichkeit zu den Gedanken Otto Weiningers vorhanden ist, jene anders als bei Weininger nicht den entschiedenen Wunsch deutlich machen, das eigene Jüdisch-Sein zu leugnen. Sie sind vielmehr der Versuch, sich mit diesem Jüdisch-Sein abzufinden, es anzunehmen.[19] Wenn dem so ist, dann sind Kommentare, wie die Forderung, daß jüdische und nicht-jüdische Denker nicht nach dem gleichen Maß gemessen werden sollten, klare Zeichen dafür, daß Wittgenstein sich zumindest in den dreißiger Jahren unseres Jahrhunderts, wie obiges Zitat zeigt, selbst sehr wohl als Jude sah, als Teil des intellektuellen jüdischen Erbes und als Außenseiter.[20] Die Frage dabei ist, ob dieser Einstellung zum Jüdisch-Sein zuvor eine andere vorausgegangen war, und wenn ja welche? Häufig wird die Vermutung aufgestellt, Wittgenstein wurde sich erst in den dreißiger Jahren bewußt, ein Jude zu sein. Wir werden noch sehen, daß dies, im Kontext der Wiener Elite gesehen, eher unwahrscheinlich war. Hier wollen wir

---

15 Willy Haas, *Hugo von Hofmannsthal* (Berlin 1964), S. 10; auch Willy Haas, *Die literarische Welt: Erinnerungen* (München 1960), S. 46–49.
16 Felix Salten, „Der junge Hofmannsthal: das Bild eines Dichters", in: *Neue Volkszeitung,* unbek. Datum. Der Artikel befindet sich im Steininger-Nachlaß in den Archiven der *Bibliographica Judaica* in Frankfurt am Main.
17 Siehe den Anhang in W. W. Bartley, *Wittgenstein, ein Leben* (München 1983), S. 213–216.
18 Ludwig Wittgenstein, *Vermischte Bemerkungen* (Frankfurt am Main 1977), S. 43.
19 Rush Rhees (Hg.), *Ludwig Wittgenstein. Porträts und Gespräche* (München – Wien 1987), S. 134–146.
20 Ludwig Wittgenstein, *Vermischte Bemerkungen,* S. 16, 19.

uns damit zufrieden geben zu zeigen, daß einer der großen Philosophen unseres Jahrhunderts zu einem entscheidenden Zeitpunkt seines Lebens fühlte, daß er sich seines jüdischen Erbes besinnen mußte, auch wenn er gerade an der Grenze der Assimilation stand.

Der Mythos des jüdischen Geistes

Numerisch gesehen waren die Juden in vielen Bereichen des kulturellen Lebens in Wien überlegen, und bei näherer Betrachtung wird deutlich, daß es unter der kulturellen Elite ein wesentlich stärkeres Bewußtsein des Jüdisch-Seins gegeben hat, als dies zunächst den Anschein erwecken mag. Nach wie vor aber bleibt die Frage, wie man diesen „jüdischen Einfluß" auf die Wiener Kultur einschätzen soll.

Das ist zweifellos keine neue Fragestellung. Die Rolle der Juden in der europäischen Kultur der Moderne wurde bereits ausführlich besprochen, auch wenn die Diskussionen über den „jüdischen Intellektuellen" bei weitem noch nicht beendet sind.[21] Der am Beginn des Buches gegebene statistische Überblick macht es uns insofern möglich, einen Großteil dieser Diskussion zu überspringen, als daraus hervorgeht, daß wir keinerlei besondere jüdische Eigenschaft, wie etwa eine höhere Intelligenz, als gegeben voraussetzen müssen. Wenn wir eine gewisse kulturelle Erklärung für die Überrepräsentation der Juden im Bildungswesen akzeptieren – ein späteres Kapitel wird das als eine durchaus vernünftige Annahme zeigen –, so läßt sich das deutliche Übergewicht der Juden in der kulturellen Elite durch das erklären, was wir über die sozialpolitische Geschichte Wiens und deren Rückwirkung auf die Kultur wissen. Damit geben wir auch eine Antwort auf Peter Gays Anregung, wir sollten uns mit dummen Juden beschäftigen, indem wir diesen Gedanken aufgreifen, die Aufgabe gleichzeitig aber als überflüssig erkennen.[22]

Daraus geht hervor, warum die Juden auf zumindest einer Ebene innerhalb der kulturellen Elite überlegen waren. Nun möchten wir herausfinden, ob das Jüdisch-Sein dieser Menschen einen bestimmenden Einfluß auf ihre Weltanschauung und ihre Handlungen ausübte. Der springende Punkt dabei ist, ob die Tatsache, jüdisch zu sein, im Zusammenhang mit Wien bedeutet, für manche Ideen in einer Weise aufgeschlossener gewesen zu sein, die sich bei einem Fehlen des jüdischen Elements nicht so dargestellt hätte. Uns interessieren nicht so sehr die Gründe für das jüdische Übergewicht als vielmehr die Auswirkungen dieses bemerkenswerten Phänomens auf die Kultur.

---

21 Siehe Paul R. Mendes-Flohr, „The Study of the Jewish Intellectual: Some Methodological Proposals" in: F. Malino, P. Albert (Hgg.), *Essays in Modern Jewish History* (London 1982), S. 142–166.
22 Peter Gay, „Encounter with Modernism: German Jews in German Culture 1888–1914" in: *Midstream,* Feb. 1975, Bd. XXI, Nr. 2, S. 25.

Nachdem wir dies einmal festgelegt haben, bleibt immer noch das mühsame methodologische Problem, wie der konzeptuelle Rahmen für eine solche Untersuchung der Frage eines spezifisch jüdischen Einflusses aussehen soll. Dies hängt davon ab, was die Worte „jüdischer Einfluß" für uns genau bedeuten. Sie könnten sich etwa lediglich auf die Lehren der Religion beziehen. Dies wäre die engste Definition, die aber angesichts der Tatsache, daß es sogar unter Konvertiten und Ungläubigen (wie Freud) ein jüdisches Bewußtsein gab, für unsere Zwecke zu eng gefaßt ist. Das andere Extrem wäre es, das jüdische Element als eine Frage der Rasse anzusehen. Es gibt aber auch einen Mittelweg, nämlich eine Art soziokulturellen Einfluß. Dieser Ansatz scheint ebenfalls wenig geeignet, da der soziokulturelle Einfluß doch schwer zu definieren ist und auch kaum Raum für das Aufstellen genauerer Theorien läßt. Diese Definition ist also zu vage und wird häufig als Konglomerat verschiedener Theorien über den jüdischen Geist angesehen, aus dem jeder nach dem Zufallsprinzip auswählt.[23] Keine dieser Möglichkeiten ist demnach sehr erfolgversprechend.

Beim traditionellen Ansatz wird der „jüdische Geist" im allgemeinen auf rassische oder zumindest metaphysische Gründe zurückgeführt. Auch wenn Definitionsversuche jüngeren Datums hier etwas umsichtiger vorgehen, impliziert schon die Bezeichnung „jüdischer Geist" an sich eine weitgehende Verallgemeinerung. Was dabei herauskommt, zeigt sich am deutlichsten bei den älteren, klassischen Definitionsversuchen des „jüdischen Geistes", bei denen die Unzulänglichkeit dieses Begriffs zutage tritt, wenn man sich mit einem konkreten historischen Phänomen, etwa dem jüdischen Einfluß in Wien, beschäftigt.

Das Hauptproblem ergibt sich daraus, daß der Begriff „jüdischer Geist" Verallgemeinerungen Tür und Tor öffnet, die auf rassischen Eigenschaften oder einer gemeinsamen geistigen Qualität beruhen, was auf dasselbe hinausläuft. Das gilt sowohl für jene, die auf der Seite der Juden stehen, als auch für jene, die gegen sie Stellung beziehen, und kann anhand einiger Beispiele beleuchtet werden. Houston Stewart Chamberlain entwickelt in seinem Buch *Die Grundlagen des 19. Jahrhunderts,* einem der bekanntesten Werke des kulturellen Antisemitismus, eine Theorie über die Juden als Verfechter einer Idee des abstrakten Materialismus und damit als Zerstörer der westlichen Werte.[24] Ironischerweise war dieses Buch Julius von Wiesner gewidmet, der jüdischer Abstammung war. Dieses Problem löst Chamberlain insofern ganz einfach, als seiner Meinung nach das Judentum als Konzeption von jedem einzelnen, auch wenn es ihm innewohnte, überwunden werden konnte.[25] Das heißt, wann immer in der Gestalt eines nicht-jüdischen Juden ein Beispiel gegen diese Theorie gebracht wurde, war dies für ihn nur ein Beispiel für die metaphysische Überwindung dieser Konzeption.

---

23 Z. B. William M. Johnston, *Österreichische Kultur und Geistesgeschichte. Gesellschaft und Ideen im Donauraum 1848–1938* (Wien – Köln – Graz 1974), S. 39–45.
24 Houston Stewart Chamberlain, *Die Grundlagen des 19. Jahrhunderts* (München 1899), S. 230–31.
25 *Ibid.*, S. 453–455.

Und damit gab es keine empirische Möglichkeit, diese Theorie zu beweisen oder zu widerlegen.

In einem anderen Fall, nämlich bei dem Werk des Zionisten Theodor Lessing *Der jüdische Selbsthaß* wurde eine ebenso metaphysische und sogar noch absolutere Behauptung aufgestellt. Für Lessing war Jüdisch-Sein eine Frage des Blutes, und kein Jude, wie assimiliert er auch in die deutsche Gesellschaft sein mochte, konnte im „Blut und Boden des Heimatlandes" wirklich Wurzeln schlagen. Lessing spricht davon, wie sehr die deutsch-jüdischen Schriftsteller ihr Blut beleidigt hätten, als sie sich einer rassisch fremden Kultur zuwandten.[26] Auch hier war es ebenso wie bei den Nürnberger Gesetzen nicht möglich, gegen diese Hauptthese zu argumentieren, da ein jüdischer Beitrag zur deutschen Kultur schon *a priori* dekadent und künstlich war. Die einzige Hoffnung der Juden lag daher in einem eigenen Land.

Die Problematik solch großspuriger Behauptungen liegt in der Unmöglichkeit, sie zu widerlegen – wird zu ihrer Verteidigung doch ein ganzes System entwickelt, an dem kein Weg vorbeiführt. Damit gibt es aber auch keine Möglichkeit zur empirischen Überprüfung solcher Theorien, denn in dem einen Fall kann der Theorie nicht widersprochen werden, und im anderen wird im Rahmen der Theorie festgestellt, daß jeder Widerspruch notwendigerweise eine Illusion ist. Auf der anderen Seite gibt es auch keinen Weg zu beweisen, daß diese Theorien stimmen. Es fehlt schlicht und einfach jedes Kriterium für eine empirische Überprüfung, und damit können solche Konzepte vom Gesichtspunkt des historischen Verständnisses her beiseite gelassen werden.

Obwohl solch schablonenhafte Erklärungen für eine Argumentation unzugänglich sind, bedienen sie sich bei dem Versuch, sich mit konkreten Beispielen des jüdischen Einflusses zu beschäftigen, bisweilen recht eigenartiger Konstruktionen. Der Grund hiefür liegt darin, daß sich trotz jeder verallgemeinernden Behauptung eine jüdische Geisteshaltung empirisch in großer Vielfalt nachweisen läßt. Chamberlain berücksichtigte dies, wie wir gesehen haben, in seiner Theorie dadurch, daß er jedem einzelnen die Möglichkeit zugestand, sein metaphysisches Erbe zu überwinden. So kommt er zu recht eigenartigen Schlußfolgerungen. Als er den revolutionären Atheisten ein typisch jüdisches Verhalten vorwarf, stellte er diesen messianischen Zeloten den friedliebenden, ehrenwerten Rabbiner gegenüber, der für seine Gemeinde sorgt, einen Menschentyp, der, so Chamberlain, *nicht* jüdisch ist.[27] Wie ein Rabbiner, ein Sklave der bösen Religion des Judentums, nicht jüdisch sein konnte, erklärt er allerdings nicht.

Was Lessing anbelangt, so werden die Beweise gegen seine Theorie immer drückender, wenn er sich mit der Realität beschäftigt – zumindest beim Sonderfall Wien. Eine der Hauptthesen seines Buches ist es, daß die Juden, in gewisser

---

26 Theodor Lessing, *Der jüdische Selbsthaß* (Berlin 1930), S. 68 ff.
27 Chamberlain, *Die Grundlagen,* S. 450–451.

Weise weil sie ihrer Umgebung entfremdet waren, zu jenem Volk wurden, das die Mathematik mit ihrer Neigung, Grenzen zu sprengen, zur Königin der Wissenschaften machte.[28] Dies ist in sich eine Neuauflage der traditionellen Theorie, verkörpert durch Chamberlain, für den der Jude ein abstrakter Denker war, die auch heute noch in abgeschwächter Form in der Auffassung weiterlebt, Juden seien von Natur aus bessere Mathematiker als andere. Dies mag andernorts seine Gültigkeit haben. Was jedoch Wien betrifft, so waren die Juden hier um die Jahrhundertwende in der „Mathematisierung der Kultur" bemerkenswert schwach vertreten. Auf dem Gebiet der Physik waren es Ernst Mach und Ludwig Boltzmann, die der Mathematik eine Vorrangstellung einräumten. Mach war ein Verfechter des positivistischen Ansatzes, die realen Faktoren nicht zu beachten und aus der Physik eine Sammlung mathematischer Formeln zu machen.[29] Boltzmann war der Begründer der statistischen Mechanik.[30]

In der Nationalökonomie wurde von der Österreichischen Schule von Menger, Wieser und Böhm-Bawerk die Grenznutzentheorie entwickelt. Der architektonische Funktionalismus, wo die Mathematik der Baukosten vor der Ornamentik kam, war in Wien das geistige Kind Otto Wagners und Adolf Loos'.[31] Die größte mathematische Errungenschaft in Wien war die Erkenntnis Kurt Gödels, der bewies, daß die Mathematik selbst nur relativ ist.[32] Keiner der Genannten hatte einen jüdischen Hintergrund.

Einige Juden hingegen zeigten eine entschiedene Abneigung, der Rationalisierung der Welt allzu große Bedeutung zu schenken. Trotz seiner positivistischen Einstellung griff Theodor Gomperz Wilhelm Ostwald scharf an, weil dieser den Vorschlag gemacht hatte, die historischen Sprachen durch eine neue, rationale Sprache zu ersetzen. Gomperz argumentierte interessanterweise, daß ein Verschwinden der alten Sprachen den Verlust ihrer Fähigkeit bedeuten würde, die Schönheit der Welt in der ihnen eigenen Art und Weise zum Ausdruck zu bringen.[33] Der Unterricht der klassischen Fächer in der Schule wurde verteidigt, da dort die geistigen Werte der alten Griechen und Römer gelehrt wurden.[34] Es gibt sogar die berühmte Geschichte, wo ein Sproß einer jüdischen Familie von einem Nicht-Juden völlig falsch verstanden wurde, der behauptete, besagter

---

28 Lessing, *Selbsthaß*, S. 84–85.

29 Zu Mach siehe John T. Blackmore, *Ernst Mach: his Work, Life and Influence* (Berkeley 1972), S. 165–179; auch Johnston, *Österreichische Kultur- und Geistesgeschichte*, S. 190–195.

30 Zu Boltzmann siehe Johnston, *Österreichische Kultur- und Geistesgeschichte,* S. 196–197; auch Allan Janik und Stephen Toulmin, *Wittgensteins Wien* (München – Wien 1984), S. 196–200.

31 Zu Otto Wagner siehe Carl E. Schorske, *Wien: Geist und Gesellschaft im im Fin de Siècle* (Frankfurt am Main 1985), S. 68–105. Zu Adolf Loos siehe Janik und Toulmin, *Wittgensteins Wien,* S. 120 ff.

32 Johnston, *Österreichische Kultur- und Geistesgeschichte,* S. 198.

33 *Theodor Gomperz: ein Gelehrtenleben im Bürgertum der Franz-Josephszeit,* Hgg. H. Gomperz und R. A. Kann (Wien 1974), S. 419–425.

34 Theodor Gomperz, *Essays und Erinnerungen* (Stuttgart 1905), S. 214.

Jude habe ein mathematisches System entwickelt, während dieser in Wirklichkeit einen Beitrag zur Verteidigung eben jener Werte geleistet hatte, die nach Meinung Chamberlains und Lessings von den assimilierten Juden gefährdet wurden. Ich denke hier an Russells Einführung zu Wittgensteins *Tractatus Logico-Philosophicus*.[35] Diese Beispiele beweisen nicht, daß Juden sich nicht bisweilen auf dem Gebiet der Mathematik ausgezeichnet hätten. Sie zeigen aber, daß die Behauptung, die Juden wären *die* Mathematiker der westlichen Kultur für Wien einfach nicht aufrechterhalten werden kann.

Das Problem mit jeder Definition des jüdischen Geistes liegt darin, daß es eindeutig mehr als einen Typ des Juden gibt. Denken wir nur an die enormen Unterschiede zwischen einem Westjuden und dem traditionellen Ostjuden, wobei dies nur der extremste Fall ist. Die große Vielfalt jüdischer Geisteshaltungen führte zu recht verwirrenden Unstimmigkeiten innerhalb der einzelnen Lager. So war es Theodor Lessing, der sagte, daß Eugen Dühring, jener glühende Antisemit der frühen achtziger Jahre des 19. Jahrhunderts, im Gegensatz zu den meisten, für welche die Juden zu abstrakt und zu materialistisch waren, in ihnen orientalische Mystiker sah, deren Aberglaube darin bestand, daß sie die Feinheiten der großen deutschen Tradition des rationalen Denkens und der positivistischen Wissenschaft nicht verstehen und schätzen konnten. Der Jude des einen war der Deutsche des anderen.[36]

Es fällt leicht, die Wurzeln dieser Verwirrung zu erkennen. Abgesehen von der Vielfalt jüdischer Menschentypen war da, wie George Mosse es darstellte, noch die Tatsache, daß die Auffassung der Antisemiten darüber, was jüdisch war, davon abhing, was sie fürchteten.[37] Wer der völkischen Bewegung angehörte, für den wurde der Jude als Herold einer abstrakten Rationalität zum Symbol des Angriffs auf deutsche Werte, wer ein Positivist wie Dühring war, für den wurde der Jude zum Zauberer. Wie auch immer, die Bereitschaft der Deutschen jener Zeit zu einer übersteigerten Begriffsbildung führte dazu, daß persönliche Vorurteile zu pseudo-metaphysischen Systemen aufgebauscht wurden, mit dem Ergebnis, daß jedes sensible Herangehen an die Frage des jüdischen Einflusses in einer Flut von Rhetorik unterging und praktisch erstickt wurde.

Jeder rassische Ansatz, ob von anti- oder philosemitischer Seite, ist als historisches Werkzeug unbrauchbar und voller Widersprüche. *Jedes* System, das von der Prämisse ausgeht, daß es *einen* jüdischen Geist gibt, durch die alle Demonstrationen von Juden in der westlichen Kultur erklärt werden können, muß angesichts der enormen Vielfalt jüdischer Erfahrung in sich zusammenbrechen. So gesehen können wir sagen, daß es *den* jüdischen Geist nicht gibt, er also ein Mythos ist.

---

35 Janik und Toulmin, *Wittgensteins Wien*, S. 270 f.

36 Lessing, *Selbsthaß*, S. 83–84.

37 George L. Mosse, *Germans and Jews: The Right, the Left and the Search for a „Third Force" in Pre-Nazi Germany* (London 1971), S. 37.

Der historische Blickwinkel

Doch wie wir bereits gesehen haben, *gab* es in Wien unleugbar ein Phänomen. Es erscheint auch nicht bar jeder Vernunft, tatsächlich einen spezifischen jüdischen Einfluß auf die Gesinnung der Elite und damit die Kultur zu vermuten. Bei den führenden Persönlichkeiten dieser kulturellen Elite Wiens haben wir es im höchsten Falle mit einem zeitlichen Abstand von drei Generationen vom traditionellen Judentum zu tun, wobei Hofmannsthal und Wittgenstein die Grenzfälle darstellen. Es wäre erstaunlich, wenn nicht irgend etwas aus der Vergangenheit auf diese Menschen übergegangen wäre. Außerdem rief in dieser Zeit eines starken Antisemitismus schon die jüdische Abstammung allein bestimmte Reaktionen hervor. Nicht die Theorie, daß es einen jüdischen Einfluß auf die Kultur gab, ist falsch, sondern die Vorstellung, daß dieser durch einen einheitlichen jüdischen Geist erklärt werden könnte. Wir brauchen einen neuen konzeptuellen Rahmen, der von dieser vereinfachenden Sichtweise abrückt.

Mein diesbezüglicher und bereits früher angesprochener Vorschlag lautet, sich ohne Rücksicht auf jede höhere Philosophie mit dem Sonderfall Wien als einem historischen Phänomen mit seinen eigenen Rechten zu beschäftigen. Wir müssen die Erfahrungen der einzelnen Mitglieder der kulturellen Elite dazu in Bezug stellen, was in Wien während des Zeitalters der Assimilation vor sich ging. Dazu müssen wir uns mit jener Tradition beschäftigen, aus der diese Leute hervorgingen, und damit, wie stark diese Traditionen, wenn auch in säkularisierter Form, Eingang in die Gesinnung der assimilierten Gemeinde fanden. Danach gilt es, die spezifischen Erfahrungen der Juden als Assimilierte in einer antisemitischen Umgebung zu beschreiben und anhand der Erfahrungen dieser Einzelpersönlichkeiten zu zeigen versuchen, wie dieser komplexe Prozeß in bestimmten gemeinsamen Einstellungen gipfelte, die ihrerseits wiederum in deren Arbeiten ihren Ausdruck fanden.

Ein solcher Ansatz, der sich mit dem Phänomen als dem beschäftigt, was es wirklich war, nämlich ein dynamischer historischer Prozeß, hat viele Vorteile, nicht zuletzt, daß er diverse Variationen und Gegensätze *innerhalb* des vorgegebenen Rahmens zuläßt. Auf jeder Stufe dieses Prozesses, der auf den folgenden Seiten beschrieben werden soll, gibt es mehrere mögliche Antworten, die in einem breiten Spektrum unterschiedlicher Einstellungen münden. Zwischen diesen Haltungen gibt es aber aufgrund ihres gemeinsamen Ursprungs im vorgegebenen Rahmen immer noch Verbindungen. Das Ergebnis kann daher als eine Art Netzwerk von *Familienähnlichkeiten* gesehen werden, eine Verbindung, deren Berührungspunkte eher im gemeinsamen historischen Ursprung liegen als in dem Umstand, Teil irgendeiner im Grunde unmöglichen metaphyischen Konstruktion zu sein.[38]

---

38 Der Ausdruck „Familienähnlichkeit" wurde von Wittgenstein selbst entlehnt. Siehe dessen *Philosophische Untersuchungen* (Frankfurt am Main 1971), Para. 67, S. 48.

In den folgenden Kapiteln werde ich versuchen, den historischen Prozeß des jüdischen Einflusses auf die Wiener Kultur dadurch zu beschreiben, wie Angehörige der kulturellen Elite durch die verschiedenen Phasen dieses Prozesses betroffen wurden. Da es sich dabei um eine Beschreibung handelt, ohne jeden Versuch, Nichtverifizierbares zu verifizieren, sind die daraus abgeleiteten Schlußfolgerungen notwendigerweise unverbindlich. Meiner Meinung nach erlaubt eine Kulturgeschichte in dieser Form keine endgültigen Antworten auf Fragen wie beispielsweise den jüdischen Einfluß oder einen anderen ähnlicher Art. Wir können allerdings den Zusammenhang zwischen der Kultur und der jüdischen Assimilation beschreiben. Und gerade durch diese Beschreibung sollte jede Mystifikation beseitigt werden, die durch Versuche begünstigt wurde, ein Modell für den jüdischen Geist zu finden.

Wenn es stimmt, daß der jüdische Geist im Fall Wiens ein Mythos ist, können wir dennoch die Behauptung aufrechterhalten, daß wir es mit einer Vielzahl von ihnen und den damit im Zusammenhang stehenden kulturellen Errungenschaften zu tun haben. Indem wir aufzeigen, in welcher Weise ein jüdischer Hintergrund die Ideen des einzelnen beeinflußte, erschließen wir vielleicht einen wichtigen Blickwinkel für das Verständnis der Wiener Kultur.

1 Innenansicht der Synagoge Tempelgasse

2 Akademisches Gymnasium in Wien

3 Victor Adler in einem Gruppenbild der Burschenschaft „Arminia", um 1874

4 Josefine Gomperz in
vorgerückten Jahren zusammen
mit ihrer erwachsenen Tochter
Franziska von Wertheimstein und
dem Maler Franz von Lenbach

5 Wien XIX., Döblinger Hauptstraße 96 (1881): Villa Wertheimstein.
Gemälde von Rudolf von Alt

6 Ingres: „Ödipus". Eine Gravüre dieses Bildes zeigte Sigmund Freud seinen Patienten nach einer erfolgreichen Therapiestunde

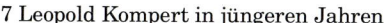
7 Leopold Kompert in jüngeren Jahren

8 Secession Vorderansicht. Zeichnung
von Josef Maria Olbrich. Gebaut mit
Subventionen von Karl Wittgenstein.
Die Widmung „Der Zeit ihre Kunst
der Kunst ihre Freiheit" stammt von
Ludwig Hevesi. Titelbild der Zeitschrift „Ver Sacrum" II. Jahrgang,
1. Heft, 1. Jänner 1899

9 Arthur Schnitzler auf dem Lande

10 Richard Gerstl: „Arnold Schönberg" (1909)

11 Oskar Kokoschka: „Hans Tietze und Erica Tietze-Conrat" (1909). Hans Tietze war der
Autor von „Die Juden Wiens"

12 Alexander von Zemlinsky in großer Gruppe u. a. mit Arnold Schönberg, Franz Schreker
und mit den Mitgliedern des Wiener Philharmonischen Chores anläßlich von Aufführungen
der 8. Symphonie von Gustav Mahler im Deutschen Theater zu Prag (1912)

6. Distanz zur Tradition

Sehr wenige Angehörige der kulturellen Elite konnten auf einen Hintergrund zurückblicken, der viel mit traditionell religiöser jüdischer Erziehung zu tun hatte. In diesem Fall wäre es sehr unwahrscheinlich gewesen, daß sie zu jenen tragenden Persönlichkeiten des europäischen Kulturlebens wurden. Die Assimilation, die Aufgabe spezifisch jüdischer Lebensformen und ebensolcher Denkungsart, hatte es ermöglicht, daß sie in so starkem Ausmaß am kulturellen Leben teilhatten. Diese Menschen wurden als Deutsch-Österreicher erzogen und beschäftigten sich mit Wiener Themen.

Dem Judentum gegenüber hegte das assimilierte Bürgertum im allgemeinen eine indifferente Einstellung. Ein Übertritt zum Christentum wurde von einigen als eine Art Verrat gesehen, aber weniger an der Religion, sondern vielmehr an der Familie, womit das Judentum, um mit den Worten Theodor Gomperz' zu sprechen, auf „un pieux souvenir de famille" reduziert wurde.[1] Ob es nun als Feigheit angesehen wurde, Verrat an der Vergangenheit zu üben und zu konvertieren, oder sich der Vergangenheit zu unterwerfen und nicht zu konvertieren, die Frage der Religion war doch mehr ein formales, wenn auch ein heikles Problem.[2] Im Fall der Familie Hermann Brochs ging die Formalität so weit, daß ein Kind jüdisch und das andere katholisch war.[3]

Zahlreiche Juden entschlossen sich – häufig anläßlich der Heirat – den Schritt „heraus" zu tun. So wurden einige der berühmtesten „jüdischen" Persönlichkeiten des Wiener kulturellen Lebens, wie etwa Hofmannsthal und Wittgenstein, als Christen erzogen. Bei diesen Leuten ist es sehr schwer, überhaupt von irgendeinem direkten Einfluß religiöser Traditionen zu sprechen.

Dasselbe gilt für jene, die als Juden erzogen wurden. Die Bar Mizwa wurde von vielen bloß als eine zusätzliche Gelegenheit für Geschenke angesehen.[4] Der verpflichtende Religionsunterricht an der Schule wurde von Schnitzler als Scherz abgetan, und Karl Kraus vertrat die Ansicht, der schlechte Unterricht hätte negative Auswirkungen auf die Einstellung der Kinder zum Judentum.[5] Den Ausführungen von Fritz Mauthner und Hans Kohn aus Prag zufolge war der

---

1 Theodor Gomperz, *Essays und Erinnerungen* (Stuttgart 1905), S. 197.
2 Zu diesen einander widersprechenden Einstellungen siehe Stella Klein-Löw, *Erinnerungen: Erlebtes und Gedachtes* (Wien 1980), S. 13; Felix Braun, *Das Licht der Welt* (Wien 1962), S. 36.
3 Manfred Durzak, *Hermann Broch* (Hamburg 1966), S. 17.
4 Braun, *Das Licht der Welt*, S. 95.
5 Renate Wagner, *Arthur Schnitzler* (Wien 1981), S. 20; Karl Kraus, *Die Fackel,* Nr. 13 (August 1899), S. 30. Vgl. Paul Schick, *Karl Kraus* (Hamburg 1965), S. 23.

Religionsunterricht ein Schwindel.[6] Sigmund Mayer bedauert, daß keines der jüdischen Kinder in Wien hebräisch verstand, worüber es zur damaligen Zeit auch Beschwerden gab.[7] In diesem Zusammenhang fällt es schwer, die Behauptung zu verstehen, Karl Kraus legte in seinem Werk „jüdisch-talmudistische Denktradition" an den Tag.[8] Es ist mehr als zweifelhaft, ob Kraus überhaupt je ein Exemplar des Talmud gesehen hat, geschweige denn in der Lage gewesen wäre, es zu lesen. Daher können Behauptungen, die Wiener Elite sei formal in der jüdischen Tradition gestanden, mit weitgehender Sicherheit als rein rhetorisch angesehen werden, die jeder Grundlage entbehren.

In einigen Fällen jedoch ist die Lage nicht so eindeutig. Selbst jene, deren Assimilation am weitesten fortgeschritten war, enthüllten in ihren Erinnerungen bisweilen, daß sie der religiösen Tradition einmal näher gestanden waren, als man dies vermutet hätte. Fritz Mauthner, der aus einem völlig areligiösen Haus kam, war kurzfristig ein streng orthodoxer Jude und bestrebt, seine Seele und die seiner gottlosen Familie zu retten.[9] Der Positivist Theodor Gomperz befolgte bis zu seinem 13. Lebensjahr streng alle rituellen Gesetze der Juden.[10] Käthe Leichter hielt sich unter dem Einfluß ihres Großvaters und eines guten Religionslehrers zum Schrecken ihrer liberalen Eltern eine Zeitlang recht streng an die Fastenvorschriften an den Buß- und Bettagen.[11] Der Schriftsteller Manès Sperber wuchs, wie auch Joseph Roth, in einem galizischen *Schtetl* auf.[12] Bei diesen Beispielen fällt es nicht so leicht, einen direkten jüdischen Einfluß auszuschließen, selbst wenn dies problematisch bleibt.

Es gibt auch einige andere Beispiele für ein deutlich jüdisches Bewußtsein. Max Reinhardt beschreibt sich selbst als „frommen Juden", auch wenn diese Tatsache für seine Arbeit nur von nebensächlicher Bedeutung war.[13] Richard Beer-Hofmann wurde in einer orthodoxen Familie erzogen. Sein *Schlaflied für Mirjam*, das Rilke als eines der vollkommensten Gedichte der deutschen Literatur lobte, war eine Bestätigung eben dieses jüdischen Erbes.[14] Käthe Leichters vorübergehende Frömmigkeit war auch von anderen Erinnerungen an eine jüdi-

---

6 Fritz Mauthner, *Erinnerungen* (München 1918), S. 116–120; Hans Kohn, *Bürger vieler Welten* (Wien 1965), S. 62.

7 Sigmund Mayer, *Die Wiener Juden: Kommerz, Kultur, Politik 1700–1900* (Wien 1918), S. 304–305; J. S. Bloch, „Wie gebieten wir Einhalt dem rapiden Verfall des religiösen Geistes?" in: *Österreichische Wochenschrift. Centralorgan für die gesammten Interessen des Judenthums*. 15. Oktober 1884, Nr. 1, S. 3–5.

8 Nike Wagner, *Geist und Geschlecht* (Frankfurt am Main 1982), S. 194.

9 Mauthner, *Erinnerungen*, S. 110.

10 Gomperz, *Essays*, S. 15.

11 *Käthe Leichter: Leben und Werk*, Hg. Herbert Steiner (Wien 1973), S. 239–240.

12 Siehe Manès Sperber, Die *Wasserträger Gottes* (München 1983), ein Bericht über seine Jugend. Zu Joseph Roth siehe David Bronsen, *Joseph Roth: eine Biographie* (München 1981), S. 43 ff.

13 Gottfried Reinhardt, *Der Liebhaber* (München 1975), S. 207.

14 Sol Liptzin, *Germany's Stepchildren* (Philadelphia 1944), S. 240. Zu Rilkes Bewunderung siehe B. Zeller, L. Greve und W. Volke (Hgg.), *Jugend in Wien: Literatur um 1900* (Stuttgart 1974), S. 213.

sche Vergangenheit in einer ansonsten völlig assimilierten Familie begleitet. Ihr Vater, den sie als „Universalisten" beschrieb, betrachtete es als eine seiner Fähigkeiten, hebräisch lesen zu können. Als er seiner Tochter von den großen Freiheitskämpfern früherer Zeiten erzählte, erwähnte er auch den heroischen Kampf der Makkabäer, was ein katholischer Vater wohl kaum getan hätte. Auch durch den orthodoxen Großvater wurde unausweichlich ein gewisser Kontakt mit jüdischen Traditionen aufrechterhalten.[15]

Der berühmteste, wenn auch sehr komplizierte Fall in diesem Zusammenhang, ist jener von Sigmund Freud. Die Meinungen darüber, in welchem Ausmaß Freud in jüdisch-religiösen Traditionen erzogen wurde, gehen weit auseinander. Zum einen wird behauptet, seine Eltern, und vor allem seine Mutter, hätten zu Hause orthodoxe Praktiken gepflogen.[16] Zum anderen spricht Paul Roazen von recht laxen jüdischen Traditionen in diesem Haus.[17] Die Wahrheit wird wohl irgendwo in der Mitte liegen. Jacob Freud war der typische Liberale mit den entsprechenden weltlichen Einstellungen. Er wurde jedoch mit dem Talmud erzogen und widmete sich auch später fleißig dessen Studium. Aller Wahrscheinlichkeit nach wurde Freud bis zu seinem 10. Lebensjahr zu Hause von seinem Vater unterrichtet.[18] So besteht guter Grund zur Annahme, daß er von der Denkweise des Talmud oder vielleicht sogar der Kabbala beeinflußt worden sein könnte. Freud selbst gibt uns einen Hinweis darauf, als er an Jung schrieb, daß er (Jung) in Freuds Werk wahrscheinlich Anzeichen jüdischer Mystik erkennen würde.[19]

Bewiesen ist damit aber noch lange nichts. Die Methode der freien Assoziation und die Idee von der Unterscheidung mehrerer Bedeutungsebenen eines Symbols beispielsweise muß nicht unbedingt auf Freuds Beschäftigung mit dem Talmud zurückzuführen sein. Es ist allerdings richtig, daß die Methode des Talmud, derzufolge der Interpretation eines kurzen Textes auf mehreren Ebenen sehr große Bedeutung zukommt, sehr ähnlich anmutet.[20] Es gibt aber auch noch andere mögliche Quellen. So las Freud etwa auch Börnes Aufsatz *Wie wird ein Buch in drei Tagen geschrieben* oder hörte Theodor Gomperz' Vortrag über *Traumdeutung und Zauberei*.[21] Gomperz nahm die empirische Idee der Assozia-

---

15 *Käthe Leichter,* S. 252, 262.
16 R. W. Clark, *Sigmund Freud* (Frankfurt am Main 1981), S. 19.
17 Paul Roazen, *Freud und sein Kreis* (Herzsching 1976), S. 67.
18 Dennis B. Klein, *The Jewish Origins of the Psychoanalytic Movement* (New York 1981), S. 42.
19 Clark, *Sigmund Freud,* S. 225.
20 Diese These stammt von Ernst Simon, „Sigmund Freud, the Jew", in: *Leo Baeck Institute Yearbook (LBIY)* 1957, S. 290.
21 Zu Börnes Einfluß siehe Clark, *Sigmund Freud,* S. 30, 141. Über Gomperz' Vortrag siehe *Theodor Gomperz: Ein Gelehrtenleben im Bürgertum der Franz-Josephszeit,* Hg. H. Gomperz und R. A. Kann (Wien 1974), S. 17. Der Brief, den Freud am 12. November 1913 an Elise Gomperz schrieb, in dem er Gomperz' Einfluß auf ihn selbst erwähnt, ist abgedruckt in E. Freud, L. Freud und I. Grubrich-Simitis, *Sigmund Freud. Sein Leben in Bildern und Texten.* (Frankfurt am Main 1989), S. 85.

tion auf, um zu zeigen, daß die Verbindungen, derer sich der Traumdeuter bediente, das Ergebnis kausal falscher Assoziationen in der realen Welt waren. Gomperz stellte den Wissenschaftlern dann die Aufgabe, die ursprüngliche, mißverstandene Assoziation herauszufinden, aus der sich dann alle daraus folgenden Mystifikationen ableiteten. Gomperz nahm damit die spätere Methode der Psychoanalyse – zumindest für den Deuter, nicht aber den Patienten – vorweg.[22] Die Idee, die Assoziation zurückzuverfolgen, stütze sich schon damals auf die Tradition von Locke.

Der Fall Freud zeigt die Probleme, mit denen man zu kämpfen hat, wenn man versucht, einen eindeutigen Einfluß bestimmter spezifischer jüdischer Traditionen festzulegen. Und auf diese Schwierigkeiten stoßen wir, noch bevor wir uns näher damit beschäftigt haben, daß die in der Mitte des 19. Jahrhunderts verbreitete Auffassung von jüdischer Tradition sich schon recht beträchtlich von den Auffassungen noch ein Jahrhundert zuvor unterschied.[23] Dennoch zeigt der Fall Freud jüngsten Forschungsarbeiten zufolge, daß ein undeutlicher, nicht genau definierter Einfluß eben dieser „Traditionen" doch sehr wahrscheinlich ist.[24] Daß diese Tradition einen *vagen* Einfluß hatte, heißt aber nicht notwendigerweise, daß dieser schwächer als jeder genau definierte war. Oft sind es gerade diese nicht deutlich umrissenen Einflüsse, jene, die nicht so einfach definiert werden können, die am stärksten wirken. Was den jüdischen Einfluß auf die säkularisierte Gemeinschaft betrifft, scheint es zwei Traditionen gegeben zu haben, die im Zusammenhang mit dem kulturellen Leben Wiens besondere Erwähnung verdienen: zum einen die Bedeutung von Erziehung und Bildung im tiefsten Sinn des Wortes, und zum anderen der besondere Charakter des Judentums als eine Religion der Ethik und des Individualismus. Die folgenden Kapitel werden zeigen, wie stark diese Traditionen in der nicht-assimilierten Gemeinde waren, und wie weit sie in der assimilierten kulturellen Elite Wiens fortlebten.

---

22 Der Vortrag ist abgedruckt in Gomperz, *Essays,* S. 72–86.

23 Jakob Katz' Buch über die Emanzipation und die Assimilation der deutschen Juden, *Aus dem Getto in die bürgerliche Gesellschaft. Jüdische Emanzipation 1770–1870* (Frankfurt am Main 1986), endet 1870, also in dem Jahr, in dem mein Buch offiziell beginnt, und David Sorkin zeigt in *The Transformation of German Jewry, 1780–1840* (Oxford 1987), daß im Deutschland des Jahres 1840 bereits von einer neuen jüdischen Identität gesprochen wurde. Wenn die Juden in der Habsburgermonarchie diese neue Identität auch erst später annahmen, hatte schon allein die Tatsache ihres Bestehens eine tiefgreifende Auswirkung auf die Diskussionen Mitte des Jahrhunderts, was „jüdisch" war und was nicht. Man muß sich also darüber im klaren sein, daß die folgenden Abhandlungen über Tradition bis zu einem gewissen Grad einer steten Weiterentwicklung unterliegen.

24 Eine ausgewogene und aufschlußreiche Arbeit über den Einfluß der jüdischen Tradition auf Freud ist William J. McGrath, *Freud's Discovery of Psychoanalysis: the Politics of Hysteria* (Ithaca, New York, 1986).

ankämpfen, und das politische Forum der breiten Masse der Christen, die Christlichsoziale Partei, hielt bekanntlich nicht allzu viel von einem Supremat der Bildung.[12]

Diese Diskrepanz zwischen der jüdischen und der katholischen Einstellung gegenüber der Bildung war weitgehend durch die unterschiedliche wirtschaftliche Grundlage der jüdischen und der christlichen Bevölkerung bedingt, wobei die Katholiken die große Mehrzahl dieser Bevölkerung stellten. Die Bauernkinder wurden bei der Feldarbeit benötigt, während für die üblicherweise von Juden ausgeübten Berufe eher geistige als physische Fähigkeiten nötig waren. Dahinter spielte aber auch die grundsätzliche religiöse Einstellung eine Rolle, und es lohnt die Mühe, einen kurzen Abriß zu geben, auch wenn wir dabei Gefahr laufen, allzu sehr zu vereinfachen. Dem Grundlehrsatz seiner Religion zufolge mußte der gläubige Jude studieren. Der Katholik mußte dies nicht, außer er wollte Priester werden. Es gab in der katholischen Hierarchie vielmehr eine lange Tradition, die gegen eine zu umfassende Bildung der breiten Masse auftrat. Abgesehen von den Predigerorden und ihresgleichen war der Katholizismus, und vor allem die Gegenreformation wie sie in der Monarchie zum Tragen kam, so aufgebaut, daß es auf der einen Seite eine kleine, gebildete Elite gab, den Klerus, der die Glaubenswahrheiten vermittelte, und auf der anderen Seite die übrige Bevölkerung, die ihr Los und ihre Religion einfach anzunehmen hatte. Das war praktisch das genaue Gegenteil der Tradition der jüdischen Diaspora, die mit der protestantischen Sichtweise viel mehr gemein hatte.[13]

Jüdische Kinder begannen also in der Regel schon viel früher zu lernen als nicht-jüdische.[14] Traditionell war die ihnen vermittelte Bildung allerdings eine rein religiöse, nämlich das Studium der Bibel und des Talmud. Diese Bildungstradition brachte zunächst den Vorteil der weit verbreiteten Kenntnis des Lesens und Schreibens mit sich, wobei diese geistige Bildung dann häufig in Bahnen gelenkt wurde, die nie mit den bedeutendsten Strömungen der weltlichen Kultur in Berührung kamen. Häufig wird eingewandt, daß es wohl durchaus seine Richtigkeit haben mag, daß die jüdische religiöse Tradition größeren Wert auf

---

12 Gustav Strakosch-Grassmann, *Geschichte des österreichischen Unterrichtswesens* (Wien 1905), S. 198–315, vor allem der Vergleich des Alphabetisierungsgrades in Österreich und Preußen, S. 310–315; W. W. Bartley, *Wittgenstein* (München 1983), S. 75–124. Der berühmteste Ausspruch, der die christlichsoziale Einstellung zur Kultur widerspiegelt, stammt von dem Reichsratsabgeordneten Bielohlawek aus dem Jahre 1907: „Kultur ist, was ein Jud' vom anderen abschreibt." Zitiert in Friedrich Heer, *Land im Strom der Zeit* (Wien 1958), S. 295.

13 Z. B. der Artikel „Das jüdische Übergewicht" in ÖW, 1. Juni 1888 (Nr. V.22), S. 345, wo die jüdische Achtung vor der Bildung der negativen Einstellung der ‚Ultramontanen' gegenübergestellt wird. Siehe auch Katz, *Aus dem Getto,* S. 35; Sorkin, *German Jewry,* S. 45–46; De Lange, *Judaism,* S. 39.

14 Heinrich Sussmann übersetzte im Alter von fünf Jahren Abschnitte aus dem Pentateuch aus dem Hebräischen (Interview vom 7. Juni 1983); zum relativ fortgeschrittenen Bildungsstand der jüdischen Kinder gegenüber den polnischen siehe auch Sperber, *Wasserträger,* S. 153–154.

Bildung legt, es sich dabei um eine rein religiöse Bildung handle, die nichts mit säkularen Fragen zu tun habe. Ivar Oxaal bringt als Beispiel Indien, wo die religiöse Tradition der Bildung bis heute streng von allem weltlichen Denken getrennt ist.[15] Auch wenn es durchaus plausibel klingen mag, von einer jüdischen Tradition der Bildung und „des Wortes" zu sprechen, wie dies George Steiner und andere getan haben, bleibt immer noch die Frage offen, wie die Übertragung vom religiösen auf den säkularen Bereich erfolgte.[16]

Oxaals Feststellung gewinnt an Glaubwürdigkeit, wenn wir Berichte über das traditionelle jüdische Leben anschauen. Joseph Ehrlich wurde in der chassidischen Gemeinde von Brody zu einem Gelehrten erzogen. Dies bedeutete Auswendiglernen und einen grausamen Unterricht, der in keiner Beziehung zur realen Welt stand. Ehrlichs Vormund war ein Gegner der neuen säkularen Schulen, welche die *Maskilim* der Stadt eingerichtet hatten, und sah in ihr eine Bedrohung des chassidischen Glaubens.[17] Der Komponist Karl Goldmark beschreibt in ähnlicher Weise die völlige Ablehnung jeglicher weltlicher Kultur durch seine ungarisch-jüdische Familie. Seine Mutter las deutsche Bücher, allerdings im geheimen, da dies als Sünde angesehen wurde.[18] Die Juden hatten ihre Bildungstradition und nahmen Gelehrte „in Kost" auf, doch all das hatte seine Wurzeln in religiösen Vorschriften, die weltlicher Bildung gegenüber oft feindselig eingestellt waren oder es zumindest sein konnten.

Wie die Beispiele von Ehrlich und Goldmark zeigen, war ein solcher Übergang zur säkularen Bildung durchaus möglich, zählten später doch beide zur kulturellen Elite, wenn auch nicht zu deren erster Garnitur. Der Grund, weshalb Leute mit dieser religiösen Tradition in der Lage waren, diese auf das weltliche Leben umzulegen, ist ein zweifacher. Erstens hatte sich die bei den traditionellen Gemeinden Deutschlands und Polens weitverbreitete Ablehnung säkularer Studien nie in der gesamten jüdischen Welt durchgesetzt. Von besonderer Bedeutung für uns ist in diesem Zusammenhang, daß diese weder in Böhmen noch in Ungarn derart verpönt waren.[19] Und zweitens wurde dieser Ausschluß jedes weltlichen Studiums ab dem späten 18. Jahrhundert innerhalb des Judentums selbst von der *Haskalah,* der jüdischen Aufklärung, bekämpft. Die Verfechter der Haskalah, die *Maskilim,* griffen die rationalistischen Strömungen innerhalb des Judentums auf und räumten ihnen größeres Gewicht als den rituellen und

---

15 Ivar Oxaal, *The Jews of Pre–1914 Vienna: Two Working Papers* (Hull 1981), S. 26.

16 Vgl. George Steiner, „Some ‚Meta-Rabbis'", in: Douglas Villiers (Hg.), *Next Year in Jerusalem: Jews in the 20th Century* (London 1976), S. 64 ff.

17 Josef R. Ehrlich, *Der Weg meines Lebens* (Wien 1874), S. 7–16, 22.

18 Karl Goldmark, *Erinnerungen aus meinem Leben* (Wien 1922), S. 15.

19 Zur Einstellung gegenüber dem säkularen Studium unter den traditionellen Juden in Österreich siehe Michael Silber, „The Historical Experience of German Jewry and its Impact on Haskalah and Reform in Hungary", in: *Toward Modernity,* Hg. J. Katz (Oxford 1987), S. 113–115. Über die säkulare Bildung bei anderen jüdischen Gemeinden siehe Katz, *Aus dem Getto,* S. 48, 144; Sorkin, *German Jewry,* S. 50 ff.

pietistischen ein, die etwa zur gleichen Zeit von den Chassiden den Verhältnissen angepaßt und weiterentwickelt wurden.[20] Moses Mendelssohn, die treibende Kraft der Haskalah, erwartete eine Zeit, in der die dogmatischen Religionen durch eine Naturreligion des Glaubens ersetzt würden.[21] Das Judentum war für ihn nicht geoffenbarte Wahrheit, sondern geoffenbartes Gesetz, und zum Glauben gelangte man seiner Meinung nach nur durch die Erfahrung der Natur.[22] Das Studium der Welt würde so die Menschen in einem gemeinsamen Glauben einen, und gleichzeitig könnten die Juden an der ihnen eigenen Art der Glaubensausübung festhalten.

Durch diese Auslegung der jüdischen Tradition wurde es möglich, das hohe Ansehen des Studiums von der rein religiösen Bildung auf die säkulare zu übertragen. Die Revolution Mendelssohns erhielt dabei Schützenhilfe durch das traditionelle Judentum selbst. Das Fehlen klarer Dogmen – nur Traditionen und die Tradition der Disputation jener Traditionen – machten es den *Maskilim* möglich, im Judentum eine Religion ohne jedes Dogma zu sehen, eine Auffassung, die für die Reformfreudigen um die Mitte des 19. Jahrhunderts selbst zum Dogma wurde.[23] Sobald sich diese Ansicht durchgesetzt hatte, zeigten sich weitreichende Folgen, daß nämlich das Bekenntnis zum Judentum durch die Kenntnis der realen Welt nicht beeinträchtigt wurde. Tatsächlich geschah sogar das Gegenteil: säkulare Bildung wurde als notwendige Ergänzung zur religiösen Bildung gesehen. Während die christlichen Kirchen sich zunehmend vor den Entdeckungen der Wissenschaft fürchteten, konnte diese neue Auslegung des Judentums in ihnen einen weiteren Beweis für die Wege Gottes begrüßen. Das war jene Auslegung des Judentumes, die Fritz Mauthner in der Schule gelehrt

---

20 Sachar, *History of the Jews*, S. 267–272; Katz, *Aus dem Getto*, S. 70–93, 142, 230; Raphael Mahler, *A History of Modern Jewry 1780–1815* (London 1971), S. 154–163. Ein von der Haskalah oft zitiertes bekanntes Beispiel für rationalistisches Denken in der jüdischen Tradition ist Maimonides; siehe Solomon Maimon, *Solomon Maimon's Lebensgeschichte*, Hg. K. P. Moritz, in: S. Maimon, *Gesammelte Werke* (Hildesheim 1965), Bd. 1, S. 306 ff.

21 Heer, *Gottes erste Liebe*, S. 239–242.

22 Sorkin, *German Jewry*, S. 70; Selma Stern-Täubler, „The first generation of emancipated Jews", in: *LBIY* 1970, S. 24–25; Jacob Allerhand, *Das Judentum in der Aufklärung* (Stuttgart 1980), S.121–127.

23 Zur Dogmenfrage siehe Katz, *Aus dem Getto*, S. 34; Sorkin, *German Jewry*, S. 70, 162–164; de Lange, *Judaism*, S. 4–5, 107. Ein Beispiel aus Wien aus der Zeit um die Mitte des 19. Jahrhunderts für die Ansicht, daß es keine Dogmen gab, bringt das Gerichtsverfahren gegen Kompert in den Jahren 1863–1864, über das *Die Neuzeit*, 1. Jänner 1864, Nr. 1, S. 6–11, im Detail berichtet, bei dem der Wiener Oberrabbiner, I. N. Mannheimer, behauptet hatte, daß die exakte Natur der Wahrheiten im Judentum stets für verschiedene Auslegungen offen sei. Zwei Jahrzehnte später hielt Joseph S. Bloch in *ÖW*, 30. Oktober 1884 (Nr. 1.2), S. 4–5, an seiner Behauptung fest, daß das Judentum keine klerikale Autorität kenne. Er behauptete auch, daß es im Judentum keine Dogmen gäbe, *ÖW*, 30. Jänner 1885 (Nr. 5), S. 4. Eines der berühmtesten Beispiele, daß das Judentum nicht dogmatisch ist, ist Walther Rathenau. Dazu siehe Liptzin, *German's Stepchildren*, S. 147.

wurde und die er als Naturreligion und Bibelstudium im Gegensatz zu jenen Lehrsätzen beschrieb, welche die Katholiken zu lernen hatten.[24]

Dies führte dazu, daß dem um die Mitte des 19. Jahrhunderts immer noch starken Widerstand gegen das säkulare Studium in der traditionellen jüdischen Gemeinde eine zunehmend erfolgreiche Strömung innerhalb des Judentums selbst gegenüberstand, die aus der wiewohl radikal interpretierten religiösen Tradition heraus das genaue Gegenteil argumentierte. Säkulare Bildung wurde für die Juden gewissermaßen zum Ersatz für religiöse Bildung und stand fürderhin in gleich hohem Ansehen.

Angesichts dieser Entwicklung und des Beispiels der Haskalah ist es nicht verwunderlich, daß sich die österreichischen Juden in unserem Untersuchungszeitraum mit demselben Eifer der säkularen Bildung widmeten wie einst dem religiösen Studium. Gleichgültig, welche Einstellung zur eigenen Bildung der einzelne vertrat, gab es in den traditionellen Gemeinden starke Vorurteile gegenüber den *Un*gebildeten. Sigmund Mayer beschreibt dies sehr anschaulich in einer Geschichte aus seiner eigenen Kindheit. Sein Vater hatte ein Gespräch zwischen dem in ihrem Haus im Preßburger Ghetto lebenden Untermieter Michael Kittsee und einem Rabbi unterbrochen. Kittsee bat den Störenfried, wieder zu gehen und nannte ihn einen gemeinen Menschen, worauf Mayers Mutter wutentbrannt vom ihm forderte, zu erklären, was er damit meine. Kittsee antwortete:

„Madam Toni, ich werde Ihnen sagen, wer ein gemainer Mann ist. Herr Rab Naftali ist ein armer Mann, er lebt von *Reschach* (Gemeindegehalt) aber er ist ein *Lamden* (Gelehrter), kann kein gemainer Mann sein. Und unser *Schochem* (Nachbar), Dr. Weissweiller, hat auch nichts, aber er ist ein *Roife* (Arzt) und hat studiert, wenn auch ka *Gemara*, gehört also gewiß nicht zu den gemainen Leuten. Wer aber nix ‚gelernt' und auch nicht studiert hat, der is bei mir ein gemainer Mann, und wenn er auch der bravste Mensch ist."[25]

Selbst in einer so traditionellen religiösen Gemeinde wie dem Preßburger Ghetto war es nicht so sehr die religiöse Bildung, die zählte, sondern gleichgültig welche, aber *irgendeine* Bildung, sonst war der Betreffende wahrlich ein Niemand.

Als daher die Anhänger der Haskalah forderten, die Juden sollten die Kultur der Aufklärung annehmen und die Natur gleichermaßen wie das Heilige Gesetz studieren, schenkten ihnen viele Juden Gehör. Während die Säkularisierung der Bildung in vieler Hinsicht einen klaren Bruch mit dem traditionellen Judentum

---

24 Fritz Mauthner, *Erinnerungen* (München 1918), S. 117.

25 Mayer, *Ein jüdischer Kaufmann*, S. 39. Selbst in den traditionellen Gemeinden wurde den Ärzten, obwohl Vertreter eines säkularen Bildungszweiges, stets besondere Achtung entgegengebracht; siehe Klaus Lohrmann, Hg., „Jüdische Ärzte", in: Josef Fraenkel (Hg.), *The Jews of Austria; Essays on their Life, History and Destruction* (London 1967), S. 41; Mahler, *History of Modern Jewry*, S. 148.

darstellte, war die große Bedeutung, die der Bildung eingeräumt wurde und die so mancher in die sich neu konstituierende westliche Kultur einbrachte, wohl auf dessen jüdischen Hintergrund zurückzuführen.

Wilhelm Neurath ist ein Paradebeispiel für diesen Prozeß der direkten Umlegung. Neurath wurde im Juni 1840 in St. Miklos nahe von Preßburg als Sohn streng observanter Eltern geboren, die dem Einfluß einer säkularen Erziehung äußerst skeptisch gegenüberstanden. Er verließ sein Elternhaus und verdiente sich seinen Lebensunterhalt als Lehrer und lernte durch den Unterricht. Die Fragen, auf die er eine Antwort suchte, hatte sich schon sein Vater gestellt:

„Von früher Jugend an hörte ich meinen Vater sich Gedanken über die Frage nach dem menschlichen Leid und die so wunderbare Gesetzmäßigkeit der Natur machen; mein Vater neigte zu theologischer Betrachtung und gleichzeitig fanatischer Verdammung."

So durchstreifte der junge Bub in langen Spaziergängen die Wälder der Gegend und war selbst in den Städten ein Einzelgänger:

„In meiner Schüchternheit . . . träumte ich weiter von den Wegen Gottes. Dies gab mir die Kraft, Hunger, Kälte und Krankheit zu ertragen. Aus Einsicht wandte ich mich der Wissenschaft zu: was in der Schule gelehrt wurde, war nicht genug; ich wollte die wichtigen Werke über Physik und Astronomie lesen. Aber meine Mathematikkenntnisse waren unzureichend. Ich studierte daher mit einem solchen Fleiß Mathematik, daß ich im Alter von siebzehn Jahren versuchte, Euler und Lagrange zu lesen. Mit neunzehn war Lagranges *Mécanique analytique* mein Lieblingsbuch. Zur selben Zeit studierte ich Ethnologie. Alles, was mir unklar war, war mir unerträglich, selbst in der Sprache. Ich wollte die Ursprünge lateinischer, griechischer und deutscher Worte klären, und ich wandte mich der Linguistik und der vergleichenden Sprachwissenschaft zu. Winzige Probleme in der Mathematik oder der Mechanik ließen mich über die Grundlagen des Wissens im allgemeinen nachdenken, doch wußte ich nicht, wie ich darangehen sollte."

Er beschäftigte sich dann mit der Philosophie Kants und wurde schließlich Professor für Ökonomie an der Hochschule für Bodenkultur.[26]

---

26 Otto Neurath, *Empiricism and Sociology* (Dordrecht 1973), S. 1–2: „From early youth I had heard my father discuss questions of the cause of human suffering, and of the miraculously purposeful organization of nature; my father was inclined toward theological contemplation and fanatical condemnation." . . . „In my shyness I . . . continued to dream about God's ways. This gave me strength to bear hunger, cold and sickness. I turned to science for insight; what was taught at schools was not enough; I wanted to read the great books about physics and astronomy. My mathematics, however, was insufficient; I then studied mathematics with much intensity that I tried to read Euler and Lagrange at the age of seventeen. When I was nineteen, Lagrange's *Mécanique analytique* was my favourite book. At the same time, I studied ethnology. Anything unclear war unbearable, even in language; I wanted to clarify the origins of Latin, Greek and German words, and I turned to linguistics and the comparative study of languages. Problems of the infinitesimally small, of evidence in mathematics and mechanics, etc. made me think about

Am Beginn seiner langen geistigen Odyssee stand das Staunen über die Wege Gottes, über die sein Vater zu ihm gesprochen hatte, als er noch ein kleines Kind war. Dies hatte einen Prozeß ausgelöst, der Neurath aus der rein jüdischen Tradition der Bibel und des Talmud herausführte in die Welt der Natur und weiter in die Welt der westlichen Kultur, so daß er schließlich an einem gewissen Punkt zu dem Entschluß kam, daß es keinen Gott gab. Vielleicht mußte es so kommen, daß dieser Sohn eines streng orthodoxen Juden sich letzten Endes zum Glauben an die Mystik des Jakob Böhme bekannte.[27] Dies gehörte wohl alles zusammen. Der wenn auch dramatische Übergang vollzog sich in verschiedenen logischen Phasen und ohne scharfe Brüche. Neuraths Triebkraft war die gleiche, von der sein Vater gesprochen hatte, nämlich die wunderbare Gesetzmäßigkeit des Universums, und sie war es auch, die, wie Sigmund Mayer schreibt, all seinen Bemühungen zugrundelag.[28] Wissenschaft war für Neurath säkularisiertes Judentum. Sein Sohn Otto sollte diese Einstellung von ihm erben.

Wie den Fall Neurath gibt es noch andere. Hinter Popper-Lynkeus stand sein Onkel, Selig Kohn, ein jüdischer Gelehrter, der sich später für das abendländische Gedankengut interessierte und schließlich zum Katholiken F. Korn wurde.[29] Der Prozeß, den der Dichter Josef Ehrlich durchlebte, ist fast ebenso spektakulär wie jener Neuraths. Nur durch den Griff zu einer List konnte er die säkulare deutsche Schule besuchen, die von den von seinem Onkel gehaßten *Maskilim* des Ortes geführt wurde, und wurde zu einem großen Bewunderer der deutschen Kultur und der Schönheiten der Natur.[30] Er blieb allerdings im Rahmen des Judentums, ein Verfechter der Haskalah, und konnte so seine neu gewonnenen Einsichten stets aus dem Judentum heraus rechtfertigen und als gläubiger Jude auf alle neuen Erkenntnisse reagieren. Als er Naturgeschichte gelehrt wurde, war seine Reaktion diese: „Neue Ahnungen von Gott stiegen in meinem Geiste auf.“[31] Obwohl er sich gegen seine chassidische Erziehung auflehnte, bewahrte er sich einen naiven, mystischen Glauben an Gott. Er zog den Schluß, daß es der Sinn des Lebens war, in Gedanken, Worten und Taten Gottes eingedenk zu sein. Auch Ehrlich wurde zu einem großen Bewunderer Jakob Böhmes.[32]

Wie mühelos der Übergang von der religiösen zur säkularen Bildung vor sich

the foundation of knowledge in general, but I did not know how to go about this.“ Sigmund Mayer, der Neurath offensichtlich recht gut kannte, schreibt ähnlich über Neuraths Hintergrund und Geschichte in: *Ein jüdischer Kaufmann,* S. 253.

27 Neurath, *Empiricism and Sociology,* S. 3.

28 Mayer schrieb über Neuraths geistige Odyssee: „Die Gesetzmäßigkeit der physischen Welt suchte er dann – einen Weg, den schon viele vor ihm gegangen – im Leben der menschlichen Gesellschaft.“ *Ein jüdischer Kaufmann,* S. 253.

29 Belke, *Popper-Lynkeus,* S. 58.

30 Ehrlich, *Der Weg meines Lebens,* S. 36–57.

31 *Ibid.,* S. 58–70. Zitat auf S. 64.

32 *Ibid.,* S. V (Einführung von Josef Weilen), S. 78–125.

gehen konnte, zeigt auch die Geschichte der Familie Gomperz. Theodor Gomperz schrieb von der „Brücke, die von der geistlichen zur weltlichen Wissenschaft führt" und zählte dann Angehörige seiner Familie auf, die dieses Prinzip verkörperten, wie etwa der Deutsche A. S. Gumperz, der Sekretär von Maupertuis war.[33] Das beste Beispiel, auf das Gomperz verweisen konnte, war sein Großvater mütterlicherseits, Lazar Auspitz. Dieser war ganz dem Gedankengut der Aufklärung verhaftet und lehnte die Rituale des Judentums ab. Interessant ist, wie er seiner Ablehnung Ausdruck verlieh: „Wenn er, was selten genug geschah, in der Synagoge erschien, so lag statt eines Gebetbuches eine Naturlehre vor ihm aufgeschlagen."[34] Damit wollte er zeigen, daß Gott durch die Lektüre eines wissenschaftlichen Buches ebenso gut verehrt werden konnte wie durch jene eines Gebetbuches. Das Beispiel Lazar Auspitz ist wie ein unmittelbarer Widerhall auf das, was Moses Mendelssohn in seinem *Jerusalem* festgestellt hatte: daß der Glaube „zu allen Zeiten durch die Natur und durch Dinge, aber nie durch Worte oder geschriebene Zeichen" gelehrt wurde.[35] Für jene Juden, die sich der Haskalah anschlossen, wurde Wissenschaft daher zu einer neuen Form des Glaubens. Gewissermaßen erfolgte also nie eine Säkularisierung der Bildung, da hinter jeder Suche nach neuem Wissen die Suche nach dem Glauben stand. Lazar Auspitz lehnte sich mit dieser Geste gegen die Prinzipien der Religion auf, aber er tat es, indem er ein wissenschaftliches Buch als Gebetbuch verwendete. Das Ziel war dasselbe.

Bildung und Kultur in der kulturellen Elite Wiens: Die Familie Gomperz

Jene Menschen, die die traditionellen Formen des Glaubens zugunsten der Lehre der Haskalah aufgaben, taten den Schritt in eine Welt der Bildung, die sich grundlegend von jener der *Jeschiwot* unterschied. Die größte Veränderung ging mit der Erkenntnis einher, daß es eine Welt der Ästhetik gab. So behauptete Fritz Mauthner, obwohl er in Prag, einer der schönsten Städte Europas, lebte, keinen Sinn für künstlerische Schönheit gehabt zu haben, da „Kunst" in seinem Elternhaus verpönt war.[36] Auch Otto Neurath wuchs in einer Familie auf, in der es keine Tradition in der Diskussion über bildliche Schönheit gab, auch wenn diese nicht grundsätzlich abgelehnt wurde. Seine Beschäftigung mit der Perspektive – er nahm auch Unterricht – zeigt, welche Veränderungen hier die Assimilation bewirkt hatte.[37]

Trotz der neuen kulturellen Bereiche, die sich nun den Juden eröffneten, blieb

---

33 Theodor Gomperz, *Essays und Einnerungen* (Stuttgart 1905), S. 1–2.
34 *Ibid.*, S. 5.
35 Stern-Täubler, „The First Generation", in: *LBIY* 1970, S. 25.
36 Mauthner, *Erinnerungen*, S. 29.
37 Neurath, *Empiricism and Sociology*, S. 5.

ihre Einstellung gegenüber dem Studium dieser neuen Ideen die gleiche. Genauso wie Selig Kohn und Wilhelm Neurath zunächst mit dem Talmud begannen und dann zur Wissenschaft und Philosophie übergingen, so machten sich nun großbürgerliche jüdische Familien, wie etwa die Gomperz, mit dem gleichen Lerneifer daran, kulturellen Betätigungen nachzugehen, wie der Musik oder der Kunst. Dahinter verbarg sich immer noch ein gewisses Streben nach Wissen und ganz undeutlich auch der Wunsch, die Wege Gottes zu ergründen.

Der führende Geist im Hause Gomperz war Lazar Auspitz, denn er war es, der sich um die Erziehung der Kinder seiner Tochter kümmerte und dessen Tradition Henriette Gomperz nach seinem Tod weiterführte. Theodor Gomperz beschrieb die Erziehung, die er genossen hatte, als „weltlichen Puritanismus". Es war eine Mischung aus einfachem Lebensstil und einer extrem starken Betonung der Notwendigkeit von Bildung. „Für unseren Unterricht aber war in ausgiebigstem Maße gesorgt. In erstaunlich ausgiebigem Maße. Denn schlechterdings kein verfügbares Bildungsmittel ist ungenutzt geblieben . . . Den Aufwand trug der Vater ohne Murren; aber der Anstoß ist zumeist von der Mutter ausgegangen."[38] Obwohl die Kinder im aristokratischen Zeitvertreib des Zeichnens und in der Wertschätzung der Kunst unterwiesen wurden, stand im wesentlichen doch das Studium und nicht der Hedonismus im Vordergrund. Gomperz spricht von einem „Bildungsluxus", der mit physischer und emotionaler Bescheidenheit einherging. Ästhetik wurde hier zur geistigen Beschäftigung.

Das müssen wir uns immer vor Augen halten, wenn wir beispielsweise an eine der Schwestern Theodor Gomperz', die spätere Josephine von Wertheimstein, denken, die einen der berühmtesten Wiener Salons im 19. Jahrhundert führte. Für Carl Schorske ahmte die *haute bourgeoisie* die österreichische Aristokratie nach, und daß sie das klassische Theater und die klassische Musik förderte, war für ihn nur ein sichtbarer Ausdruck und ein Beweis dessen, daß sie eine ästhetische Kultur als Ersatz für die moralische Kultur des norddeutschen Protestantismus und des Judentums annahm.[39] Die Kultur des Salons aber, die für das kulturelle Leben Wiens eine so große Rolle spielten, hatte nur wenig oder gar nichts mit dem österreichischen Adel zu tun und war keinerlei Ersatz einer moralischen durch eine ästhetische Kultur, sondern vielmehr, wie beispielsweise bei der Familie Gomperz, das Streben nach ersterer im Geiste der letzteren.

Wie bereits erwähnt, kam die Tradition des Salons als kultureller im Gegensatz zum rein gesellschaftlichen oder aristokratischen Ort der Begegnung im späten 18. Jahrhundert mit Fanny von Arnstein, der Tochter des jüdischen Bankiers Itzig, von Berlin nach Wien. Vor ihrer Zeit waren die Salons des Hochadels nicht Treffpunkt der kulturellen Elite, sondern boten vielmehr Hochwohlgeborenen die Gelegenheit, ihre Zugehörigkeit zum Adel des Blutes unter

---

38 Gomperz, *Essays,* S. 9.
39 Carl Schorske, *Wien: Kultur und Geist im Fin de Siècle* (Frankfurt am Main 1985), S. 7.

Beweis zu stellen. Die Einstellung der österreichischen Aristokratie zur Kultur war im allgemeinen recht „ungeistig", hatte also nichts mit einer intellektuellen Beschäftigung zu tun, und ihr ästhetisches Interesse erschöpfte sich meist mit der Musik.[40]

Die *Salonkultur,* die später in Wien so berühmt werden sollte, wurde also direkt aus Berlin importiert. Was Fanny von Arnstein nach ihrer Ankunft in Wien im Jahre 1776 tat, war, einfach die gleiche Atmosphäre zu schaffen, die in Berlin in den Salons der berühmten jüdischen Gastgeberinnen wie Rahel Varnhagen oder Henriette Herz geherrscht hatte. Damit nahm sie in der Wiener Gesellschaft eine Sonderstellung ein, spielte sie doch eine Art Mittler zwischen Berlin und Wien und war stets auf dem letzten Stand über die neuesten Ideen. Sie brachte neuen Wind in die Wiener Gesellschaft und bereicherte sie um ein Element, das später noch sehr mächtig werden und während des Wiener Kongresses eine ganz besondere Rolle spielen sollte.[41] Nach Sigmund Mayer waren die Salons des böhmischen Hochadels zu exklusiv und hatten nichts über für geistige Belange, und die heimische Mittelschicht interessierte sich einfach nicht für das Leben der Hochkultur, „ohne anderen Sinn als für Erwerb und plattes Vergnügen". Zumindest nach Ansicht Mayers waren die Salons der jüdischen Gastgeberinnen Eskeles, Pereira und Arnstein der einzige Zufluchtsort für die Gebildeten.[42]

Von allem Anfang an wurde die intellektuelle *Salonkultur* in Wien von Juden geprägt. Und so sollte es auch in Hinkunft bleiben. Die Tradition Fanny von Arnsteins wurde von ihrer Tochter Henrietta Pereira weitergeführt, und andere Damen aus jüdischen Familien, wie Wertheimer, Leidensdorf, Biedermann oder Hofmann, beteiligten sich ebenfalls. Auch die heimische Bourgeoisie, wie die Schwind und die Kuppelwieser, war zwar zahlenmäßig schwächer, aber doch vertreten, sonst wäre die kulturelle Szene ja ausschließlich eine jüdische gewesen.[43] Der bedeutendste Salon um die Mitte des 19. Jahrhunderts war jener von Josephine von Wertheimstein. In der Argumentation Schorskes war ihr Salon der Versuch, die Assimilation durch die Übernahme der aristokratischen Kultur zu erreichen. (Für Schorske ist anscheinend jede ästhetische Kultur notwendigerweise eine aristokratische.) Die Assimilation dieser Kultur wurde zum Symbol der Anerkennung, zur Krönung eines triumphalen Einzugs in dieselbe, und Schorske zitiert in diesem Zusammenhang, daß die Kinder des Hauses Wert-

---

40 Siehe Paul Lindau, „Gesellschafts-Kultur", in: S. Kaznelson, Hg., *Juden im deutschen Kulturbereich* (Berlin 1962), S. 891. Siehe auch Mme. de Staël, *Deutschland und Frankreich. De l'Allemagne* (Paris 1958, Neuaufl.), Bd. 1, S. 129–135. Davon sprach auch Hans Thalberg in unserem Interview in Wien am 22. März 1987.

41 Hilde Spiel, „Jewish Women in Austrian Culture", in: Fraenkel, *The Jews of Austria,* S. 100.

42 Sigmund Mayer, *Die Wiener Juden: Kommerz, Kultur, Politik 1700–1900* (Wien 1918), S. 197–198.

43 Spiel, „Jewish Women", S. 102.

heimstein zu Künstlern erzogen wurden.[44] Meiner Ansicht nach ist dies allerdings eine falsche Interpretation.

Wie erwähnt, wurde Josephine von Wertheimstein in einem puritanischen Haus erzogen, offen für die Bildung auf allen Gebieten. Ihr Bruder wurde Professor für Alte Geschichte an der Wiener Universität. Bereits für diese Generation zählte die Welt der Bildung, sowohl im Sinne von Erziehung als auch von Kultur, mehr als die Aussicht auf eine glänzende Karriere – zumindest für einige Familienmitglieder, die sich nicht um die Geschäfte kümmern mußten. Demnach wäre es falsch, in Bildung oder Kultur in erster Linie die Krönung des Einzugs des Bürgertums in diese Kultur zu sehen, wie Schorske meint. Vielmehr gilt es zu betonen, daß es in der Familie Gomperz *schon immer* eine Tradition der Bildung gegeben hat, auch wenn diese sich nun in ästhetischer Form äußerte. Es steht außer Zweifel, daß der Salon als kultureller Treffpunkt dabei ein nützliches Instrumentarium zur sozialen Integration war. Zu den großen Errungenschaften Josephine von Wertheimsteins zählt es zweifellos, daß sie schon sehr früh auch in der nicht-jüdischen Gesellschaft voll anerkannt war.[45] Die Dame der jüdischen Gesellschaft, die einen Salon führte, war daher nichts gänzlich Neues, sie konnte vielmehr auf bereits Vorhandenem aufbauen, auf der Bedeutung, welche die Juden der Bildung beimaßen, die sie nun mit dem deutschen Bildungsideal in Einklang brachte. Josephine von Wertheimstein war eine kultivierte Dame, die einen Salon führte, in dem Liberale und Gebildete zu ihren Gästen zählten.[46] Sie hatte dabei ein außerordentliches Gespür, was wohl eher der Tradition der deutschen Romantik als einer österreichischen Tradition entsprach, und wie alle guten Liberalen hatte sie nur eine eher mißbilligende Vorstellung von der Aristokratie im allgemeinen.[47] Sie war übrigens jene ältere Dame, über die Hofmannsthal in seinen *Terzinen über die Vergänglichkeit* aus dem Jahre 1894 schrieb.[48]

Die Tradition der Salonkultur lebte in den Salons von Bertha Zuckerkandl und anderen fort, und auch für diese Leute zählten weiterhin in erster Linie geistige Kompetenz und Leistung und nicht so sehr erblich bedingte Exklusivität.[49] Der Salon blieb die Zufluchtstätte der Künstler, ein Ort, wo sie einander trafen und diskutierten. Er stand auch in Zukunft im Gegensatz oder zumindest abseits der gesellschaftlichen Kultur der Aristokratie. Er blieb das, was er schon zu Anfang gewesen war, ein Ort, wo die Damen der jüdischen Gesellschaft ihre Bildung

---

44 Schorske, *Wien: Fin de Siècle,* S. 283.

45 Julius von Gomperz, *Jugend-Erinnerungen* (Brünn 1903), S. 21, 35–36.

46 Spiel, „Jewish Women", S. 103. Zu den Gästen im Hause Wertheimstein zählten: Bauernfeld, Von Saar, Schwind, Lenbach, Adolf Wilbrandt, Fleischl von Marxow, Theodor Meynert, Joseph Unger und Von Plener; siehe H. Gomperz und R. A. Kann, Hgg., *Briefe an, von und um Josephine von Wertheimstein* (Wien 1981), *passim.* Auch Ilsa Barea, *Vienna* (London 1966), S. 306 ff.

47 Siehe Felice Ewart (Marie Exner), *Zwei Frauenbildnisse* (Wien 1907), S. 38–39.

48 Spiel, „Jewish Women", S. 104.

49 *Ibid.*, S. 107–110; auch Bertha Zuckerkandl, *Österreich Intim: Erinnerungen, 1892–1942* (Frankfurt 1970), *passim.*

nutzten, um ihre eigene Nische in der Gesellschaft zu finden, indem sie dem Wunsch der geistigen Elite nachkamen und einen kulturellen Rahmen schufen, wo diese sich verstanden und ermutigt fühlte. Diese Damen hatten eine etwas andere Auffassung von Kultur als die Aristokraten. Für sie war Kultur in erster Linie die Fortführung der jüdischen Bildungstradition, das, was Hilde Spiel „geistige Errungenschaft" nannte, und nicht irgendeine Form von Hedonismus.[50]

Schorskes Auffassung, daß das Bürgertum einfach träge die ästhetische Kultur des Adels übernahm, trifft nur einen Teil der Geschichte. Der andere, viel wichtigere Teil aber war, daß jene Salonkultur ein weiterer Schritt auf dem Weg der Hinwendung zur Welt des Geistes, des Lernens und des Denkens war. Diese Hinwendung vollzog sich in Wien deshalb so problemlos, weil die Juden die Welt im Grunde schon immer aus diesem Blickwinkel heraus betrachtet hatten. Was nun gelernt wurde, war nicht mehr die Bibel, sondern die deutsche Kultur.

Die jüdische Einstellung zur Kultur um 1900

Der einzige Unterschied zwischen der traditionellen Einstellung der Juden zum „Lernen" und den säkularen Formen von Bildung lag darin, *was* man studierte. Geist und Grundprinzip blieben dasselbe: „Lernen, lernen, lernen!"[51] Nur ging es nun um jegliche Art von Bildung, alle „Gebiete des Geistes" sollten erforscht werden. Selbst völlig assimilierte Juden begannen möglichst bald mit der Ausbildung ihrer Kinder, die nun allerdings ganz anders aussah als in der Cheder. Käthe Leichter z. B. durfte jederzeit in das Arbeitszimmer ihres Vaters kommen und kannte bereits im Volksschulalter die deutschen Klassiker. Im Alter von zehn Jahren begann sie die bedeutendsten europäischen Romanschriftsteller zu lesen.[52] Für das Wiener jüdische Bürgertum, dem zweifellos mehr an einer guten Ausbildung seiner Kinder lag, war dies durchaus nichts Außergewöhnliches. Diese Einstellung war damals tatsächlich weit verbreitet.[53]

Es schlug sich, wie wir bereits gesehen haben, auch in den Statistiken der Gymnasien nieder. Die Gründe für das jüdische Übergewicht an den Schulen

---

50 Spiel, „Jewish Women", S. 104; vgl. E. Bondi, *Geld und Gut oder Erziehung und Bildung: Jüdisches Familien- und Culturbild aus dem ersten Drittel des vorigen Jahrhunderts* (Brünn 1902), v. a. S. 89–91.

51 Leopold Hichler, *Der Sohn des Moses Mautner: ein Wiener Roman* (Wien 1927), S. 258; siehe auch Stefan Zweig, *Die Welt von Gestern* (Frankfurt am Main 1982), S. 25–26. Der Satz „lernen, nichts als lernen" und diverse Variationen desselben wurden in der zeitgenössischen jüdischen Presse häufig zitiert; siehe z. B. „Die Geister werden wach!" von Fr. in: *Die Neuzeit*, 31. Mai 1885, Nr. 22, S. 233.

52 *Käthe Leichter: Leben und Werk,* Hg. Herbert Steiner (Wien 1973), S. 260–265.

53 „Das jüdische Übergewicht" in *ÖW*, 1. Juni 1888 (Nr. v. 22), S. 345. Auch Hans Kohn, *Bürger vieler Welten* (Wien 1965), S. 63; Hannah Arendt, *Die verborgene Tradition* (Frankfurt am Mai 1976), S. 78–79.

werden noch deutlicher, wenn wir uns näher mit der Jugend der Mitglieder der kulturellen Elite beschäftigen. Meist wurde großer Wert auf Bildung gelegt, auf einen zweiten Schritt nach dem Studium der jüdischen Schriften. Wilhelm Neurath besaß bereits eine umfassende Bibliothek, als sein Sohn Otto noch ein kleines Kind war, das unter den Bücherregalen herumkrabbelte. Ganz natürlich spielte er gleichzeitig mit seinen Spielzeugsoldaten und las Kant.[54] Auch Karl Popper erinnert sich daran, wie sein Vater mit einem Berg von Büchern in seinem Arbeitszimmer saß und Horaz übersetzte – obwohl er eigentlich Rechtsanwalt von Beruf war – oder an einer Geschichte der Hellenistischen Zeit arbeitete.[55]

Von Gustav Mahler wissen wir, daß sein Vater Bernhard, wenn er seine Waren auslieferte, auf seinem Wagen saß und die Werke der französischen Philosophen las.[56] Victor Adlers Vater Salomon war der Sohn eines orthodoxen Juden, was seiner Begeisterung für die französische Aufklärung keinen Abbruch tat. Salomon wurde an die öffentliche hebräische Lehranstalt in Prag geschickt und sollte Gelehrter werden, der einzig anständige Beruf für einen Juden. Er studierte jedoch schließlich an der Universität Französisch und wurde Revolutionär. Als die Revolution scheiterte, mußte er sich seine Freiheit andernorts suchen und Geld verdienen, aber nur um seinen Kindern das zu ermöglichen, was ihm verwehrt geblieben war: eine intellektuelle Karriere. So erzählt einer seiner Söhne namens Heinrich: „Er war ein aufopfernder Vater. Seine Kinder sollten an allen geistigen Freuden teilhaben können, sich in allen Studien bilden, kurz alles erreichen, was ihm schmerzlicherweise verwehrt geblieben war."[57] Seine Kinder sollten Gelehrte werden.

Bei der Familie Adler ist der jüdische Hintergrund ganz deutlich. Selbst in assimilierten Familien, die konvertiert waren, kann man von einer jüdischen Bildungstradition sprechen. In der Familie Wittgenstein gab es noch, nachdem sie bereits seit zwei Generationen Protestanten waren, jene ihrer Meinung nach *jüdische* Tradition des „ästhetischen Idealismus".[58] Hugo von Hofmannsthals schon in frühester Jugend umfassende Bildung entsprang, so vermutet Hermann Broch, wohl dem Bedürfnis, die durch den finanziellen Zusammenbruch des Hofmannsthalschen Vermögens im Jahre 1873 verloren geglaubte Gültigkeit der Assimilation unter Beweis zu stellen.[59] Stellt sich hier nicht die Frage, warum man gerade die *Bildung* wählte, um diese Assimilation zu erreichen?

Wo diese Tradition in den einzelnen Familien ihren Ursprung nahm, ist je

---

54 Neurath, *Empiricism and Sociology,* S. 4–5.
55 Karl Popper, *Ausgangspunkte. Meine intellektuelle Entwicklung* (Hamburg 1979), S. 7.
56 Kurt Blaukopf, *Mahler. Sein Leben, sein Werk und seine Welt* (Wien 1976), S. 145.
57 Rudolf G. Ardelt, *Friedrich Adler: Probleme einer Persönlichkeitsentwicklung um die Jahrhundertwende* (Wien 1984), S. 16–18.
58 Allan Janik und Stephan Toulmin, *Wittgensteins Wien* (München – Wien 1984), S. 233 f.
59 Hermann Broch, *Hofmannsthal und seine Zeit,* in: *Schriften zur Literatur 1* (Frankfurt am Main 1975), S. 184.

nach der familiären Struktur unterschiedlich, im allgemeinen aber gab es stets irgend jemanden im Leben dieser Vertreter der kulturellen Elite, der auf Umwegen oder unmittelbar in dieser jüdischen Bildungstradition stand.[60] Außerdem war der Widerstand gegen eine Karriere im kulturellen Leben, wenn überhaupt vorhanden, nicht sehr groß. Stella Klein-Löws Vater war höchst erfreut, daß seine Tochter mit Peter Altenberg verkehrte, trotz des Rufes, der ihm vorauseilte. Obwohl viele Väter anfangs Befürchtungen hegten, wenn ihre Söhne den Entschluß faßten, eine Laufbahn als Schriftsteller einzuschlagen (womit sie gar nicht so unrecht hatten), förderten sie doch zumeist deren Begabung. Bei Leuten wie Stefan Zweig oder Franz Werfel fanden sich die Väter schließlich nicht selten damit ab, nachdem sie zuvor von einer begeisterten Mutter überzeugt worden waren.[61] Einer, dem es nicht vergönnt war, ein „Ritter des Geistes" (Journalist) zu werden, war Richard Kola, der statt dessen ein wohlhabender Bankier wurde, es sich aber dennoch nicht nehmen ließ, sich hin und wieder in der ein oder anderen seiner Zeitungen als Theaterkritiker zu versuchen.[62] Sowohl Karl Goldmark als auch Gustav Mahler durften trotz vieler religiöser und wirtschaftlicher Befürchtungen Musik studieren.[63] In diesem Zusammenhang sei Arthur Schnitzlers Vater Johann erwähnt, der als Sohn eines Zimmermanns durch Unterstützungszahlungen des jüdischen Gutsbesitzers Gutmann-Gelsey in Nagykanizsa, die Möglichkeit erhielt, in Wien zu studieren.[64]

Vieles, von dem hier die Rede gewesen ist, ist keine Überraschung. So ist es allgemein bekannt, daß jüdische Familien größeren Wert auf eine gute Ausbildung ihrer Kinder legten als manch andere. Über das Warum herrscht allerdings nicht solche Einstimmigkeit. Zum einen gibt es die Theorie, daß dies bloß Ausdruck des bedingungslosen Wunsches nach Assimilation war, um in der Gesellschaft durch den Erfolg im kulturellen Bereich aufzusteigen, Erziehung oder Bildung also sozusagen als Instrument der sozialen Strategie. Diese Theorie vertritt Carl Schorske.[65] Eine andere Ansicht ist, daß den Juden Bildung ein

---

60 Bei Freud setzte vor allem seine Mutter ihren Ehrgeiz darin, ihrem Sohn eine profunde Bildung zu vermitteln: R. W. Clark, *Sigmund Freud* (Frankfurt am Main 1981), S. 31 ff. Das gleiche gilt für Guido Adler: Guido Adler, *Wollen und Wirken* (Wien 1935), S. 3. Bei Schönberg war es sein Onkel, Hans Nachod: H. H. Stuckenschmidt, *Schönberg: Leben, Umwelt, Werk* (Zürich – Freiburg im Breisgau 1974), S. 17–18. Bei Felix Braun sein Großvater: F. Braun, *Das Licht der Welt* (Wien 1962), S. 26.

61 Stella Klein-Löw, *Erinnerungen: Erlebtes und Gedachtes* (Wien 1980), S. 25; zur skeptischen Einstellung mancher Väter siehe Siegfried Trebitsch, *Chronik eines Lebens* (Zürich 1951), S. 47–48 (zu Werfel), 84–86 (zu Zweig). Zu einer positiven Haltung seitens der Väter siehe Braun, *Licht der Welt,* S. 129; Moritz Benedikt, *Aus meinem Leben: Erinnerungen und Erörterungen* (Wien 1906), S. 4; D. A. Prater, *Stefan Zweig. Das Leben eines Ungeduldigen* (Wien 1981), S. 22 (Prater vertritt die gegensätzliche Ansicht zu Trebitsch).

62 Richard Kola, *Rückblick ins Gestrige: Erlebtes und Empfundenes* (Wien 1922), S. 56, 269.

63 Goldmark, *Erinnerungen,* S. 16–18; Blaukopf, *Mahler,* S. 147.

64 Interview mit Erika Czuczka (geborene Gutmann-Gelsey), Wien, 7. Juni 1983.

65 Schorske, *Wien: Fin de siècle,* S. 140.

besonderes Anliegen war, ganz abgesehen von jedem Vorteil, der daraus erwachsen könnte.[66] Wie wir gesehen haben, führten die Juden in den Salons, ungeachtet der damit vielleicht verbundenen gesellschaftlichen Vorteile, im Grunde eine alte Tradition fort, die in der Wertschätzung der Bildung bestand und die sie letztlich in der österreichische Gesellschaft einführten. Wohl nur schwerlich hätten sie sich in eine Hochkultur assimilieren können, die sie zuvor großteils selbst schufen. Schorskes Theorie ist in diesem Punkt eher schwach. Bleibt also immer noch die Frage nach der Richtigkeit des Assimilations-Argumentes für die jüdische „Unterwanderung" der Kultur und der intellektuellen Berufe allgemein.

In vielen Fällen trifft es zu, daß die Juden versuchten, über die Kultur Zugang zur Gesellschaft zu finden, oder zumindest, ihre Herkunft zu übertünchen, jenen Großvater, der nur ein einfacher Händler war, wie Karl Kraus sich ausdrückt.[67] Was ein jüdisches Mädchen aus bescheiden wohlhabendem Hause brauchte, um eine gute Partie in der assimilierten (aber immer noch jüdischen) Welt zu machen, war eine Ahnung von der deutschen Kultur, von Schiller und einige Kenntnisse in Geschichte und Französisch.[68] Bildung schien den Juden ein Weg, sich aus dem Dilemma ihrer Lage zu befreien. Der Ansturm der Juden auf die freien Berufe, wie etwa den Journalismus, könnte leicht durch die Schranken erklärt werden, die den Juden den Weg in die Bürokratie versperrten, sowie das Fehlen eines jüdischen Bauernstandes, der den jüdischen Bildungsehrgeiz gebremst hätte. Sie hatten kaum eine andere Wahl, wenn sie nicht Kaufleute oder ähnliches bleiben wollten.[69]

Schorske hat recht, wenn er sagt, die Juden würden sich der Bildung bedienen, um der Schmach des Handelsgewerbes zu entkommen. Gustav Mahlers Vater scheint den so typischen „Willen zum Vorwärtskommen" gehabt zu haben. Alma Mahler sagt von seiner Einstellung: „Seine Kinder sollten erreichen, was ihm versagt war."[70] Trotz seiner großen mathematischen Begabung wurde Hans Kelsen auf ein humanistisches Gymnasium geschickt, nur weil ihm ein Gymnasium die Möglichkeit bot, Anwalt oder Arzt zu werden und dem „bedrängten kleinbürgerlichen Milieu" zu entfliehen, in dem er aufgewachsen war.[71] Ähnliches gab es auch im gehobenen Bürgertum: So nützte Hannah Arendt zufolge Stefan Zweig seinen Ruf als Schriftsteller sozusagen als Taktik der Assimilation, um Zugang in die höchsten Gesellschaftskreise zu erlangen und die antisemitischen Vorurteile zu überwinden.[72]

Irgendwie hat man hier das Gefühl, es mit Halbwahrheiten zu tun zu haben.

---

66 Arendt, *Die verborgene Tradition,* S. 78.
67 Karl Kraus, *Eine Krone für Zion* (Wien 1898), S. 27.
68 Ehrlich, *Der Weg meines Lebens,* S. 46.
69 Mayer, *Die Wiener Juden,* S. 398.
70 Alma Mahler, *Gustav Mahler: Erinnerungen und Briefe* (Amsterdam 1940), S. 13.
71 R. A. Métall, *Hans Kelsen: Leben und Werk* (Wien 1969), S. 3.
72 Prater, *Stefan Zweig,* S. 25–27; Arendt, *Die verborgene Tradition,* S. 79.

Es stimmt, daß die Kultur für die Juden ein Mittel zur Assimilation war, die in der Gesellschaft nicht möglich war. Gar nicht so klar aber ist, wieso sie gerade auf eine *kulturelle* Assimilation setzten. Die Salons waren, wie gesagt, Teil einer Strategie, um Zugang zur Gesellschaft zu erlangen. Gleichzeitig aber waren sie in diesem Wiener Umfeld ein jüdisches Phänomen in einem Meer kultureller Gleichgültigkeit. Das Interesse, das die Juden der Kultur ihrer Umgebung entgegenbrachten, während die Einheimischen ihr scheinbar kaum Beachtung schenkten, kann nicht einfach als Assimilationsdruck abgetan werden. Es war dies vielmehr Teil ihres jüdischen Erbes, das sie in ganz besonderer Weise an die Dinge herangehen ließ. Abgesehen von jenen Juden, denen nur am sozialen Aufstieg lag, gab es noch andere, die auch weiterhin der reinen Bildungstradition treu blieben.

Ein bereits erwähntes Beispiel dafür ist Theodor Gomperz. Er wählte die Laufbahn eines Wissenschaftlers, hatte aber nach Abschluß des Konkordats im Jahre 1855 keine Aussichten auf einen Posten. Er arbeitete jedoch unbeirrt als Privatgelehrter weiter.[73] Und schließlich wurde er Ordinarius für Alte Geschichte, und man bot ihm einen Titel an. Als guter Liberaler lehnte er dies ebenso ab wie Ernst Mach.[74] Auch der hervorragende Rechtstheoretiker Leo Strisower mußte Privatdozent bleiben, weil er jüdisch war, aber auch er studierte und schrieb weiter, trotz fehlender öffentlicher Anerkennung.[75] Es gibt Beispiele, wie etwa den Vater von Karl Kraus, der die satirischen Schriften seines Sohnes finanziell unterstützte und ermutigte, obwohl darin gerade Leute wie er angegriffen wurden.[76] Denken wir auch an Otto Neuraths tiefe Überzeugung, daß eine Bildung der breiten Masse positive Auswirkungen haben würde, eine Ansicht, die auch die Führer der österreichischen Sozialisten, allen voran Otto Bauer, teilten.[77] Es wäre eine grobe Verzerrung der Tatsachen, zu meinen, die Juden hätten Kultur oder Bildung lediglich benutzt, um einen sozialen Aufstieg zu erreichen, es gab durchaus noch andere Aspekte.

Abhängig vom jeweiligen Hintergrund der Eltern gab es bisweilen sogar in ein und derselben Familie widersprüchliche Auffassungen von Kultur. In Käthe Leichters Familie etwa war diese Trennungslinie zwischen ihrer Mutter, die den Typus des sozialen Aufsteigers vertrat, und ihrem Vater, der in jeder Hinsicht jener anderen Gruppe zuzurechnen war, der das Studium an sich schon Lohn genug war, besonders drastisch. Ihre Mutter stammte aus einer erst jüngst zu Geld gekommenen Familie aus Galatz in Rumänien und nützte ihre Bildung, um

73 Gomperz, *Essays,* S. 24.

74 *Theodor Gomperz: ein Gelehrtenleben im Bürgertum der Franz-Josephszeit,* Hgg. H. Gomperz und R. A. Kann (Wien 1974), S. 14–15.

75 Métall, *Hans Kelsen,* S. 6.

76 Paul Schick, *Karl Kraus* (Hamburg 1965), S. 43.

77 Hg. Friedrich Stadler, *Arbeiterbildung in der Zwischenkriegszeit, Otto Neurath,* Katalog (Wien 1982), S. 127; Otto Leichter, *Otto Bauer: Tragödie oder Triumph?* (Wien 1970), S. 320.

diese Vergangenheit zu überwinden. Sie ist ein typisches Beispiel für den Versuch, mit Hilfe der Kultur Eindruck zu machen und in der österreichischen Gesellschaft Rang und Namen zu erlangen.[78] Ihr Vater auf der anderen Seite kümmerte sich nicht um die Äußerlichkeiten des gesellschaftlichen Lebens, und es kam oft vor, daß er bei einer Veranstaltung in einem schäbigen Straßenanzug anstatt im vorgeschriebenen Frack erschien. Für ihn war diese bürgerliche Großtuerei eine der Flausen einer neureichen Gesellschaft. Er vertiefte sich statt dessen in die Welt der Kultur und des Studiums. Als junger Mann war er oft auf Stehplatz ins alte Burgtheater gegangen und liebte Opernbesuche, wobei seine Lieblingsoper interessanterweise *Fidelio* war. Sein ganzes Leben verbrachte er damit, Erfahrungen zu sammeln und zu lernen. Käthe Leichter nennt ihn einen „Universalisten": sie erinnert sich, daß er problemlos an einem Tag Humboldt und am nächsten Michelet lesen konnte. Was die Erziehung seiner Tochter betraf, so war er bereit, für ihre *geistige* Ausbildung jede Summe zu zahlen, haßte es aber, irgend etwas für Bälle oder andere Einfälle auszugeben, auf denen ihre Mutter vom Gesichtspunkt der *gesellschaftlichen* Erziehung her bestand.[79] Dr. Josef Pick, der Sohn eines reichen Textilfabrikanten aus Nachod in Böhmen, wurde in der Überzeugung erzogen, daß jeder gesellschaftliche Putz überflüssig war und sah keinen Grund, warum er im Zug nicht dritter Klasse reisen sollte.[80] Seine Frau hingegen, die aus einer neureichen jüdischen Bankiersfamilie aus Rumänien stammte, brauchte die gesellschaftliche Bestätigung, daß ihr der Aufstieg gelungen war.[81] Das waren zwei Auffassungen von Kultur, und beide waren in Wien um die Jahrhundertwende anzutreffen.[82]

Die Absicht, Zugang zur kulturellen Elite zu finden, kollidierte häufig mit anderen Plänen. Als Arthur Schnitzler ankündigte, hauptberuflich Schriftsteller werden zu wollen, widersetzte er sich damit seinem Vater, der es gerne gesehen hätte, wenn er sein Medizinstudium fortgesetzt hätte.[83] Trotz des Wunsches seines Vaters, die Firma zu übernehmen, nahm Hermann Broch ein Studium auf und begann zu schreiben.[84] In manchen Familien zählte der Gelehrtenstand wenig, doch kam das relativ selten vor.[85] Im allgemeinen schätzten die Juden Bildung und Kultur hoch.

Sigmund Freud feierte seine Ernennung zum Professor als seinen Weg zur

---

78 *Käthe Leichter,* S. 276–278.
79 *Ibid.,* S. 251–255, 284.
80 *Ibid.,* S. 257–258.
81 *Ibid.,* S. 274–278.
82 Für ein didaktisches Beispiel dieser Dialektik aus früherer Zeit, siehe Bondi, *Geld und Gut, passim.*
83 Schorske, *Wien: Fin de Siècle,* S. 10.
84 Manfred Durzak, *Hermann Broch* (Hamburg 1966), S. 23 ff.
85 In Käthe Leichters Familie sahen die reichen Familienangehörigen auf ihren Vater, den „Intellektuellen" herunter, vor allem aber, weil er an der Börse immer mehr verlor und Geld von ihnen ausleihen mußte. Als Intellektueller aber war er geachtet. *Käthe Leichter,* S. 242–243.

Erlösung in der österreichischen Gesellschaft.[86] Henry Wickham Steed sah dies anders: „Wissenschaftler, Universitätsprofessoren, Schriftsteller und Künstler hatten als solche keine gesellschaftliche Geltung, und die Angehörigen des Adels mischten sich auch nicht so ungezwungen wie in Rom mit ihnen.“[87] Dieser offensichtliche Widerspruch resultiert aus dem unterschiedlichen Blickwinkel, unter dem die Gesellschaft betrachtet wird. Für einen Menschen wie Freud, der in einer jüdischen Umgebung zum Respekt vor dem Intellekt erzogen wurde, war der Professorentitel das höchste gesellschaftliche Ziel. Daneben aber gab es noch jenes andere Wien, wo man – und dessen war sich Freud völlig bewußt – verächtlich auf Intelligenz herabschaute. Dazu zählten das Militär und die Bürokratie, wo nicht Scharfsinn, sondern Zuverlässigkeit die höchste Tugend war. Weiters die exklusive Aristokratie, die Zielscheibe von Freuds „Graf Thun“-Traum, in deren Kreisen man sich zwar an der Kultur erfreute, sie aber nicht ernst nahm. Wenn die Juden sich für die Kultur als Instrument zur Assimilation entschieden, wählten sie demnach ein äußerst ineffizientes Mittel zur tatsächlichen Integration. Mit anderen Worten hielten sie sich an die alte jüdische Idee von einem Volk, das sich jahrhundertelang damit durchgeschlagen hatte, daß Wissen Macht ist.[88]

Daß die Juden sich eher in der Kultur als in der Gesellschaft assimilierten, mag zum Teil darin begründet gewesen sein, daß ihnen alle anderen Wege versperrt waren. Darüber hinaus war dies für sie aber auch der natürlichste Weg. Jahrhundertelang waren sie die „Verbündeten des Geistes“ gewesen und stolz darauf.[89] Diese Einstellung übertrugen sie nun einfach auf andere Betätigungsbereiche, auf die westliche Kunst und Kultur. Daß Wien zu einer Stadt wurde, in der *alle* Bereiche der Hochkultur gepflogen wurden und nicht nur der Hedonismus der Gemütlichkeit, lag mehr an seinem jüdischen Erbe als an jenem des Barock. Die Kultur, die zu Ende des 19. Jahrhunderts in Wien aufblühte, war keine Kultur des Adels der Geburt, sondern des Geistes. Sie war weit mehr der *Bildung* als der aristokratischen *Kultur* verhaftet. Die großen Errungenschaften auf kulturellem Gebiet wären nicht möglich gewesen, hätte es nicht von Beginn an eine Gruppe von Menschen gegeben, die bereit waren, Zeit und Geld in die Welt des Geistes, der Ideen und der Kreativität zu investieren. In Wien waren dies, wie beschrieben, überwiegend Menschen mit einem jüdischen Hintergrund.

---

86 Schorske, *Wien: Fin de Siècle,* S. 190.

87 Henry Wickham Steed, *Through Thirty Years* (London 1924), S. 195.

88 Kola, *Rückblick ins Gestrige,* S. 296. Zu Freuds Einstellung gegenüber der Aristokratie siehe die Abhandlung des „Graf Thun-Traumes“ in Schorske, *Wien: Fin de Siècle,* S. 180–185.

89 Siehe Olga Schnitzler, *Spiegelbild einer Freundschaft* (Wien 1962), S. 81.

8. Ethik und Individuum

Österreichs Nonkonformisten: Ethik und Verantwortung

Hinter dieser starken Betonung der Bildung stand ein anderer, noch gewichtigerer Aspekt der jüdischen Tradition: das Unterstreichen der ethischen Seite des Lebens und in der Folge der Verantwortung des einzelnen für seine Handlungen. Um die Mitte des 19. Jahrhunderts war dieser Aspekt nicht nur bei den Juden zu finden. Durch den gemeinsamen Ursprung von Judentum und Christentum kannten auch viele Richtungen des Christentums die Betonung der ethischen Verantwortung des einzelnen, vor allem in den protestantischen Ländern. In der Habsburgermonarchie aber gab es nur wenige Protestanten. Hier hatte die Geißel der Gegenreformation die katholische Vorherrschaft gesichert, die ihre triumphale Apotheose in der verschwenderischen Kultur des Barock im späten 17. und 18. Jahrhundert fand.[1] Im Kontext dieses barocken österreichischen Katholizismus gesehen, sticht die Betonung der ethischen Verantwortung des einzelnen seitens der Juden wesentlich stärker hervor, als dies in einem anderen Kontext der Fall gewesen wäre.

Es gab zwei Bereiche, in denen diese Auffassung der traditionellen jüdischen Gemeinden in der Monarchie besonders deutlich wurde: zum einen die ethische Ausrichtung ihres Lebens auf Kosten nahezu jeglicher ästhetischen Beschäftigung, und zum anderen die gesetzliche und politische Struktur ihrer religiösen Gemeinschaft, die zumindest in der Theorie dem einzelnen wesentlich mehr Raum für eine individuelle Ausprägung seines religiösen Lebens ließ, verbunden mit einer gleichzeitig größeren Verantwortung für die eigenen Taten.

Der österreichische Katholizismus schwelgte in seiner Macht. Sein Stil war seit der Gegenreformation jener des Triumphalismus, der den politischen und religiösen Status quo feierte und die Erlösung durch Christus und seine Kirche in den Vordergrund stellte. Zu den mächtigsten Symbolen zählten die Klöster, welche die umgebende Landschaft sowohl politisch als auch ästhetisch beherrschten. Die Botschaft, die diese barocken Gebäude dem einfachen Katholiken vermitteln wollten, war die Notwendigkeit der Unterwerfung unter die Autorität, aber auch der Ruhm dieser Autorität, der in der ästhetischen Pracht seinen Ausdruck fand.[2] Letzteres schien in der Tat ebenso wichtig wie ersteres, ja war sogar eine Rechtfertigung hiefür. Die Pracht der äußeren Formen, derer

---

1   Zur Geschichte der Gegenreformation in Österreich siehe R. J. W. Evans, *Das Werden der Habsburgermonarchie 1550–1700* (Wien – Köln – Graz 1986); Ilsa Barea, *Vienna* (London 1966), S. 44–57.

2   Siehe die Ausführungen von Evans, *Habsburgermonarchie*, S. 310 f.; Julius Bab und Willi Handl,

man sich bediente, um die geoffenbarten Glaubenswahrheiten zu vermitteln, stellte diese selbst zunehmend in den Schatten. Zunächst ein ästhetisches Propagandamittel, wurde die Form allmählich um ihrer selbst willen geschätzt. Dies hatte zur Folge, daß es um die Mitte des 19. Jahrhunderts in Österreich eine Kultur gab, die in ästhetischer Form die Autorität verherrlichte, der ein Gutteil von Freude an der Ästhetik um ihrer selbst willen innewohnte.[3]

Ganz anders die jüdische Tradition. Nach Jahrhunderten in der Diaspora fehlte den Juden, diesen typischen Nonkonformisten in der europäischen Gesellschaft, jener Machtapparat, auf dessen Basis der Katholizismus in Österreich blühte. Es gab wenig zu feiern, und statt dessen blickten die Juden nach vorne und warteten auf den Messias, der anders als Christus noch keine Rettung gebracht hatte.[4] Die bedeutendste literarische Bewegung in den traditionellen Gemeinden war die *Musar*-Tradition, eine Tradition ständiger ethischen Mahnung.[5] Die Juden wurden wie die Katholiken dazu erzogen, sich der Autorität zu beugen. Diese Autorität aber wurde bei ihnen nicht durch die ästhetische Pracht von Stein und Malerei vermittelt, sondern, auf der Tradition der Heiligen Schrift beruhend, durch das Buch – das Gesetzesbuch, das nicht nur eine bloße Anerkennung der Offenbarung forderte, sondern auch Taten.[6] Hier war wenig von einer ästhetischen Verherrlichung zu spüren. In der Tat war das Judentum eine Religion, in der die Verwendung ästhetischer Bilder zur Veranschaulichung der Gottheit ausdrücklich verboten war, da dies den Götzendienst fördere.[7] Die Ästhetik spielte daher im traditionellen Judentum nie jene zentrale Rolle wie im Christentum. Es ging in dieser Religion fast ausschließlich um das Ethische, die

Wien und Berlin: Vergleichendes zur Kulturgeschichte der beiden Hauptstädte Mitteleuropas (Berlin 1918), S. 73–119.

3 Hermann Bahr, *Wien* (München 1906), S. 45–64; Carl E. Schorske. *Wien: Geist und Gesellschaft im Fin de Siècle* (Frankfurt am Main 1985), S. 7; William Johnston, *Österreichische Kultur- und Geistesgeschichte, Gesellschaft und Ideen im Donauraum 1848 bis 1938* (Wien – Köln – Graz 1974), S. 27–30; Allan Janik, „Creative Milieux: the Case of Vienna", in: Janik, *How not to Interpret a Culture* (Bergen 1986), S. 113–114; siehe auch Hermann Broch, *Hofmannsthal und seine Zeit,* in: Broch, *Schriften zur Literatur 1* (Frankfurt am Main 1975), S. 169 ff.

4 Diesen Punkt spricht George Steiner in seinem Beitrag „Some ‚Meta-Rabbis'" in: D. Villiers, Hg., *Next Year in Jerusalem: Jews in the 20th Century* (London 1976), S. 66 ff. an; zur Meinung der Zeitgenossen siehe den Vortrag von M. Lazarus, abgedruckt in *Die Neuzeit (Nz.),* 16. April 1897, Nr. 16, S. 165. Siehe auch Theodor Lessing, *Der jüdische Selbsthaß* (Berlin 1930), S. 36 zur Rolle des Propheten im Judentum.

5 David Sorkin, *The Transformation of German Jewry 1780–1840* (Oxford 1987), S. 45 ff.; Joseph Dan, „Jewish Ethical Literature", in: M. Eliade, Hg., *The Encyclopaedia of Religion* (New York 1987), Bd. 8, S. 82–87.

6 Friedrich Heer, *Gottes erste Liebe* (München 1967), S. 56; Manès Sperber, *Die Wasserträger Gottes* (München 1983), S. 42; zur Meinung der Zeitgenossen siehe *Die Gegensätze im Judenthum,* in *Nz.,* 5. August 1864, S. 363–364.

7 Auf diesen Punkt wies Dr. Lionel Kochan, Universität Warwick, in unserem Gespräch hin. Im späten 19. Jahrhundert war das ein Gemeinplatz; siehe Rabbi Dr. Leopold Goldschmidt, *Die Stellung der Juden zur modernen Kunst,* in *Nz.,* 26. April 1895, Nr. 17, S. 177–179.

Befolgung der Gesetze Gottes.[8] So meinte auch Sigmund Mayer, als er sich mit der Frage beschäftigte, warum die Juden nicht im Chor, sondern stets alle gleichzeitig beten, was einer völligen Kakaphonie gleichkommt. Er faßt treffend die Unterschiede zwischen dem jüdischen und dem österreichisch-katholischen Zugang zur Religion zusammen: „Das ist allerdings nach unseren heutigen, europäischen Begriffen nicht ästhetisch, aber Beten ist ja überhaupt nur ethisch."[9]

Die unterschiedliche Einstellung zur Gestaltung der religiösen Welt hatte den gleichen Ursprung wie die abweichende Auffassung hinsichtlich der Verbindung von Ethik und Ästhetik: die Art der Autorität. Im Katholizismus war die hierarchische Struktur der Kirche, vom Papst abwärts, so stark ausgeprägt, daß „Hierarchie" zur Kurzbezeichnung für die Kirchenführung wurde. Der einzelne Katholik war ein integrierter Bestandteil dieses mit Gott verbundenen Systems, stand aber am Ende einer langen Reihe von Mittelsmännern. In dieser Reihe hatten seine Vorgesetzten Macht über sein spirituelles Leben, was eine Einschränkung seiner Unabhängigkeit bedeuten, ihn aber auch von der Verantwortung für seine Taten entbinden konnte. Die Beichte diente dazu sicherzustellen, daß die guten Katholiken Kinder der Mutter Kirche blieben, besonders im österreichischen Kontext.[10]

Ganz anders die Situation in den traditionellen jüdischen Gemeinden des frühen 19. Jahrhunderts in Österreich. Da wurde die Autorität der Tradition kaum in Frage gestellt, die Tradition aber beruhte auf dem Gesetzesbuch und dessen altehrwürdiger Auslegung.[11] Das Ideal war es daher, daß alle Juden die Gesetze studierten. Denmach verfügte die jüdische Religion zumindest in der Theorie sozusagen über eine demokratische Basis, da die Autorität nicht von einer von Gott eingesetzten religiösen Hierarchie abhing, sondern von einer Reihe göttlicher Offenbarungen ausging, die alle kennen und verstehen konnten und sollten.[12]

In der Praxis verfügte der Rabbi über Autorität, war er doch eine „Autorität" auf dem Gebiet der Gesetzestexte – „das lebendige Religionsgesetzbuch".[13] Erwähnt sei, daß der Rabbi in der traditionellen jüdischen Gemeinde auch politisch

8 M. Lazarus, *Die Ethik des Judenthums* (Frankfurt am Main 1898), S. 23–29, 765–77; siehe auch Jakob Katz, *Aus dem Getto in die bürgerliche Gesellschaft. Jüdische Emanzipation 1770–1870.* (Frankfurt am Main 1986), S. 142; Nicholas de Lange, *Judaism* (Oxford 1988), S. 69 ff.

9 Sigmund Mayer, *Die Wiener Juden: Kommerz, Kultur, Politik 1700–1900* (Wien 1918), S. 368.

10 Siehe Richard P. McBrien, „Roman Catholicism", in: *Encyclopaedia of Religion*, Bd. 12, S. 429–445, bes. 442–443; zum österreichischen Kontext siehe R. J. W. Evans, *Habsburgermonarchie*, S. 99 ff.; Bab und Handl, *Wien und Berlin*, S. 119; Johnston, *Österreichische Kultur- und Geistesgeschichte*, S. 27; zur jüdischen Sichtweise der Herrschaft des Papstes um die Mitte des 19. Jahrhunderts siehe den Brief von Rabbi Oppenheim in: *Nz.*, 15. April 1864, Nr. 16, S. 188. Siehe auch Hermann Bahr, *Selbstbildnis* (Berlin 1923), S. 82.

11 Katz, *Aus dem Getto*, S. 11–12; Vortrag von Lazarus in: *Nz.*, 16. April 1897, Nr. 16, S. 164.

12 Siehe Sorkin, *German Jewry*, S. 46; für eine zeitgenössische Stellungnahme aus der Mitte des 19. Jahrhunderts siehe „Wiener Briefe", in: *Nz.*, 20. September 1861, Nr. 3, S. 26–27.

13 Sorkin, *German Jewry*, S. 45; Eugene B. Borowitz, „Judaism: an Overview", in: *Encyclopaedia of*

einen gewissen Einfluß ausübte, verfügte er doch – zumindest theoretisch – über die Macht zur Exkommunikation.[14] Ihm zur Seite stand aber weder eine mächtige Hierarchie, wie sie in der katholischen Kirche die Priester unterstützte, noch hatte er deren priesterlichen Stand inne. Seine Autorität beruhte einzig und allein auf seiner Bildung, die wenn auch nur formell angefochten werden konnte.[15]

Um die Mitte des 19. Jahrhunderts, als die weltliche Führung der Gemeinde ihm zunehmend entglitt, galt der Rabbi nur mehr als Lehrer, dem man voller Ehrfurcht zuhörte, der aber nichtsdestoweniger nur ein bezahlter Angestellter der Gemeinde und damit deren Diener war.[16] In diesem Rahmen war eine demokratischere Auslegung von Autorität möglich, wo jedes Familienoberhaupt durch seine Kenntnis der Gesetze die Stellung eines Priesters innehatte. Diese Auffassung war von der Konzeption her in den traditionellen Gemeinden immer vorhanden gewesen, und viele liberale und reformfreudige Juden wiesen darauf im 19. Jahrhundert hin.[17] Wenn wir an diese Vorstellung von der Verantwortung des Familienoberhauptes für die Moral und das religiöse Leben seiner Familie und gleichzeitig an das bereits früher erwähnte Fehlen jener dogmatischen Wahrheiten denken, die das Christentum verkündet, so wird klar, daß es in der Interpretation der jüdischen Tradition breiten Spielraum für individuelle Auslegungen gab. Und darin unterschied sich die jüdische Tradition ganz grundlegend vom österreichischen Katholizismus.

Eine Gemeinde von Individualisten

Es gab auch gute soziale Gründe, warum die Juden eine individualistischere Einstellung zum Leben haben sollten. Das Preßburger Ghetto war, wie Sigmund Mayer es beschreibt, die Keimstätte liberaler Ideen: „Die Juden im Ghetto gehörten fast durchaus dem Handelsstande an.“[18] Dies war auf die Restriktionen zurückzuführen, die den Juden in anderen Berufen auferlegt wurden, ist aber

---

Religion, Bd. 8, S. 127–149, bes. S. 137; siehe auch *Nz.*, 24. März 1865,, Nr. 12, S. 133, wo dieser Ausdruck verwendet wird, um die Stellung des Rabbi zu beschreiben.

14 Raphael Mahler, A *History of Modern Jewry, 1780–1815* (London 1971), S. 140–147; Katz, *Aus dem Getto,* S. 30–35; auch „Wiener Briefe“, in: *Nz.*, 20. September 1861, Nr. 3, S. 27.

15 Siehe Rabbi Dr. Löw, „Jugenderinnerungen eines Greises aus dem Ghetto“, in: *Nz.*, 20. August 1897, Nr. 34, S. 348; siehe auch J. S. Blochs Kommentare in: *Österreichische Wochenschrift für die gesammten Interessen des Judenthums (ÖW),* 30. Oktober 1884, Nr. 2, S. 4–5: „Es ist geradezu eine Tollheit, dem Judenthume, dessen Organisation so durch und durch antihierarchisch ist, daß es einer Vereinigung von zehn Laien möglich ist – den Rabbiner zu excommuniciren [sic!], den blöden Aberglauben rabbinischer oder geistlicher Unfehlbarkeit anzulügen.“

16 Heer, *Gottes erste Liebe,* S. 55; Sigmund Mayer, *Ein jüdischer Kaufmann 1831–1911: Lebenserinnerungen* (Leipzig 1911), S. 47; auch „Wiener Briefe“, in: *Nz.,* 20. September 1861, Nr. 3, S. 27.

17 Ein gutes Beispiel aus der Literatur ist Leopold Kompert, *Zwischen Ruinen* (Leipzig 1887), S. 155–156, 164; siehe auch Sol Liptzin, *Germany's Stepchildren* (Philadelphia 1944), S. 147.

18 Mayer, *Ein jüdischer Kaufmann,* S. 9.

dennoch sonderbar. Im Ghetto gab es keinen Adel und keinen Klerus. Was den Rabbi betrifft, würde der Gemeindevorsteher wohl sagen: „Wer von uns gezahlt wird, hat bei uns nichts zu reden." Es gab auch kein Proletariat. Jeder, ob reich oder arm, war im Handel tätig. Mayer spricht von einer gewissen „Gleichartigkeit", wenn auch nicht, was den Reichtum betraf: „Das ganze Ghetto war sozusagen ‚Dritter Stand'."[19] Andere Zeugen sprechen von einer tiefen Kluft, ja von Klassenkämpfen zwischen den Reichen und Armen in traditionellen Gemeinden, aber selbst dies steht in keinem Widerspruch zu Mayers Beschreibung. Der Unterschied betraf den Reichtum, keine gesetzlich anerkannten Kasten, und die Tatsache, daß die Armen sich auf die Tradition berufen und sich um Unterstützung an den Rabbi wenden konnten, zeigt, daß, obwohl sich die Reichen bemüht haben mochten, ihre Stellung zu ändern, die traditionelle Gemeinde weiterhin an jenen bürgerlichen und in gewissem Sinne sogar egalitären Idealen festhielt.[20]

Anerkanntermaßen war das Ghetto offensichtlich das Zentrum städtischer Ideen wie im Dritten Stand. Im Gegensatz zu der Vorstellung, daß die Juden ausschließlich Städter und Kaufleute waren, wird das Schtetl, das kleine Städtchen, oft als Beispiel für das ländliche jüdische Leben zitiert. Obwohl dieses Schtetl auf dem Land lag, war seine Rolle eben die eines kleinen Städtchens.[21] Verglichen mit einer großen Stadt mochte es durchaus ländlich anmuten, aber für die Juden, die hier wohnten, war es eine *civitas dei,* ein Vorposten der (jüdischen) Zivilisation im wilden Hinterland der polnischen und ruthenischen Bauern.[22] Auch hier waren die Juden Kaufleute und Handwerker. Jedes Familienoberhaupt war ein volles Mitglied der Gemeinde, war der Betreffende auch noch so hoffnungslos arm. Noch in der extremen Armut des Schtetls hielten die Juden verbissen an ihrem im Grunde bürgerlichen Lebensstil fest. Daher bemühten sich auch alle, ungeachtet der großen Not, ihre Söhne in den Cheder zu schicken.[23]

Manès Sperber erzählt die folgende Geschichte: Seine Heimatstadt Zablotow war stolz darauf, daß hier nie jemand Hungers starb. Wenn ein Hungernder nach Brot fragte, erhielt er welches. Eines Tages jedoch weckten Gemeindemitglieder den Rabbi, um ihm voller Schrecken zu berichten, daß jemand vor Hunger gestorben sei. Der Rabbi antwortete: „Das ist nicht wahr. Ja, es ist unmöglich. Hättest du oder du ihm ein Stück Brot verweigert, wenn er es verlangt hätte?'

---

19 *Ibid.,* S. 102–103.
20 Siehe z. B. Dr. Frankl-Grün, „Der Classenkampf im Ghetto", in: *Nz.,* 4. Mai 1900, Nr. 18, S. 181–182, 11. Mai 1900, Nr. 19, S. 192–193.
21 Claudio Magris, *Weit von wo?* (Wien 1974), S. 124.
22 Sperber, *Die Wasserträger,* S. 18.
23 *Ibid.,* S. 15. Julius Carlebach erwähnt einen ähnlichen Punkt bezüglich der bürgerlichen Bestrebungen der jüdischen Gemeinden in seinem Artikel „The Forgotten Connection: Women and Jews in the Conflict between Enlightenment and Romanticism" in: *LBIY* XXIV 1979, S. 118.

‚Nein', antworteten sie, ‚aber Elieser war zu stolz, um etwas zu bitten.' ‚Also, sagt nicht, daß mitten unter uns einer Hungers gestorben ist, denn Elieser ist an seinem Stolz zugrunde gegangen.'"[24]

Es oblag dem einzelnen, in dieser Gesellschaft über sein Schicksal zu entscheiden, auch wenn es die Pflicht der anderen war, ihm zu helfen – wenn er sich überwinden und so weit erniedrigen konnte. Auch der *Schnorrer* hat seinen festen Platz in der jüdischen Tradition als Spiegelbild des Selfmademan. Es sind dies lediglich zwei Seiten ein und derselben Medaille.

Ein individualistischer Ansatz der Gesellschaft war auch eines der bemerkenswerten Charakteristika der Reformbewegungen in Wien um die Jahrhundertwende. Ingrid Belke sprach von der „sozialen Technik", die diese Gruppen auf die sozialen Probleme übertrugen, in deren Zentrum der einzelne stand. Für die durchaus prominenten jüdischen Mitglieder dieser Bewegungen war der Hintergrund des Ghettos und des Schtetls mit der betont antihierarchischen Konzeption von Gemeinde und der gleichzeitigen Vorstellung dieser Gemeinde als Sammlung von einzelnen von großem Einfluß.[25] Der für diese Bewegungen so charakteristische Geist war kein pseudo-mittelalterlicher Holismus wie andernorts (und unter den Christlichsozialen), sondern eine spezifische Auffassung von Gerechtigkeit, die in engem Zusammenhang mit dem Judentum stand. Josef Popper-Lynkeus schrieb sein Empfinden für soziale Gerechtigkeit einmal folgendem Wort aus dem Talmud zu: „Wenn du einen Menschen tötest, hast du die Welt getötet, wenn du einen Menschen erhältst, erhältst du die Welt."[26] Das Gesetz, demzufolge dem Hungernden, der um Essen bittet, zu essen gegeben werden muß, fand durch den von Popper gegründeten „Verein Allgemeine Nährpflicht" direkt Eingang in das fortschrittliche Wiener Bürgertum. Popper versammelte eine Gruppe von Angehörigen der Mittelschicht um sich, die soziales Gewissen zeigten und weder auf Klassenunterschiede noch Klassenzugehörigkeit schauten, sondern die Gesellschaft so sahen, wie sie im Ghetto gewesen war, als eine Gemeinschaft von einzelnen, von denen der eine reicher, der andere ärmer war. Dieser geistige Nährboden brachte sowohl bürgerliche Sozialreformer als auch überzeugte Marxisten hervor, und beider Engagement wurzelte in den Lehren des jüdisches Gesetzes.

Joseph Popper-Lynkeus und Wilhelm Neurath waren Persönlichkeiten von demselben Schlag und kannten einander schon von früher, wo sie gemeinsam im Kaffeehaus gesessen waren und über soziale Theorien diskutiert hatten.[27] Neuraths Gesellschaftstheorie zeigt ähnlich individualistische Züge wie jene Poppers. In seiner Vorstellung sollte die Gesellschaft wie eine große Aktiengesellschaft funktionieren, in der jeder einzelne als Aktionär Teilhaber am Unterneh-

---

24 Sperber, *Die Wasserträger,* S. 16.
25 Belke, *Popper-Lynkeus,* S. 102–106. Zur jüdischen Präsenz, *ibid.,* S. 239.
26 *Ibid.,* S. 79.
27 Belke, *Popper-Lynkeus,* S. 90.

men sein sollte. Diese Vorstellung paßt genau in die jüdische Tradition, auch wenn eine gewisse Ironie darin liegt, daß Neuraths Ideen indirekt die Grundlage für Luegers Gestaltung der öffentlichen Dienste durch die Gemeinde Wien bildet.[28] Otto Neurath schlug in die gleiche Kerbe wie sein Vater, als er die Forderung nach „Planung für Freiheit" erhob. Hinter seiner offensichtlich marxistischen Weltanschauung stand dieselbe Sorge um den einzelnen, die schon seinen Vater und Popper geprägt hatte.[29] Es ist bezeichnend, daß er 1919, als er während der revolutionären Münchner Republik das Zentralwirtschaftsamt leitete, ein Telegramm an Popper sandte, in dem er ihm mitteilte, daß seine (Poppers) Ideen endlich in die Praxis umgesetzt würden.[30] Wir könnten so in Otto Neuraths Ideen eine Weiterentwicklung jenes Empfindens für soziale Gerechtigkeit sehen, wie sie in den jüdischen Gemeinden, gleichgültig ob in einem slowakischen Schtetl oder in einer böhmischen Gasse, herrschte.

Otto Neurath zählte zu jenen, die Popper in Hietzing besuchten. Ein weiterer Name auf dieser Liste ist Carl Colbert.[31] Colbert vertrat einen anderen, im Grunde bürgerlichen Typ des Reformers. Seine Mutter war eine der legendärsten Figuren der Wiener Finanzwelt, hatte sie doch, obwohl sie aus dem Preßburger Ghetto kam, die Merkurbank gegründet.[32] Ihr Sohn erfreute sich daher eines entsprechend hohen bürgerlichen Lebensstandards und gab die recht erfolgreiche Zeitschrift *Wiener Mode* heraus. Er war auch als entschiedener Gegner der kapitalistischen Ausbeutung der Arbeiter bekannt, und in den Feuilletons seiner Zeitungen wurden die von seiner Mutter finanzierten Geschäfte verurteilt.[33] Colbert ist ein Beispiel für jene Art von Doppelleben, das viele Wiener Juden hinsichtlich ihrer Auffassung von Gesellschaft und ihrer Stellung in derselben führten.[34] Es ist schwierig festzustellen, wie weit dies auf die soziale Struktur jener jüdischen Gemeinde zurückzuführen ist, die sie erlebt hatten, aber ein soziales Gewissen für die arbeitenden Klassen scheint unter dem jüdischen Bürgertum sehr stark ausgeprägt gewesen zu sein, was darin zum Ausdruck kam, daß die meisten sozialistischen Führer Österreichs aus Familien des ge-

---

28 Mayer, *Die Wiener Juden,* S. 254.

29 Friedrich Stadler, Hg., *Arbeiterbildung in der Zwischenkriegszeit, Otto Neurath* (Wien 1982), S. 10; Otto Neurath, *Empiricism and Sociology* (Dordrecht 1973), S. 41.

30 Belke, *Popper-Lynkeus,* S. 214–215.

31 *Ibid.,* S. 80.

32 Mayer, *Ein jüdischer Kaufmann,* S. 52; Richard Kola, *Rückblick ins Gestrige: Erlebtes und Empfundenes* (Wien 1922), S. 191.

33 Kola, *Rückblick,* S. 191; auch das Interview mit Bruno Frei, Klosterneuburg, 13. Oktober 1982.

34 Ein ähnliches Beispiel ist Theodor Hertzka, Herausgeber der *Wiener Allgemeinen Zeitung,* aber auch Begründer der Freiland-Bewegung. Siehe Johnston, *Österreichische Kultur- und Geistesgeschichte,* S. 363 f. Hertzka identifiziert ganz explizit seine utopische Gesellschaftstheorie mit dem, was er als jüdische ethische Tradition bezeichnete; siehe dazu seinen Vortrag „Arischer und semitischer Geist", veröff. in *ÖW,* 20. Jänner 1893 (X.3), S. 37–40.

hobenen jüdischen Bürgertums kamen.[35] Erwähnenswert ist auch, daß der marxistische Theoretiker Max Adler eingestand, daß Popper, dieser jüdisch-bürgerliche Sozialreformer, einen sehr großen Einfluß auf ihn ausgeübt hatte, was dabei helfen mag, Adlers starke Betonung des einzelnen im marxistischen Denkschema zu erklären.[36]

Die Beziehung zwischen Carl Colbert und Bruno Frei, dem späteren Herausgeber der kommunistischen *Volksstimme,* zeigt, wie der jüdische Sinn für soziale Gerechtigkeit über alle Grenzen der Klassen und der Akkulturation hinwegreichen konnte. Colbert stellte Frei, damals ein junger radikaler Journalist, bei seiner Zeitung *Der Abend* ein.[37] Es war durchaus etwas Außergewöhnliches, daß der sich bereits im Pensionsalter befindliche Sproß einer der reichsten Wiener Familien nun eine radikale Zeitung gründen sollte. Noch erstaunlicher in vieler Hinsicht aber war, daß er gerade Frei anstellen sollte, der, aus einem streng orthodoxen Haus kommend, seinen Sozialismus in der biblischen Idee der Gerechtigkeit begründet sah.[38] Die beiden Juden, die von den entgegengesetzten Polen des sozialen und kulturellen Spektrums kamen, einte ihr Sinn für soziale Gerechtigkeit, der allem Anschein nach in ihrem jüdischen Hintergrund verankert war.

Jüdischer Stoizismus

Die Ethik des Individualismus konnte entweder in der Suche nach sozialer Gerechtigkeit zum Ausdruck kommen oder aber zum Rückzug aus dem gesellschaftlichen Leben führen. Eine solche Verinnerlichung ließ den einzelnen eine auffallend stoische Haltung gegenüber der Welt einnehmen, gleichgültig, ob es sich dabei um eine traditionelle jüdische Gesellschaft oder das assimilierte Bürgertum handelte.

Käthe Leichters Vater vertrat eine strenge Ethik der Schlichtheit und Redlichkeit, gleichzeitig aber weigerte er sich, die Werte seiner kapitalistischen Familie des gehobenen Bürgertums zu verraten. Seine Tochter beschrieb Josef Pick als das Paradebeispiel eines Liberalen, der zwischen Werten wie Gerechtigkeit und Individualismus und den neuen wirtschaftlichen Gegebenheiten zerrissen war. Er bewunderte Lincoln für die Sklavenbefreiung und sogar die Anhänger der Commune im Jahre 1871, konnte die Ideen von Marx aber nicht bejahen. Er begeisterte sich für den Kampf des Liberalismus um die Freiheit des einzelnen

---

35 Das klassische Beispiel ist Otto Bauer, der aus einer der wohlhabendsten Textilfamilien Böhmens stammte; siehe Otto Leichter, *Otto Bauer: Triumph oder Tragödie?* (Wien 1970), S. 22.

36 Belke, *Popper-Lynkeus,* S. 211–212.

37 Karl Kraus stichelte über dieses neue Unternehmen: „Der Sohn der Merkur-Kohn setzt sich bolschewistisch zu Ruhe."

38 Interview mit Bruno Frei, 12. Oktober 1982.

von der Tyrannei, konnte aber eine soziale Revolution nicht gutheißen. Seine Position war höchst zwiespältig: „Den Weg zur Sozialdemokratie wäre er bei aller persönlichen Hochachtung, die er wie so viele aus dem freiheitlichen Bürgertum für Victor Adler und Pernerstorfer hatte, nie gegangen." Es erhob sich die Frage, was unter Gerechtigkeit und Freiheit verstanden wurde. Er unterstützte den Kampf der Anhänger von Dreyfus um Gerechtigkeit, aber er war der Polizei dankbar, daß sie die Proteste der hungernden Arbeiter unterdrückte. Obwohl ein Intellektueller, gehörte er zur Gesellschaftsschicht seiner Familie und identifizierte sich mit dieser: „Hatte er keine Reichtümer, so hatte er eben die Kultur vor der Gleichmacherei zu schützen".[39]

Zutiefst beunruhigt war er über die ethischen Schwächen jener neureichen Gesellschaftsschicht, die an der Spitze der Wirtschaft stand, und brachte dies darin zum Ausdruck, daß er seinen ethischen Imperativ verinnerlichte und im Zug eben dritter Klasse reiste und den „Flausen" seiner Frau so wenig wie möglich nachgab. Er wollte „den geraden Weg gehen", ungeachtet der gesellschaftlichen Konsequenzen. Was ihn aufrechterhielt, war der unerschütterliche Glaube an das Gute im Menschen.[40]

Diese Einstellung war unter den assimilierten Juden weit verbreitet. Im 19. Jahrhundert, wenn nicht schon früher, stand für die Juden fest: „Gott ist das Gewissen", eine Vorstellung, die durch die jüdische Auffassung, daß der Mensch nach dem Ebenbild Gottes geschaffen war, reiche Nahrung erfuhr.[41] Der Glaube an Gott als das Gewissen konnte noch weiter zu dem einfachen Glauben „an das Gute im Menschen, in jedem einzelnen, auch in sich selbst" säkularisiert werden.[42] Der Hervorhebung des eigenen Gewissens begegnen wir in den Werken zahlreicher Denker der Aufklärung, allen voran Kant, und sie war ein allen Liberalen in ganz Europa gemeinsames Charakteristikum. Was das jüdische Wiener Bürgertum betrifft, sei betont, daß im Bereich der individualistischen Ethik die Vorstellung von Gott als Gewissen auch als Entwicklung einer bereits bestehenden Tradition im Judentum gesehen werden kann, der persönlichen Beziehung und oft der Auseinandersetzung des einzelnen mit Gott – außerhalb des gesellschaftlichen Rahmens. Josef Picks Haltung, seine Weigerung, sich gesellschaftlichen Konventionen zu unterwerfen, und die Bewahrung seiner ethischen Verpflichtung im privaten, wenn auch nicht im gesellschaftlichen Bereich, hatte im Ghetto und im Schtetl eine direkte Parallele in jener Tradition, die Claudio Magris jüdischen Stoizismus genannt hat.[43]

---

39 *Käthe Leichter: Leben und Werk,* Hg. Herbert Steiner (Wien 1973), S. 255–256.
40 *Ibid.,* S. 257–258.
41 Siehe Heer, *Gottes erste Liebe,* S. 291. Zur Bedeutung der Vorstellung, daß der Mensch nach dem Vorbild Gottes geschaffen ist, siehe Erich Kahler, *Die Philosophie von Hermann Broch* (Tübingen 1962), S. 80.
42 Stella Klein-Löw, *Erinnerungen: Erlebtes und Gedachtes* (Wien 1980), S. 24.
43 Magris, *Weit von wo?,* S. 159–162; vgl. de Lange, *Judaism,* S. 87 ff.

Magris definiert jüdischen Stoizismus als den Glauben an ein unzerstörbares individuelles Ethos, das durch kein äußeres und relatives Wertsystem beeinträchtigt werden kann. Diese Vorstellung stammt aus einem Zitat Solomon Maimons, demzufolge die jüdische Moral der „wahre Stoizismus" ist. Für Magris faßt Rabbi Schloime Mayer in einem Roman von I. B. Singer dies treffend zusammen: „Du sollst das Angesicht eines Menschen nicht fürchten." Magris sieht hier einen Zusammenhang zur patriarchalischen Struktur der jüdischen Familie. Wie dem auch sein mag, ist seine Hauptaussage sehr wichtig: „Der ‚jüdische Stoizismus' erkennt sich in der vergangenen individualistischen Kultur des 19. Jahrhunderts und im antiquierten klassischen Humanismus wieder." Das heißt, die Juden leisteten ihren eigenen Beitrag zur individualistischen Kultur des mitteleuropäischen Humanismus, zur Welt eines Grillparzer ebenso wie zu jener eines Schnitzler oder Werfel: „In diesem Typus, der wesentlich aus der Begegnung zwischen dem herbstlichen bürokratischen Ideal mit seinem Pathos des Verzichts und der jüdischen Verinnerlichung mit ihrer Kenntnis des Leidens entstanden war, hat das vielleicht Edelste des mitteleuropäischen Humanismus Gestalt genommen."[44]

Dieser jüdische Beitrag zum Humanismus Mitteleuropas beruhte auf der Vorstellung, daß der Mensch nach dem Vorbild Gottes als einzelner geschaffen ist, der darum kämpft, den Sinn der Schöpfung zu zeigen, ihr zum Ausdruck zu verhelfen als „der Welt eine Einheit stiftende Einheit", wie Erich Kahler es ausdrückt.[45] Im Grund war der einzelne also unabhängig von der Welt um ihn herum, konnte allen ins Gesicht sehen, da er sich in der Gesellschaft Gottes wußte.[46] Es war das Wissen um diese Anwesenheit Gottes, das einem Juden in allem Unglück Halt gab und ihn für sein schweres Schicksal entschädigte. Eine treffende Beschreibung dieser Einstellung findet sich in Joseph Roths Bearbeitung der Geschichte des Hiob.

Es geht um dieselbe Geschichte: Ein frommer Mann wird so lange von seinem Schicksal verfolgt, bis er Gott als ungerecht verwirft. Auch in Roths Buch geht es um einen Mann, Mendel Singer, der selbst in der gottlosen Umgebung in New York an seinem Glauben festhält, daß es einen Gott gibt, selbst wenn dieser ungerecht ist. Er ist seinem Gott böse, der seine Söhne getötet, seine Frau in den Wahnsinn getrieben und ihn selbst aus seiner polnischen Heimat entwurzelt hat. Er rächt sich, indem er in das italienische Viertel geht und Schweinefleisch ißt, um seinen Gott zu ärgern. Er weigert sich sogar, zu Gott zu beten, aber hinter all

---

44 Magris, *Weit von wo?*, S. 161. Maimons geistsprühende Verteidigung der traditionellen jüdischen Moral wird wiedergegeben in *Solomon Maimon's Lebensgeschichte*, Hg. K. P. Moritz (Berlin 1792), Neudruck in Solomon Maimon, *Gesammelte Werke* (Hildesheim 1965), Bd. 1, S. 176.

45 Kahler Erich, *Die Philosophie von Hermann Broch* (Tübingen 1962), S. 82 ff.

46 Siehe z. B. J. B. Strasser, „Blätter der Erinnerung", in: *Nz.*, 18. März 1898, Nr. 11, S. 112; siehe auch Maimons Abhandlung der Philosophie des Maimonides in: Maimon, *Lebensgeschichte*, S. 446–447.

dieser Auflehnung steht ein tiefer Glaube, der Wunsch, Gott wieder zum Freund zu haben: „‚Ich bete nicht!‘ sagte sich Mendel. Aber es tat ihm weh, daß er nicht betete. Sein Zorn schmerzte ihn und die Machtlosigkeit dieses Zornes. Obwohl Mendel mit Gott böse war, herrschte Gott noch über die Welt. Der Haß konnte ihn ebensowenig fassen wie die Frömmigkeit.“[47]

Mendels Beziehung zu Gott, sei sie nun antagonistisch oder, wie zu Ende des Buches, eine der dankbaren Bestätigung, ist die zwischen zwei alten Freunden, ganz persönlich und unmittelbar.[48] Hiob zeigt so die ungeheure Vieldeutigkeit der jüdischen, stoischen Beziehung zu Gott. Auf der einen Seite steht die Vorstellung, daß Gott für seinen Teil des biblischen Bundes Rechenschaft ablegen muß, und es die Pflicht des Menschen ist, mit einem ungerechten Schicksal zu ringen, das Gott für ihn bestimmt haben mag; hier denkt man an das Bild Jakobs, der mit dem Engel kämpft. Auf der anderen Seite steht die Tatsache des Glaubens, daß es trotz des gegenwärtigen Chaos in der Welt eine höhere Ordnung der Dinge gibt, daß eines Tages der Messias kommen wird, daß Gott unendlich gut und ein Freund ist. In diesem Sinne ist die Auseinandersetzung mit Gott dann nur ein Augenblick des Auserwähltseins, in dem man eine direkte Verbindung zu Gott hat. Es war die Auswirkung dieses Wissens, die Sigmund Mayer in der Haltung der frommen Juden im Preßburger Ghetto sah: „Da in der ‚Schul‘ stand er unmittelbar unter und dicht unter dem Herrgott und sah auf jene, die ihn verfolgten und beschimpften, tief herab.“[49] Ein Jude besaß unter Umständen nichts anderes als diese Beziehung zu Gott, und selbst wenn es eine schlechte Beziehung war, machte deren bloße Existenz allein alles andere in der Welt bedeutungslos.

Die Erklärung dieses stoischen Ansatzes in der traditionellen jüdischen Gemeinde mag auf den ersten Blick ganz offenkundig scheinen: Jahrhunderte der Verfolgung mußten in irgendeiner Form eine Entschädigung finden, und es gab keine größere Entschädigung als die einer direkten Beziehung zur Gottheit. Bei näherem Hinsehen scheint damit aber der Wagen vor das Pferd gespannt zu werden – denn man könnte genauso gut argumentieren, daß das Überleben der jüdischen Gemeinden trotz aller Verfolgungen auf der Bedeutung der stoischen jüdischen Tradition beruhte. Für welche Erklärung auch immer man sich entscheidet, der stoische Ansatz scheint in den traditionellen Gemeinden des österreichischen Judentums sehr stark verbreitet gewesen zu sein. Der Urgroßvater von Manès Sperber, Rabbi Boruch, ist ein gutes Beispiel für eine solche Weltsicht. Für ihn war nicht die tägliche Geschichte menschlicher Beziehungen von Bedeutung, sondern die Suche nach dem wahren Verständnis der göttlichen Schöpfung und der Gesetze Gottes, die nur durch das Studium der heiligen Bücher entdeckt werden konnten:

---

47 Joseph Roth, *Hiob* (Köln 1982), S. 172.
48 Z. B. Roth, *Hiob*, S. 209.
49 Mayer, *Ein jüdischer Kaufmann*, S. 59.

„Er verbrachte sein Leben mit ‚Lernen', dem Studium der heiligen Bücher und ihrer Kommentare ... In frühester Morgenstunde lief er aus dem Haus, um sein kaltes Tauchbad zu nehmen. Er lief, denn er hatte keine Zeit. Dem Arzt, der dem Greis nahelegte, seinen Eifer zu mäßigen, erklärte er: ‚Ich habe keine Minute zu verlieren, denn erst jetzt beginne ich *wirklich* zu verstehen. Jetzt erst offenbart sich mir, was allein das Wesentliche ist."[50]

Es war diese Suche nach der *wirklichen* Wahrheit, die ihn von der Alltäglichkeit der Welt um ihn herum abhob. Er verachtete die Anmaßung von Reichtum und gesellschaftlicher Stellung.

Sperber sah in ihm den einsamsten Menschen, den er je inmitten des überfüllten Schtetls kennengelernt hatte, da er seinen Mitmenschen deren Unfähigkeit nicht vergeben konnte, nicht mit all ihrem Sein und Haben den Wegen Gottes zu folgen: „Er verzieh es ihnen nicht, daß sie den Anforderungen nicht gerecht wurden, deren Erfüllung allein er als Rechtfertigung des Daseins ansah."[51] Das Grundprinzip war das Streben nach „Gerechtigkeit", um sich als würdig zu erweisen, daß die Wahl Gottes auf ihn und seine jüdischen Mitbrüder fiel. Sperber spricht vom Hohen Lied der Liebe als der Geschichte des auserwählten Volkes, der schuldig gewordene Liebhaber sucht die Geliebte, Gott. Und eben diese Beziehung war es, die dem Leben seines Urgroßvaters einen Sinn gab:

"Auch der Urgroßvater konnte manchmal mit seinem Gott rechten, wie der Zaddik von Bardtschew in seinen jiddischen Gebeten es gewagt hatte. Hätte er erfahren, daß sein Urenkel Steine gegen den Himmel warf, um Gott herauszufordern und in sein böses Gesicht zu blicken, er hätte es wahrscheinlich nicht als Gotteslästerung empfunden. Der Allmächtige war überall; selbst ein Kind mußte auf ihn stoßen, unter Umständen ihn anstoßen und mit ihm handgreiflich werden. Ich schrieb fast unter Rabbi Boruchs Diktat die Worte, die ich einem Romanhelden, dem halbwüchsigen Rabbi Bynie in den Mund legte, mit denen er sterbend von seinem Kampfgefährten, einem ungläubigen Wiener Juden, Abschied nahm: ‚Armer Mensch, Ihr bleibt ganz allein. Wie werdet Ihr ohne Gott leben können?'"[52]

Menschen wie Rabbi Boruch konnten am Rande der Gemeinde bleiben, man brachte ihnen vielleicht eine gewisse Achtung entgegen, aber es gab auch andere „jüdische Stoiker", die in ihrem Dienst an Gott schließlich mit der Gemeinde brachen. Josef Ehrlich, der in einer chassidischen Gemeinde aufgewachsen war, kam durch die Erfahrung der Haskalah zu einer stoischen Weltsicht und lehnte soziales Tun zugunsten einer direkten Gotteserfahrung ab. Er studierte mit aller Leidenschaft die Natur, aber als Schöpfung Gottes, nicht als sein Ersatz. Er fühlte sich „einverleibt dem geordneten All ... dieses dunkle Selbstgefühl, das

---

50 Sperber, *Die Wasserträger*, S. 30.
51 *Ibid.*, S. 31.
52 *Ibid.*, S. 33–34.

Glied einer höhern Welt zu sein".[53] In Moses Mendelssohns *Phaedon* entdeckte er das Prinzip der *Tugend* und die Vorstellung von der Unsterblichkeit der Seele, dahinter aber lag keine rationale Erklärung der Welt, wie von einem Schüler der Aufklärung vielleicht zu erwarten gewesen wäre, sondern vielmehr ein tiefer Glaube an Gott: „Ich fühlte, daß Gott mich liebe, und so schwur ich ihm Treue bis in die fernsten Zeiten."[54] Was Ehrlich vorantrieb, war „der Wunsch nach dem Metaphysischen" und das Bedürfnis, immer an Gott zu denken.[55] Ehrlich brach auch nicht mit der tiefen Frömmigkeit der Chassidim, für ihn war die Haskalah vielmehr ein Mittel, um dem Sinn des Lebens näher zu kommen, Gott als mystische Erfahrung, als Gewissen.

Der Bruch mit der institutionalisierten Religion konnte demnach als natürliche Entwicklung aus dem Judentum selbst resultieren. Tatsächlich gab es viele Aspekte der Tradition, die in entgegengesetzte Richtungen wirkten – der Druck der Gemeinde und der Tradition selbst war sehr stark und blieb für viele bestimmend.[56] Es bedurfte nur einer winzigen, wenn auch entscheidenden Gewichtsverlagerung in dieser Waagschale der Religion, und der äußere Schein der rituellen Vorschriften und Gebräuche wurde als sekundär und damit belanglos erachtet, im Unterschied zur persönlichen Beziehung zu Gott, die dem Juden als einem Angehörigen des auserwählten Volkes stets offenstand. Der äußerst fromme Rabbi Boruch beispielsweise konnte es vorziehen, Gott durch das Studium zu verherrlichen, statt der unerfreulichen Aufgabe nachzugehen, mit seinen Mitbrüdern, jenen Unvollkommenen und Verachteten, zu beten.[57] Ehrlich konnte für sich sagen, daß ihm die Verehrung Gottes in der Synagoge nicht jene Erbauung brachte wie das Gebet zu Gott allein im Wald. Das Judentum könnte demnach auf den Glauben des einzelnen an Gott reduziert werden, wobei nichts anderes *notwendig* ist.[58]

Der stoische Aspekt der jüdischen Tradition fand daher ohne Schwierigkeiten Eingang in die assimilierten Gemeinschaften. Aufgrund der Betonung der intersubjektiven Autonomie des einzelnen, strichen die Ideologen der Emanzipation und Assimilation diesen Aspekt hervor, da er ein starkes Gegenargument gegenüber den Forderungen der traditionellen Gemeinden lieferte.[59] Das Bekenntnis

---

53 Ehrlich, *Der Weg meines Lebens,* S. 91.
54 *Ibid.,* S. 78.
55 *Ibid,* S. 124.
56 Katz, *Aus dem Getto,* S. 11–12; Strasser, „Blätter", in: *Nz.,* 21. Jänner 1898, Nr. 3, S. 26. Siehe auch Lazarus, *Ethik des Judenthums,* S. 56–57, wo er zwei Strömungen im Judentum unterscheidet, Rationalismus und Traditionalismus.
57 Sperber, *Die Wasserträger,* S. 30.
58 Ehrlich, *Der Weg meines Lebens,* S. 64.
59 Z. B. Maimon, *Lebensgeschichte,* S. 306, 448; *Nz.,* 22. November 1861, Nr. 12, S. 133; Adolf Jellinek, „Der jüdische Stamm", in: *Nz.,* 6. Dezember 1861, Nr. 14, S. 165–166; J. J. Hamburger, „Denk-, Glaubens-, Lehr- und Redefreiheit im Judenthume", in: *Nz.,* 31. Jänner 1896, Nr. 5, S. 42–43; Lazarus, *Ethik des Judenthumes,* S. 94–119, 273.

zu der oben dargelegten radikal stoischen Definition von Religion bedeutete andererseits, daß mit der Leugnung einer Rolle der Religion in der intersubjektiven Welt nicht länger die Religion selbst geleugnet wurde. Wenn einer der führenden Vertreter der Aufklärung in Wien, wie etwa Wilhelm Neurath, sich zum Glauben an den Mystizismus eines Jakob Böhme bekannte, so ist dies nur ein Spiegelbild der noch unmittelbareren Anziehungskraft, die Böhmes Ansatz auf Ehrlich ausübte, der bei Böhme wohl die gleichen Ideen wiederfand, die ihm selbst gekommen waren, als bei ihm das Gedankengut der Chassidim und jenes der Haskalah aufeinandertrafen.[60] Mit dieser eigenartigen Mischung aus Religiösem und Säkularem ähnelt Wilhelm Neurath einem Religionsgründer mit eigenen Vorstellungen von der Gesellschaft.[61] In der säkularen Form des jüdischen Stoizismus resultierte daraus die starke Betonung der ethischen Mission des einzelnen, die in einem, wie man sagen muß, areligiösen Glauben wurzelte, sei es an Gott oder an das Gewissen, sei es im Rahmen des Judentums oder außerhalb.[62]

Hinter der kulturellen Elite Wiens stand das Erbe der individuellen Ablehnung der Welt des Scheins in stoischer Weise. Ein Beispiel dafür ist Theodor Gomperz' Großvater Lazar Auspitz:

„Wuchtig . . . war sein ganzes Wesen: die Kraft seines Willens, sein Unabhängigkeitssinn, die Selbständigkeit seines Urteils. Dem kynisch-stoischen Ideal der ‚Wahnfreiheit' stand er so nahe als möglich. Allem Vorurteil, allem Konventionalismus, aller Eitelkeit (‚falsche Glanzsucht' nennt er sie in einem Briefe) war er fremd und feindlich. Nur auf das Wesentliche war sein Sinn gerichtet mit schwerem, oft mit schroffem Ernst und mit heftiger, auch unduldsamer Abneigung gegen die Vertreter jedes Scheinwesens . . . Was er als unheilsam erkannt hatte, rottete er mitleidlos in sich aus und bekämpfte es unablässig und mit unnachsichtiger Strenge bei seinen Nächsten: von moralischen Gebrechen angefangen bis zu den kleinen Mängeln des Gehabens, der Haltung, der Kleidung herab (. . .) Sich vor niemandem zu beugen, um niemandes Gunst zu werben, war tief in seiner Natur begründet."[63]

Diese Beschreibung eines „wahren Sohnes der Aufklärung" könnte ebenso gut als Beschreibung von Sperbers Rabbi Boruch dienen. Dieser Typ des jüdischen

---

60 Neurath, *Empiricism and Sociology,* S. 4.

61 Mayer, *Ein jüdischer Kaufmann,* S. 254.

62 Interessant sind in diesem Zusammenhang die Ideen von Wilhelm Jerusalem. Er akzeptierte das Judentum auf der Basis, daß der „ethische Monotheismus des Judentums" nicht im Widerspruch zur Wissenschaft stand und daher mit dieser völlig vereinbar war. Siehe Jerusalem, *Gedanken und Denker: gesammelte Aufsätze,* Neue Serie (Wien 1925), S. 10.

63 Theodor Gomperz, *Essays und Erinnerungen* (Stuttgart 1905), S. 4–5. Mahlers Großmutter scheint ähnlich gewesen zu sein; siehe dazu Alma Mahler, *Gustav Mahler: Erinnerungen und Briefe* (Amsterdam 1940), S. 13. Siehe auch Stefan Zweig, *Die Welt von Gestern* (Frankfurt am Main 1982), S. 22–23, über seinen Vater; man beachte vor allem den Ausdruck „das Gefühl der inneren Freiheit".

Stoikers scheint ohne jede Schwierigkeit in die assimilierte Welt des Kapitalismus übernommen worden zu sein. Wie bereits weiter oben angesprochen, bestand die Änderung nur darin, daß das Gebetbuch durch ein naturwissenschaftliches Buch ersetzt worden war.

Der stoische Ansatz bildete so die Brücke von der traditionellen zur assimilierten Gemeinde. Beide, sowohl Rabbi Boruch als auch Lazar Auspitz, bemühten sich ausschließlich um das Wesentliche. Für den einen bedeutete es eine bewußte Beziehung mit Gott, für den anderen eine mehr oder weniger unbewußte Beziehung mit Gott als dem Gewissen. Die gleiche Suche nach dem Wesentlichen äußerte sich in der Wiener Kultur um die Jahrhundertwende dergestalt, daß man sie als ethische Suche nach der Wahrheit bezeichnen könnte. Magris fand diesen Punkt auch in den Werken von Freud und Schnitzler bestätigt, was zumindest für Freud seine Richtigkeit hat.[64] An einen Patienten gewandt, würde er etwa folgendes sagen: „Endlich vergessen Sie nie daran, daß Sie volle Aufrichtigkeit versprochen haben und gehen Sie nie über etwas hinweg, weil Ihnen dessen Mitteilung aus irgendeinem Grunde unangenehm ist."[65] Dies war im Grunde dieselbe Idee wie jene Lazar Auspitz', nur radikaler. Sie beruhte auf denselben stoischen Grundfesten, wie Freuds Bemerkung in *Das Unbehagen der Kultur* zeigt: „Denn durch die Sublimierung der Triebe kann einem das Schicksal . . . dann wenig anhaben."[66] Wer die Wahrheit spricht, sich um die Wahrheit bemüht, der räumt der Urteilskraft nach Freud wieder ihren rechtmäßigen Platz in der Welt ein, nämlich den Primat.

Die Wahrheitsliebe, von der Guido Adler als dem Grundprinzip in seiner Familie spricht, war ein Klischee aufgeklärten Denkens, wurde in jüdischen Familien aber besonders betont, als Folge des Erbes dessen, was wir als jüdischen Stoizismus bezeichnet haben.[67] Die Suche nach der Wahrheit als ethisches Ziel, die ihren Ursprung in der jüdischen Kultur in der Gestalt des religiösen Gelehrten hatte, wurde wie im Falle Freuds direkt auf die Wissenschaft übertragen. Sie spiegelt sich in den Philosophien assimilierter jüdischer Denker wie Broch und Weininger wider. Für Broch war die Verbreitung der Logik das ethische Ziel der Menschheit.[68] Für Weininger waren es Bewußtsein und Logik, und im Erreichen dieser Ziele sah er die Erfüllung des göttlichen Willens, dem es nachzukommen galt.[69] Der hier umrissene Denkprozeß machte nicht Halt vor den Schranken von Religion und Wissenschaft oder Philosophie, sondern fand

---

64 Magris, *Weit von wo?*, S. 163; bemerkenswert ist, daß die Schlußfolgerung, derzufolge das endgültige ethische Ziel des Menschen die „Suche nach der Wahrheit" ist, ausdrücklich auch von Maimonides geteilt wurde; siehe Maimon, *Lebensgeschichte*, S. 453–454.

65 Zitiert in R. W. Clark, *Sigmund Freud* (Frankfurt am Main 1981), S. 145.

66 Zitiert in Paul Roazen, *Freud und sein Kreis. Eine biographische Geschichte der Psychoanalyse* (Bergisch Gladbach 1976), S. 126.

67 Guido Adler, *Wollen und Wirken* (Wien 1935), S. 4.

68 Kahler, *Broch*, S. 41 ff.

69 Otto Weininger, *Geschlecht und Charakter* (Wien 1903, 1919), (z. B.) S. 198.

auch Eingang in das Reich der Ästhetik, ein Gebiet, mit dem sich das Judentum, diese Religion ohne Fröhlichkeit, wie Mayer sie bezeichnete, noch nie ausführlich beschäftigt hatte.[70] Die Folge des hier Beschriebenen war vorherzusehen: „Musik soll nicht schmücken, sie soll wahr sein."[71] Diese Devise des Kreises um Schönberg übertrug schlicht die Kriterien des ethischen Stoizismus auf ein Gebiet, wo sie traditionell keinen Platz hatten, auf die Ästhetik.

Die Vorstellung, daß die Ästhetik sich aus der Ethik herleitet und dieser untergeordnet ist, war indes nichts völlig Neues in der westlichen Kultur, sie war jedoch ein besonderes Spezifikum im Wien der Jahrhundertwende. Weininger war einer der ersten in dieser Stadt gewesen, der diese Verbindung suchte und auch zustandebrachte, indem er die Ästhetik zum unvollkommenen Spiegelbild des inneren ethischen Ichs machte.[72] Ihm folgte eine ganze Reihe von Kollegen. Darunter Schönberg, Karl Kraus, Hermann Broch und interessanterweise auch Ludwig Wittgenstein. Janik und Toulmin haben ein ganzes Buch darüber geschrieben, was Wittgenstein mit dem Satz meinte: „Ethik und Ästhetik sind ein und dasselbe." Sie lenkten die Aufmerksamkeit auf den Zusammenhang mit der Ethisierung der Rolle des Schriftstellers durch Karl Kraus. Sie haben auch gezeigt, welch tiefer ethischer Individualismus sich in Wittgensteins sozialem Verhalten widerspiegelte, der sich in seinem *Tractatus* zeigt, obwohl er dort nur einen Nebenaspekt darstellt.[73] Wittgensteins Einstellung zur Welt scheint eine rein stoische zu sein, in der sich das ethische Ich in einer höheren Welt der wahren Werte von den Fesseln der Kausalität löst. Solchen Vorstellungen sind wir bereits bei einigen anderen Persönlichkeiten begegnet, die in diesem Kapitel beschrieben wurden. Wenn wir noch hinzufügen, daß außer Adolf Loos alle bedeutenden Zeitgenossen, die den gleichen ethischen Ansatz wie Wittgenstein vertraten, aus einem jüdischen Hintergrund kamen, erhebt sich die Frage, inwieweit wir jene Ideen, welche die Wiener Kultur um 1900 prägten und die auch der Musik Schönbergs und der Philosophie des jungen Wittgenstein zugrundelagen, auf eben diesen jüdischen Hintergrund, auf dieses Phänomen des jüdischen Stoizismus, zurückführen können. Gab es eine logische Verbindung zwischen den Stoikern des Schtetls und den „Expressionisten" der Wiener Kultur? Bevor wir darauf eine Antwort geben können, müssen wir einen Blick auf die Geschichte werfen, wie die Juden vom Schtetl in die Gefilde der Hochkultur kamen: wir müssen uns einem der bemerkenswerteren Phänomene der österreichischen Kulturgeschichte zuwenden, der jüdischen Assimilation.

---

70 Mayer, *Ein jüdischer Kaufmann,* S. 60.
71 Zitiert in Peter Gorsen, „Das Pathos der einsamen Seele", in: *Frankfurter Allgemeine Zeitung,* 18. Februar 1984, S. 25.
72 Weininger, *Geschlecht und Charakter,* S. 307–334.
73 Z. B. Allan Janik und Stephan Toulmin, *Wittgensteins Wien* (München – Wien 1984), S. 251–260.

9. Die Aufklärung

Die Juden und der Liberalismus

Daß die Juden Zugang zur bedeutendsten europäischen Gesellschaft und Kultur erlangten, war die Folge des Umstandes, daß sie sich im Laufe des 19. Jahrhunderts das Gedankengut der Aufklärung angeeignet hatten. Das Schicksal der jüdischen Emanzipation war eng mit dem jener Strömung verbunden, die nach einer politischen Umsetzung der Erkenntnisse der Aufklärung strebte: dem Liberalismus. Die Stellung der Juden in Deutschland und Österreich war fast ausschließlich vom Erfolg der liberalen Ideen abhängig und durchlebte dieselben Hochs und Tiefs. So brachte das Jahr 1848 die volle Emanzipation, die ihnen aber schon kurz darauf wieder aberkannt wurde. Erst mit dem kampflosen Erfolg der Deutschliberalen im Jahre 1867 wurden den Juden in Zisleithanien, der österreichischen Hälfte der Doppelmonarchie, endlich gleiche Rechte zugestanden.[1]

Diese starke Abhängigkeit vom Erfolg der Liberalen blieb unter den österreichischen Juden, wie zu erwarten, nicht ohne Folgen:

„Dem Juden war der Liberalismus mehr als eine politische Doctrin [sic], ein bequemes Prinzip und eine populäre Tagesmeinung – er war sein geistiges Asyl, sein schützender Port nach tausendjähriger Heimatlosigkeit, die endliche Erfüllung der vergeblichen Sehnsucht seiner Ahnen, sein Freiheitsbrief nach einer Knechtschaft namenloser Härte und Schmach, seine Schutzgöttin, seine Herzenskönigin, welcher er diente mit der ganzen Glut seiner Seele, für die er stritt auf den Barrikaden und in den Volksversammlungen, in dem Parlament, in der Literatur und in der Tagespresse; ihretwegen ertrug er willig den Zorn der Mächtigen."[2]

Diese hier von Joseph Bloch gegebene Beschreibung der völligen Ergebenheit gegenüber dem Liberalismus zeichnet ein weitgehend getreues Bild der Einstellung der Juden in Wien zu jener Zeit. Gleichgültig, um welches Thema es ging, bediente sich die *Neue Freie Presse* stets der Rhetorik des naivsten Liberalismus

---

1 Abraham Leon Sachar, *A History of the Jews* (New York 1965), S. 273–298; Wolfgang Häusler, „Toleranz, Emanzipation und Antisemitismus", in: N. Vielmetti, Drabek, Häusler, Stuhlpfarrer (Hgg.), *Das österreichische Judentum* (Wien 1974), S. 89–123; Klaus Lohrmann, W. Wadl und M. Wenninger, „Die Entwicklung des Judenrechtes in Österreich und seinen Nachbarländern", in: K. Lohrmann (Hg.), *1000 Jahre österreichisches Judentum* (Eisenstadt 1982), S. 42–53.

2 Joseph S. Bloch, „Das Problem des Antisemitismus", in: *Österreichische Wochenschrift. Centralorgan für die gesammten Interessen des Judenthums (ÖW)*, 2. Jänner 1885 (II.1), S. 3. Auch abgedruckt in J. S. Bloch, *Der nationale Zwist und die Juden in Österreich* (Wien 1886); vgl. Häusler, „Toleranz, Emanzipation", S. 109.

und setzte einmal sogar Liberalismus mit Kultur gleich.[3] Wie Jonny Moser Mayer es formuliert, hatte der Liberalismus die Juden aus jahrhundertelanger Unterdrückung befreit, und seine Wirtschaftspolitik des *laissez-faire* kam den von den Juden gepflogenen Wirtschaftsformen (sie waren von der geschützten Wirtschaft der Zünfte und Gewerbevereine ausgeschlossen) entgegen. Die Juden wurden so zur „Kerntruppe" des Liberalismus in Österreich.[4]

Die jüdische Begeisterung für die Ziele des Liberalismus forderte aber auch ihre Opfer. Wenn die Juden nun die Bürgerrechte erhalten hatten, waren sie doch gezwungen, ihre Pflichten anzuerkennen, und in einem aufgeklärten, liberalen Verständnis hieß dies, daß sie zu vollwertigen Menschen wurden oder, anders ausgedrückt, sie ihr „Jüdischsein" abstreifen mußten, wie die Liberalen es verstanden.[5] George L. Mosse hat sehr anschaulich beschrieben, welche Vorurteile schlimmster Kategorie die berühmtesten deutsch-liberalen Schriftsteller um die Mitte des 19. Jahrhunderts gegen „die Juden" hegten.[6] Er zeigt dies an Hand von Gustav Freytags *Soll und Haben* und Felix Dahns *Ein Kampf um Rom*. Hans Mayer ergänzt diese Ausführungen mit einer eigenen Studie eben dieser Vorurteile an Wilhelm Raabes *Der Hungerpastor*. In diesen Werken wird das Böse stets durch einen Juden verkörpert. In Freytags Buch ist es Veitel Itzig – häßlich, unehrenhaft, liederlich und ohne jegliche Wurzeln, ein Symbol für die neue, „unverläßliche", kapitalistische Mittelschicht, die das seelische Gleichgewicht der alten, „ehrenwerten" deutschen Mittelschichten bedrohte. Bei Dahn sind es die Goten (nur schlecht und recht verkleidete Deutsche), die von dem Juden Jochem betrogen werden.[7] Raabes Pastor Hans Unwirrsch kommt einem schwachen Juden, Moses Freudenstein, zur Hilfe, und der einzige Dank, den er dafür erntet, ist, daß dieser, nun alias Dr. Theophile Stein, nach Berlin geht und die Sache der Aufklärung verrät, um sich in den Dienst der Regierung zu stellen.[8] Da diese Schriftsteller durchwegs Liberale waren, gab es in ihren Büchern auch „gute" Juden, wobei sie darunter aber nur jene Juden verstanden, die so deutsch wie möglich, also kultiviert waren, weil sie eben nicht mehr jüdisch waren. Bei Freytag wird dieser „gute Jude" durch Bernhard Ehrenthal verkörpert (dessen germanisierter Name allein schon ein Zeichen des Fortschritts ist), und bei Dahn durch den Patriarchen Isaak, dessen Tugend sich darin äußert, daß er die Goten unterstützt und ehrlich bemüht ist, sein Juden-

---

3 *Neue Freie Presse,* Morgenausgabe *(NFPm),* 23. März 1895, S. 1.

4 Jonny Moser, „Von der antisemitischen Bewegung zum Holocaust", in: Lohrmann (Hg.), *1000 Jahre,* S. 250.

5 Zu einer Behandlung dieses Punktes siehe Hans Mayer, *Außenseiter* (Frankfurt am Main 1981), S. 326–379.

6 George L. Mosse, *Germans and Jews: the Right, the Left and the Search for a „Third Force" in Pre-Nazi Germany* (London 1971), S. 38–39.

7 *Ibid.,* S. 63–72.

8 Mayer, *Außenseiter,* S. 385 ff.

tum zu überwinden.[9] Der gute Jude war für diese Autoren, die Wortführer des aufblühenden Deutschland, jener Jude, der nicht mehr jüdisch sein wollte, weil jüdisch zu sein bedeutete, all das zu verkörpern, was der deutsch-liberale Geist verabscheute.

Wie Mosse aufzeigt, ist die Verachtung für die Karikatur des Veitel Itzig die in der Literatur der Aufklärung übliche Antwort. In ihren Vorstellungen zielen Leute wie beispielsweise C. W. Dohm, die sich für die Emanzipation einsetzen, nicht so sehr auf eine Emanzipation des Judentums als solches, sondern vielmehr der einzelnen Juden ab. In seinem die Emanzipation befürwortenden Werk *Über die bürgerliche Verbesserung der Juden* (1781) sah er als einzig geeignete Lösung für die Judenfrage: „Veranlaßt sie aufzuhören, Juden zu sein."[10] Angesichts solcher Feststellungen muß man verstehen, daß es für Leute wie Dohm bei diesem Ansatz nicht um Voreingenommenheit oder Bigotterie ging, daß die Juden dazu gezwungen werden sollten, etwas zu tun, was sie nicht wollten. Sie vermeinten vielmehr die Juden durch Emanzipation vom Judentum zu befreien. In Anbetracht der Umstände, unter denen die jüdische Gemeinde zu jener Zeit lebte, erscheint dies auch durchaus glaubwürdig.

Die Juden, die im Ghetto durch die Gesetze ihres Gastlandes von der übrigen Gesellschaft abgesondert waren, grenzten sich aber auch durch ihre eigenen besonderen Gesetze und Bräuche bewußt von den anderen ab. Theodor Gomperz führte das Überleben der Juden als eigene religiöse Gruppe auf eben diese „Hecke" zurück, die sie um sich aufgezogen hatten.[11] Das Tor des Ghettos war in diesem Sinne eine doppelte Schranke, die einerseits die Juden ein-, und andererseits den Rest der Welt aussperrte.[12] Der einzelne Jude wurde so gezwungen, Jude zu bleiben, abgeschnitten von der Welt, ob er dies wollte oder nicht, außer er unternahm eine große Anstrengung, um dem zu entfliehen, was der einzelne als die Ketten des jüdischen Erbes empfinden mochte.

Dies war das Bild, das sich die Aufklärung mit ihrem Glauben an die Vernunft des einzelnen und ihrer Mission, den Menschen von den Banden des Aberglaubens (wie sie jede geregelte Religion nannten) zu lösen, in ihrer Logik vom Judentum in den Ghettos im Europa des 18. Jahrhunderts machte. Alles Streben der Aufklärung ging dahin, den rational handelnden Menschen von den Banden der historischen, sozialen und kulturellen Hierarchie zu befreien, vor allem jener der katholischen Kirche; gleiches galt aber auch für das Judentum. Die Politik

---

9 *Ibid.,* S. 391–392; Mosse, *Germans and Jews,* S. 64–65.

10 Zitiert in Mosse, *Germans and Jews,* S. 39. Siehe auch Jakob Katz, *Aus dem Getto in die bürgerliche Gesellschaft. Jüdische Emanzipation 1770–1870.* (Frankfurt am Main 1986), S. 67 ff. Für ein positives Urteil über Dohm siehe J. Carlebach, „The Forgotten Connection: Women and Jews between Enlightenment and Romanticism", in: *Leo Baeck Institute Yearbook (LBIY)* 1979, S. 118 ff.

11 Theodor Gomperz, *Essays und Erinnerungen* (Stuttgart 1905), S. 198.

12 Desmond Stewart, *Theodor Herzl* (London 1974), S. 17.

war mit den Worten von Gershom Scholem die folgende: „Für die Juden als einzelne alles, für die Juden als Volk nichts."[13] Von dieser Auffassung war auch die Strategie geprägt, die Joseph II. mit seinem berühmten Toleranzpatent des Jahres 1782 verfolgte. Die von der Hofkanzlei gewählte Formel hieß im genauen Wortlaut: „. . . das Universum der Judenschaft unschädlich, die Individuen aber nützlich zu machen".[14] Darin spiegelt sich der allgemeine Tenor der Aufklärung Josephs II. wider: alle partikularistischen Gruppen in seinem Staat sollten in eine vernünftige Struktur eingegliedert werden. Die Juden waren nur eines von vielen Beispielen, wo die Idee von der Gesellschaft als Sphäre des rationalen Menschen und der allgemeinen Humanität eine Zerschlagung alter Strukturen zugunsten neuer erforderte.

Hannah Arendt hat beschrieben, wie der Jude den Humanisten der Aufklärung, wie etwa Herder, die Möglichkeit bot zu beweisen, daß es über alle Grenzen der religiösen Traditionen hinweg die reine Form einer menschlichen Existenz gibt, die auf ihrer Humanität und auf nichts anderem aufbaut. Die radikale Art der Wandlung, die notwendig war, um aus einem Orientalen wie dem Juden einen Menschen zu machen, war der Beweis für die Macht der Bildung bei der Schaffung eines reineren Menschen, jenes „neuen Menschenschlags der Humanität", der die rationale Gesellschaft der Zukunft bilden sollte.[15] In der Philosophie eines Lessing steht der rational handelnde Mensch über der geoffenbarten Wahrheit. Die Möglichkeit, zur Wahrheit zu gelangen, wird wichtiger als der Glaube, daß diese bereits geoffenbart wurde; Toleranz sollte als Ziel des Glaubens an die Stelle des Dogmas treten.[16] Für die Europäer waren die Juden offensichtlich jene Gruppe, an der man diese Theorien ausprobieren konnte, da sie die einzige nicht-christliche Gruppe inmitten der Aufklärung waren. Im Mittelpunkt von Lessings großem Werk über den Glauben an den Menschen stand daher auch ein Jude.

Nathan der Weise ist ein Plädoyer für den reinen Humanismus, ohne Rücksicht auf die Unterschiede zwischen den Menschen. Seine Botschaft kann in dem folgenden Satz zusammengefaßt werden: „Sind Christ und Jude eher Christ und

---

13 Gershom Scholem, *Jews and Judaism in Crisis* (New York 1976), S. 63.

14 Zitiert in Nikolaus Vielmetti, „Zur Geschichte der Wiener Juden im Vormärz", in: Lohrmann (Hg.), *1000 Jahre*, S. 94. Es soll hier hinzugefügt werden, daß das endgültige Patent mit seiner starken Doppeldeutigkeit hinsichtlich der Juden bei weitem nicht Josephs ursprünglicher Absicht entsprach, die Juden als Individuen zu befreien. Die Zugeständnisse werden 1790 als „Schonung des philosophischen Kaysers für die Vorurtheile seines Volckes" beschrieben. Viele der weniger positiven Aspekte des Patents können so dem Zwang der Umstände zugeschrieben werden. Lohrmann (Hg.), *1000 Jahre*, S. 94–95, 334.

15 Hannah Arendt, „Privileged Jews", in: *Jewish Social Studies (JSS)* VIII 1946, S. 14–16. Es sei erwähnt, daß selbst ein Antisemit wie Chamberlain Herder durchaus zustimmend zitieren konnte. Siehe Houston Stewart Chamberlain, *Die Grundlagen des 19. Jahrhunderts* (München 1899), S. 458.

16 Hannah Arendt, *Die verborgene Tradition* (Frankfurt am Main 1976), S. 108–124.

Jude, als Mensch?"[17] Diese Thematik wird in der berühmten Ringparabel noch weiter ausgeführt, deren Botschaft lautet, daß keine der drei Religionen mit Sicherheit die Wahrheit für sich beanspruchen kann, sondern alle durch ihre persönlichen Erfahrungen der praktischen Auswirkungen ihres Glaubens den Beweis suchen müssen. Da keine der drei Religionen für sich in Anspruch nehmen kann, stets das Beste im Menschen hervorgebracht zu haben, wird so die stete Toleranz gegenüber allen Religionen unter Achtung des einzelnen sichergestellt.[18] Noch zwei Jahrhunderte später beruft sich der alternde Otto Neurath auf die Lektion, die uns Lessing mit seiner Parabel erteilt hat: „Niemand kann sich des logischen Empirizismus bedienen, um darauf ein totalitäres Argument aufzubauen."[19]

Als *Nathan der Weise* anläßlich einer Wohltätigkeitsveranstaltung mit Adolph von Sonnenthal in der Titelrolle 1895 in Wien uraufgeführt wurde, faßte der Theaterkritiker der *Neuen Freien Presse,* Ludwig Speidel, die Botschaft des Stückes zusammen. Seine gewaltige Kraft bezog das Stück seiner Meinung nach aus den beiden Grundsäulen der Freude an der Moral einer von der Religion unabhängigen Vernunft und am kosmopolitischen Vorrang der Persönlichkeit vor den Unterschieden der Nationalität. Er fährt fort: „Auf diesen beiden Grundsäulen ruht die classische [sic] Literatur des deutschen Volkes . . . Eine deutsche Bühne, auf der ‚Nathan der Weise' nicht lebt, ist nur halb eine deutsche Bühne. Ihr fehlt der geistige Adelsbrief."[20] Mit anderen Worten war Lessings Stück das Gütesiegel für eine höhere Humanität, den Adel des Geistes, der wichtiger war als die bloße religiöse Form und allen offen stand.

Der sprachliche Ausdruck erweckt den Anschein, als hätte dies mit dem Adel zu tun, mit dem aristokratischen Lebensstil. Dieser Adel des Geistes jedoch stand im direkten Gegensatz zu den älteren Formen des Adels sowie den Formen der Religion, die absolutistische und ausschließende Systeme verkörpern. Dieser Adel stand allen offen, die zur Bildung bereit waren. In einem einige Monate zuvor ebenfalls in der *Neuen Freien Presse* erschienenen Artikel wurde die „Veredelung" der Massen durch das Medium der Kunst in Aussicht gestellt, um einen, wie der Autor es nannte, „Menschenadel" zu schaffen, der das aristokratische Privileg ablehnte. Dies wäre eine Gesellschaft, in der die Schranken der Ignoranz durch die Erkenntnis des Adels des Menschen, durch die Akzeptanz der Humanität als der einzigen Religion hinweggefegt würden, wie in dem Nachruf der *Neuen Freien Presse* für den Vater von Georges Clemenceau zu lesen steht. Es war der Adel der Menschheit, der zählte.[21]

---

17 G. E. Lessing, *Nathan der Weise* (Stuttgart 1925, 1982), S. 50.
18 *Ibid.,* S. 71–75.
19 „. . . no one can use logical empiricism to ground a totalitarian argument", Friedrich Stadler, Hg., *Arbeiterbildung in der Zwischenkriegszeit, Otto Neurath,* Katalog (Wien 1982), S. 10–11.
20 *NFPm,* 20. Jänner 1895, S. 1.
21 *NFPm,* 7. Juli 1895, S. 1; zu Clemenceau: *NFPm,* 24. Juli 1897, S. 4.

Der edelmütige Barbar war ein Lieblingsmittel der westlichen Schriftsteller jener Zeit, mit dem zu zeigen war, daß der Mensch von seiner Anlage her gut war. Die Österreicher mußten dabei nicht in die Ferne schweifen. Für sie war der edelmütige Barbar der Jude. Im April 1886 erschien in der *Neuen Freien Presse* der Brief eines Lehrers, der seiner Überzeugung Ausdruck verlieh, daß seine Lehrerkollegen auch in Zukunft für die Liberalen und nicht für die Christlichsozialen stimmen sollten: „Wir können uns nicht den Luxus bieten, ein wenig mit der Reaktion zu kokettieren. Unsere heiligste Aufgabe besteht in dem idealen Ziele, die geistige Wohlfahrt der Menschheit anzustreben und daher in der Vertheidigung der freien Schule." Er hatte nichts gegen die meisten jüdischen Schüler, abgesehen von den „Auswüchsen des Ghettos", und erkannte, daß die Juden nur durch ihre „arischen Gastvölker" dazu gezwungen worden waren, im Handel zu arbeiten. Er folgerte daraus: „Eine wahrhaft fortschrittliche Partei würde unwillkürlich die Veredlung eines solchen Volkes anstreben."[22] Damit redete er den Liberalen und den aufgeklärten Denkern das Wort, daß die Juden durch Bildung erneut Teil der künftigen aufgeklärten Gesellschaft des Abendlandes werden könnten; sie würden nach den Worten Herders „reinhumanisiert" werden.[23]

Die jüdische Emanzipation wurde so durch die Vorstellung ermöglicht, daß der einzelne mehr zählte als der Fürst, wenn er nur „ein Mensch" war.[24] Die Geschichte der Juden in der deutschen Kultur im 19. Jahrhundert fand ihre Zusammenfassung daher in dem Versuch, „als Juden Menschen zu sein".[25] Emanzipation und Assimilation konnten von dem einzelnen durch Bildung erreicht werden. Darin bestand die Aufgabe, welche die Aufklärung den Juden zu Beginn der Assimilation stellte.

Auszug aus dem Ghetto

Der Mann, nach dessen Vorbild Lessing seinen *Nathan* gestaltete, war Moses Mendelssohn, eine der bedeutendsten Persönlichkeiten in der Geschichte des modernen Judentums.[26] Ludwig Speidel spricht in einer ironischen Rezension von Herzls Stück *Das neue Ghetto* im Jahre 1898 von Mendelssohn, der die Juden im Alleingang aus dem Ghetto herausführt.[27] Als „Kaufmann und Philo-

---

22 *NFPm*, 9. April 1896, S. 3.
23 Arendt, „Privileged Jews", in: *JSS* 1946, S. 16.
24 Vgl. Schikaneders Motto aus *Die Zauberflöte*.
25 Arendt, *Die verborgene Tradition,* S. 47.
26 Zu Mendelssohn siehe Heer, *Gottes erste Liebe* (München 1967), S. 239–242; Selma Stern-Täubler, „The First Generation of Emancipated Jews", in: *LBIY* 1970, S. 24ff; Sachar, *A History of the Jews,* S. 267–273; Scholem, *Jews and Judaism in Crisis,* S. 74–75; Katz, *Aus dem Ghetto in die bürgerliche Gesellschaft. Jüdische Emanzipation 1770–1870* (Frankfurt am Main 1986), S. 72 ff.; Jacob Allerhand, *Das Judentum in der Aufklärung* (Stuttgart 1980), S. 51–142.
27 *NFPm*, 16. Jänner 1898, S. 1.

soph" personifizierte Mendelssohn die Möglichkeit des Juden, ein akzeptierter Mensch zu werden, Teil des *Menschenadels*. Wie Nathan war er das Symbol für die Fähigkeit von *Bildung und Besitz,* den Nachteil, ein Jude zu sein, überwinden zu können.[28]

Mendelssohn und seine Anhänger im Rahmen der *Haskalah, die Maskilim,* versuchten die Juden als Juden in die moderne Welt zu führen. Die überholte Tradition wurde zugunsten des Studiums der realen wissenschaftlichen Welt aufgegeben, und während das Studium des biblischen Hebräisch gefördert wurde, um die Religion nicht zu verwässern, kam dem Studium des Deutschen eine zentrale Bedeutung zu, um den Juden den Zugang zur deutschen Gesellschaft zu ermöglichen.[29] Mendelssohn glaubte, daß die Juden auch in der Gesellschaft immer noch jüdisch sein konnten und ihre traditionellen Formen und die Vorstellung vom Gelobten Land nicht aufgeben müßten.[30] Es war wichtiger, die Botschaft Gottes in der Gesellschaft zu verbreiten und sich auf eine Seite mit der Aufklärung der Menschheit zu stellen. In ihrer Ablehnung der Grenzen der Tradition waren sich die aufgeklärten Parteien auf beiden Seiten der Tore des Ghettos einig. Durch Bildung sollten diese Schranken aufgebrochen werden.

Die anfänglichen Bemühungen der *Maskilim* um eine Reform, wie etwa Hombergs neue Schule in Galizien, schlugen gänzlich fehl, und die Reformer stießen auf heftigen Widerstand von beiden Seiten, sowohl seitens der traditionell lebenden Juden als auch der konservativen Kreise wie etwa des polnischen Adels oder, in den fünfziger Jahren des 19. Jahrhunderts, den klerikal gesinnten habsburgischen Beamten.[31] Schon bald aber unterstützte die jüdische Gemeinde in Wien, allen voran deren wohlhabende Mitglieder, die *Haskalah* und die daraus resultierende völlige Assimilation. Das Ghetto und das Schtetl, aus denen diese Leute kamen, waren alles andere als idyllische Mittelpunkte nostalgischer Erinnerungen, sondern vielmehr verhaßt. An das Leben, das die Juden dort geführt hatten, einschließlich aller religiösen und kulturellen Traditionen, erinnerten sie sich nur mit Schmach und Schrecken.[32] Wie Leon Keller es ausdrückte, war das Ghetto für die assimilierte Gemeinde ein dunkler Punkt in weiter Ferne.[33]

---

28 Mayer, *Außenseiter,* S. 335.

29 Die berühmtesten *Maskilim* in Österreich waren Hartwig Wessely und Herz Homberg. Über ihr Leben und ihre Einstellung siehe Lohrmann (Hg.), *1000 Jahre,* S. 335; Katz, *Aus dem Ghetto,* S. 79–83; Sachar, *A History of the Jews,* S. 271.

30 Heer, *Gottes erste Liebe,* S. 241–242.

31 Lohrmann (Hg.), *1000 Jahre,* S. 335; Raphael Mahler, *A History of Modern Jewry* (London 1971), S. 260–261.

32 So entsprach der Versuch des orthodoxen Juden Ignaz Deutsch, Kultusminister Graf Leo Thun in den 1850er Jahren für ein jüdisches Konkordat nach dem Muster des katholischen aus dem Jahre 1855 zu begeistern, keineswegs dem Wunsch der jüdischen Kultusgemeinde. Siehe Hans Tietze, *Die Juden Wiens* (Wien 1935), S. 218; Sigmund Mayer, *Die Wiener Juden: Kommerz, Kultur, Politik 1700–1900* (Wien 1918), S. 366–370.

33 *NFPm,* 1. September 1896, S. 1.

Joseph II., in dessen Toleranzpatent man einen direkten Angriff auf die traditionelle jüdische Lebensweise sehen kann, wurde von der Wiener jüdischen
Gemeinde als Held gesehen, als Befreier der Juden aus dem Ghetto, als der gute
Habsburger.[34] Als die Ghettos schließlich von außen geöffnet wurden und die
äußeren Hindernisse für die Juden beseitigt waren, reagierten viele Juden darauf, indem sie die anderen, sich selbst auferlegten Beschränkungen im Umgang
mit der übrigen Welt lockerten. Dies war verständlich. Da es von außen her keine
Bedrohung mehr gab, sahen die Juden keine Notwendigkeit mehr, sich vor dieser
Welt zu schützen. In Preßburg beispielsweise galt ein Theaterbesuch von nun an
nicht mehr als Sünde.[35] Dies brachte allerdings zahlreiche Probleme für die
Juden als Gemeinde mit sich. Wenn Theaterbesuche nun einmal toleriert wurden, war es schwierig festzulegen, was nicht mehr akzeptiert werden konnte. Wo
sollte die Trennungslinie zwischen der Gewährung neuer Freiheiten und der
Wahrung traditioneller Einschränkungen gezogen werden? In vielen Fällen geschah das, was aufgeklärte Denker gehofft hatten: durch die Zerschlagung der
äußeren Fesseln für die Juden als Gruppe wurden auch die inneren Einschränkungen der Juden gegenüber der westlichen Kultur gelockert, der Umfang dieser
Lockerungen aber nicht festgelegt. In der allgemeinen Verwirrung oblag die
Entscheidung jedem einzelnen selbst. Viele entschieden sich dafür, mit dem
verhaßten Leben des Ghettos zu brechen und die neue Kultur der Vernunft und
des Fortschritts anzunehmen. Menschen wie diese waren es, die in der jüdischen
Gemeinde in Wien den Ton angaben und stolz darauf waren, die Welt der
Vorurteile hinter sich gelassen zu haben und in die Geschichte des Fortschritts
eingetreten zu sein.

Es war nur natürlich, daß die Juden den Zugang zur westlichen Gesellschaft
über das Buch, über die Bildung, erlangten. Viele flohen vor dem Leben im
Ghetto, indem sie einfach ihre Gebetsbücher gegen wissenschaftliche Bücher
tauschten. Moshe Atlas beschreibt, wie jüdische Buben sich der neuen Kultur
verschrieben, indem sie heimlich lernten.[36] Josef Ehrlich, der Ähnliches erlebte,
erzählt, wie sein Lehrer Barat, ein Anhänger der *Haskalah*, dieses Erlebnis
beschrieb: „Im geheimen mußte ich, auf dem Dachboden, Deutsch lernen und die
Wissenschaften pflegen, um der Tyrannei meines überfrommen Vaters zu entge-
hen.“[37] Mit solchen Äußerungen entstand eine Mystik des Kampfes durch Bildung um die Befreiung von der reaktionären Tradition des Judentums selbst.

---

34 Sigmund Mayer, *Ein jüdischer Kaufmann 1831–1911: Lebenserinnerungen* (Wien 1911), S. 82;
   Käthe Leichter: Leben und Werk, Hg. Herbert Steiner (Wien 1973), S. 240; Lohrmann (Hg.),
   1000 Jahre, S. 210; Israel Jeiteles, *Die Kultusgemeinde in Wien mit Benützung des statistischen
   Volkszählungsoperates vom Jahr 1869* (Wien 1873), S. 9, 22; G. Wolf, *Geschichte der Juden in
   Wien, 1156–1876* (Wien 1876), S. 78–86.
35 Mayer, *Die Wiener Juden*, S. 192.
36 Moshe Atlas, „Jüdische Ärzte“, in: Josef Fraenkel, Hg., *The Jews of Austria: Essays on their Life,
   History and Destruction* (London 1967), S. 41.
37 Josef R. Ehrlich, *Der Weg meines Lebens* (Wien 1874), S. 63.

Hinter vielen assimilierten Wiener Familien stand die Figur eines Studenten, der durch den Kontakt mit dem Gedankengut der Aufklärung der Kultur des Ghettos entflohen war.[38] Die Polarität zwischen Ghetto und Bildung blieb noch bis zum Abschluß des Assimilationsprozesses bestehen. Noch 1938 konnte Käthe Leichter sagen, daß ihre Freundin Hedi Planner nicht studieren konnte, „weil das Ghetto ihrer Familie es nicht zuließ".[39]

Ein Mann, der aus einem solchen Hintergrund kam, war Leopold Kompert, der als Student an der Jeschiwa in Preßburg unter dem Einfluß der deutschen Aufklärung aufbrach, um ein führender Schriftsteller seiner Zeit zu werden. Vor allem machte er die Geschichten aus dem Ghetto volkstümlich bekannt.[40] Komperts Erzählungen aus dem Ghetto veranschaulichen, daß die Auseinandersetzung zwischen der Aufklärung und den Verteidigern der jüdischen Tradition sowohl auf interner als auch auf externer Ebene ausgetragen wurde. Der Kampf zwischen Vernunft (Assimilation) und Aberglaube (Ghetto), wie Kompert ihn beschrieb, war ein Kampf um das jüdische Erbe. Beide Seiten vermeinten, das Wesentliche des Judentums zu bewahren. Der Unterschied lag nur darin, daß es für die einen um Äußerlichkeiten und für die anderen um eine Art grundlegender Mission der Aufklärung ging.

Komperts Geschichten, deren repräsentativste vielleicht *Zwischen Ruinen* aus dem Jahre 1874 ist, handeln von der Notwendigkeit für Juden und Deutsche zusammenzuarbeiten, um eine neue Gesellschaft der Toleranz aufzubauen. Er schrieb diese Geschichten aus dem Ghetto, wie er sagte, als Ausdruck des Dankes an das deutsche Volk, daß es die Juden aus ihrer Unterdrückung befreit hatte, so daß nach einer langen Nacht der Hoffnungslosigkeit der Morgen heraufdämmert.[41] Kompert, der sein ganzes Leben lang ein gläubiger Jude und in der Wiener Gemeinde sehr engagiert war, sah die Assimilation an die Deutschen als einzigen Weg, um Fortschritt und Freiheit zu sichern, selbst wenn es dadurch zu Mischehen kommen würde. Die Gegner in *Zwischen Ruinen* sind auf der einen Seite ein tschechischer katholischer Geistlicher mit allen alten Vorurteilen gegenüber den Juden, und auf der anderen Seite ein fanatischer Chasside. Zwischen ihnen stehen die Ruinen des Vorurteils, die durch die Liebe zwischen den Völkern in der Gestalt eines jüdischen Mannes und eines christlichen Mädchens verkörpert werden.[42] Die inneren und äußeren Kräfte der Reaktion waren

---

38 Ein Beispiel ist die Familie Adler; siehe Rudolf G. Ardelt, *Friedrich Adler: Probleme einer Persönlichkeitsentwicklung um die Jahrhundertwende* (Wien 1984), S. 16–17.

39 *Käthe Leichter,* S. 320.

40 Siehe Sigmund Mayers Beschreibung der berühmten Persönlichkeiten, die als Studenten an der Preßburger Jeschiwa begannen; Mayer, *Ein jüdischer Kaufmann,* S. 65–66.

41 Bernhard Denscher, „Vergessene jüdische Literatur", in: Lohrmann (Hg.), *1000 Jahre,* S. 213.

42 Leopold Kompert, *Zwischen Ruinen* (Leipzig 1887), passim. Vgl. Denscher, „Vergessene jüdische Literatur", S. 214. Zu Komperts Ansicht siehe auch Stefan Hock, „Komperts Leben und Schaffen", in: Leopold Kompert, *Sämtliche Werke in zehn Bänden* (Leipzig 1906), Bd. 1, S. V–LVIII, bes. S. LVIII.

so die Zielscheibe der jüdischen Schriftsteller jener Zeit. Auch sie bemühten sich, jene Fesseln zu sprengen, die sie in der voreingenommenen Welt der Ghettos hielten.

Leben und Werk von Karl Emil Franzos zeigen noch deutlicher die Grundthemen der Tradition der *Haskalah* in der Habsburgermonarchie. Als Sohn eines liberalen Arztes, der in der Grenzstadt Czortkow in Ostgalizien stationiert war, wurde Franzos im Geiste seines Großvaters erzogen, eines Bewunderers Lessings, der ihm als jungem Buben erzählte:

„Es ist ein Gott über uns allen, alle Religionen sind gleich gut, weil alle zur Menschlichkeit verpflichten, Zeremonien sind überflüssig. Als Jude geboren, hast du Jude zu bleiben, weil dies offenbar Gottes Wille ist, und weil deine Glaubensbrüder, die noch – mit Recht und Unrecht – scheel angesehen werden, guter und gebildeter Männer bedürfen, die sie läutern und verteidigen."[43]

In all seinen Schriften verfolgte Franzos eben dieses Ziel: die Juden zu schützen, sie aber gleichzeitig zu läutern und aus der Welt der dunklen Vorurteile auf den Weg des Fortschritts zu führen. Im Geiste von Toleranz und Humanität erzogen, war die Welt der Chassiden für Franzos „Halbasien" und damit barbarisch. Indem er seinem jüdischen Glauben treu blieb, versuchte Franzos die Juden aus der fanatischen Welt der Chassiden herauszuführen und ihnen die wahre, reine Ausprägung des Judentumes zu vermitteln, wie sie in der Tradition der Familie lag. Die Chassiden wurden so zu seinen Erzfeinden. Sie verkörperten für ihn all das, was das humanistische Verständnis zwischen Juden und Christen gefährdete. Besonders stolz war er, als sein Werk *Die Juden von Barnow,* ein heftiger Angriff auf die Chassiden, auf jiddisch übersetzt wurde, da er es nun als „Waffe für die Aufklärung in seinem Kampf gegen die Dunkelheit" ansehen konnte.[44]

Kompert und Franzos schilderten den Kampf zwischen den *Maskilim* und den Chassiden um die Treue der breiten Masse der Juden, der im 19. Jahrhundert in der Monarchie tobte. Josef Ehrlich war ein Produkt dieser Auseinandersetzungen in Galizien und beschrieb recht anschaulich die verschiedenen Strategien, derer sich die aufgeklärte und reichere Minderheit im Kampf gegen den starrsinnigen Fanatismus der Chassiden bediente. Die Frage, die sich den Fortschrittlichen stellte, war klar: „Wie locken wir aus dem Sumpf die verrannten Chassidim in unser wohlthätig Netz?"[45] Die Antwort war zwangsläufig die Errichtung einer Schule. Diese sollte modern sein, aber gleichzeitig die jüdischen Traditionen, wie etwa den Sabbath, respektieren. Für die ärmsten Schüler wollte man freie Kleidung und Schuhe zur Verfügung stellen. Diese Zuteilungen waren gewissermaßen als Köder gedacht: die Chassiden, wie etwa Ehrlichs Stiefvater, sollten solche Zuteilungen nur unter der Bedingung erhalten, daß sie ihre Kinder in die

---

43 Denscher, „Vergessene jüdische Literatur", S. 217.
44 *Ibid.,* S. 218.
45 Ehrlich, *Der Weg meines Lebens,* S. 33.

Schule schickten. Im Fall von Josef Ehrlich ging die Rechnung ebenso auf wie bei vielen anderen ehemaligen Schülern des Cheder. Hatte man die Kinder erst einmal in die Schule gelockt, mußten sie zunächst nach den Grundprinzipien von „Aufklärung und Freiheit" völlig umerzogen werden, bis sie von ihrer chassidischen Erziehung endlich weitgehend „geläutert" waren.[46] Die Erziehung an diesen Schulen blieb eine jüdische, und Ehrlich hörte von den Ideen der Aufklärung erstmals in Mendelssohns Werk *Phaedon*.[47] Den Schülern wurde hier eine völlig neue Welt, eben die „wirkliche Welt", geoffenbart, der ihre Väter die Anerkennung verweigerten. Ehrlichs letzte große Tat der Auflehnung bestand darin, daß er eine Weltkarte in der Synagoge ausbreitete, ein Sakrileg für die Chassiden, Ehrlich aber wollte damit zeigen, daß die reale Welt sich außerhalb des „freiwilligen Ghettos" der Chassiden abspielte.[48]

Im Frühjahr 1849 gab Lazar Auspitz seiner Hoffnung Ausdruck, die „Formen des Judentums" würden in fünfzehn oder zwanzig Jahren überkommen und das Judentum „in sittliche Bildung, freilich mit weniger Pfäffigkeit" aufgegangen sein. Die jüdische Lebensweise in ihrer damaligen Form würde verschwinden und von einer Naturreligion der Moral überwunden werden, die jedoch das „Judentum" in seinen moralischen Lehren erhalten würde.[49] Der Urenkel von Lazar Auspitz, Heinrich Gomperz, vertrat eine ähnliche Ansicht, als er vom Werdegang Josef Ehrlichs schrieb, von dem weiter oben die Rede war: „Ehrlich. . . ein verwildert aussehender Ostjude hatte sich mit Selbstüberwindung und Ausdauer in die westlichen Verhältnisse gefunden und betätigte sich nun nicht ohne jeden Erfolg in Wien als Dichter und Schriftsteller."[50] Zur Theorie der Selbstüberwindung, die unter dem Einfluß Nietzsches im Denken um die Jahrhundertwende eine so große Rolle spielte, gab es also für einen Juden aus einem östlichen Ghetto oder Schtetl eine sehr enge praktische Parallele in der Notwendigkeit, seine Vergangenheit und sein Erbe zu überwinden, um so am kulturellen westlichen Leben teilnehmen zu können.

Durch die Umwandlung des eigenen Ich, wie sie durch die westliche Bildung geboten wurde, konnte die Vergangenheit überwunden werden. Käthe Leichters Mutter beispielsweise, die aus einer einfachen rumänischen jüdischen Familie kam, stürzte sich in die westliche Kultur, um „Galatz zu überwinden".[51] Der gleiche kulturelle Kampf gegen die jüdische Vergangenheit spricht aus Victor Adlers Brief an seinen Sohn Friedrich bezüglich dessen russisch-jüdischer Verlobten: „Sie hat . . . gar keinen Widerwillen gegen das Jüdische, was – nämlich

---

46 *Ibid.,* S. 32–34.
47 *Ibid.,* S. 101–102.
48 *Ibid.,* S. 67–69.
49 Gomperz, *Essays,* S. 5.
50 H. Gomperz und R. A. Kann, Hgg., *Briefe an, von und um Josephine von Wertheimstein* (Wien 1981), S. 397.
51 *Käthe Leichter,* S. 276.

der Widerwille – eine der Grundlagen unseres ganzen Wesens geworden ist . . .“[52] Die Geschichte dieses Führers der österreichischen Sozialdemokraten spricht von der Fortsetzung jenes Kampfes gegen die Tradition, der von Mendelssohn begonnen wurde. Nur daß dieser Kampf bei Adler zu einem Kampf um die völlige Lösung „vom Jüdischen“, wie auch immer man es definieren mag, wurde.

In der assimilierten Gemeinde fürchtete man aber weiterhin, die alten, reaktionären Tendenzen innerhalb des Judentums könnten einen neuen Aufschwung erfahren und den Fortschritt der Menschheit, zumindest zum Teil, verhindern. Friedrich Adler war nicht der einzige, der eine traditionelle jüdische Hochzeit ablehnte: Sigmund Freud stand vor demselben Problem, und nur ein wohl sehr ernstes Gespräch mit seinem Freund Breuer hielt ihn vor dem Übertritt zum Protestantismus ab, um eine solche Hochzeit zu vermeiden.[53] Zu vieles erinnerte an jene Welt, der diese Menschen entflohen waren. Nur äußerst widerwillig besuchte Victor Adler das Haus seines Freundes Heinrich Braun (auch ein Freund Freuds), um dessen Schwester Emma seine Aufwartung zu machen. Zum Teil war dies, wie Emma Braun es darstellt, darauf zurückzuführen, daß Adler zu jener Zeit „Antisemit der strengsten Observanz“ war; außerdem aber hatte die Familie Adler laut Rudolf Ardelt, bevor sie wohlhabend geworden und aus dieser sehr jüdischen Umgebung des 2. Bezirks weggezogen war, in diesem Haus gelebt, das nun von den Brauns bewohnt wurde. All das war zu eng mit jenem schmerzlichen Prozeß verbunden, der seine Familie von der Lipnik-Gasse in das vornehme Haus im Alsergrund geführt hatte.[54]

Zum Symbol dieses Kampfes zwischen Assimilation und Tradition wurde der Kontrast zwischen dem aufgeklärten, fortschrittlichen *Westjuden* und dem *Ostjuden,* der sich, wie Sigmund Mayer es ausdrückt, mit dem Aufschwung des Chassidismus immer mehr nach rückwärts wandte und sich weigerte, an der „vollständigen Integration in das kulturelle Leben der Bevölkerung“ teilzuhaben. Für eine eigene jüdische Nationalität gab es keinen Platz in der fortschrittlichen Weltanschauung. Bezeichnenderweise spricht Mayer angesichts des Vorschlags der jüdischen Nationalisten, daß die Juden eine eigene Wahlkurie erhalten sollten, von einem „politischen Ghetto“.[55] Gerade das Ghetto aber, das die Juden hinter sich gelassen hatten, mußte unter allen Umständen verhindert werden, da es die Zivilisation bedrohte.

---

52 Ardelt, *Friedrich Adler,* S. 116.
53 Dennis B. Klein, *The Jewish Origins of the Psychoanalytic Movement* (New York 1981), S. 59–60.
54 Ardelt, *Friedrich Adler,* S. 29.
55 Mayer, *Die Wiener Juden,* S. 466 ff.

Die zweite Emanzipation

Der Held in Herzls Stück *Das neue Ghetto* stirbt mit dem leidenschaftlichen Aufruf an die Juden, das neue, durch das antisemitische Vorurteil geschaffene Ghetto zu verlassen. Herzls Kernaussage ist die Vergeblichkeit dieser Aufforderung, da es einem Juden der damaligen Gesellschaft unmöglich war, ihr nachzukommen: Gleichgültig, wie assimiliert ein Jude auch war, er blieb in einem gesellschaftlichen Ghetto.[56] So wurde das Stück allerdings in der *Neuen Freien Presse,* deren Feuilletonist Theodor Herzl war, im Jänner 1898 nicht interpretiert. Der Burgtheaterkritiker des Blattes, Ludwig Speidel, schrieb einen begeisterten Artikel über das Stück. Statt sich aber auf das Ende zu konzentrieren, wo mit dem Tod des Helden auch das Scheitern der Assimilation offenkundig wird, schließt er seinen Beitrag mit der Geschichte über das jüdische Kind, das hingeschlachtet wurde, nachdem es durch einen falschen Hilferuf aus dem Ghetto herausgelockt worden war. Speidel hakt bei dem Kommentar des Helden zu dieser Geschichte ein: „Der Hilfruf kann auch einmal echt sein." Mit anderen Worten vermittelt er eher eine Botschaft der Hoffnung als die pessimistische Schlußfolgerung, die Herzl mit seinem Stück zum Ausdruck bringen wollte.

Hinter Speidels Beharren auf der Möglichkeit, ja vielmehr der Pflicht zur Assimilation, stand die Auffassung, daß seiner Meinung nach ein Jude erst dann völlig frei war, wenn er wirklich Teil der Gesellschaft war, in der er lebte. Speidel nahm somit die Herausforderung von Herzls Stück an, indem er aus dessen Helden Dr. Joseph Samuel den idealen Helden machte, der das für einen Juden in der zivilisierten Gesellschaft einzig Mögliche tat: „Er ist vielmehr bestrebt, den äußeren Juden auszuziehen und die Gesinnung seiner Mitbürger in sich aufzunehmen." Nur der Jude, der den Weg der Assimilation beschritt, konnte wirklich frei werden: „Es ist seine angelegentlichste Arbeit, jede Fremdheit zwischen sich und seinen Nebenmenschen aufzuheben. Das ist ja die zweite und echte Emancipation [sic] des Juden, ohne welche die erste Emancipation nur eine Formalität bleibt."[57] Speidels „zweite Emancipation" war eine bequeme Formel, um zu beschreiben, welche Bedeutung die Wiener Juden, und dazu gehörten die Autoritäten der Gemeinde, einer völligen Assimilation in jeder Hinsicht beimaßen, wodurch die Juden schließlich von ihrer Andersartigkeit befreit würden.

In Wien bemühte man sich entschieden um eine völlige Gleichstellung mit den Christen, wozu beispielsweise auch die Ausbildung jüdischer Buben in „christlichen" Gewerbeberufen zählte.[58] Israel Jeiteles veranschaulicht in seiner statistischen Studie über die Wiener Juden im Jahre 1873 deren Wunsch, nicht als andersartig gesehen zu werden. Er bemühte sich, seine Statistiken so zu präsen-

---

56 Alex Bein, *Theodor Herzl* (Frankfurt am Main 1983), S. 82–86.

57 *NFPm,* 16. Jänner 1898, S. 1.

58 Mayer, *Die Wiener Juden,* S. 301–302; auch Katz, *Aus dem Getto,* S. 180 ff.

tieren, daß es gesellschaftlich keinen Unterschied zwischen Juden und Nichtjuden gab; außerdem versuchte er zu widerlegen, daß die Juden im „kulturellen Leben" eine besondere Stellung einnahmen: „Wir in Wien wollen und können uns die Aufgabe der Griechen unter den Römern nicht vindiziren, die deren Erzieher gewesen."[59] Es mutet prophetisch an, daß sich Jeiteles bereits 1873 weigerte, die kulturellen Errungenschaften der Juden aufzulisten, sondern vielmehr argumentierte, daß dies nichts mit der jüdischen Herkunft dieser Leute zu tun hätte.[60] Dieser Einwand barg allerdings das Paradoxon in sich, daß das Fehlen einer solchen Liste an sich schon das implizite Eingeständnis war, daß die Juden in gewisser Weise eben doch anders waren. Das wichtigste Instrument der Assimilation war die Bildung, was dazu führte, daß die assimilierten Juden gebildeter waren als die meisten Mitglieder jener Gesellschaft, zu der sie Zutritt gefunden hatten. Aber gerade diese Strategie, Assimilation durch Bildung zu erreichen, gefährdete die Anerkennung der Juden im allgemeinen, da sie so erneut etwas Besonderes waren: nicht mehr jüdisch, aber genausowenig nicht-jüdisch.

Den meisten war das von Jeiteles angeschnittene Problem nicht bewußt. 25 Jahre nach Jeiteles behauptete Karl Kraus in seinem Angriff auf Herzls Zionismus noch immer, daß eine Assimilation möglich sei. Der glühendste Zionist könnte in wenigen Jahren zu einem Europäer „zivilisiert" werden. Der Weg war immer noch die Bildung und der Glaube an die Assimilation: „Der unumstößliche Glaube an die Anpassungsfähigkeit des jüdischen Charakters ist die beste Orthodoxie, man lasse ihn nur erst einmal den . . . Glauben der Väter werden." Selbst wenn gewisse interne Unterschiede bestehen blieben, war Kraus überzeugt, die Juden würden akzeptiert werden, wenn sie auf jene Äußerlichkeiten verzichteten, die sie von den anderen trennten.[61] Kraus sah oder wollte Jeiteles' Problem nicht sehen, daß die Juden wieder zu etwas Besonderem wurden. Zum Teil ist dies auf die Logik der Assimilation zurückzuführen. Die Juden wurden nicht akzeptiert, weil sie über die deutsche Kultur und Moral nicht Bescheid wußten. Sobald die Juden dieses Manko einmal wettgemacht hatten, konnten sie, mit den Worten Mosses, zu begeisterten Lesern von Dahn und Freytag werden, da sie die dort geschilderten jüdischen Stereotypen mit dem Gleichmut jener ansehen konnten, die dieses Stadium bereits überwunden hatten.[62] Daß sie aufgrund ihrer Bildung als *Gebildete* zu etwas Besonderem wurden, war für die meisten ohne Bedeutung. Die dahinterstehende Argumentation wird klar, wenn wir einen anderen emanzipatorischen Text lesen, der aus der Zeit vor der angesprochenen Studie von Jeiteles stammt.

Heinrich Jaques war ein einflußreicher Rechtsanwalt, ein unerschütterlicher

---

59 Jeiteles, *Die Kultusgemeinde,* S. 77–79.
60 *Ibid.,* S. 111.
61 Karl Kraus, *Eine Krone für Zion* (Wien 1898), S. 23–25.
62 Mosse, *Germans and Jews,* S. 74.

Liberaler und ein Freund von Theodor Gomperz. Seine *Denkschrift über die Stellung der Juden in Österreich* aus dem Jahre 1859 ist eine der großen Abhandlungen über das Grundprinzip der Assimilation in Österreich. Sie zeigt sehr anschaulich, daß die Juden Emanzipation mit der Befreiung von all dem, was sie als die Fesseln ihrer früheren Existenz bezeichneten, gleichsetzten. In seiner Argumentation gegenüber der österreichischen Regierung sprach er von der gleichen Nützlichkeit, von der einst die Rede war, um das Toleranzpatent des Jahres 1782 zu rechtfertigen. Die den Juden nach 1848 auferlegten Einschränkungen sollten in erster Linie nicht wegen der Juden selbst aufgehoben werden, sondern vielmehr um zu verhindern, daß ein beträchtliches intellektuelles und finanzielles Kapital brach lag. Das traditionelle Leben im Ghetto war für Jaques ein absoluter Zeitverlust, die Verurteilung zur intellektuellen Stagnation.[63]

Für Jaques sind alle Argumente gegen die Juden als Volk fehl am Platz, und zwar nicht etwa, weil sie nicht die damalige Situation wiedergeben, sondern vielmehr, weil die Juden zu einer Änderung fähig seien. Sie könnten durchaus gebessert werden, und als Bestätigung zitiert er Dohm.[64] Seine Taktik geht aus seinem Herangehen an die Problematik der Frage Juden und Geld deutlich hervor. Er unterstrich, daß die Juden keineswegs die einzigen waren, die in Geldangelegenheiten eine gewisse Schläue an den Tag legen, und verglich den Bericht polnischer Juden mit jenem der Österreichischen Nationalbank. Dabei konnte er es sich nicht verkneifen, Lessings *Nathan* zu zitieren: „Wer ist hier der Jude?"[65] Die Juden hatten in der Finanzwelt zweifellos das Sagen, aber nur, weil ihnen keine andere Wahl blieb. Reichtum war das einzige Mittel, um sich in einer Welt der Vorurteile Achtung und Freiheit zu verschaffen. Da ihnen der Weg zu einem Posten in der Verwaltung versperrt war, hatten jüdische Studenten keine andere Alternative als Geschäfte zu machen, was verheerende Folge für die Stabilität des Staates hatte: „Jene imposante und gefährliche Geldmacht", welche die Juden in Europa verkörperten, könnte das Kleinkapital verschlingen und eine unkontrollierte Kapitalbewegung auslösen, die zu noch härteren wirtschaftlichen Krisen führen würde.[66] Die ärgsten Befürchtungen der Gegner einer Emanzipation wurden so dazu benutzt, um sie von der Notwendigkeit der Befreiung der Juden zu überzeugen, damit diese sich zum Besseren ändern könnten.

Es gab mehrere Möglichkeiten der Befreiung. Gestattete man den Juden den Erwerb von Eigentum, so würde ihre angebliche Neigung zur Revolution durch den naturgegebenen Konservatismus der Grundbesitzer gemäßigt werden.[67] Vor allem aber Bildung würde alle Probleme lösen. Jaques sah in den Versuchen, die Juden zum Katholizismus zu bekehren, indem nach der Zuckerbrot-und-Peit-

---

63 Heinrich Jaques, *Denkschrift über die Stellung der Juden in Österreich* (Wien 1859), S. 7–8.
64 *Ibid.*, S. 6.
65 *Ibid.*, S. 19.
66 *Ibid.*, S. 36–37.
67 *Ibid.*, S. 23–24.

sche-Methode eine Laufbahn in der Bürokratie nur Konvertiten offenstand, keine langfristige Lösung, da die Juden ihrer Religion mit Beharrlichkeit verbunden waren, „eine Fähigkeit, welche meist nur durch die philosophische Bildung überwunden wird, die sich wieder gegen alle positiv-religiöse Satzung indifferent verhält"[68], nicht durch einen bloßen Religionswechsel. Der Jude würde nur zu einer Religion der „Menschheit" konvertieren.

Jaques' Argumentation stützt sich auf denselben Glauben an den Fortschritt der europäischen Zivilisation, wie er allen bislang beschriebenen Befürwortungen einer Assimilation zugrunde lag. Am deutlichsten wird dies, wenn er sich mit den Ostjuden beschäftigt. Er läßt alle Behauptungen hinsichtlich deren Rückständigkeit gelten. Er sieht aber keinen Grund, warum die „gebildeten civilisirten [sic] Juden" Wiens und Böhmens mit ihnen in einen Topf geworfen werden sollten.[69] Er verweist darauf, daß die galizischen Juden unter Menschen eines ebenso geringen Bildungsstandes lebten, einschließlich des oft nicht minder ungebildeten polnischen Landesedelmanns, bei dem gar häufig ein Firniß französischen Salontons nur schwach die innere Rohheit übertüncht." Der Ostjude war somit nicht der einzige, der die Aufmerksamkeit der zivilisierten Welt verdiente: „Sie Alle bedürfen eben noch ein gutes Stück europäischer Civilzation [sic] um erst recht Menschen zu werden . . . hier ist für jetzt das wahre Terrain jener vielerwähnten Mission Österreichs, die Cultur [sic] nach dem Osten zu tragen."[70]

Die Humanisierung der Juden wurde so zu einem festen Bestandteil der Humanisierung aller Menschen durch die westliche Zivilisation. Damit wiederholte Jaques die zentrale Idee der deutschen Aufklärung vom Menschenadel des Geistes und der Bildung. Jaques zog daraus die Schlußfolgerung, daß Österreich all seine Ressourcen nutzen müßte, um der Konkurrenz in der modernen Welt gewachsen zu sein: „Man muß jede tüchtige und materielle Kraft im ganzen Staate aufsuchen, man muß sie suchen in der niedern Hütte des polnischen Juden wie in den Prachtpalästen des ritterlichen Adels, und jede muß man dem Ganzen und seinen großen Zwecken dienstbar machen, mit Allen insgesammt den Neubau vollenden."[71] Eine Rechtfertigung für die Emanzipation der Juden endete so mit einem beherzten Plädoyer für den begabten Menschen, für die Befreiung des klugen und geschickten Juden von den Vorurteilen, die ihn an seine jüdische Gemeinde banden, damit er seinen Beitrag zum neuen Staat der Zukunft leisten konnte, in dem alle, nicht nur Juden, die notwendige Bildung erhalten sollten, „um erst recht Menschen zu werden". Für Jaques wie für die meisten assimilierten Juden war daher Jeiteles' Problem, daß Bildung keine Gleichstellung brachte, bedeutungslos, da die jüdische Strategie einer Assimila-

---

68 *Ibid.,* S. 36—37.
69 *Ibid.,* S. 40.
70 *Ibid.,* S. 40—41, 46—47.
71 *Ibid.,* S. 44.

tion durch Bildung in ihren Augen auch das Ziel der gesamten Gesellschaft war. In der neuen Menschheit der Zukunft wären alle gebildet, unabhängig von der derzeitigen Situation.

Die neue Menschheit

Zumindest anfänglich war die Grundfeste allen Assimilationsdenkens unter den Juden die Idee vom Menschen, die Aussicht auf eine Menschheit, die über alle alten Trennungen der Religion und der gesellschaftlichen Klassen hinweg geeint wäre. 1849 unterstreicht von Mosenthal in seinem Stück *Deborah,* daß „unsere Heimat" Österreich ist, nicht Jerusalem. Er kann eine solche Aussage machen, weil er nach vorne blickt, in eine Zeit, da die neue Gesellschaft verwirklicht sein würde: „Und Christ und Jude werden – Menschen sein."[72] Immer wieder stoßen wir in jener Zeit auf diese Art von Vokabular, das zweifellos zum Klischee des liberalen Gedankengutes gehörte. Eine typische Verwendung des Begriffs finden wir in Schnitzlers Stück *Professor Bernhardi,* wenn Pflugfelder von Bernhardis Maßnahmen spricht, um dem sterbenden „Menschenkind" einen glücklichen Tod zu ermöglichen: „Was für eine ungeheure Verlogenheit gehört dazu, um den ganzen Fall anders anzusehen als rein menschlich. Wo existiert der Mensch, dessen religiöse Gefühle durch das Vorgehen Bernhardis in Wahrheit verletzt worden wären?"[73] Schnitzler stellt hier, wie vor ihm Lessing, die Menschheit über die Wahrheiten – beispielsweise den Wunsch nach dem Sterbesakrament – einer institutionalisierten Religion.

Mit der Idee vom Menschen wurde eine Aktionsebene eingeführt, die über jener der angeblich absoluten Wahrheiten der Religion, oder wenn schon nicht darüber, so zumindest außerhalb deren Kontrolle lag. Diese keineswegs rein fiktive Vorstellung bot den Juden im 19. Jahrhundert jedenfalls eine reale Möglichkeit, in einer Gesellschaft zu leben, in der sie unabhängig von Rasse und Konfession „einfach als Mensch" galten.[74] Der Einfluß solcher Ideen scheint in den Ländern der Böhmischen Krone besonders stark gewesen zu sein, in den Gebieten also, in denen sowohl die gebildeteren jüdischen Einwanderer nach Wien als auch jene Strömung beheimatet war, die William Johnston als Böhmischen Reformkatholizismus bezeichnete. Hier machten die Juden die unmittel-

---

72 Salomon Hermann Mosenthal, *Deborah* (Leipzig 1908), S. 62; vgl. Häusler, „Toleranz, Emanzipation", S. 107. Siehe auch Sacher-Masoch, *Der Mann ohne Vorurtheil* (Bern 1877) für ein anschauliches Beispiel für die Ideologie der *Menschheit,* bes. S. 32.

73 Arthur Schnitzler, *Professor Bernhardi,* Bd. 6 der *Dramen* (Frankfurt am Main 1962), S. 206. Ähnlich Mosenthal, *Deborah,* S. 54: „Bin ich nicht auch ein Menschenkind? Ist Liebe/Nicht aller Eigentum wie Luft und Licht?

74 Siehe Ardelt, *Friedrich Adler,* S. 21. Vgl. August Bondi, *Autobiography* (Galesburg, Ill. 1910), S. 10.

bare Erfahrung einer toleranten, menschlichen und humanistischen Gesinnung – selbst seitens der katholischen Kirche.[75]

In einer solchen Atmosphäre konnte das eigene „Judentum", um mit den Worten Theodor Gomperz' zu sprechen, zu einem „pieux souvenir de famille" (einem frommen Familienandenken, Anm. des Übers.) werden. Der Vorteil dieser Idee vom Menschen gegenüber einer individualistischen Organisation der Gesellschaft bestand darin, daß die Religion, oder zumindest der Glaube, für das gesellschaftliche Leben seine Bedeutung verlor. Die assimilierten Juden brachten dies folgendermaßen auf den Punkt: „Auf der Straße ein Mensch wie alle anderen, zu Hause ein Jude."[76] Heinrich Jaques entwickelte diese Idee schließlich weiter, indem er zwischen *Logos* und *Ethos* unterschied, wobei ersterer für ihn eine Sammlung absoluter, aber metaphysischer Glaubenssätze einer bestimmten Religion bedeutete, *Ethos* hingegen die säkulare Seite war und sich auf die menschliche Tat als solche, auf die zwischenmenschlichen Dinge bezog. Die Welt, in der wir leben, war daher eine Angelegenheit des psychologischen relativen *Ethos,* während der *Logos* „sich zu diesen Beziehungen relativ gleichgültig verhält". Unterschiede im Bereich des *Logos* waren daher für gesellschaftliche Formen ohne Bedeutung. Nur der *Ethos* entschied darüber, wie zwei religiöse Gruppen zueinander standen, und selbst wenn sie sich in ihrer Lehre voneinander unterschieden, konnten sie dennoch denselben Moralbegriff haben. Wie die Koexistenz mehrerer christlicher Religionen in einem Staat zeigte, könnte eine gemeinsame Moral von verschiedenen Glaubensrichtungen geteilt werden, und Jaques' Auffassung nach galt dies auch für das Judentum und das Christentum.[77]

Dies alles war 1859 nichts Neues, zeigt aber, wie sehr sich die Juden im Hinblick auf die Ermöglichung der Assimilation bemühten, die Frage der Wahrheit aus der empirischen Welt und damit der Argumentation auszuklammern, indem sie diese verinnerlichten und zu einer ganz persönlichen Angelegenheit jedes einzelnen machten. Die platonistische Behauptung der Kirche von der absoluten Wahrheit *in* der Welt geriet durch diesen Denkansatz zweifach unter Beschuß. Zum einen von unten her, weil die Gesellschaft ungeachtet der Lehre fortfahren konnte, die Rechte des Menschen anzuerkennen, während zum anderen von oben die Loslösung der intersubjektiven Realität von der Vorstellung der Wahrheit der Religion bedeutete, daß dem einzelnen nicht mehr gesagt werden mußte, was er zu glauben habe. Jaques hatte recht, wenn er sich auf Kant, Schopenhauer und Fichte – trotz ihres Antisemitismus – berief, da die Ziele des

---

75 William M. Johnston, *Österreichische Kultur- und Geistesgeschichte. Gesellschaft und Ideen im Donauraum 1848 bis 1938* (Wien – Köln – Graz 1974), S. 271 ff. Auch Guido Adler, *Wollen und Wirken* (Wien 1935), S. 3, 75; Gomperz, *Essays,* S. 14–15.
76 Zitiert in Arendt, „Privileged Jews", in: *JSS* 1946, S. 7. Auch Harald Leupold-Löwenthal, „Freud und das Judentum", in: *Sigmund Freud House Bulletin,* Bd. 4, Nr. 1, 1980, S. 34.
77 Jaques, *Denkschrift,* S. 29–30.

deutschen Idealismus die einzig wichtige Voraussetzung für die Theorie der Assimilation enthielten, nämlich die Willensfreiheit. Durch „philosophische Bildung" wurden *alle* Religionen unwichtig für die menschliche Tat, und das, woran man glaubte, wurde zu einer Frage jenseits der Gesellschaft, ja letztlich jenseits der Sprache, wie dies später definiert werden sollte.[78] Die Integration der Juden in die österreichische Gesellschaft des 19. Jahrhunderts beruhte so auf dem Grundprinzip, daß die Religion eine Frage des individuellen Glaubens war und nicht ein Teil der intersubjektiven Welt.

Diese Auffassung hatte natürlich verheerende Folgen für alle äußeren Zeichen des Judentums in der assimilierten Gemeinde und konnte sogar zur völligen Aufgabe des Glaubens an die traditionellen religiösen Formen führen. Abgesehen von der Aufrechthaltung von Familientraditionen scheint es nicht mehr viel gegeben zu haben, was den einzelnen veranlaßte, an einem Glauben festzuhalten, der ihm nichts mehr bedeutete, und für viele wie beispielsweise Josef Popper-Lynkeus oder die Gomperz war Religion überhaupt kein Thema mehr.[79]

Was zählte, war die moralische Rechtschaffenheit des einzelnen, nicht seine Religion.[80] Dies galt vor allem für die assimilierten Juden, denn wäre Religion *in* der Welt wichtiger gewesen als der Wert des einzelnen, so wären sie von beidem ausgeschlossen gewesen, da sie keinem der religiösen Lager angehörten. Die große Bewunderung für die Helden der Befreiung des Menschen, ob Joseph II., Lincoln oder Zola, beruhte nicht nur auf dem tatsächlichen Glauben an den moralischen Fortschritt, sondern war auch der Versuch, die Assimilation zu garantieren. In diesem Zusammenhang sei erwähnt, daß viele Wiener Juden, darunter Sigmund Freud, Theodor Gomperz und Emil Zuckerkandl, um 1900 Jean Lamarck gegen Charles Darwin verteidigten, vor allem weil Lamarcks Theorie von der Vererbbarkeit erworbener Eigenschaften in Aussicht stellte, daß unter den menschlichen Rassen die jüdische eines Tages der deutschen gleichgestellt sein und sich so alles zum Besseren wenden würde.[81] Das Ziel der Fortschrittlichen in der österreichischen Gesellschaft war es daher, jede eigene jüdische Identität zu zerstören.

---

78 *Ibid.,* CXIV, bzgl. Jaques' Einstellung zu Kant *et al.*

79 Ingrid Belke, *Die sozialreformerischen Ideen von Josef Popper-Lynkeus 1838–1921* (Tübingen 1978), S. 112; zu den Gomperz siehe die Ausführungen von R. A. Kann in Gomperz und Kann, Hgg., *Josephine von Wertheimstein,* S. 13.

80 Stella Klein-Löws Großvater brachte dies folgendermaßen zum Ausdruck: „Die Religion ist nicht so wichtig wie ein gutes Herz und ein heller Kopf." Siehe Stella Klein-Löw, *Erinnerungen: Erlebtes und Gedachtes* (Wien 1980), S. 13.

81 R. W. Clark, *Sigmund Freud* (Frankfurt am Main 1981), S. 402; *Theodor Gomperz: ein Gelehrtenleben im Bürgertum der Franz-Josephszeit,* Hgg. H. Gomperz und R. A. Kann (Wien 1974), S. 356–357.

Jenseits der jüdischen Identität

Wenn wir uns mit der Frage der Identität beschäftigen, ist die Gefahr groß, im Rückblick verärgert auf diese versuchte Auslöschung zu reagieren. Die Verantwortung kann nicht geleugnet werden. Bei der Assimilation ging es darum, die jüdische Vergangenheit hinter sich zu lassen.[82] Dies darf allerdings nicht aus dem Zusammenhang gerissen werden. Die Assimilationswilligen begrüßten das Ende jenes religiösen und kulturellen Überbaus, der von der jüdischen Tradition abhing und als „jüdische Identität" bezeichnet werden kann. Sie glaubten wohl, daß diese Art des „Jüdischseins" verschwinden mußte, um die Durchdringung der neuen Welt der Aufklärung mit dem wahren Geist des jüdischen Glaubens zu ermöglichen: „Jüdischsein" und Aufklärung waren keine Gegensätze, sondern vielmehr Verbündete im Triumph des Lichtes, denn darin lag auch der Triumph der Essenz des göttlichen Gesetzes. Als Teil dieser Aufklärung erfüllten die Juden auch weiterhin ihre Mission, „Licht unter den Völkern" zu sein. *Haskalah* und Assimilation verfolgten nicht die Zerstörung der jüdischen Identität, sondern übernahmen sie vielmehr in die neue Welt.

Darüber waren sich die jüdischen Denker weitgehend einig. Moses Mendelssohn definierte das Judentum als „geoffenbartes Gesetz", als Naturreligion, die auf den Prinzipien der Vernunft beruhte. Für Hermann Cohen war Kant der Philosoph der Juden, und die Juden waren Träger der „idealistischen", weil nicht auf diese Welt ausgerichteten Mission.[83] Wilhelm Jerusalem, um ein Beispiel aus Wien zu nennen, argumentiert ähnlich: das Judentum ist im wesentlichen ein ethischer Monotheismus und kann daher, im Unterschied zu anderen, engstirnigeren Religionen, durchaus Grundlage für den Glauben an eine wissenschaftliche Welt sein.[84] Obwohl es dafür keinen eindeutigen Beweis gibt, scheinen Judentum und jüdisches Denken stark vom Rationalismus geprägt. Was die großen (zumindest der Abstammung nach) jüdischen Philosophen wie Philon, Maimonides, Spinoza, Mendelssohn, Cohen und Freud miteinander zu verbinden scheint, ist laut Friedrich Heer die Tatsache, daß sie Gott mit dem *Logos* der Vernunft gleichsetzen.[85]

Wichtig ist es in diesem Zusammenhang, sich vor Augen zu halten, daß die rationalen Aspekte des Judentums deutlicher zutage traten, da es eben diese rationalen Elemente waren, die Eingang in die westliche Kultur fanden, in die Gesellschaft assimiliert wurden und zur Kultur beitrugen, während alles übrige

---

82 Typische Beispiele für diese „Pflicht" findet man in: Scholem, *Jews and Judaism in Crisis,* S. 63; Ardelt, *Friedrich Adler,* S. 15; Lohrmann (Hg.), *1000 Jahre,* S. 335 (über Wessely).

83 Hans Liebeschütz, „Jewish Thought and its German Background", in: *LBIY* 1956, S. 222.

84 Wilhelm Jerusalem, *Gedanken und Denker: gesammelte Aufsätze,* Neue Serie (Wien 1925), S. 9–10.

85 Heer, *Gottes erste Liebe,* S. 303, 320; auch Jürgen Habermas, „Der deutsche Idealismus der jüdischen Philosophen", in: *Philosophisch-politische Profile* (Frankfurt am Main 1971), S. 37–46, zitiert in Ivar Oxaal, *The Jews of Pre–1914 Vienna: Two Working Papers* (Hull 1981), S. 29.

zum traditionellen Lebensstil gehörte, der, wenn auch inmitten der europäischen Gesellschaft, so doch außerhalb derselben gepflogen wurde. Rabbi Boruch blieb in seinem Schtetl, aber sein Urgroßenkel Manès Sperber machte sich jenen Teil seines Erbes, den er aus der Tradition herauszulösen vermochte, in der Welt der Moderne zunutze und wandelte beispielsweise die Hoffnung auf das Kommen des Messias in revolutionäre Aktivität.[86]

Der Eifer für die Wissenschaft, das Wissen und den Glauben an die ethische Selbstständigkeit des einzelnen, die Grundprinzipien der Aufklärung also, waren, wie wir bereits gesehen haben, auch zahlreichen Juden vertraut, nicht unbedingt allerdings in gleicher Weise. Gerade so wie sich die gesellschaftliche und wirtschaftliche Struktur der jüdischen Gemeinde den neuen Gegebenheiten der kapitalistischen Wirtschaft fügte, in der hierarchische Schranken zerstört und die gesamte Gesellschaft in den Dritten Stand verwandelt wurde, so geschah das gleiche, als die Aufklärung die Notwendigkeit von Bildung und die Unabhängigkeit des einzelnen von allen nicht *natürlichen* religiösen Zwängen in der Welt proklamierte, und viele Juden nicht nur im Westen, sondern auch im Osten konnten ihre eigenen Auffassungen und Einstellungen wiedererkennen und sich mit der neuen Idee vom Menschen identifizieren. Heinrich Jaques behauptet, die Juden hätten dieselbe Moral wie die Christen.[87] Sigmund Mayer, der seinerseits Berthold Auerbach zitiert, geht noch weiter: „Wo es auf reines Menschentum ankäme, steht der Jude höher.“[88] Damit meint er, daß die Juden weder Trinkvorschriften noch Waisenhäuser brauchen, da diese Probleme in der jüdischen Gemeinde nicht existieren. Wenn es auf die „reine Menschheit“ ankäme, so wären die Juden bereits besser gerüstet als die übrige Gesellschaft, in größerem Maße bereit für die Aufklärung als deren Träger selbst.

Die assimilierten Juden waren in der Tat die „Kerntruppe“ des österreichischen Liberalismus: Nicht nur, daß die Bedeutung ihres Lebens von jenen Prinzipien abhing, für die der Liberalismus stand, brachten sie in die Bewegung auch eine Leidenschaft für die Schaffung eines neuen Menschentyps ein, die nur ihnen, die so radikal mit den Traditionen ihrer Vergangenheit gebrochen hatten, zu eigen war. Wirklich gerecht werden wir diesen Assimilationswilligen nur dann, wenn wir uns ihren naiven Glauben an die Zukunft vergegenwärtigen. Eben dieser Glaube war der gemeinsame Nenner zwischen Menschen, die voneinander politisch so weit entfernt waren wie Victor Adler und Theodor Gomperz.[89] Gomperz’ gesamtes Denken gründete auf dem Glauben, daß es eines Tages eine geeinte Menscheit geben würde. Seine Prinzipien waren „Bildung und Aufklärung“, aber auch die Einheit der Menschheit.[90] „Einigung und Verbrüderung“ waren nötig,

---

86 Manès Sperber, *Die Wasserträger Gottes* (München 1983), S. 23.
87 Jaques, *Denkschrift*, S. 30.
88 Mayer, *Ein jüdischer Kaufmann,* S. 48.
89 Ardelt, *Friedrich Adler*, S. 64; zu Adlers Glauben an den technischen Fortschritt.
90 *Gomperz: ein Gelehrtenleben,* S. 16.

nicht hartnäckige Trennung.[91] Für Gomperz barg *jeder* gesellschaftliche Unterschied die Möglichkeit zu einer Spaltung: „Alles was die Menschen unterscheidet, scheidet sie auch."[92] Im „Kampf gegen Willkür" war es daher die Pflicht der Juden, mit der sie „umschließenden" Bevölkerung „zu verschmelzen".[93]

Diese Ansichten von Leuten wie Gomperz waren unter den assimilierten Juden in Wien zu jener Zeit weit verbreitet. Den Anfang machte Joseph von Sonnenfels. In seiner Kritik an Hans Tietze, der Sonnenfels eine Art Minderwertigkeitskomplex vorwarf, weil er sich die Kultur der Aufklärung angeeignet hatte und zum katholischen Glauben übergetreten war, schreibt R. A. Kann: „Dem Judentum und der Aufklärung gemeinsam aber war in der früheren Neuzeit der Glaube an ein universales Gesetz des Verstandes, kraft dessen die neue Ära ewig dauern sollte."[94] Für Sonnenfels gab es daher wohl keine unüberwindlichen Schranken zwischen jüdischem und aufgeklärtem Denken, und ersteres mit letzterem gleichzusetzen war im Wien des 19. Jahrhunderts durchaus üblich.[95] Der Prediger der Wiener Kultusgemeinde Adolf Jellinek interpretierte das jüdische Gesetz in einem universellen Sinne als das Gesetz der Vernunft, das keiner „belanglosen Äußerlichkeiten, unwichtiger Einzelheiten (und) veralteter Bräuche" bedurfte.[96] Sigmund Freuds Religionslehrer Samuel Hammerschlag vertrat eine ähnliche Ansicht: Für diese Leute gab es keinen Widerspruch zwischen der Essenz der jüdischen Botschaft und den Ideen der Aufklärung.[97]

Im Verlauf des Jahrhunderts wurde es immer schwieriger, diese simple Identität und den Glauben an eine nach den Prinzipien der „neuen Menschheit" geeinte Gesellschaft aufrechtzuerhalten, obwohl die Nachkommen der assimilierten Juden ihr möglichstes taten, in diesem Bestreben fortzufahren, wie die Belebung der Tradition der Enzyklopädisten durch Otto Neurath zeigt.[98] Die Gründe für diese Schwierigkeiten waren nicht so sehr durch die jüdische Seite bedingt, sondern in erster Linie dadurch, daß die in das gesellschaftliche Umfeld gesetzten Erwartungen nicht erfüllt werden konnten.[99] Im Laufe der Zeit wurde deutlich, daß nicht die Juden Bildung nötig hatten, sondern vielmehr der Rest der Bevölkerung sich weiterbilden sollte.[100] An die Adresse der Antisemiten im

---

91 *Ibid.,* S. 173.

92 Gomperz, *Essays,* S. 198.

93 *Ibid.,* S. 34–35; *Gomperz: ein Gelehrtenleben,* S. 173.

94 R. A. Kann, *Kanzel und Katheder. Studien zur österreichischen Geschichte vom Spätbarock zur Frühromantik* (Wien – Freiburg – Basel 1962), S. 253.

95 Z. B. Ardelt, *Friedrich Adler,* S. 16–17, über den Reiz der französischen Aufklärung für einen orthodoxen Juden in Lipnik, Böhmen. Siehe auch *ÖW,* 15. Jänner 1897, S. 41–43.

96 Klein, *The Jewish Origins of the Psychoanalytic Movement,* S. 4.

97 *Ibid.,* S. 43–44. Vgl. Bondi, *Autobiography,* S. 10: „Enthusiastic Jew and lover of humanity."

98 Otto Neurath, *Empiricism and Sociology* (Dordrecht 1973), S. 53.

99 Siehe die Ausführungen von Belke, *Popper-Lynkeus,* S. 101: „Popper war ein Spätschüler der großen französischen Aufklärung, und das in einem Land, in dem liberale und fortschrittliche Ideen, demokratisches Denken und Bildungsstreben nie recht Wurzel gefaßt haben."

100 Vgl. die Rede von Gundaccar von Suttner, abgedruckt in *NFPm,* 26. Februar 1895, S. 3: „Die

Wiener Gemeinderat gerichtet, legte Sigmund Mayer die Ansicht der Juden kurz und bündig dar: „Die Juden sind schon reif für ihre Emanzipation – wer für dieselbe noch nicht reif ist, das sind leider Sie, die Christen."[101]

Die Juden sahen sich von nun an als die wahren Träger der Aufklärung. Hatten sie anfänglich geglaubt, Zugang zu einer Kultur zu finden, in der die Ziele ihrer jüdischen Gebote für alle verwirklicht werden könnten, erkannten sie gegen Ende der Periode der Assimilation, als die Bedronung der zukünftigen Gesellschaft durch den Antisemitismus immer augenscheinlicher wurde, daß sie allein die Fahne der Aufklärung hochhielten. 1902 sagte Solomon Ehrmann in einer Rede an die B'nai B'rith: Eine „glorreiche Zeit" für die Menschheit ist immer noch möglich, aber statt einer liberalen Zukunft, an der die Juden teilhaben dürfen, ist es nun eine jüdische Zukunft. Mit der Schaffung eines neuen Zeitalters werden „nicht nur die B'nai B'rith, sondern das gesamte Judentum seine Aufgabe erfüllt haben. Sie werden als unabhängige Gemeinde verschwinden, denn die gesamte Menscheit wird verjudet sein und sich mit den B'nai B'rith zusammentun."[102] Hier wurde der Triumph des Gedankengutes der Aufklärung einzig als Triumph der Lehren des Judentums gesehen, *Verjudung* bedeutete *Aufklärung*.

Die Aufklärung hatte von den Juden als Gegenleistung für die Aussicht auf ein Leben in einer freien und gleichen Gesellschaft das Opfer ihrer eigenständigen Identität gefordert. Die Juden ihrerseits fühlten sich von dem, was viele als den Triumph der jüdischen Tradition der Vernunft, der Freiheit des einzelnen und der Bildung ansahen, angezogen. Das Echo war unverhältnismäßig stark, gemessen am Rest der Bevölkerung, der sich bei weitem nicht so für die liberalen Ideen begeisterte. Während das Stereotyp des „Juden" zum Symbol all dessen wurde, was durch die Assimilation überwunden worden war, entwickelte sich unter den assimilierten Juden die Tradition, wie sie Kraus gefordert hatte, nämlich sich in den *Menschenadel* zu assimilieren, den die Aufklärung vorhergesagt hatte. So mächtig war die Anziehungskraft dieser Idee einer neuen Menschheit, daß viele assimilierte Juden, als der Rest der Gesellschaft diese Idee abzulehnen begann, sie als die ihre beanspruchten. Was einst als Mission Österreichs im Rahmen der Kultur angesehen wurde, sahen die Juden bereits um 1900 als eine jüdische Mission, nämlich, ein Licht unter den Völkern zu sein und die *Verjudung* zu erreichen. Die Werte der Menschheit, welche die Juden in ihrer Religion so liebevoll gepflegt hatten, wurden nun in den neuen Formen, welche die Aufklärung angeboten hatte, gesichert. In diesem Sinne war die Assimilation die Fortsetzung des Judentums mit anderen Mitteln jenseits der jüdischen Identität.[103]

Lösung [des Problems des Antisemitismus] liegt nur in der Erziehung. Wissenschaft und Ethik sollen in allen Formen der Menge zugänglich und erreichbar sein."

101 Mayer, *Ein jüdischer Kaufmann*, S. 91.
102 Klein, *The Jewish Origin of the Psychoanalytic Movement*, S. 147.
103 Zu Deutschland siehe George L. Mosse, *German Jews beyond Judaism* (Bloomigton 1985); David Sorkin, *The Transformation of German Jewry* (Oxford 1987).

10. Deutsche Kultur

Deutsche Juden in Österreich

Die assimilationswilligen jüdischen Familien, die einmal einen Teil der kulturellen Elite Wiens bilden sollten, wählten den Zugang zur westlichen Gesellschaft nicht über die österreichische, sondern über die deutsche Kultur. Im 19. Jahrhundert war Österreich ein deutscher Staat. Die Staatssprache war Deutsch, die Hauptstadt Wien war eine deutsche Stadt, und die Wiener Universität gehörte zu den führenden deutschen Bildungsstätten.[1] An der Spitze der Verwaltung standen Deutsche, die Verfassung beruhte auf dem Grundsatz des „Staatsdeutschtums" – die Deutschen waren in Österreich die herrschende Klasse.[2] Franz Joseph war ein „deutscher Fürst", der Monarch von *Österreich,* dessen Name stets daran erinnerte, daß es einstmals die *Ostmark* gewesen war, die Mark im Osten des Heiligen Römischen Reiches Deutscher Nation.

Die Deutschen in Österreich betrachteten sich als Pioniere, als Überbringer der Zivilisation an die Barbaren im Osten und Süden. Einst war es Österreichs Mission gewesen, das Christentum gegen die Türken zu verteidigen; im 18. Jahrhundert wurde mit der Erhebung des Deutschen zur Verwaltungssprache unter Joseph II. daraus die Mission, das im Dunkel der Unwissenheit verharrende Volk mit dem Licht der Aufklärung zu erhellen. Deutsch waren auch die von ihm errichteten Schulen ebenso wie das Bürgertum als Träger des von ihm angestrebten Wirtschaftsaufschwunges.[3] Die Städte Böhmens und Mährens waren deutsche Inseln, eingebettet in eine bäuerlich tschechische Kultur, und je weiter ostwärts man vordrang, desto mehr stand das Deutsche stellvertretend für den westlichen Fortschritt. Josef Redlich sah noch zu Beginn des 20. Jahrhunderts Österreichs Mission in der Verbreitung „deutscher Kultur" im Osten.[4]

So gesehen ist es nicht weiter verwunderlich, daß der überwiegende Teil der Juden der Habsburgermonarchie über das Deutsche Zugang zur westlichen

---

1 Für einen Studenten, der sein Studium in Wien abgeschlossen hatte, war es durchaus üblich, das Doktorat an einer anderen deutschen Universität zu machen. Dazu zählen beispielsweise Hans Kelsen, Martin Buber, Otto Neurath und Käthe Leichter.

2 W. J. Cahnman, „Adolf Fischhof and his Jewish Followers", in: *Leo Baeck Institute Yearbook (LBIY)* 1959, S. 111.

3 Z. B. Max Beloff, *The Age of Absolutism* (London 1954), S. 121–122; Georg Rudé, *Revolutionary Europe 1773–1815* (Glasgow 1964), S. 37–38; P. Mitrofanov, *Joseph II: seine politische und kulturelle Tätigkeit* (Wien 1910), Bd. 1, S. 252–268.

4 Josef Redlich, *Schicksalsjahre Österreichs 1908–1919: das politische Tagebuch Josef Redlichs,* Hg. E. Fellner (Wien 1953), S. 166.

Gesellschaft suchten.[5] Zahlreiche bekannte jüdische Familien, wie die Wittgensteins und die Gomperz, waren ohnehin erst wenige Generationen zuvor aus Deutschland gekommen und hatten von dort eine deutsche Kultur mitgebracht, die bereits die ihre geworden war.[6] Auch die Juden aus den österreichischen Ländern, sofern es sich – was bei der überwiegenden Mehrheit zutraf – um Aschkenasim handelte, waren ursprünglich, wenn auch schon vor Jahrhunderten, aus Deutschland gekommen. Das in den östlichen Teilen der Monarchie gesprochene Jiddisch – obschon in hebräischer Schrift geschrieben und mit Ausdrücken aus dem Hebräischen und den slawischen Sprachen durchsetzt – bestand als mittelhochdeutscher Dialekt fort.[7] In den westlichen Teilen der Monarchie sprachen die Juden bereits zu Beginn des 19. Jahrhunderts eine dem Deutschen noch ähnlichere, abschätzig *Mauscheldeutsch* genannte Sprache.[8] Deutsch war demnach für die Juden die Sprache mit den meisten Affinitäten.

In den böhmischen Kronländern wurde diese sprachliche Verwandtschaft durch die Anerkennung einer sozialen und kulturellen Verwandtschaft noch verstärkt. Die meisten Juden waren Händler oder ähnliches. Deshalb hatten sie auch mit dem deutschen Mittelstand in den Städten wesentlich mehr gemeinsam als mit den slawischen Bauern, die ihre Kunden waren. Außerdem betrachteten die Juden die Deutschen in diesem Raum auch als ihre Befreier, als Träger der Aufklärung, was in Leopold Komperts Werk deutlich zum Ausdruck kommt. Deutsche und Juden, die Mittelklasse, wurden als Verbündete gegen das rückständige tschechische Bauerntum gesehen.[9] Daher übernahmen die Juden die deutsche Kultur Böhmens, was sich in ihrem geflissentlichen Bemühen äußerte,

---

5   R. A. Kann, „German-speaking Jewry during Austria-Hungary's Constitutional Era, in: *Jewish Social Studies (JSS)*, CX, 1948, S. 239–250; Jakob Thon, Hg., *Die Juden in Österreich* (Berlin 1908), S. 93. Siehe auch J. S. Bloch, „Deutschtum und Judentum in Österreich", in: *Österreichische Wochenschrift. Centralorgan für die gesammten Interessen des Judenthums (ÖW)*, 8. Jänner 1886 (III.2), S. 13, wo Bloch die große Identifikation der Juden mit den Deutschen und der deutschen Kultur anerkennt.

6   *Theodor Gomperz: ein Gelehrtenleben im Bürgertum der Franz-Josephszeit*, Hgg. R. A. Kann und H. Gomperz (Wien 1974), S. 21; Allan Janik und Stephan Toulmin, *Wittgensteins Wien* (München – Wien 1984), S. 230.

7   Bloch, „Deutschtum und Judentum", in: *ÖW*, 8. Jänner 1886, S. 13.

8   Fritz Mauthner, *Erinnerungen* (München 1918), S. 3. Vgl. Michael A. Riff, „Jüdische Schriftsteller und das Dilemma der Assimilation im böhmischen Vormärz", in: W. Grab und H. Schöps, Hgg., *Juden im Vormärz und in der Revolution von 1848* (Stuttgart 1983), S. 68–78; Eduard Goldstükker, „Jews between Czechs and Germans around 1848", in: *LBIY* 1972 (XVII), S. 65.

9   Kompert sprach von diesem „Zug innerer Verwandtschaft" zwischen Juden und Deutschen, der zur Emanzipation der Juden geführt hätte, zitiert in Bernhard Denscher, „Vergessene jüdische Literatur", in: K. Lohrmann, Hg., *1000 Jahre österreichisches Judentum* (Eisenstadt 1982), S. 213–214; siehe auch Leopold Kompert, *Zwischen Ruinen* (Leipzig 1887), S. 120, 133; Kann, „German speaking Jewry", *JSS*, X., S. 250.

das beste Deutsch zu erlernen.[10] Dafür waren vor allem die Prager Juden bekannt.[11]

Die Kultur, die Welt, in der die sich assimilierenden Juden der böhmischen Kronländer lebten, war die Welt der Deutschen, in der die Tschechen als Dienstboten oder Kindermädchen im Hintergrund standen. Gustav Mahler z. B. wuchs laut Guido Adler „in Iglau, der national umbrandeten deutschen Sprachinsel" heran.[12] Der junge Mahler in Wien war ein überzeugter Deutschnationaler.[13] Juden wie er betrachteten sich schlichtweg als Deutsche. Als Mähren Ende 1899 im Anschluß an die Polna-Affäre und die Annullierung der Sprachverordnungen von schweren Unruhen erschüttert wurde, wandte sich die *Neue Freie Presse* empört gegen die als „gefährlichen Unsinn" kritisierte Behauptung, die mährischen Juden, die Hauptzielschiebe der tschechischen Auflehnung gegen die deutsche Unterdrückung, seien lediglich Mitläufer der deutschen herrschenden Klasse. In Wahrheit war die jüdische Gemeinde Mährens „durch Erziehung, Bildung, Jahrhunderte alte Tradition deutsch". Die Juden hatten ihre deutsche Kultur nicht gewählt, sondern waren in sie hineingeboren worden.[14] Die Zeitung mußte es wissen, kamen doch die beiden Chefredakteure Eduard Bacher und Moritz Benedikt aus eben diesem Hintergrund.[15]

Im Osten gab es für die Juden sogar noch mehr Gründe, in Deutschland die große Verheißung des Fortschritts zu sehen. Bis weit ins 19. Jahrhundert hinein blieb das Deutsche für die assimilationswilligen Juden in Galizien und Ungarn die einzig greifbare Form westlicher Kultur. In Ungarn nahmen die Juden in vielen Fällen die magyarische Sprache und Kultur erst an, nachdem sie Deutsche geworden waren.[16] In Galizien gab es eine kleine Gruppe von Juden, die sich an die polnische Gesellschaft assimilierten, und einige wurden abschätzig „Tal-

---

10 *Käthe Leichter: Leben und Werk,* Hg. Herbert Steiner (Wien 1973), S. 240; Mauthner, *Erinnerungen,* S. 33; vgl. Christoph Stölzl, *Kafkas böses Böhmen: Zur Sozialgeschichte eines Prager Juden* (München 1975), S. 24–28.

11 Sigmund Mayer, *Ein jüdischer Kaufmann, 1831–1911: Lebenserinnerungen* (Leipzig 1911), S. 151. Zum Prager Judentum allgemein siehe Gary B. Cohen, „Jews in German Society: Prague, 1860–1914", in: *Central European History,* Bd. X, 1977, S. 28–54; auch Cohen, *The Politics of Ethnic Survival: Germans in Prague, 1861–1914* (Princeton 1981), S. 76–83, 224–225.

12 Zitiert in Kurt Blaukopf, *Mahler: a Documentary Study* (London 1976), S. 149.

13 William McGrath, *Dionysian Art and Populist Politics in Austria* (New Haven 1974), S. 89.

14 *Neue Freie Presse,* Morgenausgabe *(NFPm),* 12. November 1899, S. 1; siehe auch ÖW, 6. November 1896 (XIII.45), S. 887–888, wo die angeborene Loyalität der mährischen Juden zur deutschen Kultur anerkannt und gelobt wird.

15 Bacher wurde in Postelberg in Böhmen geboren. Benedikt stammte aus Hradisch in Mähren. A. Wandruczka, *Geschichte einer Zeitung: das Schicksal der „Presse" und der „Neuen Freien Presse" von 1848 zur Zweiten Republik* (Wien 1958), S. 93–99.

16 Siehe Ludwig Hatvany, *Bondy jr.* (München 1929), S. 61, 99, 125f., 442. Herzls Mutter war das Paradebeispiel einer deutschen Jüdin aus Pest; siehe Alex Bein, *Theodor Herzl. Biographie* (Frankfurt am Main 1983), S. 16; auch Leon Kellner, *Theodor Herzls Lehrjahre* (Wien 1920), S. 16–17.

mi-Polen" genannt.[17] Der reaktionäre Stil der Polen und die Rückständigkeit des ruthenischen Bauerntums bewogen die meisten assimilationswilligen Juden, die sich den Prämissen der Aufklärung verschrieben hatten, den Zugang zur Gesellschaft über das Deutsche zu suchen. Die Schulen, die Homberg in Galizien zu errichten versuchte und in die Brodys *Maskilim* die chassidischen Söhne lockten, waren selbstverständlich deutsche Schulen.[18]

So war es ganz natürlich, daß diese Menschen schließlich Deutschland mit der neuen Welt, die sie betraten, gleichsetzten. Franzos war fasziniert von jener Welt, welche die Czernowitzer Schule versprach und deren „toleranter, humaner Geist ihm Zeit seines Lebens ein Ideal deutscher Bildung und Toleranz blieb".[19] Es paßt durchaus dazu, daß der Held aus Karl Emil Franzos' Buch *Der Pojaz* Befreiung von den Chassiden suchte, indem er sich einer Gruppe (jüdischer) deutscher Schauspieler anschloß.[20] Josef Ehrlich begann mit etwa zehn Jahren Deutsch zu lernen. Durch die Fibeln, die er in der neuen jüdischen Schule las, lernte er eine gänzlich andere Welt kennen, in der es den Kindern erlaubt war, in den Wäldern Erdbeeren zu pflücken, anstatt in die Synagoge zu gehen. Er verliebte sich in diese Welt, in der „Franz" und „Anna" lebten, und dieses Märchenland hatte einen Namen: „Diese Welt hieß Deutschland".[21]

Die Gleichsetzung des Deutschen mit der Kultur der assimilierten Juden bedeutete, daß, wo immer es Juden gab, es auch eine deutsche Kultur gab, selbst wenn es dort kaum Deutsche gab.[22] Juden wurden die Pioniere der deutschen Kultur in einigen Gebieten der Monarchie, so wie die jüdischen Schulen in verschiedenen Teilen Böhmens.[23] Sicherlich mit Hilfe ihrer Stimmen konnten sich die Deutschen dort und in Mähren, trotz des deutschen Antisemitismus, so lange in weiten Teilen des Landes in den politischen Vertretungen halten.[24] Man könnte sagen, daß die Identifikation einer Vielzahl von Juden der Monarchie mit der deutschen Kultur in den entlegenen Gebieten eine Klasse schuf, die in erster Linie der Monarchie verbunden war, die deutsche Zivilisation und Ordnung brachte, und erst in zweiter Linie dem Umfeld, in dem sie lebten. Die Juden wurden so zum Staatsvolk der Monarchie, solange diese eine Bastion der deutschen Kultur blieb.

---

17 Siehe z. B. Joseph S. Bloch, *Erinnerungen aus meinem Leben* (Wien 1911), S. 287.

18 Lohrmann (Hg.), 1000 Jahre, S. 335; Josef R. Ehrlich, Der Weg meines Lebens (Wien 1874), S. 32–34.

19 Denscher, „Vergessene jüdische Literatur", S. 217.

20 Karl Emil Franzos, *Der Pojaz* (Berlin 1950), S. 75ff;. Denscher, „Vergessene jüdische Literatur", S. 220.

21 Ehrlich, *Der Weg meines Lebens,* S. 56.

22 Vgl. Ernst Topitsch, „Wien um 1900 – und heute", in: P. Berner, E. Brix und W. Mantl, Hgg., *Wien um 1900: Aufbruch in die Moderne* (Wien 1986), S. 20.

23 Vgl. einen Bericht über das Treffen des Deutschen Schulvereins in der Leopoldstadt, wo festgestellt wurde, daß in einigen Gebieten jüdische Schulen die einzigen waren, die noch immer eine deutsche Erziehung boten. *NFPm,* 26. April 1896, S. 3.

24 Siehe *NFPm,* 19. Juni 1896, S. 1.

Land der Dichter und Denker

Josef Ehrlich beschrieb seinen Lebenslauf als einen Weg, der „von dem tiefsten, trübsten Pfuhl des Aberglaubens und der Orthodoxie bis zum reinsten Gipfel deutscher Philosophie und Kunst" führte.[25] Daß ein Jude so etwas sagen konnte, wird nur verständlich, wenn wir von den Ereignissen des 20. Jahrhunderts absehen und uns vor Augen halten, welche Ehrfurcht die Juden um die Mitte des 19. Jahrhunderts der deutschen Kultur entgegenbrachten. Die deutsche Kultur, die sie sahen, war das glänzende Deutschland der „Dichter und Denker", eine neue Nation, deren Philosophen es als ihre Aufgabe sahen, das theoretische Pendant zur Französischen Revolution zu schaffen. Deutsche Kultur, das war Beethoven, Kant, Schiller, Goethe und Lessing. Diese Kultur wurzelte im Glauben an die Vernunft und hegte eine kosmopolitische Präferenz für die Persönlichkeit gegenüber der Nationalität.[26] Die deutsche Kultur, die zwei große Hymnen auf Freiheit und Vernunft hervorbrachte – *Fidelio* und *Die Zauberflöte* – war ihrer Natur nach universalistisch. Vor 1870 war Deutschland eine kulturelle Einheit, eine Fülle von Ideen, zu denen einige der größten Errungenschaften aufgeklärten Denkens gehörten: das Geheimnis von der Freiheit des einzelnen, die Willensfreiheit, der kategorische Imperativ. Für einen Juden, der seinen Weg in der neuen Welt zu machen versuchte, waren diese Ideen nachgerade unwiderstehlich.

Um Deutsche zu werden, wählten die Juden in Österreich den Weg der kulturellen Assimilation.[27] Die deutsche Nation, in die sich die Wiener Juden assimilierten, war ein kulturelles Phänomen, das man durch Lektüre erwerben konnte.[28] Arthur Schnitzler betonte, ein Deutscher zu sein, ein deutscher Dichter.[29] Für Schnitzler hätte es nie einen österreichischen im Unterschied zu einem deutschen Schriftsteller gegeben, da ihre Sprache dieselbe war. Die Wiener Schriftsteller waren wie er selbst Deutsche, Angehörige der deutschen Kultur, ein Volk, das Deutsch sprach und die Literatur teilte. Deutsch zu sein, bedeutete somit, an einer sprachlichen Kultur teilzuhaben, die, ebenso wie die universalen Traditionen des deutschen Humanismus, durch politische Grenzen und Bündnisse getrennt war. Schnitzler pflegte sich als „europäischen Juden deutscher Kultur" zu bezeichnen.[30] Jenes Deutschland, in das sich die Juden assimilierten, war das Deutschland, von dem sie in Büchern gelesen hatten.

---

25 Ehrlich, *Der Weg meines Lebens,* S. X.

26 Vgl. Ludwig Speidels Kritik von *Nathan der Weise,* in *NFPm,* 20. Jänner 1895, S. 1.

27 Vgl. R. Ardelt, *Friedrich Adler: Probleme einer Persönlichkeitsentwicklung um die Jahrhundertwende* (Wien 1984), S. 21, 239.

28 Joseph Kareis, jüdischer Abgeordneter für die Leopoldstadt, sagte in einer Rede vor dem Reichsrat: „Meine Erziehung war eine deutsche, ich habe die Geistesschätze der deutschen Literatur nach meinen Kräften angesammelt." Abgedruckt in *NFPm,* 8. Oktober 1987, S. 1.

29 Siehe Schnitzlers Brief darüber, abgedruckt in Sol Liptzin, *Germany's Stepchildren* (Philadelphia 1944), S. 136.

30 Olga Schnitzler, *Spiegelbild der Freundschaft* (Wien 1962), S. 96.

Die Kultur der Wiener Juden war nicht ausschließlich deutsch, sondern war in den gesamteuropäischen Kontext eingebettet. Die Klassik spielte eine wichtige Rolle bei der Ausbildung der Kinder in den Gymnasien und war eine nie in Frage gestellte Voraussetzung für die Wiener Kultur.[31] Jüdische Liberale wie Sigmund Freud oder Theodor Gomperz zog es vielleicht stärker als ihre nichtjüdischen Kollegen auch zu anderen Quellen aufgeklärten Denkens. Man bewunderte England wegen seines politischen Systems und seiner positivistischen Tradition.[32] Und die Frankophilie war in vielen Kreisen der liberalen Gesellschaft, und hier vor allem unter den Juden, weit verbreitet.[33] Die Familie von Moritz Szeps, dem Herausgeber der *Neuen Freien Presse,* beispielsweise war durch Heirat mit der Familie Clemenceau verbunden und wurde so zur treibenden Kraft jener Bewegung, die für eine Lockerung der Abhängigkeit Österreichs vom Wilhelminischen Deutschland zugunsten Frankreichs eintrat.[34] Aber sogar in diesem Fall gab es kulturelle Bindungen an Deutschland, war Szeps doch ein höchst geschätzter Gast in Bayreuth.[35] Es gab in der Tat keinen Grund für irgendwelche Konflikte bezüglich der kulturellen Loyalität, auch wenn die politischen Bündnisse in Frage gestellt wurden.[36] Frankreich war im 19. Jahrhundert das unumstrittene Zentrum der europäischen Kultur, und für Juden, die sich in die europäische Hochkultur assimilierten, war es unmöglich, die Leistung Frankreichs nicht zu bewundern.[37]

Im späten 19. Jahrhundert jedoch verfügte die deutsche Kultur über ein reiches Vokabular, das es ihr durchaus erlaubte, mit dem westlichen Nachbarn zu wetteifern. Als ein Journalist der *Neuen Freien Presse* von einem Sieg der Anhänger Dreyfus' berichtete, konnte er diesen mit Worten feiern, aus denen seine kulturelle Loyalität sprach: „Bald siegt Sarastro, das Reich der Nacht

---

31 Theodor Gomperz war ein bekannter Verfechter der Beibehaltung der klassischen Fächer im Erziehungssystem. Gomperz, *Essays und Erinnerungen* (Stuttgart 1905), S. 214; siehe auch W. Johnston, *Österreichische Kultur- und Geistesgeschichte. Gesellschaft und Ideen im Donauraum 1848 bis 1938* (Wien – Köln – Graz 1974), S. 22. Zu Freuds klassischer Bildung siehe R. W. Clark, *Sigmund Freud* (Frankfurt am Main 1990), S. 29. Ein Werk wie Weiningers *Geschlecht und Charakter* (Wien 1903, 1919), setzt einfach eine Kenntnis der Klassik voraus.

32 Clark, *Freud,* S. 52 ff.; *Gomperz: ein Gelehrtenleben,* S. 13–14. Ein weiterer großer Bewunderer Englands war Theodor Herzl; siehe Kellner, *Herzls Lehrjahre,* S. 13–14.

33 Sigmund Mayer erinnert sich an seine Kindheit im Preßburger Ghetto: „Paris war der Himmel, zu dem wir aufblickten." Mayer, *Ein jüdischer Kaufmann,* S. 83.

34 Siehe Berta Zuckerkandls Erinnerungen in zwei Teilen *Ich erlebte fünfzig Jahre Weltgeschichte* (Stockholm 1939), und *Österreich Intim: Erinnerungen 1892–1942* (Frankfurt am Main 1970) sowie ihre Erinnerungen an Clemenceau, *Clemenceau tel que je l'ai connu* (Algier 1944).

35 Berta Zuckerkandl, *Ich erlebte fünfzig Jahre,* S. 110–112.

36 So konnte auch die *Neue Freie Presse,* eine stets treu ergeben pro-deutsche Zeitung, dennoch die französische Kultur bewundern, *NFPm,* 23. Februar 1899, S. 1.

37 Gomperz verehrte Comte; Gomperz, *Essays,* S. 36–37. Freud war ein Schüler Charcots; Clark, *Freud,* S. 92–96. Neurath bewunderte die Enzyklopädisten; Otto Neurath, *Empiricism and Sociology* (Dordrecht 1973), S. 53.

versinkt, und im gewaltigen Unisono erklingt das Finale." „Diese Affäre hat uns gelehrt", so fährt er in seinem Artikel fort, „daß noch Schwanenritter unter uns wallen."[38] Der Sieg der französischen Aufklärung wurde so mit Worten aus zwei Opern der beiden deutschen Komponisten Mozart und Wagner beschrieben. Die deutsche Aufklärung konnte für sich allein stehen und sich dem Urteil der französischen stellen.

Leute wie Freud oder Gomperz konnten durchaus anglo- oder frankophil sein, sie blieben aber immer Deutsche, die zur „deutschen Kulturgemeinschaft" gehörten. Freuds Herz blieb, ihm selbst zum Trotz, „deutsch-kleinstädtisch".[39] Während einige, darunter Stefan Zweig, sich dem letzten Ziel einer allgemeinen europäischen Kultur verschrieben, war der Eintritt in diese durch die deutsche Hochkultur, die mit ihr auf vielerlei Weise verbunden war, leicht möglich.[40] Shakespeare und Dante galten beinahe als deutsche Klassiker, so üblich war es, ausländische Literatur in der Übersetzung zu lesen. Außerdem verfügten die Deutschen, und damit die deutschen Juden, um die Mitte des 19. Jahrhunderts über eine kulturelle Tradition, die es ihnen erlaubte, sich mit jedem anderen zu messen. Die österreichischen Juden, die in der großen europäischen Kultur des 19. Jahrhunderts unterrichtet werden wollten, fanden an ihrer Tür eine maßgeschneiderte kulturelle Tradition der Vernunft und der Freiheit des einzelnen. Außerdem hatten sie einen der größten Exponenten des Gedankengutes der Aufklärung in Reimform: Friedrich Schiller.

Schiller war bis ins 20. Jahrhundert hinein *der* Nationaldichter Deutschlands. Für die assimilierten deutschen Juden, unter denen die Wiener Juden keine Ausnahme darstellten, war er vielleicht sogar ein noch größeres Idol. Schiller prägte die Kindheitserfahrungen vieler Angehöriger der Wiener kulturellen Elite und wurde von Liberalen wie Heinrich Jaques frei zitiert.[41] Sein Ruf verbreitete sich unter den assimiliertesten Wiener Juden und erreichte sogar die entlegenen Schtetl Galiziens, zumindest jenes, in dem Manès Sperber aufwuchs: „Die Gebildeten schmückten gewöhnlich ihre zu langen Reden mit Zitaten aus Werken der Dichter, welche nicht immer genau paßten; aber darauf kam es nicht so sehr an. Am meisten verehrte man Schiller – er war der sublime Dichter der Ideale."[42] Hans Tietze, ein Historiker, der sich mit den Wiener Juden beschäftigte, sah in Schiller jenen Funken, der den jüdischen Wunsch entzündete, an der deutschen

---

38 *NFPm*, 10. Juni 1899, S. 1.
39 Clark, *Freud*, S. 92.
40 D. A. Prater, *Stefan Zweig. Das Leben eines Ungeduldigen.* (München – Wien 1981), S. 24.
41 Ardelt, *Friedrich Adler*, S. 30, 239; H. H. Stuckenschmidt, *Schönberg: Leben, Umwelt, Werk* (Zürich – Freiburg im Breisgau 1974), S. 18; Felix Braun, *Das Licht der Welt* (Wien 1962), S. 68, 94–95; Richard Kola, *Rückblick ins Gestrige: Erlebtes und Empfundenes* (Wien 1922), S. 20; Heinrich Jaques, *Denkschrift über die Stellung der Juden in Österreich* (Wien 1859), S. CXIX. Siehe Hatvany, *Bondy Jr.*, S. 16–17; Moritz Benedikt, *Aus meinem Leben: Erinnerungen und Erörterungen* (Wien 1906), S. 4, 29.
42 Manès Sperber, *Die Wasserträger Gottes* (München 1983), S. 17.

Kultur und der Aufklärung teilzuhaben. Wie er es ausdrückt, gehörten die Werke Schillers in den *Judenstraßen* der österreichischen Lande neben der Thora zum fixen Inventar jedes jüdischen Haushalts. Für ihn war Schiller als „Sänger der Freiheit" der Hauptgrund, warum die Juden die deutsche Kultur bewunderten.[43] Gershom Scholem äußerte sich ähnlich darüber, wie Schillers hehrer Idealismus den Juden ein allzu positives Bild der Deutschen vermittelte, und macht dabei die scharfe Bemerkung: „Für viele Juden war die Begegnung mit Friedrich Schiller realer als die Begegnung mit heutigen Deutschen." Die Last der Beweise scheint Tietze und Scholem Recht zu geben: die deutsche Kultur, der sich ein Jude, der nach Wien kam, widmete, war die Kultur Schillers, denn „das war Musik, die an sein Innerstes rührte".[44]

Für einen Juden war Schiller realer als heutige Deutsche. Dieser Satz ist zentral für jedes Verständnis der großen Bewunderung, ja der Liebe, welche die Juden für alles Deutsche zeigten. In jenem Idealismus, den Schiller für sie symbolisierte, fanden die Juden nicht nur die emotionale Rechtfertigung für die Vorstellung von einer neuen Gesellschaft der individuellen Freiheit, sondern erkannten auch ihre eigenen jüdischen Werte wieder, die ihrer religiösen Formen entkleidet im Licht der Aufklärung erstrahlten. Schiller brachte den Juden nicht nur, wie Tietze es sieht, die Befreiung aus ihrem Kerker, sein Werk bot den Juden vielmehr – worauf schon Scholem hinweist – eine neue Version des alten Glaubens, wobei er den Glauben an das absolute moralische Gesetz und die Fähigkeit des einzelnen Menschen – dem Ebenbild Gottes – zum Guten bewahrte. Da Schiller eben diese säkulare Version dessen, was die Juden des Ghettos oder des Schtetls als jüdische Werte ansahen, vermittelte, wurde er in den vermutlich weitgehend noch nicht assimilierten Gemeinden so sehr verehrt. In Abwandlung der Worte Scholems sprach Schiller eine Sprache, welche die Juden bereits verstanden, noch *bevor* sie in die deutsche Kultur Eingang fanden. Schiller erzählte ihnen, was sie bereits wußten, in gewisser Weise aber regte er ihre Vorstellungskraft an. So wurde er für sie zum Symbol dessen, wofür Deutschland wirklich stand, wozu es einst werden sollte, wenn die Kultur Schillers für alle zugänglich sein würde. In dieser Hinsicht war die Begegnung mit Friedrich Schiller tatsächlich „realer" als die mit den empirischen Deutschen, da es seine Kultur und nicht jene der damaligen Deutschen war, welche die Juden annahmen.[45]

Das Deutsche wurde unter den Juden zum Symbol für alles, was liberal, gerecht und fortschrittlich war; auf der Tugend des deutschen Volkes ruhten die Hoffnungen der Juden. In den Häusern der assimilierten Wiener Juden beendeten die Väter Gespräche mit ihren Kindern mit Lessings Ringparabel.[46] In den

---

43 Hans Tietze, *Die Juden Wiens* (Wien 1935), S. 165 ff.
44 Gershom Scholem, *Jews and Judaism in Crisis* (New York 1976), S. 79.
45 Vgl. J. P. Stern, *Hitler. Der Führer und das Volk* (München 1981), S. 197–198.
46 *Käthe Leichter,* S. 262.

Deutschen sah man das Epitom einer gebildeten Nation, „deutsche Wissenschaft" galt als der Gipfel der Bildung.[47] Im Verlauf der Dreyfus-Affäre veröffentlichte die *Neue Freie Presse* anläßlich Goethes 150. Geburtstags einen Leitartikel. Darin wurde bedauert, daß die reaktionären Vertreter im Gemeinderat (die Christlichsozialen) dieses wichtige Datum in keiner Weise gewürdigt hätten. Das Deutschtum mußte gegen „die neuen Heiden" verteidigt werden, und auch wenn es von schlechten Menschen verzerrt und verdorben wurde, war es doch immer noch das Ideal: „Andererseits ist uns der Gedanke, so schwer der gleichzeitige Kampf für Deutschtum und Freiheit ist, tröstlich, daß liberal zu sein und zu denken, nicht Mode, sondern Verwirklichung des Menschen-Ideals und echt deutsch ist."[48] „Echt deutsch" bedeutete für jene Leute, die die *Neue Freie Presse* lasen – und dazu gehörte die kulturelle jüdische Elite –, den Glauben an Fortschritt und Freiheit. Dieser Glaube war es auch, der hinter dem Stolz auf ihr Deutschtum von so berühmten Leuten wie Freud oder Schönberg lag.[49]

Den Blick nach Norden

Für die meisten Juden, die nach Wien kamen, war die Kultur, der sie sich assimilieren wollten, jene Lessings und Schillers, also die Kultur der deutschen Aufklärung und nicht jene irgendeiner spezifisch österreichischen Tradition. Es gab eine österreichische Tradition der barocken Prachtentfaltung, aber daran waren die meisten Juden nicht interessiert. In den böhmischen Kronländern vertraten einige Juden bisweilen sogar eine eindeutig pro-preußische und anti-habsburgische Einstellung. Das Deutschland, das die Juden bewunderten, war der protestantische Norden Preußens, nicht der „reaktionäre" katholische Süden der Habsburger. Österreich lag nur ganz am Rande der deutschen Aufklärung.[50]

Um die Mitte des Jahrhunderts konnte man ganz schön in Verwirrung geraten, achtete man auf jede Loyalität, die man dem einen oder anderen schuldete. Als Theodor Gomperz, damals noch Gymnasiast in Brünn, 1848 gegen Wien marschierte, bemühte sich das Studentenkorps, dem er angehörte, seine eigenen Farben zu erfinden. Das war keine leichte Aufgabe. Da mußte zum einen das Schwarz-Rot-Gold (Deutschland) berücksichtigt werden, dann mußte man auch

47 Israel Jeiteles, *Die Kultusgemeinde der Israeliten in Wien mit Benützung des statistischen Volkszählungsoperates v. J. 1869* (Wien 1873), S. 78.

48 *NFPm*, 27. August 1899, S. 1.

49 Stuckenschmidt, *Schönberg*, S. 252; Clark, *Freud*, S. 382.

50 H. Gomperz und R. A. Kann, Hgg., *Briefe an, von und um Josephine von Wertheimstein (Wien 1981)*, S. 14; Hilde Spiel, „*Jewish Women in Austrian Culture*", in: Joseph Fraenkel, Hg., *The Jews of Austria: Essays on their Life, History and Destruction* (London 1967), S. 104. Sigmund Mayer verglich die Beziehung zwischen Österreich und Deutschland mit jener von Südamerika zu Spanien, sozusagen als koloniales Anhängsel; Mayer, *Die Wiener Juden: Kommerz, Kultur, Politik 1700–1900* (Wien 1918), S. 392.

noch an die Farben Österreichs denken, und was war mit Mähren? Die Lösung, zu der man sich damals entschloß, war, all diese Farben in einem Regenbogen zu vereinen. Die Studenten marschierten so als Deutsche, Österreicher und Mährer gegen Wien.[51] Später war es nicht mehr so einfach, derart großzügig mit der Untertanentreue umzugehen, gehörte Österreich doch nicht mehr zum Deutschen Reich. In den Krisenzeiten der sechziger Jahre des vergangenen Jahrhunderts hielten viele böhmische Juden an ihrer Treue zu Deutschland gegen die Habsburger fest. 1866 öffneten Familien wie beispielsweise jene von Josef Pick ihre Häuser nicht der österreichischen Armee, sondern der preußischen, da sie in den Preußen die Hoffnung Deutschlands sahen.[52]

1844 schrieb Samuel Hirsch: „Es ist nur allzu natürlich, daß das heutige Judentum sich von einem ähnlichen Geist wie der Protestantismus erfüllt sieht.“[53] Obwohl sie in einem katholischen Land lebten, galt das auch für die Juden in der Habsburgermonarchie. In einem Staat, in dem die Protestanten eine verschwindende Minderheit darstellten, konvertierten bemerkenswert viele Juden zum Protestantismus. Im Falle Wiens waren es etwa ein Viertel aller Juden, die sich vom Judentum abwandten.[54] Zu den berühmtesten Konvertiten zum Protestantismus zählen Victor Adler, Alfred Adler, Peter Altenberg, Egon Friedell, Schönberg und Otto Weininger. Daß es so zahlreiche Übertritte zum Protestantismus gab, lag nicht so sehr, wie häufig behauptet, in dem Umstand, daß eine Konversion zum Protestantismus vermutlich einfacher war als zum Katholizismus, sondern war auch ein Zeichen für die volle Identifikation mit den Traditionen Norddeutschlands.[55] Die *Neue Freie Presse* schreibt dies in einer Denkschrift für Goethe ganz deutlich: „. . . von Seite der Hauptstadt geschieht nichts zur Feier dieses Tages, denn im Rathause herrscht römischer Geist, der auf den großen Neu-Heiden seinen Bannstrahl schleudert.“ Man spricht „von der tiefen Kluft deutscher Bildung und römischer Gesinnung“, womit Rom, also die katholische Kirche, zum Feind der Bildung gestempelt wurde. Die Schlußfolgerung war klar: „Der Schatz von Bildung und Gesittung ist uns mit Deutschland gemeinsam.“[56] Nicht mit dem katholischen Rom und so auch nicht mit dem katholischen Österreich. Die *Neue Freie Presse* gemahnte Österreich in zahlreichen Ausgaben, das leuchtende Beispiel seines nördlichen Nachbarn zu sehen.[57]

1894 starb Heinrich Jaques, und sein Freund Theodor Gomperz hielt die

---

51 Gomperz, *Essays,* S. 19.
52 *Käthe Leichter,* S. 239; siehe auch Paul Schick, *Karl Kraus* (Hamburg 1965), S. 10–11.
53 Zitiert in Carl Cohen, „The Road to Conversion“, in: *Leo Baeck Institute Yearbook (LBIY)* 1961, S. 265.
54 Thon, *Die Juden in Österreich,* (Berlin 1908), S. 71.
55 Ein Beispiel, daß es leichter war, zum Protestantismus überzutreten, liefert Siegfried Trebitsch, *Chronik eines Lebens* (Zürich 1951), S. 242–243.
56 *NFPm,* 27. August 1899, S. 2.
57 Z. B. *NFPm,* 8. März 1895, S. 2, wo die Aufrichtigkeit der deutschen Regierung in der Judenfrage mit der Überängstlichkeit der Österreicher verglichen wird.

Grabrede. Heinrich Gomperz kritisierte seinen Vater, der Jaques zuerst einen Deutschen und erst in zweiter Linie einen Österreicher genannt hatte. Der Vater antwortete: „An dem *Deutschen* vor dem *Österreicher* Anstoß zu nehmen, kann nur einem nach 66 Geborenen in den Sinn kommen. Wir Älteren leben eben immer noch in den alten deutschen Bundes-Ländern."[58] Selbst für viele der nach 1866 Geborenen zählte der deutsche Teil Österreichs immer noch zu Deutschland. Selbst wenn Leute wie Theodor Gomperz sich gegen eine „großdeutsche" Lösung zur Bewältigung der Probleme innerhalb der Monarchie aussprachen, schwang in ihrer Haltung doch vieles an Zweideutigkeit mit.[59] Dies war die Folge des Umstandes, daß es der Revolution des Jahres 1848 nicht gelungen war, eine Vereinigung Deutschlands zu einem liberalen, nationalen und konstitutionellen Staat zu erreichen.

1848 herrschte unter den Liberalen und den Juden nur wenig Zweifel daran, daß der dynastische Staat der Habsburger einer Vereinigung Deutschlands und damit der Freiheit im Wege stand, wobei der Fortschritt mit eben dieser Vereinigung der deutschen Völker gleichgesetzt wurde.[60] Für die Juden war das Jahr 1848 von doppelter Bedeutung, denn wenn die Revolution für die Deutschen nationale Befreiung bedeutete, so bedeutete sie für die Juden Emanzipation. Hatten erstere Erfolg, würden auch letztere ihr Ziel erreichen.[61] Es war daher zu erwarten, daß die Juden in den Kämpfen des Jahres 1848 eine führende Rolle spielen würden. Sie idealisierten die Ereignisse dieses Jahres und glaubten, daß sie nun ihren Teil erhalten müßten, da sie doch im deutschen Kampf um Freiheit mitgekämpft hatten.[62]

Das Problem dabei war, daß 1848 nur ein paar Monate dauerte und bis 1866 weiterhin dieselben Habsburger der deutschen Vereinigung im Wege standen, einer Vereinigung, die dann, als sie schließlich Wirklichkeit wurde, ganz anders aussah als jene „großdeutsche Lösung" des Jahres 1848. Die Folge von 1866 war der Ausschluß der österreichischen Deutschen aus dem deutschen Kernland, und die Habsburger blieben an der Macht. Auch wenn die Liberalen nun eine führen-

---

58 *Gomperz: ein Gelehrtenleben,* S. 250–251.

59 Gomperz, *Essays,* S. 30.

60 Siehe die Erinnerungen an das Jahr 1848 von Eduard Neusser, abgedruckt in *NFPm,* 20. Februar 1898, S. 23–26; siehe auch August Bondi, *Autobiography* (Galesburg, Ill.), S. 22–24; Benedikt, *Aus meinem Leben,* S. 18.

61 Die Parole unter den jüdischen Studenten im März 1848 lautete: „Freiheit für alle, Gleichheit für uns Juden!" Zitiert in Mayer, *Ein jüdischer Kaufmann,* S. 138.

62 *Ibid.,* S. 136–137; Gomperz, *Essays,* S. 19; Wolfgang Häusler, „Toleranz, Emanzipation und Antisemitismus", in: N. Vielmetti, Drabek, Häusler, Stuhlpfarrer, *Das österreichische Judentum* (Wien 1974), S. 101, zu Joseph Ungers Sicht des Jahres 1848; über Juden, die zu den Anführern der Revolution des Jahres 1848 zählten, siehe Lohrmann (Hg.), *1000 Jahre,* S. 208, 210, 347, 364; John W. Boyer, *Political Radicalism in Late Imperial Vienna* (Chicago 1981), S. 12. Siehe auch Karl Goldmark, *Erinnerungen aus meinem Leben* (Wien 1922), S. 27 ff. über seinen Bruder Joseph und dessen Erfahrungen im Jahr 1848.

de Rolle in dem neuen konstitutionellen Staat spielten, mußten sie ihre Macht doch teilen. Franz Joseph war alles andere als ein machtloser konstitutioneller Monarch nach westlichem Muster, und die Bürokratie, die zwar mit liberalen Ideen liebäugelte, entzog sich immer noch jeder tatsächlichen Kontrolle.[63] Im Laufe der Zeit wurde es obendrein immer klarer, daß die Deutschliberalen keineswegs die deutsche Kultur in der Monarchie weiter verbreiteten, sondern vielmehr bei den Wahlen von den neu auflebenden Nationalitäten hinweggeschwemmt zu werden drohten. Dies wurde allerdings durch das Bündnis mit Deutschland wieder wettgemacht, doch befanden sich die Deutschen und die deutschen Juden Ende des 19. Jahrhunderts in der Defensive, war doch die Errichtung eines „Zweiten Deutschen Reiches" fehlgeschlagen.[64] Angesichts dieser Tatsachen unterstützten Liberale und Juden den Habsburgerstaat, um so die deutsche Vorherrschaft in Österreich zu sichern, nicht aus irgendeiner angeborenen Loyalität gegenüber der Dynastie heraus, die in vieler Hinsicht nicht ihrem Ideal entsprach.[65] Ihr vorrangiges Ziel war es, der deutschen Sache in Österreich zu dienen.

Grundlage des Kompromisses, den die Liberalen und die Juden mit der Habsburgerdynastie eingingen, war die Idee, die deutschen Ideale innerhalb der Monarchie zu verteidigen. Unterschwellig lebten die Ideale des Jahres 1848 immer noch fort: Ziel war ein nach den Grundsätzen von Freiheit und Demokratie vereintes Deutschland. Daher war die (jüdische) Führung der österreichischen Sozialdemokraten davon überzeugt, daß, sollte die Monarchie eines Tages unter dem Druck ihrer inneren Widersprüche zusammenbrechen, ein Anschluß an die deutschen Landsleute im Reich das einzig vernünftige für die Deutschen in Österreich wäre.[66] Vielen Wiener Juden dürfte dies durchaus logisch erschienen sein, da dies die Verwirklichung jenes Ideals bedeutete hätte, das man seit der Niederlage des Jahres 1848 nur aufgeschoben, aber nie vergessen hatte. Deutschland war ja doch der Inbegriff allen Fortschritts, nicht wahr?

---

63 Carl E. Schorske, *Wien: Geist und Gesellschaft im Fin de Siècle* (Frankfurt am Main 1985), S. 5; A. J. May, *The Habsburg Monarchy* (London 1965), S. 90 ff.; McGrath, *Dionysian Art,* S. 9 ff.

64 May, *The Habsburg Monarchy,* S. 130–143; Mayer, *Die Wiener Juden,* S. 392.

65 Dieser Eindruck entsteht zweifellos bei der Lektüre der *Neuen Freien Presse* in den neunziger Jahren. Von Wickham Steed als „wichtigstes deutsch-jüdisches Organ" bezeichnet, vertrat die Zeitung, die den Ruf hatte, das einzig wirkliche Weltblatt in der Monarchie zu sein, stets die deutsche Seite und unterstützte etwa die parlamentarische Obstruktion gegen die Badenischen Sprachenverordnungen im Jahre 1897, um nur ein Beispiel zu nennen. *NFPm,* 6. November 1897, S. 1; Henry Wickam Steed, *Through Thirty Years* (London 1924), S. 305. Zur jüdischen Opposition gegen die Regierung in der Ära Taaffe aus Loyalität gegenüber ihrer deutschen Identität siehe Bloch, *Erinnerungen,* S. 20, 167.

66 Otto Leichter, *Otto Bauer: Tragödie oder Triumph?* (Wien 1970), S. 80–81, 323; *Gomperz: ein Gelehrtenleben,* S. 27, zu Heinrich Gomperz.

Jüdische Deutschnationale

Einer jener Wiener Juden, die sich besonders für die deutsche Sache engagierten, war Victor Adler. Auch er war ein glühender Verfechter der Idee eines Anschlusses. In seine Bewunderung der deutschen Sache mischte sich allerdings noch etwas anderes, das ihn von den anderen bislang besprochenen Juden unterschied. Karl Kautsky erinnert sich, daß er mit Adler und seinem Kreis 1892 zusammentraf. Sie waren Sozialdemokraten, und „durch die Bank" Juden, aber: „Sie waren begeisterte Nationalisten, manche geradezu Chauvinisten . . . Wenn sie von den Habsburgern nichts wissen wollten, so begeisterten sie sich umso mehr für die Hohenzollern. Die österreichischen Juden waren damals die feurigsten Vertreter des Anschlußgedankens, den Bismarck entschieden zurückwies."[67] Da steckte etwas mehr dahinter, als in Deutschland einfach die große liberale Hoffnung zu sehen. William McGrath beschäftigte sich etwas näher mit diesem von Kautsky beschriebenen Kreis. Ihm gehörten Leute wie Heinrich Friedjung, Engelbert Pernerstorfer, Siegfried Lipiner und Gustav Mahler an. Sie waren (sozusagen) Vollblut-Deutschnationale und sprachen dieselbe Sprache, die den jungen Hitler bei Schönerer so begeistern sollte. Wenn die Juden sich, wie ich es zu zeigen versucht habe, an die Kultur eines Schiller assimilierten, wie war es dann möglich, daß so viele in dem Kreis um Adler anfänglich jener kulturellen und politischen Bewegung angehörten, die zu Hitler führte – jener anderen, schwarzen Seite der deutschen Kultur?

Leute wie Victor Adler identifizierten sich immer noch mit der Kultur Schillers. Sein Vater, Salomon, hatte ihn nach Victor Hugo genannt. Er nannte seinen ersten Sohn Friedrich (nach Schiller) Wolfgang (nach Goethe) – wobei Schiller zuerst kam.[68]

Das Problem für Adlers Generation war, daß sie in der Kultur der deutschen Aufklärung, die ihre Väter aufgesogen hatten, groß geworden waren, und nun sahen, daß eben diese Väter die Hoffnungen dieser Kultur verraten hatten, was sie nun veranlaßte, die Kultur selbst als Schwindel zu sehen. Sie wandten sich gegen jene Art der liberalen Rhetorik, die in unserem Buch bisher so gepriesen wurde. Sie schauten vielmehr, was in Wirklichkeit vor sich ging, und erkannten, daß dies herzlich wenig mit all dem zu tun hatte, wovon ihre Väter sprachen, die dabei stets Schiller oder wen auch immer zitierten. In den siebziger Jahren gab es gute Gründe für diesen Aufstand unter den Jugendlichen, und vor allem den jüdischen Jugendlichen.

Die Familie Adler ist dabei, wie Rudolf Ardelt gezeigt hat, das beste Beispiel. Vater Salomon reagierte auf das Scheitern der Revolution des Jahres 1848,

---

67 Karl Kautsky, *Erinnerungen und Erörterungen* (Den Haag 1960), S. 530–531. NB: Kautsky verwendet den zweideutigen Ausdruck „durch die Bank", um zu beschreiben, wie jüdisch der Kreis um Adler war. Nicht ganz klar ist, ob er damit „vorwiegend" oder „fast gänzlich" meint.

68 Ardelt, *Friedrich Adler*, S. 239.

indem er sich nach und nach ein Vermögen erwarb, das es seinen Kindern ermöglichte, jene intellektuelle Laufbahn einzuschlagen, die ihm durch die reaktionären Kräfte verweigert wurde. Während er immer noch die Leitsprüche des Jahres 1848 im Munde führte, sahen seine Kinder, wie er mit den Machthabern zusammenarbeitete und sich – wie ein stereotyper Geldjude – einträglichen Geschäften zuwandte. Als die Liberalen 1867 kampflos, dafür aber um den Preis, von der deutschen Nation abgeschnitten zu sein, an die Macht kamen, „arrangierte" er sich. Als Börsenspekulant hatte Salomon Adler in den Augen seiner Kinder den ursprünglichen Versuch, den Fesseln des Judentums zu entkommen, verraten und ihre deutsche Erziehung lächerlich gemacht. Aufgrund aller damit verbundenen Assoziationen zog Victor Adler für sich einen Strich unter die Kultur seines Vaters.[69]

Eher von der politischen als von der biographischen Seite her führte vieles zu einer Ernüchterung der in den siebziger Jahren heranwachsenden Generation. Die Vereinbarung zwischen Österreich und Preußen aus dem Jahre 1866, jene Grundlage für den Triumph des Liberalismus in Österreich, hatte der Vorstellung von einem vereinten Deutschland den Todesstoß versetzt. Verglichen mit den Hoffnungen, die man noch 1848 gehegt hatte, war die liberale Regierung sicherlich nur zweite Wahl. Die Regierung unternahm in den Augen der Jugendlichen in dem Kreis um Adler auch nicht das geringste, um diesen anfänglich schlechten Ruf zu verbessern. Während in der Ideologie von einer neuen Menschheit die Rede war, leugnete Innenminister Giskra in der Realität die Existenz eines sozialen Problems in Österreich. Nach dem Krach des Jahres 1873 kam es zu dem berühmten Gerichtsverfahren gegen Ofenheim. Die moralische Armseligkeit der etablierten Liberalen, die in dieser Affäre deutlich zutage trat, erboste diese idealistischen jungen Radikalen, die bereits alle Illusionen verloren hatten, nachdem die Liberalen sich so bequem mit dem alten Erzfeind, dem Habsburgischen Staat, arrangiert hatten. Adler und seine Freunde kamen zu dem Schluß, daß etwas anderes an die Stelle dieses herzlosen und ungerechten Systems treten mußte.[70]

Für den Kreis um Adler trat an dessen Stelle das Gedankengut der deutschen Irrationalisten Schopenhauer, Wagner und Nietzsche. Die Ideen dieser Denker lieferten die philosophische Rechtfertigung für eine radikale, nationalistische und sozialistische Kritik im Geist des Jahres 1848, welche die Gruppe bereits entwickelt hatte.[71] Der deutsche Irrationalismus bemühte sich, den Akzent weg

---

69 *Ibid.*, S. 6–11.

70 McGrath, *Dionysian Art*, S. 17–52.

71 Victor Adler schrieb während des deutsch-französischen Krieges an Pernerstorfer: „Alle hier um mich herum sind Freunde Frankreichs – aus Opportunität, aus Loyalität gegenüber Österreich, oder vielmehr noch gegenüber den kaiserlichen Banknoten. Ich muß schwarz-rot-gold sein. Sicherlich rot, das eine rot – mit dem Blute meines Herzens möchte ich alle Fahnen rot färben." McGrath interpretiert diesen Ausspruch dahingehend, daß der Sozialismus (rot) Österreich

von der alten liberalen Betonung von Vernunft, Individualismus und Analyse hin zur Betonung von Synthese Gesamtheit und Gefühl zu verschieben. Den politischen Ausdruck fanden diese Ideen in der Ideologie des *Volkes*.[72] Es gab aber auch einen ästhetischen Ausdruck, wie etwa in Wagners Gesamtkunstwerk, oder einen ethischen Ausdruck, wie Schopenhauers Überwindung des Willens, oder aber eine Kombination von beidem, wie in dem Buch, das den wohl größten Einfluß auf Adler und seine Freunde ausübte: Nietzsches *Geburt der Tragödie*. Die Welt der Gefühle sollte wieder den rechten Platz einnehmen und jenen emotionalen Bindestoff liefern, der dem Liberalismus fehlte. Durch die neue Kultur eines Wagner würde eine nationale Gesellschaft wieder geeint, die durch die Angriffe einer rationalen Modernisierung zerstreut wurde.[73]

Diese Ideen und die daraus hervorgehende Wagnerianische Kultur stießen bei vielen Wiener Juden auf eine begeisterte Aufnahme. Guido Adler war einer der ersten Wiener Wagnerianer und Gründer des Akademischen Wagnervereins.[74] Der erste Wiener Komponist, der Wagner nacheiferte, war der Jude Karl Goldmark.[75] Der Wagnerianismus fiel vor allem bei der assimilierten jüdischen Jugend auf fruchtbarsten Boden.[76] Zum Teil war das nur nach dem generellen Trend. Völkische Ideen waren zum Gemeingut der deutschen Jugend, ja selbst der Gesellschaft ganz allgemein, geworden.[77] Sie scheinen sogar die Gedanken jüdischer Theologen, wie etwa Martin Buber, beeinflußt zu haben, und Hans Kohn zufolge war dieselbe völkische Ideologie der Suche nach den eigenen Wurzeln auch die treibende Kraft hinter dem intellektuellen Zionismus.[78] Selbst jüdische Belange wurden mit der neuen Kultur verbunden, und so ist es wohl kaum überraschend, daß sogar völlig assimilierte Juden diesem Trend folgten.[79]

Es wäre indes zu einfach, den deutschen Nationalismus der Juden in Wien und

---

(schwarz-gelb) wieder für Deutschland (schwarz-rot-gelb) gewinnen würde; siehe McGrath, *Dionysian Art,* S. 26; siehe auch Ardelt, *Friedrich Adler,* S. 24.

72 George L. Mosse, „The influence of the Völkisch idea on German Jewry", in: *Germans and Jews: the Right, the Left, and the Search for a „Third Force" in Pre-Nazi Germany* (London 1971), S. 78–90. Es geht hier um einen späteren Zeitpunkt, doch beschreibt er die gleiche Art von Antwort, wie Adler und sein Kreis sie gegeben haben.

73 McGrath, *Dionysian Art,* S. 53–83.

74 Guido Adler, *Wollen und Wirken* (Wien 1953), S. 10–12.

75 Goldmark, *Erinnerungen,* S. 77.

76 Zu den jüdischen Wagnerianern zählten: Moritz Szeps, siehe Zuckerkandl, *Ich erlebte fünfzig Jahre,* S. 110–112; Käthe Leichters Vater, siehe *Käthe Leichter,* S. 254; Weininger und Weiningers Vater, siehe David Abrahamsen, *The Mind and Death of a Genius* (New York 1946), S. 8–9; Felix Braun, *Das Licht der Welt,* S. 133. Zu den Bewunderern von Nietzsche gehörten: Otto Rank, siehe Dennis B. Klein, *The Jewish Origins of the Psychoanalytic Movement* (New York 1981), S. 111; Max Reinhardt siehe Gottfried Reinhardt, *Der Liebhaber* (München 1975), S. 77–180. Siehe auch Vicki Baum, *Es war alles ganz anders* (Berlin 1962), S. 60.

77 Siehe Hans Kohn, *Bürger vieler Welten* (Wien 1965), S. 88.

78 Mosse, „The Influence of the Völkisch Idea", S. 86 ff.; Kohn, *Bürger vieler Welten,* S. 92.

79 Vgl. George Clare, *Letzter Walzer in Wien. Spuren einer Familie* (Frankfurt am Main – Berlin – Wien 1984), S. 234.

andernorts dahingehend abzutun, daß sie bloß dem gleichen Trend wie die übrige Bevölkerung folgten. Die Juden hatten ihre eigenen Gründe, warum sie Nationalisten „der neuen Tonart" wurden. Als sich Jugendliche wie Adler für die völkische Bewegung zu interessieren begannen, war diese noch nicht ausgeprägt antisemitisch. Durch ihren Anschluß an die Gegenkultur der radikalen Deutschnationalen assimilierten sich die Juden auch an eine Kultur. Gerade die Ablehnung ihrer jüdischen Vorfahren sollte der Beweis dafür sein, daß sie aufgehört hatten, Juden zu sein und Teil des großen deutschen Volkes geworden waren.[80] Bis zu der Zeit, als den Juden die Möglichkeit abgesprochen wurde, „über ihr Jüdischsein hinauszuwachsen" gab es keinen Grund, warum sie nicht die holistische Alternative annehmen sollten, Mitglieder einer (kulturellen) Nation zu werden.[81]

Die Assimilation an das *Volk* war ihnen ebenso recht wie der Zugang zu einer universellen menschlichen Gesellschaft. Schließlich konnte das *Volk* sogar in den Augen der Liberalen nicht unrecht tun, sondern war vielmehr die ideale Einheit. Das *Volk* war also eine ebensolche Idealisierung der Vorgänge in Deutschland wie die Vorstellung, Deutschland sei der Träger der liberalen Kultur.[82] In anderen Ländern verhielten sich die Juden nicht anders, denken wir etwa an Dreyfus' ungebrochene Liebe zur „patrie".[83] Dem Volk zu dienen war der beste Weg, um Anerkennung zu finden (so glaubte man zumindest). Juden, die für ihr Land starben, erhielten so die Bluttaufe, als würden sie auf ihr Deutschtum getauft.[84] Diese Denkweise, diese Form der nationalen Assimilation an ein Volk vertraten sowohl die Liberalen als auch die Nationalen unter den Juden. Die Frage, die die beiden Lager voneinander trennte, war nur, wofür dieses Volk stand.

Man könnte sagen, daß die jüdischen Deutschnationalen wie Adler auf anderen Wegen dieselben Ziele verfolgten wie ihre Väter. Die erste Generation der Assimilation wollte Teil eines Deutschlands der Bildung und des rationalen Individualismus werden. Ihren Söhnen ging es darum, wie die Kultur den einzelnen in die Gesellschaft integrieren könnte, was lediglich eine irrationalistische Version des Zieles ihrer Väter war. Immer noch stand der einzelne im Mittelpunkt, nur lautete jetzt die Frage, wie er seiner Entfremdung von Mensch und Natur entfliehen konnte. Die neuen Heroen auf dem Gebiet der Philosophie (Nietzsche) beschäftigten sich auf ihre Weise ebenso mit der ethischen Problema-

---

80 McGrath, *Dionysian Art,* S. 6.

81 Mosse, *Germans and Jews,* S. 19.

82 Vgl. Pflugfelders Bekenntnis in Schnitzlers *Professor Bernhardi*: „Ich glaube an ein elementares Rechtsgefühl in juridisch ungebildeten Köpfen, an den ursprünglich gesunden Sinn des Volkes." Cyprian erwidert: „Zum Volk willst du sprechen? Zu unserer Bevölkerung!" Arthur Schnitzler, *Professor Bernhardi,* in Bd. 6 der *Dramen* (Frankfurt am Main 1962), S. 212–213.

83 Siehe die Berichte in *NFPm,* 3. Juni 1899, S. 1, und 4. Juni 1899, S. 1. Siehe auch Michael Marrus, *The Politics of Assimilation: the French Jewish Community at the Time of the Dreyfus Affair* (Oxford 1971), S. 284.

84 *NFPm,* 8. März 1895, S. 1.

tik des einzelnen wie ihre Vorfahren (Kant).[85] Der frühe Nietzsche, stark von Schopenhauer beeinflußt, bot Selbst-Transzendenz als Mittel für den einzelnen, um die Verbindung mit der „Welt des Willens" wiederzuerlangen.

Jeder, der sich zu ihr [Kultur] bekennt, sagt damit: ‚Ich sehe etwas Höheres und Menschlicheres über mir, als ich selber bin; helft mir alle, es zu erreichen, wie ich jedem helfen will, der Gleiches erkennt und am Gleichen leidet: damit endlich wieder der Mensch entstehe, welcher sich voll und unendlich fühlt im Erkennen und Lieben, im Schauen und Können, und mit all seiner Ganzheit an und in der Natur hängt . . .‘[86]

Für McGrath brachte Siegfried Lipiner die Ansichten des Kreises um Adler über Nietzsche, Schopenhauer und Wagner in seinen Büchern *Der entfesselte Prometheus, Adam* und *Hyppolytos* am deutlichsten zum Ausdruck. Er hatte sich ganz der Selbst-Transzendenz im Sinne Nietzsches verschrieben.[87] Er wurde als Salomon Lipiner in Jaroslau in Galizien geboren und besuchte in Wien dieselbe Schule wie Freud. Seine Mutter war zu dieser Zeit bereits Witwe.[88] Sein Hintergrund war jenem von Josef Ehrlich ähnlich. Auch dieser kam aus dem hintersten Galizien, um in Wien als deutscher Dichter seinen Weg zu machen. Wie bereits erwähnt, verschrieb sich Ehrlich ganz der von der Haskalah vertretenen Ehrfurcht vor der Natur und empfand sich schließlich als „Teil einer höheren Welt". Die Kombination aus frommer chassidischer Erziehung und aufgeklärter Liebe zur Natur gipfelte in einer metaphysischen Weltsicht: „So empfand ich bloß die Welt als sittlich Ganzes, als das Eigentlichste, was da sein soll und nicht ist."[89] Diese Empfindung könnte von Nietzsche stammen, war aber die Antwort eines Ostjuden auf die Haskalah, so wie Wilhelm Neurath ein Mystiker und Lipiner ein Anhänger Schopenhauers und Nietzsches war. Es ist durchaus möglich, daß Lipiners Frömmigkeit, die seinen Freund Mahler so sehr beeinflußte, ihre Wurzeln in seiner jüdischen Erfahrung hatte, schon lange bevor er mit dem Gedankengut Nietzsches in Berührung kam.[9]

---

85 Siehe McGrath, *Dionysian Art,* S. 48–51; Kohn, *Bürger vieler Welten,* S. 88.

86 F. Nietzsche, „Schopenhauer als Erzieher", in Nietzsche, *Werke in vier Bänden,* hg. v. G. Stenzel, Bd. 3 (Salzburg 1983), S. 104–105. Zitiert in McGrath, *Dionysian Art,* S. 66.

87 McGrath, *Dionysian Art,* S. 87 ff.; Ardelt, *Friedrich Adler,* S. 288.

88 Siegfried Lipiner, Brief an K. E . Franzos vom 23. Juli 1882, MS in der Wiener Stadtbibliothek, I. N. 63648; Maturaprotokoll des Sperlgymnasiums aus dem Jahre 1875.

89 Ehrlich, *Der Weg meines Lebens,* S. 101.

90 Lipiner scheint eine ausgeprägt jüdische Persönlichkeit gewesen zu sein, und Pernerstorfer schrieb seine „Tiefsinnigkeit" dessen jüdischen Hintergrund zu. Blaukopf, *Mahler. Sein Leben, sein Werk und seine Welt* (Wien 1976), S. 155; Vorwort von Paul Natorp in: Lipiner, *Adam: ein Vorspiel* (Berlin 1974, Faksim.), S. 4–12; Paul Natorp, „Siegfried Lipiner", in: *Biographisches Jahrbuch und deutscher Nekrolog,* hg. von Anton Bettelheim, Bd. XVIII (1913) (Berlin 1917), S. 284–290; Leonie Gombrich Hock, „Einige persönliche Erinnerungen an Anna Bahr-Milden-

Die Übernahme irrationalistischen deutschen Gedankengutes durch jüdische Denker kann somit als eine Variante der Hauptströmung der Assimilation gesehen werden, die aus ein und derselben jüdischen Erfahrung resultierte und der die gleichen jüdischen Werte zugrundelagen, die lediglich unterschiedlich ausgelegt wurden. Tatsächlich standen Leute wie Adler der kosmopolitischen deutschen Tradition wesentlich näher, als dies auf den ersten Blick den Anschein haben mag. Adler und seine Freunde lasen in ihrer Jugend nicht nur Schopenhauer, sondern auch Mill, Owen, Saint-Simon, Fourier, Proudhon, Lassalle und Marx.[91] Adler selbst war nie ein bedingungsloser Deutschnationaler, der sich blind der deutschen Sache verschrieben hatte.[92] Als der Deutschnationalismus eines Schönerer sein wahres Gesicht zeigte, trat auch Adlers wahre Einstellung zutage, der zum geachteten Führer der rationalistischen Sozialdemokratie in Österreich wurde, obwohl er immer noch die Kultur des deutschen Irrationalismus bewunderte und sich ihrer bediente, um seine nun sozialdemokratischen Ziele zu verwirklichen.[93]

Zwischen den deutschliberalen und den deutschnationalen Juden in Wien – letztere auch Irrationalisten genannt – gab es keine scharfe Trennungslinie. Szeps und Pick fuhren auch in Hinkunft nach Bayreuth, Adler bewunderte Goethe, Beethoven und Jean Paul.[94] Der rote Faden, der sich durch die Geschichte der Deutschen, und damit auch der Juden, in Österreich zog, war eine gewisse Desorientierung. Zum einen gab es in Österreich Deutschnationale, die wesentlich glühendere Deutsche sein konnten als so manche Deutsche im Reich, weil die Identifikation mit Großdeutschland für sie aufgrund ihrer durch die Bismarcksche Regelung bedingte Randlage doch eine radikale, demokratische und

---

burg", MS S. 7–10, in denen sie sich mit Lipiners Kreis und Mahlers führender Rolle beschäftigt und Lipiners Auftreten als das eines „alttestamentarischen Propheten" beschreibt.

91 Ardelt, *Friedrich Adler,* S. 23.

92 Nach Meinung Kautskys waren Adler und Heinrich Braun in Adlers Kreis die am wenigsten Deutschnationalen; Kautsky, *Erinnerungen,* S. 531. Auch ein Brief Adlers an Heinrich Friedjung wirft einiges Licht auf die Einstellung des jungen Adler zum Deutschnationalismus. In diesem Brief distanziert sich Adler im Unterschied zu seinem Freund Pernerstorfer von der Ansicht, in der Nation das absolut Gute zu sehen, und unterstreicht, daß für ihn ein freier Staat das einzige ist, was wirklich zählt: „Wenn ich Bürger eines freien Staates bin, so steht es mir frei, dieser oder jener Nation meine Sympathien zuzuwenden wie es mir frei steht, Jude oder Katholik zu sein. Wenn ich als Österreicher frei bin, so bin ich zufrieden, wenn auch Österreich kein deutsch-nationaler Staat ist." Er fährt fort, daß es in Wahrheit einer sozialen Revolution gegen die Regierung und deren neue bürgerliche Verbündete bedürfte, um ein allgemeines Wahlrecht und die Herrschaft der Mehrheit zu erreichen. Diese Meinung vertritt er bereits im Jahre 1870! Brief an Heinrich Friedjung vom 12. März 1870, Oberdöbling, MS in der Wiener Stadtbibliothek, I. N. 163.440.

93 McGrath, *Dionysian Art,* S. 208–237.

94 *Ibid.,* S. 214; Max Graf erinnert sich, daß Adler allen Aufführungen von Beethovens 9. Symphonie im Musikverein beiwohnte und aufmerksam dem letzten Satz und den Worten „Alle Menschen werden Brüder" (aus Schillers *Ode an die Freude*) lauschte; siehe Max Graf, *Jede Stunde war erfüllt* (Wien 1957), S. 130.

revolutionäre Bedeutung annehmen konnte, die dem deutschen Patriotismus im Reich fehlte. Zum anderen hielten sich in Wien bestimmte Einstellungen, die im zunehmend imperialistischen Deutschland unerwünscht waren. Für viele wurde „Österreich" zum Symbol für die bessere Alternative, wo die Ideale der Aufklärung weiterlebten. Wien bewahrte sich die frühere kosmopolitische Aufgeschlossenheit gegenüber westlichen Ideen, auch zu einer Zeit, da der Liberalismus in Deutschland bereits dem patriotischen Denken einer idealistischen Weltanschauung weichen mußte.[95] Auch politisch ging Österreich seinen eigenen Weg, wo die Ansichten darüber, was Deutschland *sein sollte* gegenüber dem, was es war, vor allem im dem von Moritz Szeps herausgegebenen *Neuen Wiener Tagblatt* freimütiger geäußert werden konnten.[96]

Wenn sich in Österreich somit die Möglichkeit für die Entwicklung eines alternativen Deutschland bot, klafften die Meinungen darüber, wie dieses aussehen sollte, doch weit auseinander. Seine Identität war umstritten. Sollte es deutsch-fortschrittlich, deutsch-irrationalistisch, österreichisch-aufgeklärt oder, wie der Adel es gerne gesehen hätte, österreichisch-reaktionär sein? Leute wie Otto Bauer schwankten zwischen einer österreichischen und einer deutschen Identität für dieses deutsche Österreich.[97] Selbst wenn hier einmal die Entscheidung gefällt sein sollte, blieb immer noch offen, um *welche Form* von Deutschland oder Österreich es gehen sollte. Abhängig davon, welcher Tradition der einzelne nahestand, konnte Deutschland Fortschritt oder Reaktion und Österreich das Modell für ein friedliches Zusammenleben oder für die Unterdrückung der Völker bedeuten. Jede Etikettierung konnte beliebig ausgelegt werden.

Die Mehrzahl der österreichischen Juden sahen den Deutschnationalismus zweifellos in einem anderen Licht als ihre „arischen" Landsleute. Der Gedanke der Selbstüberwindung war für Leute, die tatsächlich das, was sie als ihr jüdisches Ich ansahen, überwinden mußten, sicherlich von größerer Bedeutung.[98] Dieses Problem stellte sich für einen arischen Nationalisten nicht, dem es als Anhänger Schönerers einfach darum ging, seine angeborene Überlegenheit zu verteidigen. Wenn Juden wie Adler oder Friedjung für ein vereintes Deutschland eintraten, so ging es ihnen um die Verwirklichung kultureller und sozialer Ziele. Schönerer und seine Anhänger hingegen kämpften einen theatralischen Kampf um die Bewahrung jener Gesellschaft und jener deutschen Vorherrschaft, die durch den Kapitalismus bedroht wurde. Ihr Ziel war nicht die Schaffung eines post-kapitalistischen, sondern vielmehr die Erhaltung eines prä-kapitalistischen Systems. Dafür waren sie bereit, ihr Deutschtum so zu definieren, daß kein

---

95 Ludwig von Mises, *Erinnerungen* (Stuttgart 1978), S. 23; Neurath, *Empiricism and Sociology*, S. 301–302; vgl. Kurt Rudolf Fischer, „Zur Philosophie des Wiener *Fin de Siècle*", in: H. Nagl-Docekal, Hg., *Überlieferung und Aufgabe: Festschrift für Erich Heintel*, S. 159.

96 Zuckerkandl, *Ich erlebte fünfzig Jahre*, S. 17, 32–44.

97 Leichter, *Otto Bauer*, S. 76.

98 Reinhardt, *Der Liebhaber*, S. 177.

Zweifel an ihrer ererbten kulturellen Vorrangstellung bestehen und kein Außenseiter an ihrem alleinigen Anspruch, die herrschende Klasse zu sein, rütteln durfte.[99] Durch den Antisemitismus wurden die Unterschiede innerhalb des nationalistischen Lagers deutlich. Die jüdischen Deutschnationalen hatten geglaubt, sich einer Bewegung der kulturellen und sozialen Reform anzuschließen, um ein in einer neuen Kultur geeintes Deutschland zu schaffen. Nun sahen sie sich mit einer Bewegung konfrontiert, die ausschließlich an die Gemeinschaft des Blutes glaubte.

Der Wendepunkt für die jüdischen Deutschnationalen kam mit dem Entwurf des berühmten Linzer Programms. Die Hauptpunkte des Manifests wurden von Juden ausgearbeitet, für Schönerer aber ging es bereits um die Rasse.[100] 1885 wurden diesem Programm antisemitische Klauseln hinzugefügt.[101] Juden wie Adler hatten einen großen Irrtum begangen. Sie hatten nicht erkannt, daß das Deutschland der Nationalisten nicht das kulturelle Deutschland eines Goethe, eines Schiller oder sogar eines Nietzsche war, sondern ein Deutschland, dessen Einheit nun einzig auf dem Prinzip der Abstammung beruhte, wo es keinen Platz für Juden gab.

Jüdische Deutsche?

Als Reaktion darauf suchten die Juden nach anderen Möglichkeiten, um ihr Ziel eines sozialen und kulturellen Wandels zu verwirklichen, dabei aber auch, unabhängig von einem politischen Nationalismus, jene Werte, die zu den ihren geworden waren, zu bewahren. Adler wurde Sozialdemokrat, Mahler, in seiner Jugend ein überzeugter Deutschnationaler, hielt am Gedankengut des deutschen Irrationalismus fest, wobei er das *Volk* mit der Arbeiterklasse Adlers identifizierte.[102] Guido Adler sagte von sich selbst, daß er seinem Idol Wagner treu blieb, die Wagnerianer aber ablehnte.[103] Die Schöpfer der Kultur waren größer als ihr Produkt.

Die Juden, die sich einst in Deutschland verliebt hatten, konnten sich von diesem Zauberbann nie wirklich lösen. Sogar Freud, der schon sehr früh die Gefahren des Deutschnationalismus erkannt hatte, vermochte seine Liebe zu allem Deutschen, die noch aus seiner Zeit als nationalistischer Student herrührte, nie ganz auszulöschen.[104] Das Paradoxon lag darin, daß die deutsche Hoch-

---

99 Albert Fuchs, *Geistige Strömungen in Österreich 1867–1918* (Wien 1949), S. 163 ff. Siehe auch weiter oben, Anm. 90.

100 McGrath, *Dionysian Art*, S. 170.

101 Lohrmann (Hg.), *1000 Jahre*, S. 409.

102 McGrath, *Dionysian Art*, S. 157–162; Blaukopf, *Mahler*, S. 244.

103 Adler, *Wollen und Wirken*, S. 79.

104 E. L. Freud, Hg., *Sigmund Freud. Briefe 1873–1939* (Frankfurt am Main 1980), S. 209–210; Klein, *The Jewish Origins of the Psychoanalytic Movement*, S. 54–57; Harald Leupold-Löwenthal, „Freud und das Judentum", in: *Sigmund Freud House Bulletin*, Bd. 4, Nr. 1, 1980, S. 32.

kultur des frühen 20. Jahrhunderts stark jüdisch geprägt war. In Goldsteins berühmtem Artikel aus dem Jahre 1912 ist die Rede von den Juden als den „tatsächlichen Trägern der deutschen Kultur".[105] Wie bereits ausgeführt, galt dies in besonderem Maße für Wien, was von der nicht-jüdischen Bevölkerung mit gewisser Verstimmung zur Kenntnis genommen wurde.[106] Dies hatte zur Folge, daß viele fortschrittliche „deutsche" Vereinigungen in Wien fast ausschließlich jüdisch waren.[107]

1897 zeigt der liberale jüdische Abgeordnete für die Leopoldstadt Joseph Kareis auf, welchen Dank die Juden für ihre Bemühungen um die deutsche Kultur von den Deutschen ernteten:

„Wenn ihr dagegen haltet, wie die armen Juden sich bemühen, eure Gunst in den Reihen der Deutschen zu erlangen, wie sie streben, die deutschen Geistes-schätze anzusammeln, wie sie in der Wissenschaft arbeiten. Manche vielleicht jung darüber zu Grunde gehen, und als Dank dafür haben sie, daß man sie nicht als Menschen annerkennt."[108]

Die meisten Juden wollten nicht glauben, daß sie von den Deutschen derart abgelehnt wurden und daß das Deutschland der Realität nichts mit jenem Schillers gemein hatte. Mit den Worten Friedrich Heers gesprochen: „Diese deutschen Juden sehen um 1933 noch ihr Goethe-Deutschland, ihr Schiller-Deutschland, ihr Mendelssohn-Deutschland."[109] Einige Juden hatten schon viel früher erkannt, was hier vor sich ging. Schnitzler war sich ebenso wie Freud bewußt, daß das Wort „deutsch" nun eine ganz andere Bedeutung hatte als zu Beginn der Assimilation.[110] Er konnte aber nicht anders als seinem Deutschland treu zu bleiben. Im Jänner 1915 machte Schnitzler einige kurze Notizen, aus denen die ganze Zweideutigkeit der Beziehung der Juden zu den Deutschen hervorgeht. Er beschreibt, wie er sich als Jude häufig die Frage stellte, warum die Deutschen sich stets geweigert hatten, ihn und seinesgleichen anzuerken-nen. Obwohl er abstreitet, daß dies ihn getroffen hätte, schwingt in diesen Zeilen doch eine tiefe Traurigkeit mit. Er fährt fort, daß die Deutschen nun im Krieg mit demselben ungerechten Haß zu kämpfen hätten, den die Juden so viele Jahrhun-

---

105 Abhandlung in Roy Pascal, *From Naturalism to Expressionism: German Literature and Society 1880–1918* (London 1973), S. 77–78.

106 Lohrmann (Hg.), *1000 Jahre,* S. 365, zeigt eine Karikatur aus *Kikeriki* aus dem Jahre 1883, wo auf der einen Seite eine Gruppe von Ostjuden in Kaftan abgebildet ist, und auf der anderen die Redaktion einer offensichtlich „verjudeten" Zeitung. Der Text lautet: „So, und nicht anders haben ihre Väter ausgesehen! Und die Söhne von solchen polnischen Juden wollen uns Wiener heute im Deutschtum unterrichten!".

107 *Käthe Leichter,* S. 332, über die Jugendbewegung in Österreich; Harry Zohn, *Wiener Juden in der deutschen Literatur* (Tübingen 1964), S. 89, über Robert Neumanns „deutsch-liberale" Stu-dentengesellschaft.

108 *NFPm,* 8. Oktober 1897, S. 3.

109 Friedrich Heer, *Gottes erste Liebe. Die Juden im Spannungsfeld der Geschichte* (München 1967), S. 346–347.

110 Arthur Schnitzler, *Der Weg ins Freie,* in: Bd. 4 der *Romane* (Frankfurt am Main 1978), S. 202.

derte hindurch von den Deutschen erdulden mußten. Obwohl er diesen Haß selbst erfahren mußte, schreibt er als „Deutscher, als Angehöriger des deutschen Volkes". Er schreibt vom „großen Deutschland . . . in dem ich, ein Abkömmling jüdischer Rasse, ein Österreicher, mich jederzeit dazugehörig, gleichberechtigt und mitverantwortlich gefühlt habe."[111] Schnitzler, ein österreichischer Jude, fühlte sich also ebenso als Deutscher wie alle anderen, auch wenn er wußte, daß er nicht erwünscht war.

Die Gefühle dieser Juden für Deutschland und die deutsche Kultur können rational gesehen nicht einfach als der Versuch abgetan werden, es im Leben zu etwas zu bringen oder sich einer Welt anzupassen. Sie flohen nicht so sehr vor ihrem jüdischen Schicksal, sondern waren vielmehr bestrebt, in das gelobte Land der Freiheit einzutreten bzw. überzuwechseln. Aufgrund der historischen Gegebenheiten war dieses gelobte Land für viele Juden innerhalb und auch außerhalb Deutschlands eben zufällig Deutschland. Dieses Land war die Erfüllung, das Symbol all ihrer Wünsche und wurde wie der Liberalismus zum Inbegriff ihrer Sehnsüchte. 1942 schrieb der Wiener Jude Max Reinhardt in Amerika noch immer von seiner „Sehnsucht nach der – trotz alledem, trotz alledem – heiß geliebten deutschen Muttersprache eines rassenfremden, ganz und gar nicht bodenständigen Juden".[112] Deutschland war einfach mehr als eine bloß empirische Ansammlung von Menschen, die als deutsches Volk bekannt war. Und während die Deutschen ihrem eigenen humanistischen Erbe den Rücken kehrten, als sie Hitlers Machtergreifung zuließen, hielten die Juden, und sogar die galizischen Juden, an dieser Tradition fest. Der Jude Joseph Roth sah in den Juden schließlich die wahren Träger der deutschen Botschaft: „Dem Ostjuden ist Deutschland zum Beispiel immer noch das Land Goethes und Schillers, der deutschen Dichter, die jeder lernbegierige jüdische Jüngling besser kennt als unser hakenkreuzlerischer Gymnasiast."[113] Die deutsche Kultur und die deutschen Werte, welche die Juden im Kaiserreich Österreich hochhielten, entsprachen nicht der Realität. Sie hatten sich in eine bedeutende und ruhmreiche Kultur assimiliert, die Gesellschaft für diese Kultur aber gab es nicht.

---

111 H. Schnitzler, R. Urbach und C. Brandstätter, Hgg., *Arthur Schnitzler: sein Leben, sein Werk, seine Zeit* (Frankfurt am Main 1981), S. 274.

112 Reinhardt, *Der Liebhaber. Erinnerungen an Max Reinhardt.* (München – Zürich 1973), S. 140.

113 Joseph Roth, *Juden auf Wanderschaft,* in: Bd. 3 der *Werke* (Köln 1956), S. 629. Vgl. Claudio Magris, *Weit von wo?* (Wien 1974), S. 163. Siehe auch Berthold Feiwel, „Die Juden in Mähren", in: *Die Welt,* 17. Juni 1898, Nr. 24, S. 8.

11. Wien

Ankunft in einer deutschen Stadt

Die Juden, die nach Wien kamen, hatten dieselben Vorstellungen von der westlichen Gesellschaft und deutschen Kultur wie alle übrigen mitteleuropäischen Juden, und mit ihrer Ankunft in Wien – so dachten sie – würden sich nun in der Hauptstadt der Habsburgermonarchie jene Ideale verwirklichen, die sie dazu veranlaßt hatten, das Ghetto (bzw. das Schtetl oder die Gasse) zu verlassen. Ihre Erwartungen wurden zum Teil erfüllt, in manch entscheidender Hinsicht aber bitter enttäuscht. Durch die vielfältigen Antworten und Reaktionen auf ihr einzigartiges Wiener Umfeld unterschieden sich diese Juden beträchtlich von jenen im Deutschen Reich oder selbst in anderen Teilen der Monarchie. Sie wurden zu einem einzigartigen Phänomen, in dem sich die spezifischen Charakteristika ihrer Stadt widerspiegelten. Dabei unterschieden sie sich auch erheblich vom Rest der Wiener Bevölkerung: Sie wurden zu Wiener Juden.

Wien wirkte wie ein Magnet auf weite Kreise der jüdischen Bevölkerung, genoß es doch sogar bei traditionellen Gemeinden hohes Ansehen.[1] Einer der großen Anziehungspunkte, vor allem für assimilationswillige Juden, bestand darin, daß Wien, abgesehen davon, daß es die Kaiserstadt war, auch eine deutsche Stadt war, die letzte Bastion der deutschen Kultur im südlichen Mitteleuropa. Selbst 1873 galt es in den Nationalitätenkämpfen als sicherer Zufluchtsort für die Deutschen.[2] Wir haben bereits kurz über den – politisch gesehen – deutschen Charakter Wiens und Österreichs gesprochen. Kulturell galt es noch bis lange nach den traumatischen Ereignissen des Jahres 1866 mit gutem Grund als völlig deutsch. In der Schule lernten die Kinder, daß das Nibelungenlied von Begebenheiten im Raum der niederösterreichischen Donau handelte.[3] Wien war die Heimstätte der Tradition der deutschen klassischen Musik. Das am Burgtheater gesprochene Deutsch war das beste im ganzen deutschen Sprachraum.[4] Die Wiener Schule der Medizin war die angesehenste aller deutschen Universitäten.[5] An den Schulen, an denen es bezeichnenderweise an entsprechend ausge-

---

1   Manès Sperber, *Die Wasserträger Gottes* (München 1983), S. 90; M. Sperber, *Alfred Adler oder das Elend der Psychologie* (Wien – München – Zürich 1970), S. 10.

2   Israel Jeiteles, *Die Kultusgemeinde der Israeliten in Wien mit Benützung des statistischen Volkszählungsoperates v. J. 1869* (Wien 1873), S. 5.

3   William McGrath, *Dionysian Art and Populist Politics in Austria* (New Haven 1974), S. 32 ff.

4   Gottfried Reinhardt, *Der Liebhaber* (München 1975), S. 174; Leonhard M. Fiedler, *Max Reinhardt* (Hamburg 1975), S. 15; siehe auch Margret Dietrich, Hg., *Das Burgtheater und sein Publikum* (Wien 1976).

5   William M. Johnston, *Österreichische Kultur- und Geistesgeschichte. Gesellschaft und Ideen im*

bildeten einheimischen Lehrern fehlte, unterrichteten in den fünfziger und sechziger Jahren des 19. Jahrhunderts, also den Zeiten der Expansion, viele Lehrer aus dem Reich. Trotz aller Bemühungen Graf Leo Thuns wurde die Universität zu einer Bastion des deutschen Liberalismus.[6] Das liberale Wien war äußerst pro-deutsch und begrüßte die letzte Welle deutscher „Pioniere", die aus ihrer Heimat ihre protestantischen Werte mitbrachten. Dazu gehörten auch die Wittgensteins.[7] 1895 konnte die *Neue Freie Presse* immer noch von „dieser alten deutschen Stadt" sprechen und ließ einen dabei an die größere Ausgabe einer deutsch-böhmischen Stadt denken.[8] Auf viele übte sie eine unwiderstehliche Anziehungskraft aus.

Sobald es ihnen möglich war, strömten die Juden in diese deutsche Stadt. Nach den (bis 1880 unzuverlässigen) Volkszählungsangaben stieg der Anteil der Juden an der Wiener Bevölkerung von lediglich 1,3% im Jahre 1857 auf 10% im Jahr 1880 und erreichte 1890 bereits 12%.[9] Im Vergleich dazu betrug ihr Anteil im gesamten Gebiet Zisleithaniens etwa 4,7%.[10] Die wirtschaftlichen Möglichkeiten spielten bei dieser Einwanderung zweifellos die größte Rolle. Selbst vor 1848, als offiziell nur 179 „Tolerierte" die Erlaubnis hatten, in der Stadt zu wohnen, lag die inoffizielle Zahl der jüdischen Bevölkerung, die im Textilgewerbe tätig war, wesentlich höher.[11] Wirtschaftliche Gründe waren es, die viele Väter der späteren Mitglieder der kulturellen Elite zur Einwanderung veranlaßten.[12] Wien war aber auch für jene, die bereits ihr Vermögen gemacht hatten, sehr verlockend, vor allem für die Industriebarone aus den böhmischen Kronländern. Ihre Familien genossen das kulturellen Leben in Wien, während die Fabriken in Nachod oder andernorts die dafür notwendigen finanziellen Mittel lieferten. Anfänglich verbrachte man zunächst die Wintersaison mit ihren gesellschaftlichen Ereignis-

---

Donauraum 1848 bis 1938 (Wien – Köln – Graz 1974), S. 234; Peter Gay, *Freud, Juden und andere Deutsche* (München 1989), S. 54.

6 Hans Lentze, *Die Universitätsreform des Ministers Graf Leo Thun-Hohenstein* (Wien 1962), S. 79–131, 272.

7 Allan Janik und Stephan Toulmin, *Wittgensteins Wien* (München – Wien 1984), S. 229–235. Zu den norddeutschen Einwanderern siehe *Neue Freie Presse*, Morgenausgabe *(NFPm)* vom 29. Oktober 1899, S. 1.

8 *NFPm*, 31. März 1895, S. 1.

9 Diese Zahlen werden zitiert in Ivar Oxaal, *The Jews of Pre–1914 Vienna: Two Working Papers* (Hull 1981), S. 60.

10 Wolfdieter Bihl, „Die Juden", in: *Die Habsburger Monarchie 1848–1918,* Hgg. A. Wandruszka und P. Urbanitsch (Wien 1973), Bd. 2, Teil 2, S. 882.

11 Sigmund Mayer, *Ein jüdischer Kaufmann 1831–1911: Lebenserinnerungen* (Leipzig 1911), S. 116–130. Mayer schätzt, daß sich die tatsächliche jüdische Bevölkerung im Jahre 1848 auf 12.000 Personen belief!

12 Rudolf Ardelt, *Friedrich Adler: Probleme einer Persönlichkeitsentwicklung um die Jahrhundertwende* (Wien 1984), S. 16–17; Manfred Durzak, *Hermann Broch* (Hamburg 1966), S. 12; R. W. Clark, *Sigmund Freud* (Frankfurt am Main 1990), S. 15–16; R. A. Métall, *Hans Kelsen: Leben und Werk* (Wien 1969), S. 1.

sen in der Hauptstadt, im Laufe der Generationen erfolgte dann aber häufig eine gänzliche Übersiedlung.[13] Nicht nur böhmische Juden folgten diesem Beispiel. Auch ungarische Familien, wie etwa die Gutmann-Gelsey, leisteten dem Ruf der Hauptstadt ebenso Folge wie jüdische Familien aus dem weitentfernten Rumänien.[14] Hier in Wien konnte man sich der reinen westlichen Kultur erfreuen, weit entfernt von den Tschechen, Slowenen etc., welche die Hauptarbeit für den wirtschaftlichen Erfolg dieser Familien verrichteten.

Junge Juden zog die deutsche Universität nach Wien. Viele wurde losgeschickt, oder kamen auf eigenen Wunsch, um eine deutsche Bildung zu erwerben.[15] Auch wenn einige bereits in jüngeren Jahren zu Ausbildungszwecken nach Wien kamen, ging die stärkste Anziehungskraft doch von der Universität aus. Und hier war es auch, wo nach einem Vortrag Billroths, in dem er sich über die Scharen von galizischen Juden beklagte, die nach Wien kamen, um Medizin zu studieren, die erste Welle des Antisemitismus losbrach.[16] Andere junge Juden, als Wilhelm Neurath, kamen nicht nur wegen der kulturellen Bedeutung der Stadt nach Wien, sondern auch, weil sich ihnen hier ein ganz anderes Umfeld bot wie in ihren Heimatorten.[17] Im Gegensatz zu anderen Städten, wo es die Tradition einer jüdischen Gemeinde – und damit auch ein Ghetto – gab, gilt das für Wien nicht. Die Juden waren 1669 aus der Stadt vertrieben worden, und nur einigen wenigen „Tolerierten" wurde bis 1848 offiziell die Rückkehr gestattet. Eine offizielle Kultusgemeinde wurde erst nach 1848 anerkannt. Obwohl es bereits früher eine informelle Organisation gab, dürfte es stimmen, daß die Infrastruktur hier zu Beginn des 19. Jahrhunderts wesentlich unterentwickelter war als in anderen jüdischen Zentren wie etwa Prag.[18]

Dies hatte laut Sigmund Mayer zur Folge, daß sich die einzelnen Juden im Hinblick auf die nichtjüdische Gesellschaft und Kultur und ihre eigenen jüdischen Traditionen hier viel freier und ungezwungener fühlten als in den Ghettos von beispielsweise Preßburg.[19] Mit dem Abstand zur patriarchalischen Reglementierung des Ghettos kam es zu einer umfassenden Säkularisierung. Die

---

13 *Käthe Leichter: Leben und Werk*, Hg. Herbert Steiner (Wien 1973), S. 240–241. Daß es Industriellenfamilien nach Wien zog, hatte auch seine materiellen Gründe, gab es doch Verordnungen der Regierung, durch welche die Errichtung von Firmensitzen in der Hauptstadt für Unternehmen aus Böhmen gefördert wurde; siehe Joseph C. Pick, „The Economy", in: *The Jews of Czechoslovakia: Historical Studies and Surveys* (Philadelphia 1968), Bd. 1, S. 359–360.

14 Gespräch mit Erika Czuczka, Wien, 7. Juni 1983; *Käthe Leichter*, S. 245–246.

15 *Käthe Leichter*, S. 243; Karl Goldmark, *Erinnerungen aus meinem Leben* (Wien 1922), S. 18; Kurt Blaukopf, *Mahler. Sein Leben, sein Werk und seine Welt* (Wien 1976), S. 149; Elias Canetti, *Die gerettete Zunge: Geschichte einer Jugend* (Frankfurt am Main 1979), S. 31, 36–37.

16 Klaus Lohrmann (Hg.), *1.000 Jahre österreichisches Judentum* (Eisenstadt 1982), S. 162.

17 Otto Neurath, *Empiricism and Sociology* (Dordrecht 1973), S. 3.

18 Nikolaus Vielmetti, „Zur Geschichte der Wiener Juden im Vormärz", in: Lohrmann (Hg.), *1000 Jahre*, S. 93–103; Mayer, *Ein jüdischer Kaufmann*, S. 115.

19 Sigmund Mayer, *Die Wiener Juden: Kommerz, Kultur, Politik 1700–1900* (Wien 1918), S. 209–215, 273–280.

Wiener Juden hatten in weiten Teilen der Monarchie den Ruf, „gottlos" zu sein.[20] Mit anderen Worten dürfte Wien für einen jungen Juden, der sich der Fesseln der Tradition zu entledigen suchte, gerade der geeignete Ort gewesen sein. Und so gab es in Wien bald eine Vielzahl der unternehmungslustigsten jungen jüdischen Männer aus allen Landesteilen, deren liberale Einstellung wiederum Wiens Ruf als Zufluchtsort Nummer eins für alle, die dem Ghetto entfliehen wollten, als Mittelpunkt der Assimilation, untermauerte.[21]

Es wäre falsch zu glauben, die gesamte jüdische Bevölkerung folgte in der zweiten Hälfte des 19. Jahrhunderts dem oben beschriebenen Muster. Ebensowenig wie man von einem „jüdischen Geist" sprechen kann, gab es den „Wiener Juden", der als Prototyp für alle Wiener Juden stand. In der Wiener jüdischen Gemeinde war ein breites Spektrum vertreten, von den ultra-assimilierten Hofjuden bis hin zu den galizischen Chassiden. Erst kürzlich untersuchte Marsha Rozenblit, in welchem Maß keine Assimilation unter den Wiener Juden erfolgte.[22] Uns interessiert jedoch lediglich der Hintergrund der kulturellen Elite als Führungsschicht der (kulturellen) Assimilation. Während viele spätere jüdische Einwanderer in Wien ihren Traditionen mehr oder weniger treu blieben, wollen wir unser unmittelbares Augenmerk auf jene Frühzeit der Einwanderung mit ihrem oben angesprochenen Wunsch nach Assimilation lenken.[23] Wenn wir uns die Herkunft der wichtigsten Persönlichkeiten des kulturellen Lebens näher ansehen, wird uns deutlich, woher diese kulturelle Elite kam.

Einige stammten aus Familien, die sich schon lange als „Tolerierte" in Wien niedergelassen hatten. Der berühmteste unter ihnen ist Hofmannsthal.[24] Andere kamen aus traditionsgebundenen Gemeinden Galiziens und brachten die kulturelle Unruhe eines Lipiner oder eines Joseph Roth mit.[25] Aus der ungarischen Reichshälfte stammten Persönlichkeiten wie Theodor Herzl.[26] Den bei weitem wichtigsten Beitrag zur kulturellen Elite leisteten jene Gebiete, aus denen laut Sigmund Mayer vor 1848 die erste Einwanderungswelle kam: Deutschland und

---

20 *Ibid.*, S. 298–300; anon., *Der jüdische Gil Blas* ((Leipzig 1834), S. 204.

21 Mayer, *Die Wiener Juden*, S. 208–209; Hans Tietze, *Die Juden Wiens* (Wien 1935), S. 165.

22 Mit ihrem Buch *Juden in Wien 1867–1914. Assimilation und Identit*ät (Wien 1989) versucht Marsha Rozenblit zu zeigen, wie wenige Juden sich tatsächlich in die Stadt integrierten. Siehe vor allem S. 194f.

23 Zu den Motiven und der Struktur der Einwanderung siehe Ivar Oxaal, *The Jews of Pre–1914 Vienna*, S. 59–73.

24 Hermann Broch, *Hofmannsthal und seine Zeit,* in: Broch, *Schriften zur Literatur 1* (Frankfurt am Main), S. 178 ff. Auch Schnitzler hatte durch seine Mutter Verbindungen zu diesem Hintergrund; siehe Hartmut Scheible, *Schnitzler* (Hamburg 176), S. 13–15.

25 Zu Roth siehe David Bronsen, „Austrian versus Jew: the Torn Identity of Joseph Roth", in: *Leo Baeck Institute Yearbook (LBIY)* 1973, S. 220–227.

26 Paradoxerweise waren viele „ungarische" Juden erst kurz zuvor aus den böhmischen Kronländern eingewandert. Siehe Ludwig Hatvany, *Bondy Jr.* (München 1929), S. 1. Herzls Mutter war eine fanatische Verehrerin der deutschen Kultur. Alex Bein, *Theodor Herzl. Biographie* (Frankfurt am Main 1983), S. 13.

die böhmischen Kronländer.[27] Eine Aufzählung der Wiener Juden, deren Familien aus einem solchen Hintergrund kamen, liefert eine eindrucksvolle Aufzählung der kulturellen Talente im Europa jener Zeit.[28]

Die Länder der böhmischen Krone waren das industrielle Herzland der Monarchie, und im Gesellschaftssystem dieses Gebietes herrschte eine Einstellung zur Arbeit, die sich grundlegend von jener in den meisten angeblich katholischen Ländern unterschied.[29] Die Atmosphäre in den deutschen Gebieten der Kronländer war jener in Norddeutschland in vieler Hinsicht ähnlicher als dem süddeutschen Wien. Der aus Österreichisch-Schlesien gebürtige Rudolf Sieghart beschrieb den besonderen Charakter dieses Gebietes: „Dort in Böhmen, Mähren und Schlesien waltete ein auf harte Arbeit und geschäftlichen Erfolg, auf bescheidene Lebensführung und bedächtige Ansammlung von Wohlstand abgestelltes Dasein . . .“[30] Diese Art von Puritanismus, die tatsächlich für die Deutschen in den böhmischen Ländern charakteristisch gewesen sein dürfte, stand in krassem Gegensatz zum Wiener Lebensstil, wie er von Sieghart beschrieben wurde, war aber jenem der jüdischen Familien, vor allem der am stärksten assimilierten, sehr ähnlich.[31] Die Umgebung, in der Josephine von Wertheimstein und Theodor Gomperz erzogen wurden, unterschied sich beträchtlich von jener der aristokratischen, barocken und hedonistischen Kultur Wiens und war von „weltlichem Puritanismus“ gekennzeichnet.[32] Die Familien von Otto Bauer und Victor Adler sind Beispiele für dieselbe asketische Atmosphäre.[33] Die Erziehung, die den Wittgen-

---

27 Mayer, *Die Wiener Juden,* S. 462; siehe auch Y., „Die Juden in Wien“, in: *Die Welt,* 30. September 1898; Nr. 389, S. 5; anon., *Die Juden in Böhmen und ihre Stellung in der Gegenwart* (Prag 1863), S. 45.

28 Aus einer deutschen oder böhmischen (mährischen) jüdischen Familie stammten beispielsweise die beiden Führer der Sozialdemokraten Victor Adler und Otto Bauer, die Schriftsteller Richard Beer-Hofmann, Hermann Broch, Egon Friedell, Karl Kraus und Stefan Zweig; weiters Sigmund Freud; auf dem Gebiet der Musik: Guido Adler und Gustav Mahler; Otto Neurath (seine Mutter war eine deutsche Protestantin); Ludwig Wittgenstein. Max Reinhardt, Arnold Schönberg und Otto Weininger hatten ebenfalls Familienbeziehungen zu den Ländern der böhmischen Krone. Es sei hinzugefügt, daß auch aus den weiter oben untersuchten Schuldaten für 1870–1910 hervorgeht, daß 48% jener jüdischen Gymnasiasten, die nicht in Wien geboren wurden, aus den böhmischen Kronländern, 15% aus Ungarn und nur 19% aus Galizien kamen.

29 A. J. May, *The Habsburg Monarchy* (London 1951), S. 202.

30 Rudolf Sieghart, *Die letzten Jahrzehnte einer Großmacht* (Berlin 1932), S. 262; vgl. Alfred Ableitinger, *Rudolf Sieghart 1866–1934* (Graz, Univ.-Diss. 1964), S. 25. Es sei angemerkt, daß Sieghart sich ausdrücklich auf das „deutsche Bürgertum“ in jenen Gebieten, die er „Sudentenländer“ nennt, bezieht.

31 Über die Gegensätze zwischen den böhmischen und den alpinen (Wien) Ländern siehe Sieghart, *Die letzten Jahrzehnte,* S. 261–262. Zum Ruf der Deutschen in Böhmen siehe Gregor von Rezzori, *Memoiren eines Antisemiten* (München 1979), S. 96.

32 Theodor Gomperz, *Essays und Erinnerungen* (Stuttgart 1905), S. 10.

33 Otto Leichter, *Otto Bauer: Tragödie oder Triumph?* (Wien 1970), S. 23; Ardelt, *Friedrich Adler,* S. 17–18.

stein-Kindern von ihrem protestantischen Vater zuteil wurde, paßt in dasselbe Schema: „Das Leben als Aufgabe."[34]

So gab es also bei einer gewissen Gruppe von Juden in Wien eine strenge Tradition, die so ganz anders war als das Bild der Parvenus, das oft verwendet wurde, um das jüdische Bürgertum in Mißkredit zu bringen. Während es offensichtlich auch letzteren Typ gab, brachten die Juden aus den böhmischen Kronländern überwiegend einen Lebensstil nach Wien mit, der jenem des Weber'schen Calvinismus sehr nahe kam.[35] Die Stadt, in die sie all dies mitbrachten, entsprach jedoch nicht ganz ihren Vorstellungen; Wien war alles andere als geeignet für die puritanische Ethik und die deutsche Kultur.

Deutscher Traum – barocke Realität

Wien als Zentrum der deutschen Kultur muß für die deutschen jüdischen Einwanderer Ende des 19. Jahrhunderts eine große Enttäuschung gewesen sein. Noch 1859 wurde in Wien ein Standbild Erzherzog Karls errichtet, um seiner als des „beharrlichen Kämpfers für Deutschlands Ehre" zu gedenken.[36] Nach 1866 aber begann der deutsche Charakter Wiens seinen Reiz zu verlieren. Der glänzende Start der Deutschliberalen mit ihrem Feldzug gegen die Kirche wurde bald gebremst, als klar wurde, daß die Deutschen bei weitem nicht die einzigen waren, die über die Zukunft der Monarchie bestimmen würden. Der Angriff durch Taaffes „Eisernen Ring" und die damit verbundene Ermutigung der Slawen und dann die Tragödie von Mayerling trübten die liberalen Hoffnungen und brachten ein geteiltes und nahezu machtloses deutschliberales Bürgertum hervor, eine mögliche herrschende Klasse, die sich nun selbst als eine unter vielen Interessensgruppen wiederfand.[37] Das Ende der deutschliberalen politischen Vorrangstellung hatte seine kulturellen Folgen. Ein Historiker, der sich mit dem österreichischen Unterrichtswesen befaßte, beklagte sich bitter über die Slawisierung, die unter Taaffe begonnen hatte.[38] Strakosch-Grassmann bedauert auch

---

34 Paul Engelmann, *Ludwig Wittgenstein. Briefe und Begegnungen.* Hg. von B. F. McGuinness (Wien – München 1970), S. 59.

35 Vgl. *Käthe Leichter,* S. 247. Käthe Leichter bemerkte, wie ihr Vater Max Weber (einem ihrer Lehrer) in seiner Art und Haltung sehr ähnelte; *ibid.,* S. 258.

36 Diese Widmung befindet sich noch heute auf dem Standbild am Heldenplatz in Wien.

37 McGrath, *Dionysian Art,* S. 22; Ilsa Barea, *Vienna* (London 1966), S. 248, 312; May, *The Habsburg Monarchy,* S. 194, 339; Frederic Morton, *Schicksalsjahr Wien 1888–1889* (Wien – München – Zürich – New York 1981), S. 110. Inwieweit die Deutschen tatsächlich eine potentielle herrschende Klasse waren, läßt sich vielleicht an der Tatsache ablesen, daß die Deutschen 36% der zisleithanischen Bevölkerung ausmachten, 45% der Sitze im Reichsrat innehatten, aber 63% des Steuereinkommens aufbrachten; siehe Emil Brix, „Der Gleichheitsgedanke in der Sprachenpolitik", in: P. Berner, E. Brix und W. Mantl, Hgg., *Wien um 1900: Aufbruch in die Moderne* (Wien 1986), S. 183.

38 Gustav Strakosch-Grassmann, *Geschichte des österreichischen Unterrichtswesens* (Wien 1905), S. 331 ff.

den im Vergleich zu Preußen erschreckend niedrigen Bildungsstand.[39] Das Gesetz aus dem Jahre 1883 wurde als Ermutigung für den Analphabetismus und als Machwerk der katholischen Kirche gesehen.[40] Die Mission des Josephinismus, nämlich die deutsche Kultur in den Osten zu tragen, war ins Stocken geraten und befand sich nun im Rückzug.[41]

Die *Neue Freie Presse* beklagte 1899 in ähnlichem Tenor die Abwanderung der klügsten Köpfe aus Wien zurück nach Deutschland.[42] Die Rede war hier von den Universitäten, doch war diese Abwanderung Teil einer größeren Welle, die bereits vor dem Ersten Weltkrieg von Wien nach Berlin einsetzte.[43] Wien wurde zu einer deutschen Stadt am Rande.[44] Aus anderer Perspektive gesehen, konnte sich damals eine Seite des Wiener Charakters wieder behaupten, die während der allzu kurzen liberalen Ära wirksam unterdrückt worden war.[45] Diese andere Seite war nie wirklich verschwunden gewesen, die Liberalen wollten sie in ihrer rosigen Sicht der Stadt als fortschrittliches Zentrum der deutschen Kultur und des *laissez-faire* vielmehr einfach nicht zur Kenntnis nehmen. Das war nicht das wahre Wien.

Beginnen wir mit dem Herrscherhaus, das wohl kaum für die Rolle geschaffen war, die ihm in einer konstitutionellen Monarchie zukam. Franz Joseph, mehr Franz I. als Joseph II., war auch bei großzügigster Auslegung des Terminus alles andere als der Inbegriff eines liberalen Monarchen; die Ziele, die er verfolgte, hatten wenig mit der Verfassung zu tun, und seine Hausmacht kam für ihn an erster Stelle.[46] Außerdem war das Reich, über das dieser Mann herrschte, ein Zerrbild dessen, was die Liberalen sich von ihm erhofft hatten: „Das krauseste Gemisch aller europäischen Regierungssysteme unterwirft uns einer staatlichen Poly- und Anarchie, die nicht zu fassen und zu greifen erscheint." Diese Ansicht vertrat der Sozialdemokrat Friedrich Austerlitz im Jahre 1905.[47] Vermutlich teilten aber Liberale, die aus demselben Hintergrund kamen – deutsch-böhmische Juden – seine Meinung; das politische und konstitutionelle Wirrwarr der Zeit vor dem Ersten Weltkrieg ist dafür zweifellos eine Bestätigung.

39 *Ibid.,* S. 310–315.
40 *Ibid.,* S. 298.
41 Mayer, *Ein jüdischer Kaufmann,* S. 237.
42 *NFPm,* 10. Mai 1899, S. 1.
43 Zu den Wiener Emigranten nach Berlin zählten Max Reinhardt, Samuel Fischer, Arnold Schönberg und Oskar Kokoschka. Fiedler, *Reinhardt,* S. 24 ff.; H. H. Stuckenschmidt, *Schönberg: Leben, Umwelt, Werk* (Zürich – Freiburg im Breisgau 1974), S. 47 ff.
44 Siehe Barry Smith, „The Production of Ideas: Notes on Austrian Intellectual History from Bolzano to Wittgenstein", in: B. Smith, Hg., *Structure and Gestalt: Philosophy and Literature in Austria – Hungary and her Successor States* (Amsterdam 1981), S. 224 ff., wo Smith sich mit verschiedenen Aspekten der Wiener Marginalität befaßt. Siehe auch Paul Vasili, *Die Wiener Gesellschaft* (Leipzig 1885), S. 296.
45 Vgl. E. W., „Arbeiterschaft und Bürgerthum", in: *Die Wage,* 23. Juli 1899, Nr. 30, S. 515.
46 Barea, *Vienna,* S. 263–266.
47 Zitiert in Blaukopf, *Mahler,* S. 244.

Immer mehr wurde Wien zu einem Spiegelbild des morschen und widersprüchlichen Reiches, statt seinem Ruf als deutscher Stadt gerecht zu werden. Als Haupt- und Residenzstadt der Habsburgerdynastie war Wien stets kosmopolitischer gewesen als die meisten anderen Städte und suchte sich Talente, wo immer es sie finden konnte.[48] Es war auch eine Stadt mit internationaler Einwanderung, vor allem im späten 19. Jahrhundert aus den tschechischen Ländern.[49] Seine Bevölkerung war daher nur bedingt als „deutsch" zu bezeichnen. Die Wiener sprachen zwar Deutsch, waren aber in erster Linie Wiener und nicht Deutsche. Sigmund Mayer vergleicht die Wiener mit einem Kleidungsstück, das zuerst fertiggestellt und dann erst gefärbt wird, während die wahren Deutschen in Deutschland und die Deutsch-Böhmen schon „in der Wolle gefärbt" wurden.[50] Im Laufe der Entwicklung waren die Wiener schließlich nur mehr dem Namen nach deutsch. Der deutschen Nation, dem Deutschland Berlins und Preußens, brachten die meisten Wiener eine Mischung aus Apathie und Antipathie entgegen.[51] Die breite Masse der Bevölkerung in Wien und Umgebung entwickelte eine eigene österreichische Identität, die auf das Gegenteil dessen hinauslief, was die Deutschliberalen sich von Wien erwarteten.

Wien war auch die Hauptstadt einer unerschütterlich katholischen Monarchie, die auf dem Erbe der Gegenreformation aufbaute. Die Protestanten waren eine verschwindende Minderheit, und die Monarchie wurde weitgehend immer noch von dem dafür verantwortlichen Bündnis zwischen Kirche, Habsburgern und Hochadel beherrscht, dessen kultureller Ausdruck, das Barock, die Wiener Innenstadt dominierte.[52] Als die Christlichsozialen nach den Wahlen des Jahres 1895 an die Macht kamen, war es nur allzu verständlich, daß die *Neue Freie Presse* sie mit dem Klerikalismus gleichsetzte, der sich in der österreichischen Vergangenheit als so beherrschend erwiesen hatte. Wien, so könnte man sagen, besann sich wieder auf sich selbst.[53] Immerhin war es in dieser Gesellschaft möglich, daß die Theorien Darwins durch ein Telefonat zum Schweigen gebracht werden konnten.[54] Es waren die Liberalen, nicht die Christlichsozialen, die

---

48 Hilde Spiel, „Jewish Women in Austrian Culture", in: Josef Fraenkel, Hg., *The Jews of Austria: Essays on their Life, History and Destruction* (London 1967), S. 104.

49 Mayer, *Ein jüdischer Kaufmann*, S. 280; Barea, *Vienna*, S. 335.

50 Mayer, *Die Wiener Juden,* S. 320. Siehe auch L. A. Frankls Brief an Anastasius Grün vom 22. Juli 1866, abgedruckt in B. Zeller, L. Greve und W. Volke, Hgg., *Jugend in Wien: Literatur um 1900* (Stuttgart 1974), S. 16.

51 May, *The Habsburg Monarchy,* S. 309; Albert Fuchs, *Geistige Strömungen in Österreich 1867–1918* (Wien 1949), S. 171.

52 Thon beziffert die Protestanten mit einem Prozent der zisleithanischen Bevölkerung, Hg. Jakob Thon, *Die Juden in Österreich* (Berlin 1908), S. 71; May nennt für das Jahr 1910 die Zahl 589.000: May, *The Habsburg Monarchy,* S. 189. Zum Bündnis zwischen Kirche und Staat siehe Johnston, *Österreichische Kultur- und Geistesgeschichte,* S. 27 ff., 71; May, *The Habsburg Monarchy,* S. 186.

53 *NFPm,* 14. Mai 1895, S. 1.

54 Berta Zuckerkandl, *Österreich intim: Erinnerungen 1872–1942* (Frankfurt am Main 1970), S. 132.

gegen die Traditionen Wiens, jener katholischen, übernationalen und barocken Residenz der Habsburger zu Felde zogen.

Die Geschichte der Ringstraße steht für das Schicksal des Wiener Deutschliberalismus. Zu Beginn war sie das Symbol für Befreiung und Modernisierung. Wien wurde von seiner mittelalterlichen Zwangsjacke der Stadtmauern befreit und die Architekten von jener Uniformität, die ihnen einst die Machthaber vorschrieben.[55] Für niemanden geringeren als Jakob Burkhardt war die daraus resultierende Vielfalt historizistischer Stile ein Fortschritt, und Wien war seiner Meinung nach auf dem besten Wege, Paris in den Schatten zu stellen. Als Burkhardt zwölf Jahre später in diese Stadt zurückkehrte, fühlte er jedoch, wie irreal dieser äußere Glanz im Vergleich zu der gelähmten Substanz der österreichischen liberalen Gesellschaft war.[56] 1884 begann alles bereits einer ins 19. Jahrhundert verlegten Ausgabe von Disneyland, Adolf Loos' Potemkin'scher Stadt, zu ähneln.[57] Aber nicht nur in der Architektur äußerte sich die Schwäche des Liberalismus. Auch in der Lage der Ringstraße kam dies zum Ausdruck, die sich wie ein schmales Band zwischen der mittelalterlichen Altstadt des Ancien Régime und den Vorstädten der Beamten und Handwerker hinzog. Etwas fehl am Platz erstreckte sie sich zwischen diesen älteren Teilen der Stadt und umgab das mittelalterliche Zentrum, ohne je bis in dessen Kern vorzudringen, was sich vermutlich geändert hätte, wären die Liberalen im Gemeinderat an der Macht geblieben, was aber durch den Sieg der Christlichsozialen vereitelt wurde.[58]

Um die Jahrhundertwende war Wien nicht wie erwartet zum großen Zentrum kapitalistischen Unternehmungsgeistes geworden. In kommerzieller Hinsicht verlor es gegenüber Budapest an Boden und von seiner industriellen Struktur her überwogen auch weiterhin die kleinen Handwerker.[59] Diese relative wirtschaftliche Rückständigkeit spiegelte sich in der gesellschaftlichen Zusammensetzung der Stadt wider, in der die Ringstraßengesellschaft keineswegs die tragende Schicht war. Wien war vor allem Residenz der Habsburger und kein

---

55 Carl E. Schorske, *Wien: Geist und Gesellschaft im Fin de Siècle* (Frankfurt am Main 1985), S. 23–105; Barea, *Vienna,* S. 239; Vasili, *Die Wiener Gesellschaft,* S. 4.

56 Jakob Burkhardt, *Briefe* (Basel 1963, 1974), Bd. 5, S. 173 (17. Juli 1872), Bd. 8, S. 228 (14. August 1884); vgl. eine Rezension von Schorskes Buch in *Freibeuter* 16 (Berlin 1983), S. 146.

57 Vgl. Hermann Bahrs Bemerkungen über das Irreale der Ringstraße in: Hermann Bahr, *Wien* (Stuttgart 1907), S. 115–116, und auch Hermann Bahr, *Selbstbildnis* (Berlin 1923), S. 106–110; vgl. Gotthart Wunberg, Hg., *Die Wiener Moderne* (Stuttgart 1981), S. 110.

58 Ing. Riehl hatte vorgeschlagen, eine neue Prachtstraße vom Stephansdom zum Prater (Leopoldstadt) zu errichten, die weite Teile des mittelalterlichen Kerns von Wien zerstört hätte. Die Liberalen, deren Meinung zwar auch geteilt war, standen diesem Projekt im wesentlichen positiv gegenüber, die Christlichsozialen aber sprachen sich vehement dagegen aus und sahen in diesem Plan eine jüdische Verschwörung. *NFPm,* 15. März 1895, S. 1; *NFPm,* 22. März 1895, S. 7; *NFPa* (Abendausgabe), 1. August 1895, S. 3; *NFPm,* 19. Jänner 1898, S. 6. Vgl. Karl Kraus' Bemerkungen über die Haltung der Christlichsozialen in Karl Kraus, *Frühe Schriften II, 1897–1900* (München 1979), S. 166–167.

59 Barea, *Vienna,* S. 333.

industrielles Zentrum. Die Anfänge eines kapitalistischen Bürgertums waren während der Gegenreformation verschwunden. Es gab aber ein einheimisches liberales Bürgertum, dem etwa die überaus erfolgreichen Handwerkerfamilien wie Lobmeyr und Bösendorfer angehörten.[60] Das Interessanteste bei meinen für die Gymnasien ermittelten Zahlen ist nicht so sehr der hohe jüdische Anteil am „liberal bürgerlichen Sektor", sondern vielmehr die äußerst schwache Vertretung der Katholiken mit nur 29%, während die Protestanten immerhin 5% stellten. Es bedarf noch einiger Forschungsarbeit, um ein realitätsgetreues Bild der ethnischen und religiösen Zusammensetzung der höheren Mittelklasse der Ringstraßengesellschaft zu zeichnen, unsere Zahlen aber scheinen den Eindruck der Zeitgenossen zu bestätigen, daß diese Gesellschaft der kapitalistischen Mittelklasse ein überwiegend jüdisches Phänomen war, eine isolierte Gruppe, die keine nennenswerte einheimische Unterstützung erhielt und deren Werte durch den Rest der Gesellschaft abgelehnt wurden.[61]

Die liberale und kapitalistische Ringstraßengesellschaft sah sich einer angestammten Gesellschaftsstruktur mit der Aristokratie auf der einen und den in Zünften organisierten Handwerkern auf der anderen Seite gegenüber, die in ihrer durch Katholizismus und Hierarchiedenken geprägten Kultur keines kapitalistischen Bürgertums als „Mittelsmann" bedurften, sondern vielmehr durch die Bande der Achtung in einer – wie Broch sie nannte – „Gallertdemokratie" vereint waren, die sich in Ereignissen wie dem Fiakerball manifestierte.[62] Broch stellte den österreichischen dem englischen Adel gegenüber: Der englische Gentleman mit seinem im wesentlichen protestantischen Werten konnte gut und gerne als Vorbild für die bürgerliche Gesellschaft dienen, das österreichische Bürgertum hingegen mußte sich, wollte es dem in der Gesellschaft tonangebenden Vorbild nacheifern, an den dafür weit weniger geeigneten Cavalier halten, der – typisch für Österreich – mehr eine Frage des Stils als der Substanz war. Die in barocken Umgangsformen gewandte untere Mittelschicht kannte keine diesbezüglichen Gewissensbisse und mischte sich mit den Aristokraten problemlos in einer „Stil-Demokratie".[63] Es ist nicht ganz korrekt, daß das Bürgertum ausschließlich den Lebensstil der österreichischen Aristokratie nachahmte – man

---

60 *Ibid.*, S. 290–293.

61 Vgl. Burkhardts Anmerkungen (siehe Anm. 55 weiter oben); Bahrs Kommentare in: *Wien*, S. 115–116; Olga Schnitzler, *Spiegelbild der Freundschaft* (Wien 1962), S. 114; Mayer, *Die Wiener Juden*, S. 450; Vasili, *Wiener Gesellschaft*, S. 402–403, 450. Wie jüdisch die Ringstraßengesellschaft wirklich war, ist allerdings trotz der großen Aufmerksamkeit, mit der man sich erst kürzlich diesem Thema zuwandte, unklar. Vgl. Elisabeth Lichtenberger, „Wirtschaftsfunktion und Sozialstruktur der Wiener Ringstraße", in: R. Wagner-Rieger, Hg., *Die Wiener Ringstraße* (Wien 1969 et seq.), Bd. VI. Siehe auch Roman Sandgruber, „Der Große Krach", in: R. Waissenberger, Hg., *Traum und Wirklichkeit: Wien 1870–1930* (Wien 1985), Katalog, S. 69.

62 Morton, *Schicksalsjahr Wien*, S. 307; Johnston, *Österreichische Kultur- und Geistesgeschichte*, S. 59; Broch, *Hofmannsthal und seine Zeit*, S. 167.

63 Broch, *Hofmannsthal und seine Zeit*, S. 167.

folgte auch der Mode aus Frankreich und England –, richtig allerdings ist, daß es keinen eigenen Stil entwickelte.[64] An der Isolation des Wiener Bürgertums, das in einer bereits bestehenden Gesellschaftsstruktur keinen Platz hatte und so als nicht bodenständig und fremd empfunden wurde, änderte sich nichts.[65]

Zu Beginn der liberalen Ära hatte es den Anschein, als könnte diese Situation sich durchaus ändern. 1848 sah es vorübergehend so aus, als würden sich die Handwerker der fortschrittlichen Koalition anschließen.[66] Dies erwies sich aber als Illusion. Die Entscheidung, das Wahlrecht auf das Großbürgertum zu beschränken, führte in Wien zu einer zunehmenden Entfremdung der unteren Mittelschichten von den Liberalen und trieb so einen Keil in das Bürgertum.[67] Es ist jedoch mehr als zweifelhaft, ob die Handwerker je zu glühenden Liberalen geworden wären. Gesellschaftlich konservativ und hierarchiegläubig, bedeutete „Bürgertum" für sie in erster Linie den Schutz durch die Zünfte und die Sicherstellung des Erbrechtes (d.h. die Söhne konnten ihren Vätern im Geschäft nachfolgen).[68] Das mag zwar durchaus „bürgerlich", sicherlich aber nicht *bourgeois* und schon gar nicht liberal gewesen sein.[69]

Dem Wiener Bürgertum gelang es also weder, die unteren Schichten für die eigene Lebensanschauung zu gewinnen, noch die gesellschaftliche Vorrangstellung der Aristokratie zu brechen. Grund hiefür dürfte die ablehnende Haltung der Aristokraten gewesen sein, mit Angehörigen einer sozial niedrigeren Rangstufe gesellschaftlichen Verkehr zu pflegen, wodurch eine gewisse Verschmelzung ähnlich jener in England verhindert wurde.[70] Sie zogen es vielmehr vor, dem Bürgertum den kulturellen Bereich zu überlassen, anstatt hier mit diesem zu konkurrieren.[71] Da die Aristokratie aber weiterhin gesellschaftlich sehr mächtig blieb, war es ihren Angehörigen jederzeit möglich, über die Kanäle der Protektion maßgeblichen Einfluß auf das kulturelle Leben auszuüben, und dies

64 Morton, *Schicksalsjahr Wien,* S. 69.

65 Broch, *Hofmannsthal und seine Zeit,* S. 167; Bahr, *Wien,* S. 65–67; eine andere zeitgenössische Ansicht, derzufolge Macht und Einfluß des Bürgertums betont werden, findet sich in Vasili, *Die Wiener Gesellschaft,* S. 418–419, 448–449.

66 Barea, *Vienna,* S. 189.

67 John W. Boyer, *Political Radicalism in Late Imperial Vienna* (Chicago 1981), S. 12 ff.

68 Ibid., S. 27–67; J. W. Boyer, „Lueger and the Viennese Jews", in: *Leo Baeck Institute Yearbook (LBIY)* 1981, S. 131–133; Mayer, *Die Wiener Juden,* S. 387–390; Vasili, *Die Wiener Gesellschaft,* S. 402–403, 415.

69 Die Problematik der Interpretation von Begriffen wie „Bürgertum" und „bürgerlich" wird kurz angerissen bei Julius Carlebach, „The Forgotten Connection: Women and Jews in the Conflict between Enlightenment and Romanticism", in: *LBIY,* XXIV 1979, S. 110.

70 Vgl. die Ausführungen von Francis Trollope in den dreißiger Jahren des 19. Jahrhunderts; siehe Lohrmann (Hg.), *1000 Jahre,* S. 98; Vasili, *Die Wiener Gesellschaft,* S. 357–359, 422 für die achtziger Jahre; und Henry Wickham Steed, *Through Thirty Years* (London 1924), S. 195.

71 Morton, *Schicksalsjahr Wien,* S. 178; Mayer, *Die Wiener Juden,* S. 297 ff.; Vasili, *Die Wiener Gesellschaft,* S. 295, 422.

nicht selten zum Nachteil fortschrittlicher Ideen.[72] Das so äußerst wirkungsvoll von dieser Gesellschaft ausgeschlossene Bürgertum war zu ohnmächtiger Wut verurteilt.

Wien war eben nicht die Hauptstadt eines liberalen Staates oder einer vernünftigen Autokratie. Bei allem mischte ein bißchen Schlamperei mit, und für Wickham Steed hat keine andere Kultur so viele Namen dafür.[73] Nichts wurde so erledigt, wie es sein sollte. Das war der Staat Kafkas. Kraus sprach von „Bürokretinismus", nichts funktionierte so, wie es vorgesehen war.[74] Dies ist das andere Gesicht jenes Systems, in dem Protektion möglich war. Wer die richtigen Drähte hatte, wer sich auskannte, für den war alles einfach.[75] Die Probleme begannen dort, wo man nicht zu den Eingeweihten zählte, wenn man nach den geschriebenen und nicht nach den ungeschriebenen Gesetzen arbeitete. Die Juden hatten am eigenen Leib erfahren, wie dieses System in Wien vor 1848 funktionierte, und es war keine gute Erfahrung.[76]

Die dabei notwendige Begleitung zur Schlamperei nannte man liebevoll *Wiener Schmäh,* d. h. auf einnehmende Art eine Lüge zu sagen. Es war dies schlicht das verbale Gegenstück zur barocken Scheinarchitektur, bei der aller Marmor in Wirklichkeit perfekt bemaltes Holz ist, oder zu jener Art des gesellschaftlichen Umgangs, bei der ein Ober einen Studenten als „Herr Doktor" tituliert. In der Bürokratie trug jeder einen Titel, der eigentlich der ihm übergeordneten Funktion zustand. Jeder wußte dies, spielte das Spiel aber mit. Schmeichelei wurde institutionalisiert, und der Schein zählte um vieles mehr als die Tatsachen.[77] Es spielte keine Rolle, was jemand sagte, sondern wie der Betreffende es sagte, vorzugsweise in so vielen Sprachen wie möglich.[78]

All dies gipfelte in einer unerhörten Selbstzufriedenheit, die ganz im Widerspruch zur Wirklichkeit des Wiener Lebens stand.[79] Die Wahrheit war oft tiefste Armut, schreckliche Wohnbedingungen und die hysterische Gehässigkeit gewis-

---

72 Johnston, *Österreichische Kultur- und Geistesgeschichte,* S. 58; eines der bekanntesten Beispiele hiefür ist die Absetzung von Schnitzlers *Der grüne Kakadu* vom Programm des Burgtheaters nach dem Protest einer Erzherzogin wegen des vermeintlich revolutionären Gedankengutes, siehe Olga Schnitzler, *Spiegelbild,* S. 41; Zeller, *Jugend in Wien,* S. 346.

73 Steed, *Through Thirty Years,* S. 195.

74 Zitiert in Johnston, *Österreichische Kultur- und Geistesgeschichte,* S. 63

75 Vgl. Joseph Roth, *Die Kapuzinergruft* (München 1967), S. 57.

76 Vielmetti, „Zur Geschichte der Wiener Juden", in: Lohrmann (Hg.), *1000 Jahre,* S. 93–96; Mayer, *Die Wiener Juden,* S. 244–246.

77 Johnston, *Österreichische Kultur- und Geistesgeschichte,* S. 127f.; siehe auch Sieghart, *Die letzten Jahrzehnte,* S. 262–263; Bahr, *Wien,* S. 45–64.

78 Barea, *Vienna,* S. 356.

79 Alexander Girardi, einer der populärsten „Wiener" Schauspieler des komischen Fachs im späten 19. Jahrhundert, der aus Graz stammte, antwortete auf die Frage, wie er einen Wiener darstellte: „Die Art und Weise, wie ich für die Wiener einen Wiener darstelle ist nicht so, wie sie sind, sondern genau so wie sie gerne sein möchten . . . Wäre ich ein gebürtiger Wiener, hätte ich dies nie zusammengebracht." Barea, *Vienna,* S. 320.

ser gesellschaftlicher Gruppen, wie etwa der Handwerker, die sich durch die neuen Entwicklungen bedroht fühlten.[80] Die Kehrseite dieser krankhaften Selbstschmeichelei, die in Liedern wie *Wien, Wien, nur Du allein* zum Ausdruck kam, war ein zynisches Bewußtsein jenes Durcheinanders, zu dem die Monarchie geworden war, und die Unfähigkeit der herrschenden Schichten, irgend etwas dagegen zu unternehmen. Hermann Broch zufolge hatte die Aristokratie es nach der verheerenden Niederlage des Jahres 1859 aufgegeben, hier konstruktiv etwas zu ändern. Sie wurde „durch Untergangsstimmung dem flüchtigsten Lebensgenuß zugetrieben" und glaubte nicht mehr an ihren Staat. Ihre Antwort darauf bezeichnete er als „die Flucht ins Unpolitische".[81] Diese Flucht zog sich wie ein roter Faden durch die habsburgische Gesellschaft Wiens in den letzten Jahren der Monarchie. Manche behaupten, dieser Wiener Fatalismus sei zum Teil auf die zwangsweise Re-Katholisierung der protestantischen Bevölkerung im 17. Jahrhundert zurückzuführen, die einen Zynismus in Religion und Politik hervorgerufen habe, demzufolge nur das „süße Leben" zählte.[82] Wie dem auch sei, schien die gesamte Wiener Bevölkerung von einer politischen Apathie gelähmt.[83]

Hinzu kam noch, daß Wien als Stadt des Hedonismus und der „offiziellen Fröhlichkeit" berühmt wurde.[84] Wickham Steed beschreibt die Wiener als ein Volk, dem seit Generationen bewußt eingetrichtert wurde, daß seine einzige Pflicht darin bestand, zu essen, zu trinken, fröhlich zu sein und die Staatsgeschäfte der Dynastie und ihren Dienern zu überlassen.[85] Das war ein faires Abkommen. Die Musik als Kunstform wurde gerade deshalb gefördert, weil sie politisch nicht gefährlich war.[86] Im geheimen war Nestroy überaus politisch, aber er ebnete den Weg für die Operette als Gattung volkstümlicher Unterhaltung.[87] Die wohl berühmteste Operette, *Die Fledermaus,* die nach dem Börsenkrach des Jahres 1873 geschrieben wurde, stand ganz im Zeichen der Zeit:

„Glücklich ist, wer vergißt,
Was nicht mehr zu ändern ist."[88]

---

80 Janik und Toulmin, *Wittgensteins Wien* (München – Wien 1984), S. 66.

81 Broch, *Hofmannsthal und seine Zeit,* S. 80.

82 Allan Janik verweist darauf in „Creative Milieux: The Case of Vienna", in: Janik, *How not to Interpret a Culture* (Bergen 1986), S. 115; Barea, *Vienna,* S. 44–57; Bahr, *Wien,* S. 25–26, 43–44.

83 Siehe den Leitartikel in *NFPm,* 3. März 1895, S. 1; Broch, *Hofmannsthal und seine Zeit,* S. 85–88.

84 Johnston, *Österreichische Kultur- und Geistesgeschichte,* S. 127; Edward Crankshaw, *Vienna: The Image of a City in Decline* (London 1976), S. 54.

85 Steed, *Through Thirty Years,* S. 328; siehe auch Adam Müller-Guttenbrunn, *Im Jahrhundert Grillparzers: Literatur- und Lebensbilder aus Österreich* (Wien 1893), S. 9.

86 Janik, „Creative Milieux", S. 113. L. A. Frankl erzählt, daß eine Zeile im Finale des *Don Giovanni* von der Zensur von „Es lebe die Freiheit" in „Es lebe die Fröhlichkeit" geändert wurde. Siehe L. A. Frankl, *Erinnerungen* (Prag 1910), S. 146–147.

87 Barea, *Vienna,* S. 260.

88 Zitiert in Zeller, *Jugend in Wien,* S. 35.

Diese Art des ästhetischen Fatalismus war allen kulturellen Gruppierungen Wiens gemeinsam, einschließlich des Bürgertums, das, um Hermann Broch zu zitieren, mit allen anderen in einer „fröhlichen Apokalypse" versank.[89]

Für einen norddeutschen Juden wie Jakob Wassermann bot Wien um 1900 ein einzigartiges Bild. War in Deutschland kein Bezug zu mißverstehen, war in Österreich „durchaus alles fragwürdig". Es vereinte leere Oberflächlichkeit, Disziplinlosigkeit, Frivolität und einen Sinn für „bewußte Unangemessenheit" mit einem unleugbaren Charme in Kultur und Landschaft. Ganz ernst jedoch: „Wer Wege abseits vom Trivialen und Beliebten sucht, war verfemt, und jede Tätigkeit, die eine innere, fernere Folge haben sollte, wurde besudelt oder schlechthin verlacht."[90] Es gab eine dunklere Seite des hedonistischen Stiles der Stadt, eine beißende Form des Philistertums, das Wien zum „Capua der Geister" machte, zu einer Stadt, die den Geist zerstörte.[91] Kraus sprach von der Stadt „des österreichischen Ungeistes".[92] Das Wesentliche der österreichischen Lebensart, die Gemütlichkeit, symbolisierte dies durch ihre Ablehnung jedes ernsten Gedankens bzw. jeder ernsthaften Kultur; die Reaktion auf Mahler (und implizit auf Schönberg) war „nur Gemütlichkeit, nur keine Aufregung!".[93] Man erfreute sich an der Musik, nahm sie aber nicht ernst.[94]

Der Feuilletonist Kürnberger faßte Wien folgendermaßen zusammen: „Es zeigt uns die Indolenz, die Frivolität, die Gemeinheit, die sittliche Verkommenheit, die mannlose Bubenhaftigkeit, den Lustfrevel, die Zotengier, den Schmutzfanatismus, den Bildungshaß, die verstockte, verluderte, sich selbst bejahende absolute Lumpenhaftigkeit. . ."[95] All das klingt nicht sehr nach der vermuteten Heimstätte der Hochkultur. Man freute sich in hedonistischer Weise an der Musik und an den Schönen Künsten, aber es gab auch den „Bildungshaß". Wien bot eine besondere ästhetische Umgebung in der Bedeutung von Sinnesfreudigkeit, galt Wien den Zeitgenossen doch als Ort, wo die Kultur ein Opium war, an dem man sich erfreute, das man aber nicht ernst nahm. Dazu bedurfte es Außenstehender.

---

89 Broch, *Hofmannsthal und seine Zeit,* S. 173–175.

90 Jakob Wassermann, *Mein Weg als Deutscher und Jude* , S. 103, 106. Siehe auch J. Wassermann, *Hofmannsthal der Freund* (Berlin 1930), S. 14–15.

91 Johnston, *Österreichische Kultur- und Geistesgeschichte,* S. 138; siehe auch Steed, *Through Thirty Years,* S. 328.

92 Zitiert in Norbert Leser, Hg., *Das geistige Leben Wiens in der Zwischenkriegszeit* (Wien 1981), S. 256.

93 Zuckerkandl, *Österreich intim,* S. 38; vgl. Julius Bab und Willi Handl, *Wien und Berlin: Vergleichendes zur Kulturgeschichte der beiden Hauptstädte Mitteleuropas* (Berlin 1918), S. 296.

94 Olga Schnitzler, *Spiegelbild,* S. 108.

95 Zitiert in Zeller, *Jugend in Wien,* S. 27; eine ähnliche Ansicht vertritt E. W. in „Wiener Volksgeist", in: *Die Wage,* 1. Jänner 1899, Nr. 1, S. 1.

Jüdische Reaktionen

Das Gesicht Wiens, das ich auf den letzten Seiten beschrieben habe, dürfte die nach Wien einwandernden jüdischen Familien, die hier das Zentrum der deutschen Kultur erwarteten, ziemlich schockiert haben. Um mit dieser Situation zurechtzukommen, gab es viele mögliche Strategien, zu denen auch gehörte, dieses Wien mit mehr oder weniger großer Entschiedenheit entweder anzunehmen oder abzulehnen. Die Bereitschaft, es anzunehmen, war bei vielen Juden sehr groß. Sie identifizierten sich mit allen Aspekten der Tradition dieser Stadt, nicht nur mit deren deutscher Seite.[96] Das Problem bestand darin, wie man sich in eine ihrem Stil und ihrer Gesellschaftsstruktur nach so barocke Stadt wie Wien integrieren sollte.

In gewisser Hinsicht, so betont Ivar Oxaal, begünstigte Wiens kosmopolitischer Charakter die jüdische Integration in die Stadt, da diese pluralistische Konzeption es den Juden erlaubte, einfach nur eine „Halb-Nationalität" unter anderen zu sein.[97] Das Problem lag darin, daß die Juden – zumindest die Angehörigen der kulturellen Elite – nicht integriert, sondern assimiliert werden wollten, d. h. in der Bevölkerungsmehrheit aufgehen wollten. Daher bevorzugten einige das die kulturelle Uniformität betonende Berlin, da „der Jude" dort nicht wie in Wien eine eigene Figur war.[98] Das Ziel war die Assimilation, nicht die Integration.

Am einfachsten ließ sich diese Assimilation durch den Erwerb eines Adelstitels verwirklichen, nachdem man zuvor den üblichen Übertritt zum Katholizismus vollzogen und einen entsprechenden Lebensstil angenommen hatte. Viele reiche jüdische Familien schlugen diesen Weg ein.[99] Oft war die nächste Generation von ihren Standesgenossen bereits durch nichts mehr zu unterscheiden, außer, wie Karl Kraus ätzend bemerkte, durch den großen Wert, den man gerade darauf legte.[100] Abhängig davon, wie weit die Assimilation bereits fortgeschritten war, wurde der entsprechende aristokratische Lebensstil gewählt. Für die immer noch bürgerliche Käthe Leichter war der *Hofrat* das österreichische Ideal.[101] Der deutsche Jude Jakob Wassermann sah in Hugo von Hofmannsthal *den* „österrei-

---

96 Für Franziska von Wertheimstein etwa ist Wien ihre „Vaterstadt", was viel über die besondere Beziehung des gehobenen Wiener Bürgertums zum übrigen Österreich aussagt. Zitiert in Mayer, *Ein jüdischer Kaufmann*, S. 44.

97 Oxaal, *The Jews of Pre–1914 Vienna*, S. 51; siehe auch Friedrich Torbergs Rede vor der B'nai B'rith im Jahre 1975 in: *B'nai B'rith 1895–1975* (Wien 1975), S. 48–49.

98 Reinhardt, *Der Liebhaber*, S. 176; auch Gespräch mit Joan Campbell (Stolper), Hamilton, Ontario, am 9. Oktober 1987. Eine andere Ansicht vertreten Bab und Handl, *Wien und Berlin*, S. 263–270.

99 Zu den Glaubensübertritten unter den Angehörigen des jüdischen Adels siehe Hanns Jäger-Sunstenau, „Die geadelten Judenfamilien im vormärzlichen Wien" (Wien, Univ. Diss., 1950), S. 64 ff.; auch Broch, *Hofmannsthal und seine Zeit*, S. 178–179.

100 Karl Kraus, *Eine Krone für Zion* (Wien 1898), S. 27.

101 *Käthe Leichter*, S. 278–279, 306.

chischen Menschen", aber Hofmannsthal selbst war sich völlig bewußt, daß er als Sohn eines Bankiers, obwohl geadelt, weit vom Gipfel der österreichischen Gesellschaftspyramide entfernt war, ungeachtet wie verbissen er sich auch bemühte, diese Tatsache dadurch wettzumachen, daß er mit einem Adel gesellschaftlichen Umgang pflegte, in den er *nicht* hineingeboren worden war.[102] Der *echte* Adel hatte im allgemeinen keinen Kontakt zu den *Parvenus* des Geldadels, womit die Assimilation trotz der Nobilitierung nur zum Teil erfolgreich war.[103] Tatsächlich blieb der jüdische Adel sehr dünn gesät und gesellschaftlich isoliert, waren doch nur 4,3% der zwischen 1701 und 1918 geadelten Familien, also des *neuen* Adels, jüdischer Abstammung.[104] Die Option für die Assimilation an den Adel war jedenfalls eine Möglichkeit, die sich nur einigen wenigen Auserwählten der jüdischen Gemeinde bot und von diesen auch genützt wurde.

Etwas genereller gesprochen, paßten sich die Juden an die oberflächlichen Aspekte des Wiener Lebens an, hatten Anteil an der leichtlebigen Atmosphäre und beschäftigten sich mit österreichischen kulturellen Institutionen wie etwa Grillparzer.[105] Die Juden versuchten, fast wörtlich, mit der Landschaft zu verschmelzen. Wenn Freud und seine Tochter Anna während der Ferien durch die Wälder spazierten, trugen sie die entsprechende ländliche Kleidung, er Lederhose und Steirerhut mit Feder, sie Dirndl.[106] In Wien war es nicht viel anders. Käthe Leichter war als Kind bewußt bemüht, sich genauso wie ihre nichtjüdischen Mitschülerinnen zu kleiden.[107] Damit nahm sie lediglich vorweg, was auch die erwachsenen Juden taten, die all die komplizierten gesellschaftlichen Spielregeln lernten, reines *Schönbrunnerdeutsch* sprachen, im Fasching auf alle Bälle gingen, den ausschweifenden jungen Ästheten spielten, der im Kaffeehaus saß und über wenig, das dafür aber sehr klug sprach, der zu Opern- und Operettenaufführungen ging, die *man* gesehen haben mußte. Die Juden nahmen in bemerkenswerter Weise den Lebensstil und die Einstellungen der anderen Wiener an. Wien war leichtlebiger, sanfter – und damit auch seine Juden.

Sehr witzig schildert Alfred Polgar diese Art Symbiose zwischen Juden und Nichtjuden in Wien: In einer Beschreibung des Wiener *Feuilletons* meint er, dies sei eine Mischung „von synagogaler Wehmut und Grinzinger Alkohollaune", der Kummer über die Diaspora würde im Heurigen ersäuft. Das *Feuilleton,* so fährt er fort, „hat einen gefühlvollen Intellekt und ein bemerkenswert intelligentes

---

102 Wassermann, *Hofmannsthal der Freund,* S. 16; Siegfried Trebitsch, *Chronik eines Lebens* (Zürich 1951), S. 165; Broch, *Hofmannsthal und seine Zeit,* S. 203–210.

103 Vasili, *Die Wiener Gesellschaft,* S. 357–359.

104 Jäger-Sunstenau, „Die geadelten Judenfamilien", S. 86–88. Insgesamt wurden zwischen 1701 und 1918 unter insgesamt 10.414 Familien 444 jüdische Familien in den Adelsstand erhoben.

105 Siehe Zeller, *Jugend in Wien,* S. 19–20 zu Kürnbergers Beschreibung von Grillparzers Begräbnis.

106 Clark, *Freud* (Foto in der engl. Ausgabe), S. 307.

107 *Käthe Leichter,* S. 308.

Gefühlsleben . . .".[108] Als Teil Wiens brachten die Juden ihre geistige Fähigkeit ein, den Wienern deren eigenen Lebensstil zu erklären. Tatsächlich spielten die Juden nicht nur in der Hochkultur, sondern auch in der volkstümlichen Kultur eine große Rolle, ja hatten sogar den Hang zu „überwienern", das heißt wienerischer zu sein als die Wiener selbst.[109] Nicht zuletzt wurde beispielsweise das *Fiakerlied* von einem Juden, nämlich Adolph Pick, geschrieben.[110] Es dürfte sogar möglich gewesen sein, sich in den unteren Schichten völlig zu assimilieren, sozusagen ein unsichtbarer Jude zu werden.[111]

Sobald man jedoch die gesellschaftliche Leiter emporzuklettern begann, wurde die Sache dadurch verkompliziert, daß einem vieles bewußter und gewisse feine Unterschiede deutlicher wurden, so wie etwa ein aufmerksamer Bühnenautor kleine Schwächen sogar in seine Regieanweisungen aufnahm.[112] Gleichgültig wie wienerisch man war, konnte das Bewußtsein, daß andere einen als Juden sahen, das Gefühl, völlig akzeptiert zu sein, zunichte machen. Der Held in Leopold Hichlers Roman *Der Sohn des Moses Mautner: ein Wiener Roman* muß die Erfahrung machen, daß es völlig vergeblich ist zu glauben, man sei ein Wiener, als ihm, nachdem er in perfektem Wienerisch ein Lied gesungen hat, ein Mann aus dem Publikum gratuliert und hinzufügt, er hätte nie gedacht, daß Juden so gut Wienerlieder singen könnten. Was immer er auch tut, er ist noch immer kein Wiener.[113]

Während viele Wiener Juden versuchten, sich an das Wien zu assimilieren, das sie vorfanden, machten andere Wien und Österreich zu ihren Idealen und versuchten, das altersschwache Reich und seine Hauptstadt für ihre liberalen Zwecke zu nützen. Leute wie Stefan Zweig sahen in dem übernationalen Charakter und der kosmopolitischen Tradition der Habsburgermonarchie das Vorbild für eine europäische Zusammenarbeit.[114] Für Wien hieß das, daß die verschiedenen kulturellen Gruppen, wie z. B. *Jung Wien,* zumindest anfänglich sehr offen für alle neuen Ideen aus Berlin, London und vor allem Paris waren.[115] Da Wien nicht wirklich einzuordnen war, bot es einen vorzüglichen Boden für eine Synthese der übrigen europäischen Kultur, wo sich bei Leuten wie Schnitzler der Einfluß der französischen *Décadence* mit einem neuerwachten österreichischen Barock und der Liebe zum Deutschtum mischte.[116] Die politische Paralele hiezu

---

108 Alfred Polgar, *Sperrsitz,* Hg. U. Weinzierl (Wien 1980), S. 36.
109 Tietze, *Die Juden Wiens,* S. 233.
110 *B'nai B'rith 1895–1975,* S. 49.
111 Vgl. Friedrich Torberg, *Die Erben der Tante Jolesch* (München 1981), S. 149.
112 In *Professor Bernhardi* gibt Schnitzler für den jüdischen Konvertiten Dozent Schreimann die folgende Bühnenanweisung: „Auffallend tiefes, biederes Bierdeutsch mit plötzlich durchschlagendem jüdischen Akzent." Schnitzler, *Professor Bernhardi,* in Bd. 6, Dramen (Frankfurt am Main 1962), S. 182.
113 Leopold Hichler, *Der Sohn des Moses Mautner: ein Wiener Roman* (Wien 1927), S. 310.
114 D. A. Prater, *Stefan Zweig. Das Leben eines Ungeduldigen.* (München – Wien 1981), S. 22.
115 Wunberg, Hg., *Die Wiener Moderne,* S. 49, 57; Zeller, *Jugend in Wien,* S. 103, 112.
116 Siehe Rudolf Lothars Beschreibung von Schnitzler in Zeller, *Jugend in Wien,* S. 182; Harry

bildete die frankophile Gruppe rund um Kronprinz Rudolf, die ebenfalls alles unternahm, um eine größtmögliche Unabhängigkeit Österreichs von Deutschland zu erreichen und die Monarchie zu einem Vorbild internationaler Harmonie zu machen.[117] Für sie und andere wurde Österreich zu einer Idee, die für Toleranz und Völkerverständigung stand.[118] Auch wenn dies keine spezifisch jüdische Idee war, wurden doch viele Juden aus recht offensichtlichen Gründen von ihr angezogen, und als der „Habsburgermythos" nach dem Ersten Weltkrieg entstand, wurde er, wie Claudio Magris schreibt, vorwiegend von jüdischen Schriftstellern genährt.[119] Vor 1914 zeigte die politische Botschaft von Leuten wie Moritz Szeps wenig Wirkung, und die frankophile Tradition wurde wohl eher im Salon seiner Tochter Berta Zuckerkandl denn in der Welt der Politik gepflogen.[120]

Es wurde viel von den Juden als *Staatsvolk* der Monarchie gesprochen, als der einzigen übernationalen Gruppe, deren Situation sie in erster Linie loyal zum Kaiser stehen ließ. In gewisser Weise stimmt das auch, wie aus den Leitartikeln der in Wien erscheinenden jüdischen Zeitschrift *Österreichische Wochenschrift* hervorgeht.[121] Nicht richtig hingegen wäre es, in dieser Loyalität eine Loyalität zum habsburgischen Dynastizismus zu sehen, die im barocken Wien so sehr verankert war. Waren die Juden loyal gegenüber der Monarchie, so gegenüber einer konstitutionellen Monarchie, nicht gegenüber einer Dynastie. Es war das Österreich der „Verfassungspartei", das die Juden anzog, nicht die alten Vorstellungen von der apostolischen Majestät.[122] Loyalität gegenüber dem Herrscherhaus bedeutete nicht Glaube an die aristokratischen Werte, und es gibt viele Beispiele für Leute, die einen Adelstitel ablehnten, weil sie diesen als nicht angemessen empfanden.[123] Wie wir bereits gesehen haben, traf man in der Gene-

---

Zohn, *Wiener Juden in der deutschen Literatur* (Tübingen 1964), S. 40. Theodor Herzl sagte in einer Besprechung von Bahrs *Das Tschapperl* über *Jung Wien*: „Die neuesten Spielereien von Montmartre sind ihnen gerade recht, und gleichzeitig sind sie altwienerisch barock . . . es sind eher empfangende als zeugende Individuen." *NFPm,* 7. März 1897, S. 1.

117 Berta Zuckerkandl, *Ich erlebte fünfzig Jahre Weltgeschichte* (Stockholm 1938), S. 44.

118 Z. B. Ernst Lothar, *Der Engel mit der Posaune* (Salzburg 1947), S. 644.

119 Die Ideen von Magris werden behandelt in Johnston, *Österreichische Kultur- und Geistesgeschichte,* S. 47 ff.

120 Siehe Zuckerkandls Erinnerungen *Ich erlebte fünfzig Jahre* und *Österreich Intim,* vor allem die kulturellen Folgen der Dreyfus-Affäre in *Ich erlebte,* S. 185–189.

121 Joseph S. Bloch, *Der nationale Zwist und die Juden in Österreich* (Wien 1886) ist eine Sammlung einiger der erfolgreichsten seiner Leitartikel für die *Österreichische Wochenschrift.*

122 Joseph Kareis gab eine charakteristische Definition, was es heißt, ein Österreicher zu sein: „Österreicher sein heißt, die Staatsgrundgesetze hochhalten." Bericht in *NFPm,* 8. Oktober 1897, S. 3. Siehe auch Stella Klein-Löw, *Erinnerungen: Erlebtes und Gedachtes* (Wien 1980), S. 28.

123 Z. B. *Theodor Gomperz: ein Gelehrtenleben im Bürgertum der Franz-Josephszeit,* Hgg. H. Gomperz und R. A. Kann (Wien 1974), S. 10; Engelmann, *Ludwig Wittgenstein. Briefe,* S. 99 (zu Karl Wittgenstein); Stefan Zweig, *Die Welt von Gestern* (Frankfurt am Main 1982), S. 22 (zu Moritz Zweig).

ration von Viktor Adler und Sigmund Freud nicht selten auf eine anti-habsburgische Einstellung.[124] Wenn die meisten Juden der Monarchie loyal gegenüberstanden, so deshalb, weil die Freiheiten, die diese garantierte, besser waren als nichts. Es war daher zu erwarten, daß den meisten Juden erst nach dem Niedergang des Reiches klar werden würde, wie „österreichisch" sie gewesen waren.

Hinter dem zur Schau gestellten eleganten Wiener Ambiente, das viele Juden sich aufgebaut hatten, bewahrten sie dieselben Werte, die sie einst aus den verschiedenen Landesteilen mitgebracht hatten. Trotz all ihrer *viennoiserie* waren sie in vieler Hinsicht genauso deutsch, wie sie es bei ihrer Ankunft in Wien gewesen waren. Schnitzler war in seinen eigenen Augen, wie wir gesehen haben, ein Deutscher. Die Künstlervereinigung *Jung Wien* entstand aus der Suche nach einer Antwort auf die neue deutsche Literatur und wurde von Ernst Mach als Reaktion auf das Trauma der Trennung von Deutschland bezeichnet, als Produkt entfremdeter deutscher Intellektueller.[125]

Die Zeitung des gehobenen Wiener Bürgertums und der liberalen Beamten war die *Neue Freie Presse,* die bei weitem angesehenste Zeitung Wiens, die gleichzeitig das Sprachrohr der gebildeten Elite war.[126] Wenn wir ihre Meinung für deren Leserschaft für repräsentativ gelten lassen, so müssen wir den Schluß ziehen, daß die gebildete Elite Wiens weiterhin sehr pro-deutsch war und in Wien noch immer eine deutsche Stadt sah, mit allem, was dies bedeutete. Die Zeitung verteidigte die protestantischen Deutschen in Wien sogar noch vehementer als die Juden – ein charakteristisches Zeichen. Solange die Donau aus dem Schwarzwald käme, würde Wien eine deutsche Stadt bleiben: „Diese Stadt wird deutsch bleiben, so lange nicht die Deutschen selbst in Charakter und Gesinnung bis zur Gemeinheit verkrüppeln."[127] Das wirkliche Wien war für die *Neue Freie Presse* immer noch ein deutsches Wien, deutsch, weil es liberal und ordentlich war. Wie die beiden deutsch-böhmischen Herausgeber des Blattes, Eduard Bacher und Moritz Benedikt, in ihren Leitartikeln betonten, dürfe das barocke Wien das wirkliche, das liberale Wien, das Zentrum der deutschen Kultur, nicht verderben.

Das andere Wien war den liberalen Juden verhaßt. John Boyer zufolge verachtete Sigmund Mayer das Kleinbürgertum, das einen so großen Teil der Wiener Bevölkerung ausmachte.[128] Die untere Mittelschicht war für ihn Pöbel.[129] Seine Meinung über die oberen Gesellschaftsschichten war nicht viel respektvoller. Er

124 Ardelt, *Friedrich Adler,* S. 24; McGrath, *Dionysian Art,* S. 21; Clark, *Freud,* S. 47–48.

125 Zuckerkandl, *Österreich Intim,* S. 80.

126 Adam Wandruszka, *Geschichte einer Zeitung: das Schicksal der „Presse" und der „Neuen Freien Presse" von 1848 zur Zweiten Republik* (Wien 1958), S. 99–101. Vgl. Zweig, *Welt von Gestern,* S. 122 ff.; George Clare, *Letzter Walzer in Wien. Spuren einer Familie* (Frankfurt am Main, – Berlin – Wien 1984), S. 8.; Canetti, *Die gerettete Zunge,* S. 36.

127 *NFPm,* 18. Juli 1899, S. 1. Zu den Protestanten siehe *NFPm,* 29. Oktober 1899, S. 1.

128 Boyer, *Political Radicalism,* S. 82–83.

129 Mayer, *Ein jüdischer Kaufmann,* S. 249–252; Mayer, *Die Wiener Juden,* S. 379–380.

vertrat die Ansicht, die Hocharistokratie hätte sich in ein elitäres Schnecken-
haus zurückgezogen, wo die Kultur ohne jede Substanz und die Konversation
banal war.[130] Die gleiche respektlose Haltung finden wir bei Ludwig von Mises,
der – selbst der Sohn eines geadelten jüdischen Ingenieurs – den Niedergang der
Monarchie den Magnaten des Sudetenlandes zuschrieb.[131] So sehr die *Neue Freie
Presse* Teil des Establishments war, lehnte sie doch das „aristokratische Prinzip"
ab.[132] Das Blatt und seine Leser bewunderten nicht den *Adel,* sondern den
Menschenadel. Tatsächlich neigten die Juden dazu, wie Ilsa Barea schreibt,
jeden Aristokraten als leicht vertrottelt anzusehen, ein Schicksal, das auch
Georg von Wergenthin in *Der Weg ins Freie* teilt.[133] Die Juden, die zur gebildeten
Elite Wiens gehörten, imitierten die aristokratische Kultur keineswegs so begeistert, wie ihnen das oft nachgesagt wird. Die liberale Presse stimmte nicht in den
Wiener Hedonismus ein, sondern bemühte sich vielmehr, die bürgerliche Tradition immer wieder neu zu beleben.[134] Mit diesem anderen Wien konfrontiert,
versuchten die Juden jene deutsche Stadt zu erhalten, in die sie gekommen
waren.

Kulturelles Nebeneinander

In gewissem Sinne hatten sie recht, denn jenes liberale, der deutschen Kultur
ergebene Wien bestand neben dem anderen, dem katholischen, feudalen und
hedonistischen Wien. Wie Polgar sagt, war es die Atmosphäre des Heurigen, die
das „Urariertum" Wiens charakterisierte.[135] Die Lokale in Grinzing oder in den
anderen kleinen Dörfern rund um Wien waren der perfekte Rahmen für Ödon von
Horvaths *Geschichten aus dem Wienerwald,* in denen die Gemütlichkeit den Haß,
die Vorurteile und die Engstirnigkeit des Wiener Kleinbürgertums nur mühsam
verdeckte.[136] Auf Juden traf man im Gegensatz dazu vor allem im Kaffeehaus.
Auch wenn vor allzu übertriebenen Schätzungen gewarnt sei, dürften die Gäste in
einigen berühmten Literaten-Cafés in der Innenstadt und in den meisten Cafés der
Leopoldstadt, wie wir bereits gesehen haben, überwiegend Juden gewesen sein.[137]
Mochte das Kaffeehaus auch Leuten wie Theodor Herzl als ein „Capua der Geister"

---

130 Mayer, *Die Wiener Juden,* S. 297.
131 Ludwig von Mises, *Erinnerungen* (Stuttgart 1978), S. 7–18.
132 Morton, *Schicksalsjahr Wien,* S. 177–179; *NFPm,* 7. August 1895; S. 1.
133 Barea, *Vienna,* S. 329; Arthur Schnitzler, *Der Weg ins Freie* (Frankfurt am Main 1978), S. 129–130.
134 Z. B. *NFPm,* 3. März 1895, S. 1.
135 Polgar, *Sperrsitz,* S. 36.
136 Ödon von Horváth, *Geschichten aus dem Wienerwald,* in: *Gesammelte Werke,* 4 Bde. (Frankfurt am Main 1970).
137 Siehe den Bericht über die von Christlichsozialen angeführten Unruhen in der Leopoldstadt, *NFPm,* 3. Dezember 1895, S. 6; auch *NFPm,* 23. März 1897, S. 2.

erscheinen, war es seinem Stil nach doch zweifellos bürgerlich mit eigenen Pulten für Geschäftsleute, einer stattlichen Reihe von Zeitungen und vor allem seiner Tradition der geistreichen Unterhaltung, womit es Welten vom Heurigen trennten.[138] Das Café war das charakteristische Reich des jüdischen Bürgertums, der Heurige jenes der übrigen Welt.

Das Wien, an das sich die Juden assimilierten, unterschied sich auch von jenem, auf das ein tschechischer Emigrant stieß. Karl Renner beschreibt in seinen Erinnerungen den Lebenslauf eines Wiener Hausbesitzers, der als Schuhmacherlehrling aus Böhmen in die Stadt gekommen war, eine Köchin mit Ersparnissen geheiratet und sein eigenes Geschäft eröffnet hatte. Durch geschickte Spekulationen auf dem Grundstücksmarkt war er zu einem reichen Hausbesitzer geworden. Er ließ sich dann nieder, um das Leben eines typischen Wiener Bürgers zu führen, der seine Söhne in ein Gymnasium schickte, damit sie Reserveoffiziere oder Beamte wurden. Sie lernten Geigespielen, die Tochter Klavier. Die Familie erwarb auch eine Villa. Für die ästhetische Unterhaltung wurde durch gelegentliche Besuche des Burgtheaters gesorgt, die wahre Quelle ihrer ästhetischen Befriedigung aber waren die Wienerliedersänger beim Heurigen, mehr brauchten sie nicht.[139] Dieses Bürgertum war nicht das *Bildungsbürgertum,* das um die Jahrhundertwende das Wiener Publikum stellte, und unterschied sich auch erheblich vom jüdischen Bürgertum, dem aufgrund des gewählten Weges der Assimilation die Hochkultur wichtiger war und das sich eher für die freien Berufe als für eine Beamtenlaufbahn interessierte.[140] Jüdisches und nichtjüdisches Bürgertum waren durch eine unterschiedliche gesellschaftliche Mobilität gekennzeichnet und in diesem Sinne zwei verschiedene gesellschaftliche Blöcke.

Dies bringt uns wiederum zurück zur Frage der Richtigkeit von Schorskes Behauptung, daß die jüdische Assimilation an die Wiener Gesellschaft und Kultur bloß ein Sonderfall eines allgemeinen Phänomens war oder ob sich ihre Erfahrung grundsätzlich von jener anderer Gruppen unterschied, die sich in Wien assimilierten.[141] Wenn ich Schorske richtig verstehe, so vertritt er die Ansicht, daß sich das Wiener Bildungsbürgertum, und damit auch die Juden, an eine wenn auch ihrer Form nach veränderte „vorher schon existente aristokratische Kulturn" assimilierten und daß die jüdische Begeisterung für die Kultur in Wirklichkeit nur die Konsequenz ihrer Zugehörigkeit zum Wiener Bürgertum war.[142] Vieles ist dabei sicherlich eine Frage des sprachlichen Ausdrucks und der Betonung, dennoch scheint mir dieser Ansatz die Tatsachen zu verdrehen. Wie

---

138 Zu Herzls Einstellung siehe *NFPm,* 7. März 1897, S. 1; zum bürgerlichen Stil des Kaffeehauses: *Das Wiener Kaffeehaus,* mit einer Einführung von Hans Weigel (Wien 1978), S. 29.
139 Barea, *Vienna,* S. 322.
140 Mayer, *Ein jüdischer Kaufmann,* S. 249–250; Ardelt, *Friedrich Adler,* S. 21, 239.
141 Schorske, *Wien: Fin de Siècle,* S. 140.
142 *Ibid.,* S. 10, 139.

wir gesehen haben, war die Salonkultur in Wien ein jüdischer Import aus Berlin und hatte nichts mit dem österreichischen Adel zu tun. Weiters hatten die Juden einen ihnen eigenen Drang zur Bildung, zu allem Geistigen. Stefan Zweig bringt hier die Ästhetik mit ins Spiel, und seiner Meinung nach erlebten die Juden in Wien deshalb eine solche Blüte, weil das Umfeld ihnen erlaubte, ihre bereits vorhandenen kulturellen Ambitionen weiterzuentwickeln.[143] Es gab zweifellos ein jüdisches Element.

Bei einer wohlwollenden Auslegung von Schorske wird man hier vielleicht keinen grundlegenden Widerspruch finden, es bleiben aber jedenfalls die beiden Streitfragen, ob die Kultur des Bürgertums sich wirklich am aristokratischen Vorbild orientierte und ob die Werte des jüdischen Bürgertums tatsächlich die gleichen waren wie jene des übrigen Wiener Bürgertums. Schorske schreibt über die Kinder des liberalen Wiener Bürgertums, denen eine umfassende ästhetische Bildung vermittelt wurde:

„Seit etwa den sechziger Jahren wurden zwei Generationen von Kindern wohlhabender Leute in den Museen, Theatern und Konzertsälen der neuen Ringstraße erzogen. Sie erwarben ästhetische Kultur nicht, wie ihre Väter es noch taten, als eine Zierde des Lebens oder als Statussymbol, sondern als die Luft, die sie atmeten."[144]

Das mag durchaus stimmen, aber welche Kultur wurde ihnen vermittelt? Viktor Weißkopf schreibt über seine Kindheit und über das jüdische liberale Bürgertum allgemein:

„Das wichtigste war, was man ‚Bildung‘ nannte, nämlich eine ausführliche Kenntnis und emotionelle Beziehung zum deutschen Kulturgut, die Werke von Goethe, Schiller, Lessing und die Musik von Bach, Mozart und Beethoven. Man ging viel in die Museen der klassischen Kunst; kurz und gut, man wurde mit den viktorianischen Werten getränkt."[145]

Die Welt des jüdischen Bildungsbürgertums war weder die aristokratische Kultur des Hedonismus noch jene des Heurigen, sondern eben jene Kultur, in die sie vor allem Eingang finden wollten: die klassische deutsche Kultur. Die Verbindungen und offensichtlichen Ähnlichkeiten mit einer Kultur der Anmut waren nur oberflächlich. Diese Kultur war auch weiterhin mehr eine Kultur des Geistes als der Sinne. Schorske beschreibt, wie Herzl sich aristokratischer Formen für seine rationalen Ziele bediente.[146] Erstere waren oberflächlich, letztere waren das, was zählte.

Den Grund für die kulturelle Blüte Wiens zur Zeit des *Fin de siècle* sieht Schorske in der, wie er sie nennt, „zweiten Gesellschaft", zu der das gehobene

---

143 Zweig, *Welt von Gestern*, S. 25.
144 Schorske, *Wien: Fin de Siècle*, S. 283.
145 Viktor F. Weißkopf, „Einige persönliche Eindrücke von Österreich", Vortrag auf Schloß Duino, 20. September 1983 (MSS), S. 2.
146 Schorske, *Wien: Fin de Siècle*, S. 157f.

Bürgertum und die höheren Beamten gehörten.[147] Der Hofrat, diese Symbolfigur eines Beamten, stand dem jüdischen Ideal von gesellschaftlichem Ansehen und Erziehung viel näher als die meisten anderen Wiener Vorbilder. Es ist richtig, daß es eine nichtjüdische Bildungselite, vor allem unter den höheren Beamten, gab, die dasselbe Bildungsbewußtsein wie die Juden hatte.[148] Aber auch diese Gruppe bewirkte keine große kulturelle Explosion. Für den möglicherweise durchaus gebildeten Wiener Beamten war Bildung Teil seiner gesellschaftlichen Stellung, nicht mehr. Auch der kultivierte Hofrat teilte die Vorliebe der Wiener, lieber nicht zu denken. Er befolgte Vorschriften, wie alle Beamten.[149]

Das war eine ganz andere Einstellung als jene des jüdischen Bürgertums, was sich deutlich zeigte, wenn die Töchter beider Gruppen in dieselbe Schule gingen, nämlich die Beamtentöchterschule, die auch Käthe Leichter besuchte. Sie beschreibt, wie die Beamtentöchter bewußt kindlich gehalten und dazu erzogen wurden, vor allem ordentlich zu sein, so wie ihre Väter es sein mußten; ihre Übungshefte sollten so fleckenlos sauber sein wie offizielle Dokumente. Die jüdischen Mädchen waren, auch wenn sie völlig assimiliert waren, ganz anders. Auf den ersten Blick zeigte sich dieser Unterschied nur darin, daß die jüdischen Mädchen eine Spur besser gekleidet waren. Außerdem kamen die jüdischen Mädchen früher in die Pubertät, und diesem physischen Unterschied folgte bald eine völlig andere Einstellung zur Bildung. Die Beamtentöchter lasen Mädchenbücher, die jüdischen Mädchen Oscar Wilde und Arthur Schnitzler. Käthe Leichter war in beiden Welten zu Hause, erkannte aber auch die enorme Kluft zwischen diesen: „Mit meinen Freundinnen diskutierte ich über letzte Dinge, teilte mit ihnen Erlebnisse mit Büchern, Lyrik, Natur und Musik. Mit den Beamtentöchtern spielte ich Mutter und Kind . . .“[150] Diese Unterschiede dürften auch weiter bestanden haben, als diese Mädchen heranwuchsen. Wenn dies ein korrektes Bild des Lebensstils der hofrätlichen Gesellschaft im Vergleich zum jüdischen Bürgertum ist, so kann die Behauptung, die Juden hätten dieselben Werte wie jene geteilt, nicht aufrechterhalten werden.[151] Der hofrätliche Lebensstil war jenem der Juden zwar näher als die aristokratische Einstellung zur Bildung, von diesem aber immer noch Welten entfernt.

Viele Juden verwarfen von vornherein all jene Seiten Wiens, die ihren Wertvorstellungen, die sie aus den verschiedenen Ländern der Monarchie mitgebracht hatten, widersprachen. Man hatte den Eindruck, sie verteidigten die Werte von Wiens deutscher Kultur gegen die Wiener selbst. Persönlichkeiten wie Julius Ofner und Otto Bauer, aber auch Gustav Mahler feindeten die Institutio-

---

147 *Ibid.*, S. 45.
148 Vgl. *ibid.*, S. 274 ff.
149 Vgl. Peter F. Drucker, *Adventures of a Bystander* (London 1979), S. 33–34. (Dieses Kapitel fehlt in der deutschen Ausgabe.)
150 *Käthe Leichter*, S. 306–309.
151 Vgl. Bahr, *Selbstbildnis*, S. 21–22 zur Einstellung eines Beamten zur Erziehung seiner Tochter.

nalisierung der Schlamperei an.[152] Der aus Böhmen stammende Karl Kraus kanzelte jeden ab, der mit diesem Zerrbild einer Gesellschaft und eines Staates namens Österreich zu tun hatte und sprach von einer moralischen Kloake namens Wien, wo nichts und niemand ehrenhaft war, wo alles eine Farce war.[153]

Wer aus einer traditionellen jüdischen Familie kam wie beispielsweise Manès Sperber, hatte ebenfalls nur eine wirkliche Antwort auf Wien. Als Manès Sperber den langen Zug sah, der im Jahre 1916 dem Sarg Franz Josephs folgte, langweilten ihn nach einiger Zeit die eindrucksvolle Pracht und die glitzernden Kostüme, und er wurde an seine Vergangenheit erinnert:

„Während meine ermüdeten Augen gleichgültig dem Zug magyarischer Adeliger aus der Slowakei folgten, dachte ich mit Stolz an den Urgroßvater, der stets auf jedes Würdezeichen verzichtet hatte, dessen Würde aber allen, auch den Ukrainern und Fremden, Respekt gebot. Er verachtete alles, was Schein, was unecht war, und haßte am meisten die in der Tat gefährlichste Täuschung: die Vermengung von echt und unecht. Und nun hatte ich die Pracht von Jahrhunderten vorbeiziehen sehen. Sie hatte mich schließlich gelangweilt und entdecken lassen, daß es auf sie gar nicht ankommt, weil sie nur eine scheinbare Bedeutung haben kann." [154]

Wie er an anderer Stelle sagt, hatten die Juden in Wien ein neues Jerusalem gesehen; „Nun hatte die Wirklichkeit den Traum enthüllt und zerstört".[155]

Sperber, der die „Vermengung von echt und unecht" ablehnte, stand damit in einer langen Tradition der Juden, die in eben derselben puritanischen Tradition erzogen wurden, die eine Trennung zwischen Realität und Illusion verlangt. Als Vorbild für eine Kultur und Gesellschaft, die gegen die Prinzipien von Wahrheit, moralischer Verantwortung und Integrität verstieß, also jene Grundsätze, die die Juden auf ihre deutsche Kultur übertragen und nach Wien mitgebracht hatten, bot Wien die entsprechende Umgebung, das die Gedanken eines Kraus oder Weininger, eines Freud oder Schönberg oder sogar eines Schnitzler hervorbringen konnte. Was wir gemeinhin als Wiener Kultur bezeichnen, ist letztlich alles andere als wienerisch. Die wirklich großen Beiträge zum Gedankengut der Moderne, die Arbeiten von Freud oder Kraus, waren letztlich eine Kultur, die *gegen* die Wiener Umgebung entstand. Einzelne wie etwa Freud versuchten auf

---

152 Zu Ofner siehe *Käthe Leichter*, S. 356; zu Bauer siehe Richard Kola, *Rückblick ins Gestrige: Erlebtes und Empfundenes* (Wien 1922), S. 273; zu Mahler siehe Alma Mahler, *Gustav Mahler: Erinnerungen und Briefe* (Amsterdam 1949), S. 118.

153 Janik, „Creative Milieux", S. 106, bezeichnet Kraus als den „professionellen Anti-Wiener". Zu Kraus' Ansichten über den Wiener Hierarchismus und den „Ethos der Gemütlichkeit" siehe Edward Timms, *Karl Kraus: Apocalyptic satirist: Culture and Catastrophe in Habsburg Vienna* (London 19986), S. 212–214, 331. Zu Victor Adlers Einstellung zur Gemütlichkeit siehe Josef Weidenholzer, „Trinkende und denkende Arbeiter", in: A. Pfabigan, Hg., *Ornament und Askese im Zeitgeist des Wien um die Jahrhundertwende* (Wien 1985), S. 286–287.

154 Sperber, *Die Wasserträger Gottes*, S. 137.

155 Sperber, *Alfred Adler oder das Elend der Psychologie*, S. 10.

vielerlei Weise der Bedrohung des geistigen Lebens, die Wien symbolisierte, entgegenzuwirken. Bevor wir uns mit der Problematik beschäftigen, was diese Leute dagegen unternahmen, wollen wir unser Wienbild aber zunächst durch eine andere Seite dieser Stadt abrunden, die von zentraler Bedeutung ist, den Antisemitismus.

12. Antisemitismus

Eine tief verwurzelte Feindschaft

Nach 1895 mußten sich die Juden in Wien vor allem mit einem abfinden: Wien war zur damaligen Zeit die einzige europäische Hauptstadt mit einem gewählten antisemitischen Gemeinderat.[1] Wien war nicht nur nicht deutsch, sondern auch anti-jüdisch. Seit dem Mittelalter kannte die mitteleuropäische Kultur stets den Judenhaß. Bis zur Aufklärung waren die Juden ein gefürchtetes und verachtetes Volk.[2] Mit dem Triumph des Liberalismus verschwand zwar die gesetzliche Unterdrückung der Juden; die Abneigung aber, die ihnen entgegengebracht wurde, bestand fort. Stereotyp galt der Jude auch weiterhin als das böse Instrument des Mammons, es kam sogar so weit, daß er fast zu einem Archetyp wurde.[3] Als Richard Kola 1885 den Prater besuchte, war es geradezu eine Selbstverständlichkeit, daß der Hanswurst am Ende des Puppentheaters „den Juden" totschlug.[4] Für Kola mag das damals ein harmloser Spaß gewesen sein, diese symbolische Darstellung aber zeugte von einer Antipathie, die sich quer durch alle Gesellschaftsschichten zog.[5] Man brauchte sich dieser nur geschickt zu bedienen, um die gewünschte Wirkung zu erzielen.

In Österreich begann der Antisemitismus, wenn auch in gemäßigter Form, an der Spitze der Gesellschaftspyramide. Österreich war ein katholisches Land, und die habsburgische Führungsschicht wollte daran auch in Hinkunft nicht rütteln. Dies kam darin zum Ausdruck, daß gläubige Juden trotz der Verfassung vom Jahr 1867, die ihnen volle Rechte einräumte, von der gehobenen Bürokratie, der Armee und dem diplomatischen Dienst praktisch ausgeschlossen waren.[6] Selbst die Liberalen scheinen bei der Besetzung politischer Posten mit Juden äußerst zurückhaltend gewesen zu sein, aus Angst, sich die eigenen Wähler zum

---

1 Vgl. *Neue Freie Presse, Morgenausgabe (NFPm)*, 24. September 1895, S. 1.
2 Friedrich Heer, *Gottes erste Liebe. Die Juden im Spannungsfeld der Geschichte* (München 1967), S. 83 ff.; Hans Kohn, *Kraus, Schnitzler und Weininger: aus dem jüdischen Wien der Jahrhundertwende* (Tübingen 1962), S. 25.
3 Vgl. Herzls Bemerkung aus dem Jahr 1887: „Man macht den Juden nunmehr die krumme Nase zum Vorwurf, sowie das Geld, auch wenn sie keines haben." Zitiert in Alex Bein, *Theodor Herzl* (Frankfurt am Main 1983), S. 45.
4 Richard Kola, *Rückblick ins Gestrige: Erlebtes und Empfundenes* (Wien 1922), S. 38.
5 Felix Braun, *Das Licht der Welt* (Wien 1962), S. 35–36.
6 A. J. May, *The Habsburg Monarchy* (London 1951), S. 180; Ilsa Barea, *Vienna* (London 1966), S. 302; Joseph S. Bloch, *Erinnerungen aus meinem Leben* (Wien 1922), S. 160–162; Peter F. Drucker, *Adventures of a Bystander* (London 1979), S. 34. (Dieses Kapitel fehlt in der deutschen Ausgabe.)

Feind zu machen.[7] Die Juden waren von diesem gewissermaßen inoffiziell offiziellen religiösen Antisemitismus zweifellos betroffen. Theodor Gomperz mußte erleben, wie seine akademische Karriere durch den Abschluß des Konkordats im Jahre 1855 eine künstliche Zäsur erfuhr. Und noch 1872 zweifelte er, ob er als Jude an den, wie er fest behauptete, auch weiterhin im Grunde konfessionellen deutschen Universitäten (einschließlich Wien) anerkannt werden würde.[8] Mahler, Herzl und Freud machten in ihrer Laufbahn alle ähnliche Erfahrungen: Jude zu sein war nicht von Vorteil, wenn man Karriere machen wollte.[9]

Ein einfaches Heilmittel dagegen war der Religionsübertritt. Unter den Anwälten gab es zahlreiche Konvertiten, und auch in der Armee läßt sich ein eindeutiger Zusammenhang zwischen Konversion und Beförderung erkennen.[10] Gleiches gilt für den akademischen Bereich, und es ist offenkundig, daß ein Glaubensübertritt für jede Karriere förderlich war.[11] Viele junge Studenten überlegten sich diesen Schritt ernsthaft, aber häufig stand einem solchen Vorhaben, wie beispielsweise im Falle von Sigmund Mayer, das Traditionsbewußtsein der

---

7   John W. Boyer, *Political Radicalism in Late Imperial Vienna* (Chicago 1981), S. 84; Sigmund Mayer, *Die Wiener Juden: Kommerz, Kultur, Politik 1700–1900* (Wien 1918), S. 476–479; siehe auch *NFPm*, 13. März 1895; S. 1.

8   Theodor Gomperz, *Essays und Erinnerungen* (Stuttgart 1905), S. 24; *Theodor Gomperz: ein Gelehrtenleben im Bürgertum der Franz-Josephszeit*, Hgg. H. Gomperz und R. A. Kann (Wien 1974), S. 65–68. Siehe auch S. T., „Verjudet", in: *Die Welt*, 22. Dezember 1899, Nr. 51, S. 2.

9   Kurt Blaukopf, *Mahler. Sein Leben, sein Werk und seine Welt* (Wien 1976), S. 201; Bein, *Herzl*, S. 39; R. W. Clark, *Sigmund Freud* (München 1981), S. 206–215; Carl E. Schorske, *Wien: Geist und Gesellschaft im Fin de Siècle* (Frankfurt am Main 1985), S. 174f.; Drucker, *Zaungast der Zeit. Ungewöhnliche Erinnerungen an das 20. Jahrhundert* (Düsseldorf – Wien 1981), S. 58–59.

10   Franz Kobler, „The Contribution of Austrian Jews to Jurisprudence", in: Joseph Fraenkel, Hg., *The Jews of Austria: Essays on their Life, History and Destruction* (London 1967), S. 29; Boyer, *Political Radicalism*, S. 86. Was die Armee betrifft habe ich auf Grundlage von Moritz Frühling, *Biographisches Handbuch der in der k.u.k. öster.ungar. Armee und Kriegsmarine aktiv gedienten Offiziere, Ärzte, Truppen-Rechungs-Führer und sonstigen Militärbeamten jüdischen Stammes* (Wien 1911), meine eigenen Berechnungen angestellt, aus denen folgendes hervorgeht: in den vier höchsten Rangstufen waren 59% der Juden Konvertiten; in den nächsten vier Rangstufen vom Oberst bis zum Leutnant nur 25%; unter den Militärärzten lauten die Zahlen 19% für die vier höchsten Ränge, 8% für die niedrigeren; in der Militärverwaltung 20% für die höchsten drei Ränge, 7% bei den vier niedrigeren. Diese Zahlen mögen durch die Tatsache beeinflußt sein, daß in den niedrigeren Rängen eine größere Anonymität gegeben war, sie sind aber nichtsdestotrotz ein Hinweis auf einen allgemeinen Trend.

11   Bloch, *Erinnerungen*, S. 261; Blaukopf, *Mahler*, S. 209. Siegfried Lipiner schrieb an seinen Freund Moritz Necker: „Es ist für dich gerade jetzt höchst wünschenswert und unter Zuständen von entscheidender Wichtigkeit, dein verfluchtes Judentum loszuwerden. Ich habe dir bereits gesagt, wie du das kannst, ohne deinem Gewissen irgendwie Gewalt anzuthun. Ich bitte dich: denke daran. Bei jedem Gesuche, sei es in Salzburg oder in Wien oder wo immer, ist diese schmerzliche ‚Confessions'rubrik verhängnisvoll." Lipiner, Brief an M. Necker, 26. August 1885, in: Wiener Stadtbibliothek, I. N.142.540.

Familie im Wege.[12] Zu konvertieren war für Juden nicht so einfach.[13] Während es zweifellos Leute gab, die aus Überzeugung oder im Hinblick auf ihre Karriere den formellen Schritt der Taufe vollzogen, kam dies für die meisten Juden nicht in Frage. Viele waren darüber verbittert, daß sie ihr Erbe oder auch nur ihre Entscheidungsfreiheit opfern sollten, um eine Position zu erlangen, die ihnen rechtmäßig zustand.[14] Einigen war es einfach gesellschaftlich gesehen zu kompliziert, andere empfanden einen Glaubensübertritt als Verrat, als Kapitulation vor dem Druck der christlichen Gesellschaft.[15] Aufgrund dieser Einstellung blieben die meisten jüdischen Familien ihrem Glauben treu, obwohl es in Wien mit mehr als 9.000 Konversionen zwischen 1868 und 1903 mehr Glaubensübertritte als in jeder anderen Stadt der Monarchie gab.[16]

Die meisten Juden gaben sich damit zufrieden, sich mit dem System zu arrangieren. Auch wenn ihnen der Öffentliche Dienst weitgehend versperrt war, gab es doch ein florierendes liberales Pressewesen und die freien Berufe. Außerdem konnten Juden in den sechziger und siebziger Jahren des vergangenen Jahrhunderts in die Politik gehen, und einem unternehmungslustigen jungen Mann standen in der österreichischen Wirtschaft selbst nach dem Börsenkrach des Jahres 1873 noch alle Möglichkeiten offen.[17] An dem so verdienten Geld konnte man sich in einem der großen kulturellen Zentren Deutschlands und Europas in einer Atmosphäre der friedlichen Koexistenz und des Wohlstands erfreuen. Zusätzlich durfte man miterleben, wie das neue Zeitalter des Fortschritts vor den eigenen Augen auf der Ringstraße Gestalt annahm. Sigmund Mayer unterstreicht, daß bei all dem von der Judenfrage kaum die Rede war.[18] Diese den Juden gewährte Ruhepause dauerte indes nicht lange. In den frühen achtziger Jahren feierte der Judenhaß unter der modernen Form des Antisemitismus seine Auferstehung. Dabei ging es nicht mehr länger um unbedeutende bürokratische Unannehmlichkeiten oder um einen krankhaften, aber harmlosen Instinkt, sondern um etwas, das alle Anstrengungen der Assimilation zunichtemachen sollte.

---

12 Sigmund Mayer, *Ein jüdischer Kaufmann 1831–1911: Lebenserinnerungen* (Leipzig 1911), S. 159.
13 Vgl. Heinrich Jaques, *Denkschrift über die Stellung der Juden in Österreich* (Wien 1859), S. 40–42.
14 Paul Lazarsfeld weigerte sich zu konvertieren (um während des Ersten Weltkriegs einen guten Posten in der Artillerie zu bekommen), einfach aus dem Prinzip heraus, nicht gegen seinen Willen zu etwas gezwungen zu sein. Gespräch mit Paul Neurath 17. Mai 1983, Wien. (Neurath war ein Schüler von Lazarsfeld.)
15 Braun, *Das Licht der Welt*, S. 36; Stella Klein-Löw, *Erinnerungen: Erlebtes und Gedachtes* (Wien 1980), S. 13; *Gomperz: ein Gelehrtenleben*, S. 24.
16 Jakob Thon, *Die Juden in Österreich* (Berlin 1908), S. 69–70; Ivar Oxaal, *The Jews of Pre–1914 Vienna: Two Working Papers* (Hull 1981), S. 95.
17 Clark, *Freud,* S. 44–45.
18 Mayer, *Ein jüdischer Kaufmann,* S. 236, 289; Boyer, *Political Radicalism,* S. 77.

Vom kulturellen zum rassischen Antisemitismus

Die erste Ausprägungsform des Antisemitismus, die tatsächlich Wirkung auf die österreichische Politik zeigte, war der Deutschnationalismus von Schönerer und den radikalen Studenten in den späten siebziger Jahren.[19] Er entwickelte sich aus dem kulturellen Antisemitismus, von dem schon im Zusammenhang mit dem Wunsch der Juden nach Assimilation die Rede war. Der kulturelle deutsche Antisemitismus beruhte auf dem Konzept „des Juden", das auf die Theorien von Grattenauer um das Jahr 1800 zurückging. Dort wurde das Bild des Juden als Inbegriff all dessen gezeichnet, was die Deutschen haßten, und indem Jüdischsein zu „einer psychologischen Eigenschaft" gemacht wurde, konnten alle Erfahrungen mit konkreten Juden als bedeutungslos vom Tisch gewischt werden.[20] „Jüdisch" wurde zum Kürzel für Kapitalist und Rationalist. „Der Jude" wurde zum Gemeinplatz in der deutschen Kultur und fand Eingang in die Werke von Wagner, Schopenhauer und anderen.[21]

Das Entscheidende am kulturellen Antisemitismus für den einzelnen Juden war, daß das Jüdischsein aufgrund der Definition als psychologische Eigenschaft überwunden werden mußte. Wer wirklich deutsch sein wollte, dem stand offensichtlich nichts im Wege: Für „Arier" wie Wagner oder H. S. Chamberlain konnte ein Jude durchaus „den Juden" im eigenen Ich überwinden.[22] Viele der bedeutendsten Persönlichkeiten des kulturellen Lebens im Wien der Jahrhundertwende sahen in ihrem Jüdischsein etwas Schlechtes. Entsprechend dieser Form des kulturellen Antisemitismus aber konnte dieses überwunden werden.[23] Von „jüdischem Selbsthaß" erfüllt zu sein, hieß daher nicht unbedingt, sich in einer völlig hoffnungslosen Lage zu befinden, wie dies üblicherweise dargestellt wird.

Das Problem für diese Leute aber lag darin, daß der kulturelle Antisemitismus

---

19 Mayer, *Ein jüdischer Kaufmann,* S. 280; Wolfgang Häusler, „Toleranz, Emanzipation und Antisemitismus", in: N. Vielmetti, Drabek, Häusler, Stuhlpfarrer, *Das österreichische Judentum* (Wien 1974), S. 112; Barea, *Vienna,* S. 312.

20 Hannah Arendt, „Privileged Jews", in: *Jewish Social Studies (JSS),* VIII 1946, S. 27.

21 George L. Mosse, *Germans and Jews: the Right, the Left and the Search for a „Third Force" in Pre-Nazi Germany* (London 1971), S. 37; William McGrath, *Dionysian Art and Populist Politics in Austria* (New Haven 1974), S. 6; P. G. J. Pulzer, *Die Entstehung des politischen Antisemitismus in Deutschland und Österreich 1867–1914* (Gütersloh 1966), S. 32; Heer, *Gottes erste Liebe,* S. 295–297.

22 Zu Wagner sei angemerkt, daß einer seiner engsten Mitarbeiter, Hermann Levi, wie sein Name vermuten läßt, jüdischer Abstammung war: Sigmund Kaznelson, *Juden im deutschen Kulturbereich* (Berlin 1962), S. 193. Eine bemerkenswerte Persönlichkeit war der Berliner Impressario Ernst von Wolzogen, der – obwohl strenger Antisemit – eine Schwäche für „begabte Juden" hatte, weshalb viele seiner Angestellten, darunter auch sein engster Mitarbeiter Oskar Straus, jüdisch waren: H. H. Stuckenschmidt, *Schönberg: Leben, Umwelt, Werk* (Zürich – Freiburg im Breisgau 1974), S. 51. Siehe auch Mosse, *Germans and Jews,* S. 19.

23 Vgl. die Beschreibung Heinrich Schwarzwalds von Peter Drucker in *Adventures,* S. 32–33. (Dieses Kapitel fehlt in der deutschen Ausgabe.)

in den entscheidenden Kreisen, nämlich den deutschnationalen Burschenschaften, einem rassischen Antisemitismus wich. Der Antisemitismus dieser Burschenschaften dürfte durch eine Rede des unseligen Theodor Billroth im Jahre 1875 entfacht worden sein.[24] Die Burschenschaften nahmen sich Schlagworte wie „Überfremdung der Universität" zu Herzen und begannen bereits 1877, jüdische Mitglieder aus ihren Vereinigungen auszuschließen.[25] 1881 erhielt dieser rassische Antisemitismus durch Eugen Dührings *Die Judenfrage als Racen-, Sitten- und Kulturfrage* [sic] sein theoretisches Rückgrat, wobei der Autor dieses Werkes den Juden jede Möglichkeit absprach, je Deutsche zu werden.[26] Damit wurde jedem jüdischen Engagement im Deutschnationalismus der Todesstoß versetzt. In den frühen achtziger Jahren legten alle Juden, die wie Adler, Friedjung, Herzl oder Freud einst Mitglieder deutschnationaler Organisationen gewesen waren, entweder ihre Mitgliedschaft zurück oder wurden ausgeschlossen.[27] 1885 wurde das Linzer Programm um antisemitische Klauseln erweitert, und 1896 folgte die bislang größte Schmach, als nämlich im Waidhofener Beschluß jeder, der seiner Abstammung nach Jude war, für „satisfaktionsunfähig", weil ohne Ehre geboren, erklärt wurde.[28] Die Bewunderer des deutschen Volkes wurden so durch gerade jene Gruppe ausgeschlossen, die eigentlich ihr engster Verbündeter hätte sein müssen: die deutschnationale Intelligenz.

Die zunehmende Ausbreitung des rassischen Antisemitismus wurde für die jungen Männer der jüdischen kulturellen Elite zum Alptraum, hieß dies doch, daß sie, wie Schnitzler im Fall Herzls anschaulich beschrieb, von ihresgleichen in der Gesellschaft völlig abgelehnt wurden.[29] Vieles wurde schon über die politische Schwäche und die Unzulänglichkeit von Schönerers rassischem Antisemitismus gesagt, und es ist richtig, daß er für die österreichischen Juden nie eine ernsthafte Bedrohung darstellte. Den rassischen Antisemiten aber jede Bedeutung abzusprechen, hieße außer acht zu lassen, daß sie gerade in einem für die Juden der kulturellen Elite entscheidenden Bereich sehr mächtig waren, nämlich in den Burschenschaften an der deutschen Universität – und damit

---

24 Klaus Lohrmann, Hg., *1000 Jahre österreichisches Judentum* (Eisenstadt 1982), S. 161–162, 252; Rudolf G. Ardelt, *Friedrich Adler: Probleme einer Persönlichkeitsentwicklung um die Jahrhundertwende* (Wien 1984), S. 27; Dennis B. Klein, *The Jewish Origins of the Psychoanalytic Movement* (New York 1981), S. 52.

25 Ardelt, *Friedrich Adler,* S. 27.

26 Siehe Herzls Reaktion, zitiert in Ruth Burstyn, „Theodor Herzl – Krisenzeit und Selbstbesinnung", in: Lohrmann (Hg.), *1000 Jahre,* S. 229; Bein, *Herzl,* S. 32–33.

27 Jonny Moser, „Von der antisemitischen Bewegung zum Holocaust", in: Lohrmann (Hg.), *1000 Jahre,* S. 253–254; McGrath, *Dionysian Art,* S. 175–176, 197–198; Klein, *The Jewish Origins of the Psychoanalytic Movement,* S. 54–55; Bein, *Herzl,* S. 35.

28 Moser, „Von der antisemitischen Bewegung", S. 253; Arthur Schnitzler, *Jugend in Wien* (Frankfurt am Main 1981), S. 152–153; *NFPm,* 13. März 1896, S. 5.

29 Schnitzler, *Jugend,* S. 153; siehe auch Friedrich Heers Ausführungen in Norbert Leser, Hg., *Das geistige Leben Wiens in der Zwischenkriegszeit* (Wien 1981), S. 302.

unter den zukünftigen Lehrern und Beamten.[30] Der deutschnationale Antisemitismus drängte die kulturelle Elite ins Abseits. Wenn wir uns vor Augen halten, daß die von Deutschen bewohnten böhmischen Grenzgebiete eine weitere Hochburg des deutschnationalen Antisemitismus waren, so wird klar, daß der rassische Antisemitismus den Juden nicht nur die Chance nahm, sich in jene Gesellschaft zu assimilieren, von der sie geträumt hatten, sondern auch die empirische Basis dieser Gesellschaft zerstörte.[31] Gegen Ende der Monarchie wurden die Hoffnungen auf eine deutsch-jüdische Symbiose, wie Kompert sie vorhergesehen hatte, dadurch zunichte gemacht, daß gerade aus den Reihen jener Gruppen, die für den Fortschritt von Freiheit und Vernunft gestanden waren, also die Sudetendeutschen und die deutsche Intelligenz an der Universität, die größte Unterstützung für jene Ideologie kam, die die wahren Werte der deutschen Kultur bedrohte: der rassische Antisemitismus.

Christlichsozialer Antisemitismus

Wenn der rassische Antisemitismus in seiner reinen Form in Wien nicht sehr erfolgreich war, so in erster Linie deshalb, weil Wiens eigene Ausprägung des Antisemitismus, jener der Christlichsozialen, unerhört erfolgreich war. John Boyer schrieb eine recht umfassende Abhandlung über die Sozialgeschichte dieser politischen Bewegung.[32] Er zeigt auf, daß die Grundlage für den Wahlerfolg dieser Bewegung in den sozialen und wirtschaftlichen Mißständen jener Zeit zu suchen ist, wobei die näheren Einzelheiten für uns in diesem Zusammenhang nicht unmittelbar von Bedeutung sind. Wichtig allerdings ist, daß aller Unmut und Zorn über diese Mißstände von den Christlichsozialen vor allem auf eine Gruppe gelenkt wurde: die Juden.

Schon von ihren Anfängen an mit dem von Josef Buschenhagen veranstalteten Treffen im Jahre 1880, wo man sich zusammentat, um gegen die Beeinträchtigung der Geschäfte durch jüdische Hausierer zu protestieren, war die christlichsoziale Bewegung offen antisemitisch.[33] Lueger und seine Parteigenossen verstanden es geschickt, den Judenhaß für ihre Zwecke zu nutzen und saßen damit am entscheidenden Hebel gegen die Liberalen in Wien. Einzig im Antisemitismus sah sich die polyglotte Bevölkerung Wiens geeint, bot er doch den Wienern

---

30 Vgl. den folgenden Ausspruch von Schalit, dem Führer der *Kadimah*: „Diese deutsch-nationalen Studenten werden ja einst die Jugend erziehen, sie werden Recht sprechen, sie werden in der Verwaltung sitzen, sie repräsentieren die künftige Gesellschaft." Bericht in *NFPm,* 17. März 1896, S. 6.

31 Mayer, *Die Wiener Juden,* S. 473; Pulzer, *Die Entstehung des politischen Antisemitismus,* S. 169–174. Siehe auch Berthold Feiwel, „Die Juden in Mähren", in: *Die Welt,* 17. Juni 1898, Nr.24, S. 8.

32 John W. Boyer, *Political Radicalism in Late Imperial Vienna* (Chicago 1981).

33 *Ibid.,* S. 62.

selbst eine Möglichkeit sich zu assimilieren und zu vereinen, während den Juden das Recht der Zugehörigkeit verweigert wurde.[34] Wenn Einwanderer nach Wien kamen, konnten sie sich hinter dem Bild des Juden als Außenseiter verstecken und sich so selbst als zugehörig fühlen. Auf dieses Phänomen machte auch Eduard Suess im Jahre 1895 aufmerksam, daß nämlich der Antisemitismus das Resultat der Assimilation der ganzen Stadt war, eine Tatsache, auf die auch Schnitzler in *Der Weg ins Freie* anspielte.[35] Auch wenn viele Wiener in Wahrheit oft „entnationalisierte" Tschechen waren, teilten sie mit den anderen Wienern doch den in den österreichischen, ruthenischen, ungarischen und polnischen Gesellschaften so tief verwurzelten Antisemitismus.[36] Wer sich dieses Antisemitismus geschickt bediente, konnte damit die ganze Stadt anstecken. Antisemitismus war der gemeinsame Nenner, auf den sich die bunt zusammengewürfelte christlichsoziale Koalition, abtrünnige Liberale, Demokraten, Deutschnationale, Klerikale und die Führer der Handwerker einigen konnten. Das positive Echo in breiten Kreisen der Wählerschaft bedeutete, daß es in erster Linie die Nutzung dieses Vorurteils aus der Zeit vor der Aufklärung war, mit deren Hilfe die Assimilation vernichtet wurde.[37] Die „Tonart" der Politik mag eine neue gewesen sein, die Melodie aber war in der Tat sehr alt.[38]

Der christlichsoziale Antisemitismus war ein Spiegelbild seiner Wählerschaft und als solcher ebenso vielfältig wie diese. Damals wie heute stiftet dieser Umstand einige Verwirrung. Der Antisemitismus, der seinen Ausdruck im Waidhofener Beschluß fand, war zumindest klar und eindeutig. Der Wiener Antisemitismus hingegen war wie die Stadt selbst voller Doppeldeutigkeit. So wurde behauptet, dieser Antisemitismus sei religiös begründet, doch stand er der kirchlichen Hierarchie anfangs feindselig gegenüber. Die breiteste Unterstützung aus den Reihen der Kirche kam vom niederen Klerus, der seinerseits nicht den offiziellen, bereits früher angesprochenen Antisemitismus der Führungsschichten, sondern jenen der österreichischen Bauern vertrat.[39] Die Vertreter dieser Variante hatten, abgesehen von ihrem stereotypen Bild, keineswegs eine klare Vorstellung, was ein Jude wirklich war. Typisch für die Christlichsozialen war, daß ein Flügel der Partei in der Konversion eine ausreichende Qualifikation für einen Parteibeitritt sah – durchaus logisch, wenn es um einen religiösen Antise-

---

34 Vgl. Manès Sperber, *Die Wasserträger Gottes,* (München 1983), S. 154 über dieses Phänomen bei seinem ruthenischen Lehrer.

35 Suess wird in der *NFPm* vom 29. März 1895, S. 5, zitiert; Arthur Schnitzler, *Der Weg ins Freie* (Frankfurt am Main 1978), S. 92.

36 Mayer, *Ein jüdischer Kaufmann,* S. 281.

37 Vgl. *NFPm,* 19. Juni 1896, S. 1; Brunners Kommentare in *NFPm,* 10. Juli 1897, S. 6; Friedrich Kicks Kommentare in *NFPm,* 16. Mai 1899, S. 2; vgl. Christoph Stölzl, *Kafkas böses Böhmen: Zur Sozialgeschichte eines Prager Juden* (München 1975), S. 45–46.

38 Vgl. Schorske, *Wien: Fin de Siècle,* S. 111.

39 Boyer, *Political Radicalism,* S. 167–182.

mitismus ging –, ein anderer Flügel hingegen nicht.[40] Die Konversion bewahrte aber zweifellos niemanden vor der antisemitischen Presse, und wenn der Betreffende, wie etwa die Familie Mautner-Markhof, eine Brauerei besaß, so konnte der wirtschaftliche Antisemitismus durchaus einen rassischen Anstrich bekommen.[41]

Die gemäßigten Christlichsozialen, darunter auch Karl Lueger, waren keine rassischen Antisemiten. Ein für den Wahlerfolg der Partei entscheidender Flügel aber kam direkt aus dem deutschnationalen Lager und vertrat eine ausdrücklich rassisch-antisemitische Position. Lange Jahre hindurch wurde dieser Flügel von der Parteiführung geduldet.[42] Der „Racenhass" [sic] spielte für die liberale Presse bei der Unterstützung der Christlichsozialen eine keineswegs unbedeutende Rolle, und die *Neue Freie Presse* erklärte sich dadurch auch die Siege der Christlichsozialen in der ersten Kurie.[43] Der christlichsoziale Antisemitismus war bisweilen äußerst verwirrend. Ein typisches Beispiel ist der katholische Pfarrer Josef Deckert, der seinen Gläubigen in Währing ganz unverhohlen einen fanatischen rassischen Antisemitismus predigte.[44] Der Rechtsanwalt von Pfarrer Deckert, diesem rassischen Antisemiten, aber war der (konvertierte) Jude Dr. Max Löw. Die liberale Presse nahm diese augenscheinliche Inkonsequenz aufs Korn, den Wienern aber schien dies nichts auszumachen.[45] Deckerts von rassischem Antisemitismus geprägte Ansichten waren für den Wiener Antisemitismus auch keineswegs inakzeptabel: im Oktober 1899 verlieh der christlich-sozial beherrschte Gemeinderat Deckert die höchste Auszeichnung, die er vergeben konnte: die Salvatormedaille.[46]

Einige Christlichsoziale versuchten, eine klare Linie in diese etwas verwirrende Situation zu bringen, wie sie auch im Fall Deckert deutlich wird. Der *Arbeiter Reformverein* trat im April 1899 zusammen, um Vorschläge für ein neues Wahlsystem zu diskutieren. Ein Sprecher des Vereins erklärte, daß der Antisemitismus nach wie vor die Oberhand über das christlichsoziale Gedankengut in der Bewegung haben solle. Ein Kompromiß in der Judenfrage sei notwendig. Es wurde vorgeschlagen, zwei Wahlkurien einzurichten, eine jüdische und eine christliche, wobei die konvertierten Juden der christlichen Kurie zugerechnet

---

40 Z. B. die Auseinandersetzungen um den Führer der Christlichsozialen Eisenbahnergewerkschaft, Löw, über die in der *NFPm* vom 22. Juli 1897, S. 6, berichtet wird.

41 *NFPm,* 2. September 1896, S. 6.

42 Boyer, *Political Radicalism,* S. 218 ff., 237.

43 *NFPm,* 27. September 1885, S. 1; bisweilen vertraten die Christlichsozialen allerdings einen Antisemitismus, der nur als rassisch bezeichnet werden kann; so etwa bei ihren Angriffen auf den „Juden" Eduard Suess, *NFPm,* 5. Jänner 1895, S. 4., und bei ihrem Vorschlag, alle Abgeordneten, die der Abstammung oder der Religion nach Juden waren, aus den Gremien des Landtags auszuschließen, *NFPm,* 30. Dezember 1896, S. 1.

44 Lohrmann (Hg.), *1000 Jahre,* S. 396–400.

45 *NFPm,* 15. Jänner 1896, S. 1, 7.

46 *NFPm,* 29. Oktober 1899, S. 1.

werden, aber nur ein aktives und kein passives Stimmrecht haben sollten. Diese Konvertiten konnten sich also nicht als Kandidaten aufstellen lassen und waren somit zwar nicht gerade Bürger zweiter, aber sicherlich auch nicht Bürger erster Klasse.[47]

Die meisten Christlichsozialen hatten nie Definitionsprobleme, bestand der große Vorteil des Wiener Antisemitismus für seine Anhänger doch gerade darin, daß es im Ermessen jedes einzelnen lag, wen man als jüdisch ansah, also gegen wen sich die Angriffe richten sollten, und es jedem freistand, alles, was sonst noch in den Reihen der Partei vor sich ging, zu ignorieren.[48] Die diesem Antisemitismus eigene Ambivalenz bot breiten Raum für politisches Taktieren. Mit seinem berühmten Ausspruch: „Wer ein Jud' ist, bestimme ich", nahm Lueger der Opposition elegant jeden Wind aus den Segeln, denn gegen wen richtete sich – wenn überhaupt – dieser Angriff? Er konnte seine Unschuld beteuern oder auf seinen Antisemitismus verweisen, ganz wie es ihm beliebte.[49] In einer sehr geschickt völlig scheinheilig angelegten Rede gelang ihm einmal sogar die Darstellung, als hätte seine Partei nie die jüdische Religion angegriffen, trotz deren Unterstützung für beispielsweise Pfarrer Deckert.[50] In einer brillanten Satire auf diese Rede kommt Mark Twain zu dem Schluß, daß die einzig richtige Antwort darauf lautete: „Hoch Lueger! Hoch die Juden!"[51] Jeder wußte, daß die Realität ganz anders aussah: Lueger machte sich ganz einfach nach Kräften die Mehrdeutigkeit des Wiener Antisemitismus zunutze.

Reden wie die oben genannte führten dazu, daß Lueger und seine Anhänger oft als gemäßigte, ja fast harmlose Antisemiten bezeichnet wurden.[52] Für Lueger, der vor allem ein Opportunist war, trifft dies in gewissem Sinne auch zu. Er hatte jüdische Freunde und konnte bisweilen sehr entgegenkommend sein.[53] Sein Hauptmerkmal aber war sein Opportunismus, und selbst wenn er jüdische Freunde hatte, hatte er doch auch politische Verbündete, die alle Juden als Untermenschen behandelten.[54] Wenn wir die gesamte Partei heranziehen, so

---

47 *NFPm*, 25. April 1899, S. 2.

48 Stella Klein-Löw erzählt, um ein Beispiel für diesen willkürlichen Antisemitismus zu bringen, von ihrem antisemitischen Dienstmädchen: „. . . nur waren wir für sie keine Juden". Klein-Löw, *Erinnerungen*, S. 13. Dieser Ansatz machte es möglich, daß Lueger um die Wahlunterstützung der Ostjuden werben konnte, indem er sich ihnen als Opposition zum wahren Feind, den kapitalistischen Assimilanten, vorstellte, während sein prominenter Parteigenosse Gregorig gegen eben jene Ostjuden wetterte. *NFPm*, 7. November 1896, S. 4; *NFPm*, 19. Jänner 1898, S. 6.

49 Vgl. George Clare, *Letzter Walzer in Wien. Spuren einer Familie* (Frankfurt am Main – Berlin – Wien 1984), S. 33–35.

50 *NFPm*, 16. Oktober 1897, S. 7.

51 *NFPm*, 17. Oktober 1897, S. 6.

52 Hannah Arendt, *Die verborgene Tradition* (Frankfurt am Main 1976), S. 79; M. Z. Rosensaft, „Jews and Antisemites in Austria at the End of the Nineteenth Century", in: *Leo Baeck Institute Yearbook (LBIY)* 1976, S. 71–83; Boyer, *Political Radicalism*, S. 88.

53 Mayer, *Die Wiener Juden,* S. 475; Guido Adler, *Wollen und Wirken* (Wien 1935), S. 109.

54 Barea, *Vienna*, S. 318; Bloch, *Erinnerungen*, S. 240–242.

gibt es Beispiele dafür, daß eine gewisse Zusammenarbeit möglich war, wie etwa bei der Zunftpolitik oder der Verwaltung wohltätiger Stiftungen.[55] Josef Strobach, der vorübergehend Luegers Posten als Wiener Bürgermeister innehatte, sandte zum Begräbnis des Vorsitzenden der jüdischen Kultusgemeinde, Gustav Simon, im Jänner 1897 einen Kranz.[56] Ermutigende Gesten wie diese wurden allerdings durch andere wieder wettgemacht, die keine entscheidende Änderung in der Einstellung der Christlichsozialen gegenüber den Juden erwarten ließen.[57] Der „Terrorismus der Rohheit", von dem die *Neue Freie Presse* sprach, hielt nach den Wahlerfolgen der Jahre 1895–1897 ungemindert an. Leute wie Gregorig, Schneider und Deckert forderten die Vernichtung der Juden, und die Verachtung und der Haß gegenüber den Juden seitens der beiden Vizebürgermeister Strobach und Neumeyer war kaum geringer.[58] Ende 1899 hatte sich an diesen Einstellungen nichts geändert, als die Sprecher eines im Musikverein abgehaltenen antisemitischen Treffens behaupteten, die Tatsache, daß Dreyfus seine Begnadigung angenommen habe, sei ein Eingeständnis seiner Schuld, und bei der Polna-Affäre gehe es um einen tatsächlichen Ritualmord.[59] In ihren Handlungen waren die Christlichsozialen vielleicht durchaus pragmatisch, ihre Sprache aber zielte darauf ab zu schockieren, und genau das schrieben auch die Zeitungen der kulturellen Elite.

Daß diese Rhetorik ihre Wirkung auf die breite Öffentlichkeit nicht verfehlen würde, war zu erwarten. Sprachliche Gewalt allein aber war entgegen anderslautender Behauptungen dem antisemitischen Pöbel nicht genug und wurde durch Gewalt in den Straßen ergänzt. Es gab zwar keine Massenmörder, aber ein jüdisches Kind riskierte in Wien durchaus, das ein oder andere Mal niedergeschlagen zu werden, nur weil es ein Jude war, und das galt sogar für Kinder recht begüterter Familien.[60] Für die Erwachsenen brachte der Antisemitismus einen zwar ärgerlichen wirtschaftlichen Boykott, mit dem man aber durchaus leben konnte. Weiters hatte ein Jude keine Chance, vom Gemeinderat auch nur den kleinsten Auftrag zu bekommen, und etwaige Beförderungen waren kein Thema,

---

55 Boyer, *Political Radicalism,* S. 74–76; zu den wohltätigen Stiftungen, *NFPm,* 19. November 1896, S. 1; *NFPm,* 6. Jänner 1897, S. 7; Joseph Oppenheimer läßt den Vorsitzenden eines imaginären Gemeinderates die Schenkung eines Baron Hönigsmann nicht ohne Humor mit den folgenden Worten begrüßen: „Ich glaube den Intentionen aller zu entsprechen, wenn ich dem edlen Spender, welcher allerdings einer verworfenen Rasse angehört, den tiefgefühlten Dank ausspreche." *NFPm,* 2. Juni 1895, S. 6.

56 *NFPm,* 17. Jänner 1897, S. 6.

57 Vgl. Braun, *Das Licht der Welt,* S. 90.

58 *NFPm,* 23. Jänner 1895, S. 1; zu Gregorigs Rhetorik siehe *NFPa* (Abendausgabe), 8. Jänner 1895, S. 2; *NFPm,* 14. Februar 1896, S. 3; zu Schneider, *NFPm,* 14. Februar 1896, S. 3; *NFPm,* 6. Februar 1895, S. 2; zu Deckert, *NFPa,* 20. Mai 1895, S. 1; zu Strobach und Neumeyer, *NFPa,* 21. Dezember 1897, S. 2; *NFPa,* 11. Oktober 1897, S. 3.

59 Siehe *NFPm,* 28. September 1899, S. 7.

60 Braun, *Das Licht der Welt,* S. 73, 90; Gottfried Reinhardt, *Der Liebhaber* (München 1976), S. 174; Klein, *The Jewish Origin of the Psychoanalytic Movement,* S. 48–49; Barea, *Vienna,* S. 305.

was einige Familien, wie beispielsweise die Klaars, hart traf.[61] Die Juden wurden aus dem Stadtrat ausgeschlossen, und der Gemeinderat drohte der *Freiwilligen Rettungsgesellschaft* die Einstellung von Zuwendungen an, sollten die recht zahlreichen jüdischen Mitglieder nicht entlassen werden.[62]

Es handelte sich dabei durchwegs um kleinliche Beschränkungen, die die reicheren Juden nicht sehr trafen. Die Atmosphäre aber, die durch den Erfolg des Antisemitismus geschaffen wurde, war nicht gut, und ein aufmerksamer Leser der *Neuen Freien Presse* konnte eine ganze Fülle von kleinen Hinweisen aufzählen, die die traurige Geschichte eines weitverbreiteten Antisemitismus enthüllten, wo Leute zusammengeschlagen wurden, nur weil sie Juden waren, und seitens des Rechtssystems nur herzlich wenig zu ihrer Verteidigung geschah.[63] Es gab in Wien Angriffe gegen jüdisches Eigentum und immer wieder Fälle von Diskriminierung.[64] 1898 gab es große Unruhen in Galizien, 1899 Aufstände gegen die „pro-deutschen" Juden in Böhmen, und dann der Beginn der Polna-Affäre.[65] Da in der *Neuen Freien Presse* natürlich auch ausführlich über die Dreyfus-Affäre berichtet wurde, zeigt sich, daß die Judenfrage im Bewußtsein der Leser dieser Zeitung ein wichtiges Thema war, denn jedesmal, wenn sie die Zeitung aufschlugen, wurden sie daran erinnert.[66] Der Erfolg des von den Christlichsozialen praktizierten Antisemitismus führte dazu, daß es für Juden nun sehr schwierig wurde, die Judenfrage zu ignorieren.

Ein Wiener Phänomen

Keine der faßbaren Auswirkungen des Antisemitismus, weder die Unruhen noch die Straßenkämpfe, hatten sehr viel mit der kulturellen Elite Wiens zu tun. Die wahrscheinliche Reaktion auf die Berichte über solche Vorkommnisse in den Zeitungen war, daß man sich glücklich schätzte, nicht zu den unteren Gesellschaftsschichten zu gehören, wo der populäre Antisemitismus vor allem zutage

---

61 Clare, *Letzter Walzer*, S. 33–35; siehe *NFPa,* 11. Oktober 1897, S. 3; *NFPm,* 4. März 1899, S. 4–5.

62 *NFPm,* 28. Mai 1896, S. 1; *NFPm,* 17. Juli 1896, S. 1.

63 Viele solcher Fälle finden sich in den im folgenden angegebenen Ausgaben der *Neuen Freien Presse:* 5. Mai 1985m, S. 9; 7. Juni 1895m, S. 6; 16. Juli 1895a, S. 1; 27. Juli 1895m, S. 7; 19. September 1895m, S. 7; 4. Oktober 1895m, S. 1; 20. August 1896m, S. 3; 22. August 1896a, S. 31; 24. Oktober 1896m, S. 6; 30. März 1899a, S. 1.

64 Siehe die folgenden Ausgaben der *Neuen Freien Presse:* 29. Juni 1895m, S. 10; 13. Juli 1895m, S. 6–7; 18. August 1895m, S. 3–4; 3. Dezember 1895m, S. 6; 4. November 1896a, S. 3; 23. Februar 1897m, S. 8; 23. März 1897m, S. 2; 15. Dezember 1897m, S. 8; 6. Juli 1898a, S. 2; 12. August 1898m, S. 6.

65 Siehe die folgenden Ausgaben der *Neuen Freien Presse:* 25. Mai 1898a, S. 3 (und am folgenden Tag); 6. April 1899m, S. 8; 22. September 1899m, S. 7; 24. Oktober 1899m, S. 1. Zur Polna (Hilsner)-Affäre siehe Ernst Rychnovsky, Hg., *Masaryk und das Judentum* (Prag 1931), *passim.*

66 Es erübrigt sich hinzuzufügen, daß die Berichte über die Dreyfus-Affäre von etwa Oktober 1897 bis September 1899 zu den wichtigsten Nachrichten der *Neuen Freien Presse* zählten.

trat. Wenn man auch darüber hinwegsehen konnte, was sich in der Leopoldstadt zutrug, war es doch nahezu unmöglich, die Tatsache zu ignorieren, daß die neuen Machthaber in Wien all das repräsentierten, was die jüdischen Einwanderer an dieser Stadt verachteten. Sie waren nicht nur Antisemiten, sondern zumindest für die deutschen Liberalen auch Wiener im schlimmsten Sinn des Wortes, die daran gingen, die liberale deutsche Führungsschicht in Wien zugrunde zu richten.

Den Christlichsozialen haftete entschieden ein gewisses Banausentum an, und sie hegten ein tiefes Mißtrauen gegenüber der Bildung.[67] 1896 stellten sie die finanzielle Unterstützung für den *Volksbildungsverein* ein und unterliefen diese Bemühung, die „Aufklärung" im Volk zu verbreiten, mit allen ihnen zur Verfügung stehenden Mitteln.[68] Sie griffen auch die Unabhängigkeit des Lehrberufes an, obwohl die Lehrer zu ihren wichtigsten Befürwortern zählten.[69] Den neuen Machthabern fehlte es nicht nur an Bildung, sie hatten auch zu ihrem angeblich deutschen Erbe eine alles andere als eindeutige Einstellung. Während ein Flügel der Partei aus dem Lager der Deutschnationalen kam, war die Partei auch bemüht, die Stimmen der Tschechen für sich zu gewinnen. Und so hielt Lueger im Oktober 1897 im Gemeinderat eine glühende deutschnationale Rede, während er gleichzeitig im Reichsrat Badenis Sprachenverordnungen unterstützte, die sich gleichermaßen gegen die Deutschnationalen wie gegen die Liberalen richteten.[70] Noch schlimmer als dieser Verrat an der deutschen Nation war die feindselige Einstellung zur deutschen Kultur, die sich darin zeigte, daß die Subventionen des *Deutschen Schulvereins,* jener Institution, die dem deutschen Liberalismus so viel bedeutete, im Mai 1898 eingestellt wurden.[71]

In anderer Hinsicht waren die Christlichsozialen „typische" Wiener. Lueger selbst war der Inbegriff einer eleganten Erscheinung – „der schöne Karl" – und hatte ein unerhörtes Talent zur Scheinheiligkeit und Doppelzüngigkeit. Er beherrschte den *Wiener Schmäh* bis zur Perfektion.[72] In den Augen der liberalen Presse und damit des liberalen Bürgertums war die christlichsoziale Stadtverwaltung höchst ineffizient, und in ihren Amtsträgern sahen sie die Handlanger der klerikalen Reaktion, die „reaktionären Geheimagenten der Politik von Kalksburg".[73] Im Sieg der Christlichsozialen sah man das Ende der Geschichte

---

67 Friedrich Heer, *Land im Strom der Zeit* (Wien 1958), S. 295.
68 *NFPm,* 24. Juni 1896, S. 1; *NFPm,* 15. Oktober 1899, S. 1.
69 *NFPm,* 18. Februar 1898, S. 4; *NFPm,* 24. Februar 1899, S. 1; auch *NFPm,* 23. September 1897, S. 5; *NFPm,* 28. September 1897, S. 5.
70 *NFPm,* 23. Oktober 1897, S. 7 (Rede Luegers); *NFPm,* 17. Juli 1897, S. 6 (zur Weigerung des Gemeinderates, die Deutschen in Böhmen zu unterstützen); *NFPm,* 30. Oktober 1897, S. 7 (Kritik Mittlers an der Doppelzüngigkeit Luegers).
71 *NFPm,* 18. Mai 1898, S. 1; *NFPm,* 24. Mai 1895, S. 1.
72 Barea, *Vienna,* S. 318.
73 *NFPm,* 23. September 1897, S. 5; *NFPm,* 25. Februar 1899, S. 1; das Zitat stammt aus *NFPm,* 4. Juli 1896, S. 1.

Wiens als Zentrum des Fortschritts, und gleichzeitig wurden durch diesen Erfolg die Errungenschaften des „aufstrebenden und freien Wiener Bürgertums" aufs Spiel gesetzt.[74] Die deutsche Kultur wurde durch die „deutschfeindlichen" Klerikalen bedroht, und Luegers Deutschtum galt als Heuchelei.[75]

Bildung und Kultur ganz allgemein, so behauptete die *Neue Freie Presse,* waren das Ziel der Angriffe der Reaktion, wobei die reaktionären Kräfte in Wien nur einen, wenn auch beträchtlichen Teil darstellten.[76] Als Eugen von Philippovich im Niederösterreichischen Landtag als „Geistesprotz" abqualifiziert wurde, stimmte die *Neue Freie Presse* in seine beißende Verurteilung der christlichsozialen Angreifer ein: „Die Unbildung fühlt sich in der Majorität, darum: Hinaus mit der Bildung! Fort mit der Wissenschaft! Kampf den Lehrern!"[77] Im Mai 1895 sah die *Neue Freie Presse* im ständigen Anwachsen der antisemitischen Bewegung eine große Verschwörung, um die Freiheit und alle anderen Werte, die der Zeitung am Herzen lagen, zu vernichten. Das Ziel war einfach: „Alle freien Einrichtungen, den Einfluß des Bürgerthums [sic], die politischen Früchte der fortschrittlichen Wissenschaften, die moralische Wirkung der Cultur [sic] auf das öffentliche Leben zu zerstören."[78] All das, was die Juden nach Wien gezogen hatte, verschwand vor ihren Augen.

Sehr treffend beschrieb Joseph Oppenheimer die Einstellung eines jüdischen Liberalen zu den Wiener Antisemiten in einer Satire, die er für die Sonntagsausgabe der *Neuen Freien Presse* im Juni 1895 unter dem Titel *Die letzte Sitzung* verfaßte. Es handelte sich dabei um eine Parodie auf die Auflösung des Gemeinderates durch die Machthaber in diesem Monat. Zielscheibe war die neue Mehrheit im Gemeinderat, nämlich die Christlichsozialen. Oppenheimer beschreibt zunächst die rohe Gewalt in den Straßen und den Haß des Bürgertums, den Lueger entfesselt hatte, doch gab es dabei auch die „typisch wienerische" Seite. „Jede Bettlerin, der man eine Kupfermünze reicht, bedankt sich schon mit den Worten: ‚Küss' die Hand ‚gnädiger Blutsauger.'" Die in Wien gemäß dieser Satire gepflogenen gewählten Umgangsformen waren eine reine Farce. Als schließlich die antisemitischen Gemeinderäte erscheinen, spricht der Vorsitzende (Lueger) sie in breitestem Wienerisch an, das Protokoll aber wird auf Hochdeutsch geführt. Die Anspielung geht dahin, daß diese Leute keine wahren Deutschen waren. Als es dann zur Abstimmung über die Erhöhung der Lehrerbezüge kommt, stimmen die Liberalen dafür, die Antisemiten aber wenden ein: „Gen-

---

74 *NFPm,* 18. September 1895, S. 1; *NFPm,* 29. November 1898, S. 1.

75 Zu dieser Bedrohung durch den Klerikalismus siehe *NFPm,* 2. Juli 1899, S. 1; *NFPm,* 11. Mai 1899, S. 1; *NFPm,* 23. August 1896, S. 1. Zu Lueger, *NFPm,* 23. September 1897, S. 5.

76 *NFPm,* 14. Mai 1895, S. 1. (Verwendung des Wortes „Bildungsfeindlichkeit"); *NFPm,* 20. Jänner 1898, S. 1. – Als Wurzel der Reaktion in Europa galt „jene finstere Macht, welche in allen Ländern die Zwietracht nährt, um auf den Trümmern der Bildung und Cultur [sic] ihre eigene Herrschaft aufzurichten."

77 *NFPm,* 11. Mai 1899, S. 1.

78 *NFPm,* 31. Mai 1895, S. 1.

gen's baden, mir brauchen keine Lehrer, die Kinder lernen eh zu viel." Der Vorsitzende ermahnt sie zur Ruhe und erinnert daran, daß auch die Lehrer ein Stimmrecht hätten. Ein deutlicher Hinweis, daß die Christlichsozialen nicht viel von Bildung und Erziehung hielten, aber die Stimmen der Lehrer benötigten und dafür zu jeder Heuchelei bereit waren. Alles war sehr niederträchtig und sehr wienerisch.[79]

Indem er die Antisemiten mit allen schlechten Eigenschaften der Wiener identifiziert, gibt Oppenheimer lediglich ein Spiegelbild des durch den Triumph der Christlichsozialen hervorgerufenen Umschwungs in der politischen Identität. Anders ausgedrückt war es den Christlichsozialen mit Hilfe des Einflusses des antisemitischen Vorurteils möglich gewesen, die liberale Führungsschicht zu eliminieren und zu spalten, indem sie „den Juden" für die Wähler mit all dem identifizierten, wofür ihre Gegner standen.[80] Jeder konnte in Mißkredit gebracht werden, wenn man ihn mit Juden in Verbindung brachte, eine Taktik, die bisweilen sogar in völlig absurden Zusammenhängen gebraucht wurde. So behauptete etwa Hermann Bielohlawek, Schönerer würde von Juden finanziert.[81] Im allgemeinen aber richteten sich die Vorwürfe gegen die Liberalen, die in den verschiedenen Abgeordnetenkammern wiederholt als „Judenknechte" bezeichnet wurden.[82] Diese Taktik veranlaßte die *Neue Freie Presse* den Gemeinderat als jenen Ort zu bezeichnen, „wo alle Wissenschaft und Erfahrung mit demeinen Wort: Judenknecht todtgeschlagen wird".[83] Richteten sich die Angriffe gegen einen Juden oder einen Menschen jüdischer Abstammung, so war die Sache überhaupt ganz einfach, denn diese Leute konnten jederzeit in Mißkredit gebracht werden, ohne daß sie etwas Besonderes getan oder gesagt haben mußten, und befanden sich somit automatisch im Nachteil.[84]

Kamen zu dieser rhetorischen Gleichsetzung der Liberalen mit den Juden noch größere wirtschaftliche Mißstände hinzu, so hatte dies verheerende Auswirkungen auf die liberalen Wähler, wie Boyer gezeigt hat. Wie bereits früher näher ausgeführt, war der Wahlerfolg der Christlichsozialen nicht ausschließlich auf die Stimmen der unteren Mittelschichten sondern auch auf jene der bürgerlichen Intelligenz wie der Lehrer und Beamten, der nichtjüdischen kleinen Händler und sogar der Hausbesitzer, die in der ersten Kurie wählten, zurückzuführen. Wenn Boyers Behauptungen richtig sind, so stimmte der nichtjüdische Teil des bürgerlichen Lagers überwiegend für die Christlichsozialen, wodurch die Juden und die

---

79 Veröffentlicht in *NFPm,* 2. Juni 1895, S. 6 –7. Der junge Karl Kraus äußert sich ebenfalls über die armen Deutschen unter den Christlichsozialen, siehe *Die Wage,* 29. Jänner 1898, Nr.5, S. 90.
80 Siehe Bloch, *Erinnerungen,* S. 247.
81 *NFPa,* 18. Dezember 1897, S. 2.
82 Z. B. *NFPm,* 2. Juni 1895, S. 7; *NFPm,* 5. Jänner 1895, S. 4.
83 *NFPm,* 4. August 1895, S. 1. Siehe auch S. T., „Verjudet", in: *Die Welt,* 22. Jänner 1899, Nr.51, S. 2.
84 Siehe Ludwig von Mises, *Erinnerungen* (Stuttgart 1978), S. 17; Arthur Schnitzler, *Professor Bernhardi,* in: *Dramen,* Bd. 6 (Frankfurt am Main 1962), S. 156.

verbleibenden liberalen Wähler weitgehend isoliert wurden.[85] Wie aus meinen Zahlen für die Gymnasien hervorgeht, waren die Gebildeten in diesem Kreis außerdem überwiegend jüdisch.[86] So standen also Juden in vorderster Front jener Gruppe, die durch den Wechsel in der Wählergunst unter der vermeintlich liberalen herrschenden Klasse am stärksten betroffen war. Wie die *Neue Freie Presse* im September 1895 schrieb, war es „dasselbe Bürgertum", das einst für den Liberalismus gestimmt hatte und sich nun gegen diesen wandte, wobei dieser Verrat an der liberalen Sache von den Lehrern und Beamten angeführt wurde.[87] Die Juden hatten sich nicht geändert, sehr wohl aber die übrige Bevölkerung Wiens – oder hatte sie sich lediglich wieder auf sich selbst besonnen?

Reaktionen seitens der Juden – Das Scheitern der Assimilation

Der Liberalismus hatte seine Stellung in Wien eingebüßt, weil seine Wählerschaft, aus welchem Grund auch immer, bereit war, die liberalen Grundsätze von Freiheit und Gleichheit aufzugeben und für eine Partei zu stimmen, die offen die Diskriminierung einer ethnischen Minderheit, nämlich der Juden, betrieb. Nachdem sie mit den Worten Blochs jahrzehntelang der „Schutzgöttin des Liberalismus" gehuldigt hatten, tolerierten sie nun deren Liebäugelei mit der Opposition: „Eines Tages erwachte er, schrille, gehässige Töne erschreckten sein Ohr, gleich dem Gebrüll wilder Bestien! Er blickte um sich, und seine angebetete Schutzgöttin lag entseelt auf dem Boden."[88] Waren die Juden schon mit dem Auftreten der Liberalen in Wien keineswegs glücklich gewesen, so verbannte sie deren Niederlage ab den achtziger Jahren des vergangenen Jahrhunderts in die politische Isolation, die gleichzeitig auch eine gesellschaftliche Isolation bedeutete, die in den Augen mancher noch schlimmer war als vor der Emanzipation.[89]

Sigmund Mayer schreibt: „Zwischen den Tischen, an welchen Christen und denen, an welchen Juden saßen, war ein unsichtbar Trennendes."[90] Der gesellschaftliche Verkehr zwischen Juden und Christen fand ein jähes Ende. Dies zeigte sich darin, daß Juden aus den Burschenschaften oder aus Radfahrvereinen ausge-

---

85 Boyer, *Political Radicalism,* S. 307, 349–357, 396–403; *NFPm,* 2. April 1895, S. 1; *NFPm,* 8. Mai 1895, S. 4.

86 Siehe weiter oben, S. 62 ff.

87 *NFPm,* 18. September 1895, S. 1; *NFPm,* 24. Setember 1895, S. 1; vgl. Kronawetters Brief, abgedruckt in *NFPm,* 11. März 1898, S. 4.

88 *Österreichische Wochenschrift. Centralorgan für die gesammten Interessen des Judenthums (ÖW),* 2. Jänner 1885 (II.1), S. 3. Man beachte, wie früh, nämlich schon 1885 und nicht erst 1895, der Niedergang des Liberalismus deutlich war.

89 Über die Unzufriedenheit mit den Liberalen siehe *NFPm,* 31. Jänner 1896, S. 1; *NFPm,* 1. Oktober 1895, S. 5. Bezüglich der gesellschaftlichen Isolation siehe den Nachruf für Arnold Hirsch in *NFPm,* 25. November 1896, S. 5.

90 Mayer, *Die Wiener Juden,* S. 469–470.

schlossen wurden und in der Tatsache, daß sich die Kinder in den Schulen nicht mischten, ja nicht einmal die gleichen Wanderwege einschlugen.[91] All dies führte dazu, daß die Juden vom Rest der Gesellschaft abgesondert wurden.[92]

Durch diese geänderten Umstände wurde die Judenfrage für die Juden zu einem unausweichlichen Problem.[93] Die Reaktionen darauf innerhalb der jüdischen Gemeinde waren unterschiedlich. Zum einen gab es einen großen Zorn. So wurde beispielsweise der abtrünnige jüdische Sozialdemokrat Ellenbogen bei einer Wahlveranstaltung der Liberalen im Jahre 1896 in der Leopoldstadt beinahe gelyncht.[94] Viele jüdische Liberale, unter ihnen Sigmund Mayer und Alfred Stern, fürchteten, die Juden würden sich aus der Welt der Politik und der Gesellschaft zurückziehen müssen, die sie ablehnte.[95] Zahlreiche Juden besannen sich wieder auf ihre jüdische Identität und Religion. Neue Tempel und Synagogen wurden als Ausdruck der – wie man es nannte – „Festigung ihres Zusammenhaltes" errichtet.[96] In Reaktion auf das Scheitern der Assimilation entdeckten die Juden auch ihren Stolz wieder.[97] Jüdische Studentenvereinigungen wie die *Jüdisch-akademische Lesehalle* (gegründet 1894) und die *Lese- und Redehalle jüdischer Hochschüler* (gegründet 1900) fühlten sich, obwohl beide zionistisch, als Wahrer des westlichen Erbes gegenüber den reaktionären Kräften, eine Funktion, die auch Herzl selbst im Zionismus sah.[98] Dieser Stolz der Juden war in der Tat überwiegend der Stolz auf jenes liberale Erbe, das sie erworben hatten und nun nicht mehr von ihrem Judentum zu unterscheiden vermochten.

Dasselbe jüdische Bewußtsein konnte aber auch zu einer Ablehnung des Liberalismus führen und zur Besinnung auf eine spezifisch jüdische kulturelle und ethnische Identität, wie sie von der Nationaljüdischen Partei verkörpert wurde.[99] Eine weitere Reaktion war der Zionismus, der aus einer Mischung von liberalen, ethnischen und traditionellen Beweggründen heraus entstanden war, wobei die zunächst überwiegend liberalen Ideen allmählich immer mehr in den Hintergrund traten.[100] Für die kulturelle Elite aber kam letztlich weder die Option der Nationalisten noch jene der Zionisten in Frage, obwohl viele mit

---

91 Olga Schnitzler, *Spiegelbild,* S. 81; *NFPa,* 14. Dezember 1896, S. 5; Gespräch mit Ann Unger, Berkeley, Sommer 1983.

92 Vgl. Paul Vasili, *Die Wiener Gesellschaft* (Leipzig 1885), S. 226–227, der das Aufkommen des Antisemitismus auf eine bereits *zuvor* existente Neigung von Juden und Nichtjuden zurückführte, sich gesellschaftlich nicht zu mischen.

93 Vgl. Schnitzler, *Der Weg ins Freie,* S. 61.

94 *NFPm,* 26. Februar 1896, S. 7.

95 Mayer, *Ein jüdischer Kaufmann,* S. 300; *NFPm,* 1. Oktober 1895, S. 5.

96 Mayer, *Die Wiener Juden,* S. 464.

97 Z. B. Freud, siehe Klein, The *Jewish Origins of the Psychoanalytic Movement,* S. 22–29. Siehe auch Olga Schnitzler, *Spiegelbild,* S. 81.

98 Klein, *The Jewish Origins of the Psychoanalytic Movement,* S. 23–25. Vgl. Nike Wagner, „Theodor Herzl ou la Vienne délivrée", in: *Vienne 1880–1938: l'apocalypse joyeuse* (Paris 1986), S. 154–162.

99 Lohrmann (Hg.), *1000 Jahre,* S. 362–364.

100 Schorske, *Wien: Fin de Siècle,* S. 138–1641; Bein, *Herzl,* S. 67, 91; siehe auch Theodor Herzl,

diesen sympathisierten. Jüdische Organisationen wie die *Österreichisch-Israelitische Union* traten in ihren politischen Ansichten auch weiterhin für die Assimilation ein.[101] Ziel war es, dem Antisemitismus Paroli zu bieten, nicht sich einfach zu ergeben. Die Juden sollten auch weiterhin zur westlichen Gesellschaft gehören.[102] Die Judenfrage war eine persönliche Frage und mußte vom jedem einzelnen für sich beantwortet werden, damit der „Weg der Assimilation, d. h. der Einfügung in das volle Kulturleben der Gesamtbevölkerung" nicht gestört würde.[103] Für Leute wie Sigmund Mayer war eine persönliche jüdische Identität in dieser Hinsicht kein Hindernis.[104] Andere, radikalere Verfechter der Assimilation, wie etwa Theodor Gomperz, lehnten jede Konzession an die jüdische Identität ab und empfanden eine solche als Bedrohung für die Einheit der Menschen. Gomperz sah im jüdischen Nationalismus und im Zionismus eine Kapitulation vor den Antisemiten, ein Einverständnis mit deren antiliberaler Theorie von der Unvereinbarkeit der Rassen.[105] Der Antisemitismus mußte überwunden, nicht akzeptiert, und die Assimilation fortgesetzt werden. In *Eine Krone für Zion* (1898) vertritt Karl Kraus im wesentlichen die gleiche Ansicht und bezeichnet Herzl als „endlichen Vollstrecker des christlichsocialen Willens".[106] Die einzig wahre Antwort auf die schwierige Lage der Juden ist für ihn die Assimilation, und der Sozialismus würde durch seinen Universalismus die Rettung sein. Die Juden würden nicht nach Palästina gehen, weil „ein anderes rothes Meer, die Socialdemokratie, ihnen den Weg dahin versperren wird".[107]

Das stärkste Argument gegen den Zionismus vor dem Ersten Weltkrieg war, daß die Lage rein äußerlich gesehen damals nicht so schlecht war. Die Gesellschaft verhielt sich den Juden gegenüber zwar feindselig, diese aber konnten sich zumindest in einem Staat, in dem es noch eine Verfassung gab und an dessen Spitze ein Monarch stand, der diesen neuen Antisemitismus verabscheute, zumindest auf ihre Menschenrechte berufen.[108] Paradoxerweise wechselte die ehemalige liberale Koalition überwiegend ins antisemitische Lager, während die Habsburger, oder zumindest Franz Joseph I., *relativ* philosemitisch waren.[109]

„Judenthum", in: *ÖW,* 13. November 1896 (XIII, 46), S. 921–924. Siehe auch die Vorträge von Amos Elon und Schlomo Avineri bei der Konferenz *Versunkene Welt: die Welt von Gestern,* Wien, 19.–22. November 1984.

101 Marsha Rozenblit, *Juden in Wien 1867–1914. Assimilation und Identität* (Wien 1989), S. 158–164.

102 Mayer, *Ein jüdischer Kaufmann,* S. 259.

103 Mayer, *Die Wiener Juden,* S. 465–468.

104 *Ibid.,* S. 464.

105 *Gomperz: ein Gelehrtenleben,* S. 445; Gomperz, *Essays,* S. 196–199.

106 Karl Kraus, *Eine Krone für Zion* (Wien 1898), S. 3–5.

107 *Ibid.,* S. 30.

108 Barea, *Vienna,* S. 303.

109 May, *The Habsburg Monarchy,* S. 310; Häusler, „Toleranz, Emanzipation", S. 118; *NFPa,* 11. Dezember 1899, S. 3.

Die Juden sahen Franz Joseph daher in einem anderen Licht, nicht als katholischen Habsburger, sondern als Schutzherrn der Verfassung und ihrer Rechte und waren ihm daher treu ergeben.[110]

Trotz des zunehmenden Antisemitismus konnten die Juden in Österreich und Wien sogar in einem gewissen Sinne zuversichtlich in die Zukunft blicken. Der wirtschaftliche Boykott blieb ebenso wirkungslos wie die Bemühungen, die Juden aus dem öffentlichen Leben hinauszudrängen.[111] Für Käthe Leichter tangierten Lueger und Schönerer das liberale Bürgertum kaum.[112] Die Drohungen der Antisemiten stellten, von gelegentlichen Unruhen abgesehen, keine Gefahr für das jüdische Bürgertum dar. Der Staat schützte Leben und Unterhalt. Das Wien der Vorkriegszeit war, um mit Stefan Zweig zu sprechen, eine „Welt der Sicherheit".[113] Was fehlte, war die gesellschaftliche Anerkennung der Juden als ebenbürtig. Dieses Ziel der Assimilation erwies sich als Illusion. Mit dieser gesellschaftlichen Realität, selbst unter dem noch verbliebenen nichtjüdischen Bürgertum, mußten die Juden sich abfinden, auch wenn sie sonst ein mehr oder weniger angenehmes Leben führten. Nicht einmal bei den eigenen Geschäftspartnern oder Freunden konnte man sicher sein, ob sie sich nicht insgeheim glücklich schätzten, die Antisemiten an der Macht zu sehen.[114] Die Antisemiten waren „hoffähig" geworden, und die Lebensbedingungen für die Juden waren zweifellos nicht ideal, galten sie doch als Fremde in ihrer eigenen Heimat.[115] „Fremdling" genannt zu werden, war das, was wirklich verletzte, und nicht der größte wirtschaftliche Wohlstand konnte darüber hinwegtrösten.

Viele erkannten die schwierige Lage der Juden und zeigten großes Verständnis; darunter etwa Graf Wilczek oder Gundaccar von Suttner, Marie von Ebner-Eschenbach, Hermann Nothnagel, Hermann Bahr (nach einer inneren Kehrtwende), Robert Musil und Anton Wildgans (die beide mit Jüdinnen verheiratet waren), Engelbert Pernerstorfer und andere.[116] Diese Leute aber stachen aus der breiten Masse der Bevölkerung als Ausnahmen hervor. So schreibt Sigmund Mayer, daß es „nur die allerbesten, nämlich die den intellektuellen Kreisen angehörenden Kollegen" waren, die sich nicht von den Juden distanzierten. Aber selbst unter den Intellektuellen fanden die Juden keine allzu große Unterstüt-

---

110 *NFPm*, 8. Oktober 1899, S. 8; William M. Johnston, *Österreichische Kultur- und Geistesgeschichte. Gesellschaft und Ideen im Donauraum 1848 bis 1938* (Wien – Köln – Graz 1974), S. 54.

111 Mayer, *Die Wiener Juden*, S. 475–478.

112 *Käthe Leichter: Leben und Werk,* Hg. Herbert Steiner (Wien 1973), S. 238.

113 Stefan Zweig, *Die Welt von Gestern* (Frankfurt am Main 1982), S. 14 ff.

114 Mayer, *Die Wiener Juden*, S. 471.

115 *NFPm,* 28. April 1896, S. 1; *NFPm,* 8. Oktober 1899, wo Heinrich Steger zitiert wird: „Ist es nicht eine Judenverfolgung, wenn man es wagt, jüdische Staatsbürger Fremdlinge zu nennen, deren Eltern und Voreltern hier gelebt, trotzdem wir uns mit Gut und Blut dem Staate zur Verfügung stellen und mit allen Fasern des Herzens an unserem österreichischen Heimatlande hängen!"

116 May, *The Habsburg Monarchy*, S. 180, zu Wilczek.

zung.[117] Während der Krise des Jahres 1899, jenem Jahr, in dem die Dreyfus-Affäre sich dem Ende zuneigte und die Polna-Affäre in widerwärtiger Weise vor Augen führte, was Tschechen und Deutsche wirklich von den Juden hielten, wurde der Ruf nach einem österreichischen Zola laut.[118] Rabbi Güdemann stimmte anläßlich einer Rede vor einer jüdischen Versammlung im Musikverein im Oktober desselben Jahres in diesen Ruf ein. Unter Anspielung auf die deutsche Krönungszeremonie, sagte er: „So hat sich uns Juden angesichts dieser infamen Blutbeschuldigung die Frage auf die Lippen gedrängt: ‚Ist kein Zola da?' Aber die Frage war eine vergebliche." Ungeachtet der Bemühungen Masaryks in Prag sprach Güdemann davon, daß es in Österreich jenen Kampf der nichtjüdischen Intellektuellen für den Fortschritt, den in Frankreich die *Dreyfusards* verkörperten, nicht gab. Er stellte sogar die Behauptung auf, daß nur die Juden die Wahrheit, das Siegel Gottes, verteidigten. Es gab keinen österreichischen Zola.[119]

Der Grund, weshalb sich die nichtjüdischen Angehörigen der kulturellen Elite nicht stärker engagierten, liegt zum Teil darin, daß auch sie von den antisemitischen Ideen nicht ganz unbeeinflußt blieben. Bei Brahms beispielsweise schlich sich, obwohl er ein gestandener norddeutscher Liberaler war, bisweilen der Anflug eines kulturellen Antisemitismus ein.[120] Max Burckhard, ein guter Freund Schnitzlers und Vorbild für dessen Hofrat Winkler in *Professor Bernhardi,* soll Alma Mahler-Werfel nach deren eigener Aussage mit folgender Begründung von einer Ehe mit Gustav Mahler abgeraten haben: „Sie sind ein so schöner Mensch und eine so gute Rasse."[121] Aus Rilke sprach eine ähnliche Einstellung, als er Sidhonie von Nadherny von einer Heirat mit Karl Kraus abriet, indem er von einem „letzten untilgbaren Unterschied" zwischen ihr und Kraus sprach, der sich zweifellos auf die Tatsache bezog, daß Kraus Jude war.[122] Selbst bei einem Liberalen wie Bernatzik zeigte sich ein angeborenes Vorurteil, als er Hans Kelsen von einer akademischen Laufbahn abriet, weil er Jude war, wobei er übersah oder nicht bedachte, daß Kelsen konvertiert war.[123]

Es ist eine Mär zu glauben – wie dies viele Konvertiten taten –, daß das gesellschaftliche Stigma, Jude zu sein, allein durch einen Glaubensübertritt oder die Tatsache, nur teilweise Jude zu sein, ausgelöscht würde. Wie man sich selbst sah, hatte keinen großen Einfluß darauf, was die anderen von einem dachten, auch wenn es die besten Freunde waren. Dem Konvertiten Kelsen wurde gesagt, er würde aufgrund des rassischen Antisemitismus der Studenten, die er zu

---

117 Mayer, *Die Wiener Juden,* S. 471.
118 Vgl. *NFPm,* 2. Juli 1899, S. 1.
119 Artikel in *NFPm,* 8. Oktober 1899, S. 7–8.
120 Karl Goldmark, *Erinnerungen aus meinem Leben* (Wien 1922), S. 87; Blaukopf, *Mahler,* S. 207.
121 Alma Mahler, *Gustav Mahler: Erinnerungen und Briefe* (Amsterdam 1940), S. 27.
122 Paul Schick, *Karl Kraus* (Hamburg 1965), S. 74.
123 R. A. Métall, *Hans Kelsen: Leben und Werk* (Wien 1969), S. 10.

unterrichten hätte, keinen Lehrposten an der Universität bekommen.[124] Auch Hofmannsthal konnte es nicht verwinden, daß die antisemitische Presse seine Fassung des *Ödipus* kritisierte, weil sie in einem „jüdischen Deutsch" geschrieben war.[125] Es war ihm klar, daß einer der Hauptgründe, warum Max Reinhardt nicht Präsident der Salzburger Festspiele werden konnte, darin lag, daß er Jude war.[126] Hofmannsthals Freund Leopold von Andrian war im Kriegsministerium aufgrund der Abstammung seiner Mutter als der „süße Semit" bekannt.[127] Antisemitische Vorurteile gab es überall, sie waren nahezu nicht zu vermeiden. Wenn der österreichische Antisemitismus nicht so eindeutig rassistisch war wie jener der Deutschnationalen, so nur, weil sich – wie immer in Wien – niemand um eine Klarstellung gekümmert hatte. Das hieß aber nicht, daß er bei Bedarf nicht zumindest ebenso umfassend ausgelegt wurde wie der rassische Antisemitismus.

Arthur Schnitzler schrieb in einem Entwurf für seine Autobiographie:

„Es war nicht möglich, insbesondere für einen Juden, der in der Öffentlichkeit stand, davon abzusehen, daß er Jude war, da die andern es nicht taten, die Christen nicht und die Juden noch weniger. Man hatte die Wahl, für unempfindlich, zudringlich, frech oder für empfindlich, schüchtern, verfolgungswahnsinnig zu gelten. Und auch wenn man seine innere und äußere Haltung so weit bewahrte, daß man weder das eine noch das andere zeigte, ganz unberührt zu bleiben war so unmöglich, als etwa ein Mensch gleichgültig bleiben könnte, der sich zwar die Haut anästhesieren ließ, aber mit wachen und offenen Augen zusehen muß, wie unreine Messer sie ritzen, ja schneiden, bis das Blut kommt."[128]

Die Juden mußten die unübertroffene Erfahrung machen, ein zweites Mal vom Rest der Gesellschaft ausgeschlossen zu sein. Sie konnten sich in dieser Gesellschaft zwar ohne tätliche Angriffe bewegen, es war ihnen aber nur allzu bewußt, daß sie nicht vollwertige Mitglieder dieser Gesellschaft waren, sondern „Fremdlinge, ausgeschlossen, nicht dazugehörig".[129] Zu Außenseitern der Gesellschaft gestempelt, mußten sie nun nach einer Antwort auf dieses Scheitern der Assimilation, auf das Problem, ein Jude zu sein, suchen.

---

124 *Ibid.,* S. 13.
125 Alfred Polgar, *Sperrsitz,* Hg. U. Weinzierl (Wien 1980), S. 109.
126 Gottfried Reinhardt, *Der Liebhaber* (München 1975), S. 205.
127 Auskunft von John Leslie, Bristol.
128 Arthur Schnitzler, *Jugend in Wien* (Frankfurt am Main 1981), S. 322.
129 O. Schnitzler, *Spiegelbild,* S. 82; Arendt, *Die verborgene Tradition,* S. 87; Braun, *Das Licht der Welt,* S. 90.

13. Die Ethik der Außenseiter: die kulturelle Antwort

Die Strategien der Ausgestoßenen

Als Hofoperndirektor bekleidete Gustav Mahler einen der prestigereichsten Posten im kulturellen Leben Wiens. 1902 heiratete er die „Vollblut-Österreicherin" Alma Maria Schindler. 1897 trat er zum Katholizismus über. Was die Äußerlichkeiten der Assimilation betraf, hatte er alles und vielleicht sogar noch mehr getan, als von einem Mann jüdischer Abstammung erwartet werden konnte. Und dennoch stammt von Mahler der Ausspruch: „Ich bin dreifach heimatlos: als Böhme unter den Österreichern, als Österreicher unter den Deutschen und als Jude in der ganzen Welt. Überall bin ich Eindringling, nirgends ‚erwünscht'."[1] Selbst der größte gesellschaftliche Erfolg konnte nicht darüber hinwegtäuschen, daß die Hoffnungen auf Emanzipation und Assimilation sich nicht erfüllt hatten – die Juden blieben, was sie immer gewesen waren: Außenseiter in der Gesellschaft, in der sie lebten. Was Schnitzler als „Sicherheitswahn" bezeichnete, nämlich als Jude akzeptiert zu sein, erwies sich als Schimäre.[2] Die Juden mußten sich damit abfinden, daß sie noch immer in der, wie Hannah Arendt es nennt, „verborgenen Tradition" standen, als Juden Ausgestoßene zu sein.[3] Wie die jüdische kulturelle Elite auf diese Tatsache reagierte, welche unterschiedlichen Antworten sie fand, soll im folgenden behandelt werden. Ihre Reaktionen beeinflußten natürlich ihrerseits die Art, wie diese Leute die Welt sahen und auch ihr Werk. In diesem Kapitel möchte ich untersuchen, inwieweit die Tatsache, Jude in einer antisemitischen Umgebung zu sein, in Verbindung mit den letzten Resten jüdischer Traditionen und der Assimilation die kulturellen Errungenschaften im Wien um die Jahrhundertwende entscheidend mitgeprägt hat.

Eine Reaktion auf diese Zwangslage wurde dadurch beträchtlich erschwert, daß die Juden unter der kulturellen Elite häufig eine äußerst ambivalente Einstellung zu ihrem Judentum hatten, was zu so manchem Paradoxon führte. Theodor Herzl und Sigmund Freud beispielsweise gewannen ihrem Jüdischsein letztlich etwas Positives ab. Aber während Herzl die Juden aus ihrer, wie er es sah, schwachen Position als Außenseiter in einer feindseligen Gesellschaft befreien und ihnen jene Normalität verschaffen wollte, die ihnen zustand, war

---

1   Zitiert in Alma Mahler, *Gustav Mahler: Erinnerungen und Briefe* (Amsterdam 1940), S. 135; auch Kurt Blaukopf, *Mahler. Sein Leben, sein Werk und seine Welt* (Wien 1976), S. 214.
2   Arthur Schnitzler, *Der Weg ins Freie* (Frankfurt am Main 1978), S. 203.
3   Hannah Arendt, *Die verborgene Tradition* (Frankfurt am Main 1976), S. 47.

226

Freud als Jude stolz auf eben diese Randstellung der Juden.[4] 1926 erklärte er vor der *B'nai B'rith*: „Weil ich ein Jude war, fand ich mich frei von vielen Vorurteilen, die andere im Gebrauch ihres Intellekts beschränkten, als Jude war ich dafür vorbereitet, in die Opposition zu gehen und auf das Einvernehmen mit der ‚kompakten Majorität' zu verzichten."[5] Indem Freud dieses Bild eines Juden zeichnete, der keine sogenannte „Hemmschwelle" vor neuen Ideen hatte wie die übrige Bevölkerung, machte er aus dem Prozeß der Assimilation eine Tugend.[6] Seine Ansicht, daß ihre Zwangslage den Juden eine Gelegenheit zu Erfahrungen und Einsichten bot, die andere nicht hatten, war damit die genaue Antithese zu Herzls Wunsch, die gesellschaftliche Außenseiterstellung der Juden zu brechen.

Freuds These läßt die jüdische Beteiligung an der Kultur der Moderne in Wien in vieler Hinsicht verständlich erscheinen. Da sie außerhalb der „kompakten Majorität" standen, durften die Juden sich nicht der Hoffnung hingeben, sich an den Status quo zu assimilieren, sondern mußten zu Bündnissen mit anderen Außenseitern bereit sein, in der Erwartung, in Zukunft eine führende Rolle zu spielen. Durch die Betonung der Bedeutung des Sexualtriebes startete die Psychoanalyse gewissermaßen einen politischen Angriff auf die Wiener Gesellschaft, stellte sie doch die Verknüpfung von wissenschaftlicher Rationalität und Instinkt dem Irrationalismus (oder vielleicht der Irrationalität) der Wiener Barockkultur mit ihrem ausgeprägten Hang zur Sinnesfreude gegenüber.[7] Daß die Juden unter den Führern der sozialdemokratischen Partei so stark vertreten waren, läßt sich ähnlich erklären. Mit dem Ausschluß aus der bürgerlichen Politik konfrontiert, hielten die Juden nach anderen Außenseitern, diesmal den Arbeitern, Ausschau.[8] Der Sozialismus war nach dem Ende des Liberalismus schließlich die letzte große politische Doktrin, von der die Juden sich eine Gleichstellung erhoffen durften.[9] Karl Kraus sah darin den Gegensatz zum Zionismus, und es wird auch verständlich, daß Leute wie Victor Adler und

4 Zu Herzl siehe Carl. E. Schorske, *Wien: Geist und Gesellschaft im Fin de Siècle* (Frankfurt am Main 1985), S. 138–164; Alex Bein, *Theodor Herzl. Biographie* (Frankfurt am Main 1983), S. 27, 84; Desmond Stewart, *Theodor Herzl: Artist and Politician* (London 1974), S. 177–178.

5 Zitiert in *B'nai B'rith 1895–1975* (Wien 1975), S. 53.

6 Auskunft von Dr. Helmut Andics, Eisenstadt, 14. Februar 1984.

7 Es ist dies eine Interpretation des Mottos von *Die Traumdeutung*: „Flectere si nequeo superos. Acheronta movebo." Siehe Schorske, *Wien: Fin de Siècle*, S. 187; Ilsa Barea, *Vienna* (London 1966), S. 304; Paul Roazen, *Sigmund Freud und sein Kreis* (Hersching 1976), S. 98 (Anmerkungen von Hanns Sachs); Albert Fuchs, *Geistige Strömungen in Österreich 1867–1918* (Wien 1949), S. 246.

8 Sigmund Mayer, *Ein jüdischer Kaufmann 1831–1911: Lebenserinnerungen* (Leipzig 1911), S. 310–322; Sigmund Mayer, *Die Wiener Juden: Kommerz, Kultur, Politik 1700–1900* (Wien 1918), S. 470; Walter B. Simon, „The Jewish Vote in Austria", in: *Leo Baeck Institute Yearbook (LBIY)* 1971, S. 107.

9 Vgl. die Ausführungen von Felix Frankl in Ingrid Belke, *Die sozialreformerischen Ideen von Josef Popper-Lynkeus 1838–1921* (Tübingen 1978), S. 240. Auch Frederick Wyatt in einem Gespräch in London am 30. Oktober 1986.

Gustav Mahler sich dem Sozialismus und den Arbeitern als der neuen Gegenkultur zuwandten, als die Deutschnationalen sie im Stich ließen.[10] Es ging um die Zugehörigkeit zur neuen Gesellschaft, selbst wenn Identifikation wie im Falle Otto Neuraths bedeutete, eine Arbeitermütze zu tragen.[11] Es wird auch verständlich, wieso die österreichische Partei dafür bekannt werden sollte, daß sie größten Wert auf Bildung legte, versuchten doch die assimilierten Juden in ihrer Anführerschaft auf vielerlei Art in den Arbeitern jene aus dem Gedankengut der Aufklärung hervorgegangenen Träume zu verwirklichen, denen der Antisemitismus einen Riegel vorgeschoben hatte.[12]

Es gab in Wien aber auch noch andere Gruppen am Rand der Gesellschaft, um die die Juden sich bemühen konnten. Da gab es die radikalen Neuerer im Bereich der Kultur, die man fördern konnte, wodurch vielleicht eine Gegenassimilation vorangetrieben wurde. Robert Waissenberger meint, daß es den jüdischen Mäzenen der Secession möglicherweise darum ging, ein Gegengewicht zur etablierten Kunst zu schaffen, weil sie so vielleicht eines Tages als die Väter der neuen Kunst anerkannt würden.[13] Man kann darin das kulturelle Pendant zum Engagement der Juden im Sozialismus sehen, den Versuch, sich mehr in Hinsicht auf die Zukunft als auf die Gegenwart zu assimilieren. Ein Paradebeispiel dafür liefert uns die Karriere von Eugenia Schwarzwald. Zunächst kämpfte sie mit der Gründung ihrer Schule für die universitäre Ausbildung der Frauen, dann holte sie die meisten führenden Persönlichkeiten der Avantgarde, darunter Adolf Loos und Oskar Kokoschka, als Lehrer an ihre Schule. Überzeugt, daß diese Elite eines Tages in Geschmacksfragen den Ton angeben würde, konnte Eugenia Schwarzwald sich sicher wähnen, in der zukünftigen Gesellschaft ihren Platz zu haben.[14]

Paradoxerweise verhielten sich all diese Außenseiter genau so, wie Freud es beschrieben hatte, ihre Taktik aber, sich mit Menschen und Ideen der Zukunft zu verbünden, resultierte vor allem aus dem verzweifelten Bemühen, sich eben nicht als isolierte Außenseiter zu sehen. Das Bild jener Zukunft, in der sie endlich nicht mehr anders, d. h. nicht mehr Juden sein würden, war ihr Beweggrund, so wie es auch der Beweggrund ihrer Väter gewesen war. Sie identifizier-

---

10 Karl Kraus, *Eine Krone für Zion* (Wien 1898), S. 30; Rudolf G. Ardelt, *Friedrich Adler: Probleme einer Persönlichkeitsentwicklung um die Jahrhundertwende* (Wien 1984), S. 34ff; Blaukopf: *Mahler,* S. 228–229, 244.

11 Otto Neurath, *Empiricism and Sociology* (Dordrecht 1973), S. 47.

12 Vgl. Karl Popper, *Ausgangspunkte. Meine intellektuelle Entwicklung* (Hamburg 1979), S. 44–45; Belke, *Popper-Lynkeus,* S. 19; Fuchs, *Geistige Strömungen,* S. 109, 146 (über Ludo Hartmann); Norbert Leser, Hg., *Das geistige Leben Wiens in der Zwischenkriegszeit* (Wien 1981), S. 303 (einschließlich der Ausführungen von Friedrich Heer); vgl. Leopold Hichler, *Der Sohn des Moses Mautner: ein Wiener Roman* (Wien 1927), S. 259.

13 Gespräch mit Robert Waissenberger, 24. Februar 1984, in Wien.

14 Hilde Spiel, „Jewish Women in Austrian Culture", in: J. Fraenkel, Hg., *The Jews of Austria,* S. 109.

ten sich keineswegs, wie Freud, mit der Rolle des jüdischen Außenseiters, sondern versuchten vielmehr, die gesamte Problematik des Jüdischseins zu überwinden oder zu unterdrücken, wenn schon nicht für die Gegenwart, so doch zumindest für die Zukunft.

Sowohl die ältere als auch die jüngere Generation verfolgte eine Politik der hundertprozentigen Assimilation. Der Antisemitismus war ein Unheil, vor allem, weil er nicht zuließ, daß eine spezifisch jüdische Identität ausgelöscht wurde. Ein Beispiel für diese Einstellung in der älteren Generation liefert uns Theodor Gomperz in seinem Briefwechsel. Gomperz verabscheute den Antisemitismus und legte besonderen Wert darauf, aus einem Abendessen mit Hauptmann Dreyfus einen symbolischen Akt zu machen.[15] Es war sich aber auch bewußt, daß viele jüdische Verhaltensweisen den Antisemitismus herausforderten.[16] Weiters vertrat Gomperz, wie aus seinem Aufsatz *Über die Grenzen der jüdischen intellektuellen Begabung* aus dem Jahre 1904 hervorgeht, die Ansicht, dem jüdischen Geist würde jene dunkle Seite, die Voraussetzung für das Genie, fehlen: „Für gewisse Arten von Hervorbringungen ist es in den jüdischen Köpfen zu hell." Er führte dies (nach Lamarck) auf erworbene Eigenschaften und vielleicht auch rassische Merkmale zurück. Seine Hauptaussage aber ist, daß derartige genetische Erklärungen nicht für den einzelnen gelten: „Mensch ist schließlich Mensch, und in einem Einzelnen kann immer ein der Mehrzahl seiner Volksgenossen fremdes Element mächtig entwickelt sein." Und er fügt hinzu: „Genialen Möglichkeiten sind keine Grenzen gesetzt!"[17] Gomperz redete damit seinem Freund Heinrich Jaques das Wort, daß die Juden nicht von der Gesellschaft ausgeschlossen werden sollten, da dem Begabten oder dem Genie so die Möglichkeit genommen würde, seinen entweder erworbenen, rassischen, sozialen oder kulturellen jüdischen Hintergrund zu überwinden. Das war das Ziel.

Damit wurde der gesamte Prozeß der Überwindung des eigenen Judentums in Wien zu einem spezifisch jüdischen Phänomen. Während andere Gruppen sich in Wien auf ihre Weise assimilieren konnten, führte die exponierte Stellung der Juden und deren spezifische Art der Assimilation dazu, daß die assimilierten Juden sich sowohl von den anderen Wienern als auch von den anderen Juden unterschieden. Der Assimilationsprozeß als solcher hob sie aus der breiten Masse heraus.[18]

Assimilation an die derzeitige wie an die zukünftige Gesellschaft bedeutete,

---

15 *Theodor Gomperz: ein Gelehrtenleben im Bürgertum der Franz-Josephszeit,* Hgg. H. Gomperz und R. A. Kann (Wien 1974), S. 351.

16 *Ibid.,* S. 263, als Beispiel.

17 *Ibid.,* S. 384–389.

18 Siehe Hans Mayer, *Außenseiter* (Frankfurt am Main 1981), S. 350–379; wie Dorothy Parker sagt: „Die Juden sind genau wie jedes andre Volk – sie sind's nur viel intensiver"; zitiert in Friedrich Torberg, *Die Tante Jolesch oder der Untergang des Abendlandes in Anekdoten* (München 1977), S. 213.

sich von den, wie wir sagen würden, eigenen „Wurzeln" zu trennen. Der Sozialde-
mokratenführer Victor Adler bemühte sich ebensosehr, in der Arbeiterklasse zu
„verschwinden" wie sich mit den Arbeitern zu verbrüdern, um den Status quo zu
ändern. Die Rolle des „Überläufers" war ein Weg, das so belastende jüdische Erbe
zu vergessen, abzuschütteln.[19] Friedrich Adler erinnerte sich später, wie seine
ganze Familie am liebsten ihre Herkunft vergessen hätte, vor allem auch damit
„die Jugend nicht mit irgendwelchen Traditionen und Schwierigkeiten belastet
sei".[20] Die Vergangenheit sollte den einzelnen nicht daran hindern, an der Gegenwart teilzuhaben. Auch Gustav Mahler vertrat diese Auffassung. Sein ganzes
Leben lang war er sich völlig bewußt, was es bedeutete, ein Jude zu sein, und
obwohl er aufrichtig genug war, dem ins Auge zu sehen, mußte er doch bisweilen
seiner Frustration Luft machen.[21] Anläßlich einer Auseinandersetzung beschwor
ihn seine Schwester: „Aber Gustav, ich bin doch Fleisch von deinem Fleisch." Er
antwortete brutal: „ja, sag lieber Dreck von Deinem Dreck!" Alma Mahler-Werfel
schrieb in diesem Zusammenhang: „An Herkunft, Familie, Sippe, diese Sinnbil-
der der Erdenschwere wollte er nicht gemahnt werden."[22] Er wollte sein Erbe
verbannen.

Eine ähnliche Ansicht vertrat auch Karl Kraus. In dem kurzen Aufsatz *Er ist
doch e Jud* aus dem Jahre 1913 beschäftigte er sich mit der Behauptung, daß er
ein Jude sei, indem er bewies, daß er keine der vermeintlich jüdischen Eigenschaften besaß. In der Welt des Geistes, in der er lebte, fuhr er fort, gab es keinen
Platz für Rasse oder rassische Eigenschaften.[23] Er wußte nicht einmal, was
jüdische Eigenschaften waren. Nichtsdestotrotz bewies er zu seiner eigenen
Befriedigung, daß er keine dieser Eigenschaften besaß und zog in Anspielung auf
die Feststellung von Lanz von Liebenfels, er sei ein „außergewöhnlicher Jude",
die Schlußfolgerung: „Es müßte denn eine jüdische Eigenschaft sein, keine zu
haben. Das kann vorkommen, so sind schon Religionen entstanden."[24] Mit anderen Worten meinte Kraus, die Juden, die in der Welt des Geistes lebten, könnten
dem Problem der „jüdischen Eigenschaften" ausweichen, indem sie keine hatten,
spielten diese doch in jener Welt keine Rolle.[25] Dies ist ein Beispiel für den von
Hannah Arendt so genannten „Verzicht auf Eigenschaften", eine radikale Indivi-
dualisierung, aufgrund derer der einzelne keine Eigenschaften besitzt und da-

---

19 Ardelt, *Friedrich Adler*, S. 37 ff.
20 *Ibid.*, S. 67.
21 Blaukopf, *Mahler*, S. 294, Brief an Oskar Fried aus dem Jahre 1906.
22 A. Mahler, *Gustav Mahler*, S. 72.
23 Karl Kraus, „Er ist doch e Jud", in: *Untergang der Welt durch schwarze Magie* (Wien 1922),
    S. 362. Original, Oktober 1913.
24 *Ibid.*, S. 367. Vgl. Edward Timms, *Karl Kraus: Apocalyptic Satirist: Culture and Catastrophe in
    Habsburg Vienna* (London 1986), S. 182–184, 239–140.
25 Vgl. Ritchie Robertson, „The problem of ‚Jewish Self-Hatred' in Herzl, Kraus and Kafka", in:
    Oxford German Studies, 16 (1985), S. 92–99.

mit frei von seiner Vergangenheit ist.[26] Es lag somit in der Logik der Assimilation der Wiener Juden, *Männer ohne Eigenschaften* zu werden.[27] In einer Stadt, die ihre Legitimität zunehmend in der Vergangenheit suchte, stachen die jüdischen Angehörigen der kulturellen Elite, die dem von Gomperz, Kraus und anderen eingeschlagenen Weg folgten, durch die Kontinuität und die Radikalisierung des von der Aufklärung übernommenen Ideals der reinen Menschlichkeit hervor.

Wenn die Juden in der antisemitischen Gesellschaft immer noch zuerst ihr Jüdischsein abstreifen mußten, so würde sich die Assimilation nun auf einer gesellschaftlich, national und ethnisch neutralen Ebene abspielen müssen. Nach Hannah Arendt standen den Juden im 19. Jahrhundert zwei Möglichkeiten offen. Sie konnten entweder, wie bereits erwähnt, mit anderen Außenseitern der Gesellschaft, soweit es solche gab, gemeinsame Sache machen. Oder sie wählten einen anderen, zweiten Weg, um sich aus ihrer Lage zu befreien: sie wandten sich der Welt der Natur und der Kunst zu, die, wie Hannah Arendt meint, als unzugänglich für gesellschaftliche und politische Interventionen galt: „ . . . in ihnen konnte der Paria sich lange Zeit für unverletzlich halten."[28] Viele Wiener Juden entschieden sich für eine dieser Möglichkeiten.

Daß sich die Juden immer mehr auf die Natur und nicht auf die Gesellschaft verließen, zeigt das Unterscheiden von Schnitzler zwischen *Heimat* und *Vaterland*. Letzteres war das gesellschaftliche Umfeld, von dem er fühlte, daß er nie dazugehören würde, sondern vielmehr ausgeschlossen war. *Heimat* hingegen war etwas anderes, ein neutraler Boden, auf dem alle zu Hause sein konnten, auch die Juden. Schnitzler liebte die österreichische Landschaft als die Heimat, in der er lebte, ungeachtet der in dieser naturgegebenen Umgebung herrschenden gesellschaftlichen Verhältnisse – „so unlöslich fühlte er sich seiner österreichischen Landschaft verbunden".[29] Niemand konnte seine Heimat leugnen, selbst wenn er sein Vaterland leugnete. In diesem Zusammenhang sei erwähnt, daß Schnitzler aus der Musik Mahlers eine ähnliche Beziehung zwischen dem Komponisten, der Natur und dem gesellschaftlichen Publikum herauszuhören vermeinte.[30] Mahler selbst sprach vom Fehlen einer sozialen Vermittlung in seinem

---

26 Arendt, *Die verborgene Tradition,* S. 67.

27 Musils *Mann ohne Eigenschaften* hatte ein liberales Theaterstück mit einem ähnlichen Titel zum Vorläufer, nämlich Sacher-Masochs *Der Mann ohne Vorurteil* (Bern 1877), Uraufführung 1870. Der „Mann ohne Vorurteil" war übrigens Joseph von Sonnenfels.

28 Arendt, *Die verborgene Tradition,* S. 64; vgl. Ilsa Barea, *Vienna,* S. 301.

29 Olga Schnitzler, *Spiegelbild der Freundschaft* (Wien 1962), S. 96; vgl. Joseph Roths Haltung: „Und doch war zu meinen Zeiten, als noch der Mensch wichtiger war als seine Nationalität, die Möglichkeit vorhanden aus der alten Monarchie eine Heimat aller zu machen." In David Bronsen, *Joseph Roth* (München 1981), S. 317 (zitiert aus dem Roman *Der stumme Prophet*).

30 O. Schnitzler, *Spiegelbild,* S. 112–113; Schnitzlers großes Interesse an Mahler wurde mir von seiner Schwiegertochter Lily Schnitzler in einem Gespräch in Wien am 27. Oktober 1987 bestätigt.

Werk und pflegte seine Beziehung zur Natur in metagesellschaftlichen und metaphysischen Ausdrücken zu beschreiben.[31] Die Natur war auch für ihn ein Zufluchtsort.

Die Alternative zum Reiz der Natur war der Rückzug in eine rein ästhetische Welt. Diese Thematik war Gegenstand zahlreicher theoretischer Überlegungen, nicht zuletzt von Carl Schorske. Für Schorske jedoch war der Rückzug in die Ästhetik nur ein Beispiel für den Rückzug des Bürgertums im allgemeinen in den Garten, den Tempel der Kunst.[32] Ist ein solcher Zusammenhang überhaupt gültig? Bei Schorskes Theorie gibt es zwei Hauptprobleme: die Art der Motivation des Rückzugs in die Welt der Kultur und die Art dieser Flucht.

Für Hannah Arendt lag die Motivation der jüdischen Schriftsteller um die Jahrhundertwende darin, in der Kunst den Ruhm zu finden, der die Anerkennung – als Berühmtheit – in der kulturellen Elite, wenn nicht in der Gesellschaft ganz allgemein erzwingen würde. Das Wiener *Fin de siècle* muß ihrer Meinung nach weitgehend als die Suche der Juden nach Ruhm gesehen werden.[33] Diese Auffassung kommt auch in einer zeitgenössischen Satire, die in der *Neuen Freien Presse* erschien, zum Ausdruck. Der Autor ist wieder einmal Joseph Oppenheimer, und der Beitrag nennt sich *Wie wird man berühmt?* Das allgemeine Thema des Artikels ist die plötzliche Welle von jungen Schriftstellern, die alle wollen, daß ihre Stücke am Burgtheater aufgeführt werden. Oppenheimer schreibt, daß es bald leichter sein wird, dafür bekannt zu sein, *kein* Stück geschrieben zu haben, als umgekehrt. Der Artikel ist voll solcher witziger Sticheleien, hinter dem Humor aber liegt ein düsterer Aspekt, den Oppenheimer als den Grund für die Suche nach Ruhm ansah. Während er die verschiedenen Wege aufzählt, wie man berühmt werden kann, bringt er auch die Geschichte eines Amerikaners, der dafür zahlte, daß ein Planet nach ihm benannt wurde. Oppenheimers Bemerkung zeigt uns den Geisteszustand der kulturellen Elite im Jahr 1899:

„Es müßte ein köstliches Gefühl sein, da oben als einfacher Mitbürger schon bei Lebzeiten zwischen Venus und Mercur zu thronen, aber wer weiß, ob es bei uns jedermann, ohne Unterschied der Religion, erlaubt wäre, ein neues Gestirn auf seinen Namen zu taufen, und diesen himmlischen Hausorden ohne behördliche Bewilligung zu tragen? Zumal heutzutage, wo die confessionellen Gegensätze sich so verschärft haben. Man kann wahrlich nicht verlangen, daß ein ahnungsloses Fräulein, welches sein Nachtgebet zum gestirnten Himmel richtet, dort mit Entsetzen plötzlich einen unvorhergesehenen Löwy schimmern sehen soll.“[34]

---

31 Peter Gradenwitz, „Gustav Mahler and Arnold Schoenberg“, in: *LBIY* 1960, S. 262; William McGrath, *Dionysian Art and Populist Politics in Austria* (New Haven 1974), S. 129, 162.

32 Schorske, *Wien: Fin de Siècle,* S. 8, 295–301.

33 Arendt, *Die verborgene Tradition,* S. 79.

34 Joseph Oppenheimer, „Wie wird man berühmt?“, in: *Neue Freie Presse,* Morgenausgabe *(NFPm),* 21. Mai 1899, S. 8–9.

Den Schluß, den man daraus ziehen kann, ist, daß der Drang nach Ruhm gewissermaßen eine Reaktion auf die antisemitische Umgebung war, und es ist zweifellos richtig, daß die meisten Schriftsteller jüdisch waren.

Das Theater bot eine Arena, die frei vom Antisemitismus der Außenwelt war. In der Kritik zu einer Aufführung von L'Arronges *Pastor Brose* im Oktober 1895 erwähnt der Journalist der *Neuen Freien Presse* die Begeisterung, mit der das Publikum die Angriffe auf den Antisemitismus in diesem Stück begrüßte. Er fügt hinzu: „Im Theater ist der Liberalismus noch in der Mehrheit."[35] Dieses gesellschaftliche Faktum, auf das Karl Kraus 1899 noch einmal hinweist, erklärt weitgehend, warum so viele junge Männer Theaterschriftsteller werden wollten.[36] Mit Oppenheimer gesprochen, hegte man im Theater keine Befürchtungen, Anstoß zu erregen, weil man Löwy hieß. Dieses zeitgenössische Beispiel macht deutlich, daß es wohl der Antisemitismus und nicht eine allgemeine gesellschaftliche Krise war, die diesen Rückzug in die Kultur bewirkte, den die Suche nach Ruhm verkörperte.[37]

Was die Art von Kultur betrifft, in die sich diese Leute zurückzogen, versteht es sich zumindest im Falle der Juden keineswegs von selbst, wie Schorske behauptet, daß es sich um eine gewisse ästhetische *Gefühlskultur* handelte. Für Schnitzler beispielsweise scheint es eindeutig einen Unterschied zwischen dem jüdischen und dem nichtjüdischen Ansatz in Kunst und Kultur gegeben zu haben. In *Der Weg ins Freie* läßt er Heinrich Bermann zwischen jenen, die schön sein müssen, und jenen, die begabt sind, unterscheiden, wobei das Leben für erstere viel einfacher ist. Es ist klar, daß Bermann, der Jude, vom Schicksal dazu verurteilt ist, begabt und nicht schön zu sein.[38] Die jüdische Welt der Kultur war keine ästhetische im Sinne Schorskes, sondern eine Welt von anderer Art, die Welt der Bildung, des Geistes. Als Karl Kraus nach einem Zufluchtsort vor dem rassischen Vorurteil suchte, war es eben die Welt des Geistes, der er sich zuwandte.[39] Um der Problematik ihres Jüdischseins zu entfliehen, zogen sich die Juden also in dieselbe Welt zurück, in der schon ihre Vorfahren gelebt hatten: die Welt des Geistes. In diesem Sinne wurde die jüdische Tradition – gewissermaßen gegen den Willen ihrer Erben – fortgeführt. So gab es denn mehr als nur eine „verborgene Tradition" unter der kulturellen Elite Wiens.

---

35 *NFPm,* 20. Oktober 1895, S. 7.
36 Zitiert in Schorske, *Wien: Fin de Siècle,* S. 8.
37 Vgl. Barea, *Vienna,* S. 301.
38 Schnitzler, *Der Weg ins Freie,* S. 38.
39 Kraus, „Er ist doch e Jud", S. 362.

Juden in der kulturellen Elite

Die Situation der assimilierten kulturellen Elite in Wien war eine recht außergewöhnliche. Auf der einen Seite hatten deren Angehörige ihre frühere Identität als Juden hinter sich gelassen. Sie hatten sich von ihren „ererbten", historischen Eigenschaften befreit und wurden zu einer *tabula rasa.* Davon ausgehend hatten sie ein ausgearbeitetes Gefüge von Bildung entwickelt, um Mitglieder der – wie sie es sahen – Gesellschaft und Kultur einer neuen, freien und gerechten Welt zu werden. Und gerade von der Gesellschaft, die sie dafür gehalten hatten, wurden sie abgelehnt. Somit waren sie nun weder wirkliche Juden mehr, noch Deutsche oder Österreicher. Es fehlte ihnen die kollektive Identität.[40] Die Verleugnung der Vergangenheit, eine der Vorbedingungen für die Assimilation, brachte nun keine Gruppe hervor, sondern nur eine „Summe von Einzelnen", die ausschließlich auf sich selbst und ihre Erziehung angewiesen waren und nicht auf ihr Erbe bauen konnten.[41] Sie fanden sich in einer Kultur wieder, die nicht die ihre, aber auch niemandes anderen war. Und so wurde diese kulturelle Welt doch weitgehend zu der ihren, da einzig sie ihnen eine gewisse Identität zu geben vermochte, was die Gesellschaft nicht konnte. Kultur wurde zum Ersatz für den Hintergrund – die Wurzeln –, zum einzigen Band zwischen den Menschen. Die kulturelle Elite wurde damit zum Sammelbecken für radikale Individualisten, „Anarchisten der Persönlichkeit", eine Gesellschaft des kollektiven Individualismus, jenseits von Rasse und Gemeinschaft. Die Kaffeehäuser, in denen sie sich trafen, wurden zu einer „Ersatztotalität", um eine gesellschaftliche Welt zu ersetzen, die es für sie nicht gab.[42]

Handelte es sich dabei um ein jüdisches Phänomen? Das Kaffeehaus war eindeutig keine jüdische Einrichtung. Selbst unter den Gästen so bekannter Cafés wie dem Griensteidl, dem Café Central und dem Herrenhof gab es viele nichtjüdische Berühmtheiten, die obendrein ebenfalls Außenseiter der Gesellschaft waren. Kokoschka und Loos sind gute Beispiele. Es wäre jedenfalls anmaßend, die Juden in Wien um 1900 als die *einzige* Quelle der Hochkultur der Moderne zu sehen. Sicher ist jedoch, daß sich die assimilierten Juden von diesem Lebensstil in hohem Maße angezogen fühlten, während er für andere um 1900 doch eher eine Ausnahme darstellte. Ein jüdischer Kaffeehausliterat zu sein,

---

40 Vgl. Ardelt, *Friedrich Adler,* S. 14ff; siehe auch J. P. Stern, *Hitler. Der Führer und das Volk* (München 1981), S. 196–200.

41 Der Ausdruck „Summe von Einzelnen" stammt von Jakob Wassermann, zitiert in Sol Liptzin, *Germany's Stepchildren* (Philadelphia 1944), S. 119.

42 Siehe Berta Zuckerkandl, *Ich erlebte fünfzig Jahre Weltgeschichte* (Stockholm 1939), S. 307; *Das Wiener Kaffeehaus,* mit einer Einführung von Hans Weigel (Wien 1978), S. 33, 67–68; zu Peter Altenberg, dem Musterbeispiel eines *Kaffeehausmenschen,* siehe Albert Ehrenstein, „Peter Altenberg", in: Ehrenstein, *Menschen und Affen* (Berlin 1925), S. 68: „Altenberg war ein Urwiener und doch heimatlos als er starb; der Boden unter seinen Füßen grüßte ihn nicht. Er war ein Jude. Ahasverisch lief sein Leben von Hotelzimmer zu Hotelzimmer, von Café zu Café."

war etwas Alltägliches, „Natürliches", ein nichtjüdischer Kaffeehausliterat zu sein, war hingegen zunehmend etwas Außergewöhnliches. Der gesellschaftliche und kulturelle Druck war so groß, daß der hier beschriebene Lebensstil eines entwurzelten, individualisierten Intellektuellen typisch für die assimilierte jüdische Gesellschaft, aber atypisch für andere geworden war.

Nicht immer hatten Juden die liberale Wiener Hochkultur beherrscht.[43] Vor Ludwig von Mises waren die führenden Köpfe der Österreichischen Schule der Nationalökonomie ausschließlich Nichtjuden. Die bekanntesten Schriftsteller der achtziger Jahre waren, wie etwa von Saar und Bauernfeld, ebenfalls keine Juden. In der Musik gab Brahms den Ton an. Die Juden waren keine Wunderkinder, sie machten nicht alles. Im Laufe der Zeit aber spielten sie in dem Bereich, in dem sie glaubten, keine Angriffsfläche zu bieten, nämlich der liberalen Hochkultur, der Welt des Geistes, eine zunehmend wichtigere Rolle. Wie bereits erwähnt, waren sie ab 1914, und verstärkt ab 1934, in fast allen bedeutenden geistigen Bereichen führend.[44] Die Erklärung dafür scheint darin zu liegen, daß sich die Juden in gesellschaftliche und kulturelle Gruppen assimilierten, um dann zusehen zu müssen, wie die anderen – ursprünglich die große Mehrheit – nach und nach verschwanden und die Juden unter ihresgleichen ließen. Wie Marsha Rozenblit gezeigt hat, ist dies zum Teil auf die Dynamik der gesellschaftlichen Assimilation zurückzuführen, die die Juden auch in ihrer Assimilation näher zusammenrücken ließ.[45] Der Hauptgrund für die spärliche Vertretung von Nichtjuden in den kulturellen Gruppen steht meiner Meinung nach in Zusammenhang mit der stark antisemitischen Atmosphäre in Wien. Jeder Nichtjude, der sich für die moderne und liberale Kultur interessierte, mußte befürchten, des Umgangs mit Juden überführt bzw. als „verjudet" oder als „Judenknecht" angesehen zu werden, weil man ihn mit Gruppen oder Bewegungen in Beziehung brachte, in denen Juden vertreten waren.[46] Obwohl davon nicht alle betroffen waren, scheint es unter der kulturellen Elite Parallelen zum Rückzug von der liberalen Koalition im politischen Bereich gegeben zu haben. Die Behauptung, die Kultur sei „verjudet", bestätigte sich insofern selbst, als Nichtjuden vor allen außer den konservativsten Formen der Kultur gewarnt waren.

Die Kunst der Secession konnte somit als „goût juif" bezeichnet werden, obwohl die Maler nicht jüdisch waren. Ob als Ursache oder Folge sei dahinge-

---

43 Einige Quellen sprechen jedoch von einer jüdischen Vorherrschaft bereits in den achtziger Jahren des 19. Jahrhunderts. Siehe Paul Vasili, *Die Wiener Gesellschaft* (Leipzig 1885), S. 403, 450.

44 Siehe weiter oben, S. 22–41.

45 Marsha Rozenblit, *Juden in Wien 1867–1914. Assimilation und Identität* (Wien 1989), S. 121–126; vgl. Vasili, *Wiener Gesellschaft*, S. 226–227.

46 Z. B. *NFPm*, 9. Mai 1899, S. 1. Siehe auch den Bericht über Studentenzusammenstöße in *NFPa*, 14. März 1896, S. 2, wo jüdische Verbindungen mit antisemitischen zusammenstießen. Wie der Reporter schreibt: „An diese [jüdischen] Verbindungen gliederten sich die übrigen liberalen, sowie sozial-demokratischen Studenten." Das heißt, die Polarität war keine soziale, sondern eine ethnische: Jude gegen Antisemit.

stellt, Tatsache ist jedenfalls, daß die Förderer der Secession, abgesehen vom Staat, überwiegend aus dem jüdischen Bürgertum kamen.[47] Vor 1848 waren es die Juden gewesen, die in die Kaffeehäuser gingen, um dort die in Wien lebenden Intellektuellen zu treffen.[48] In den zwanziger Jahren mußte ein ambitionierter Journalist wie Milan Dubrovic, der Zugang zur Welt des Geistes suchte, in ein Kaffeehaus gehen, wo sich die jüdischen Intellektuellen trafen.[49] Die Juden begannen sich an eine Welt zu assimilieren, die bereits jüdisch war. Der Bankier Castiglioni bemühte sich um Anerkennung in der vermeintlich oberen Gesellschaft, indem er Max Reinhardts Restaurierung des Theaters in der Josefstadt finanzierte. Diese Unterstützung für einen Juden wie Reinhardt beeindruckte aber höchstwahrscheinlich nur andere Juden.[50] Die Schwarzwaldschule, deren ursprüngliches Ziel es war, eine neue weibliche Elite hervorzubringen, um alte gesellschaftliche Schranken zu durchbrechen, wurde, wie ein Zeitzeuge feststellte, „die eigentliche Nobelschule der jüdischen Bourgeoisie".[51] Der kulturelle Bereich, dieser neutrale Boden, auf dem die Assimilation erreicht werden konnte, wurde zu einer jüdischen Welt.[52]

Die Juden standen zwar im Mittelpunkt der Kultur, aber am Rande der Gesellschaft, eine Situation, die ihnen neue Einsichten eröffnete, die dem Rest der Gesellschaft nicht so leicht zugänglich waren.[53] Als Reaktion auf ihre Situation mußten sie sich neue Fragen stellen. Wie Fritz Wittels von Freud sagte: „Die Verbreitung des Antisemitismus rief in den Köpfen der Juden ein leidenschaftliches ‚Warum?' hervor. Unter günstigen Umständen kann eine solch drängende Frage Ergebnisse von beachtlicher wissenschaftlicher Bedeutung zeitigen."[54] Die einzelnen Juden wurden sich als Reaktion auf ihre Umgebung ihrer selbst und dieser Umgebung viel bewußter, waren sie doch gezwungen, sich mit Dingen in einer Weise abzufinden, wie sie für andere im allgemeinen nicht notwendig war.[55] Die Juden spielten in gewisser Hinsicht eine besondere Rolle, sie vertraten sozusagen eine säkulare Form des auserwählten Volkes, was in der Literatur

---

47 Siehe S. 34–38.

48 Mayer, *Ein jüdischer Kaufmann,* S. 115–116.

49 Gespräch mit Milan Dubrovic am 29. September 1983 in Wien.

50 Gusti Adler, *Aber vergessen Sie nicht die chinesischen Nachtigallen* (Wien 1980), S. 141–142.

51 *Käthe Leichter: Leben und Werk,* Hg. Herbert Steiner (Wien 1973), S. 305; vgl. *Statistisches Jahrbuch der Stadt Wien* 1910 (Wien 1911), S. 400, aus dem hervorgeht, daß 113 von 164 Schülern der Schule (69%) mosaischen Bekenntnisses waren.

52 Als dies den Juden bewußt wurde, bedienten sie sich sogenannter *Renommiergoyims,* um das Image der verschiedenen kulturellen Gruppen zu heben; siehe Belke, *Popper-Lynkeus,* S. 239. Das berühmteste Beispiel ist Jung, siehe R. W. Clark, *Sigmund Freud* (Frankfurt am Main 1981), S. 258, 307 ff. Die sozialdemokratische Partei hatte ebenfalls mit der Tatsache zu kämpfen, daß die meisten ihrer Führer jüdisch waren; siehe Ardelt, *Friedrich Adler,* S. 66.

53 Vgl. Mary Gluck, *George Lukacs and his Generation, 1900–1918* (Cambridge, Mass., 1985), S. 74 und *passim* zu einem Parallelbeispiel aus Budapest.

54 Fritz Wittels, *Sigmund Freud* (London 1924), S. 247.

55 Vgl. Hans Tietze, *Die Juden Wiens* (Wien 1935), S. 256, 262.

jener Zeit – von Juden – auch so dargestellt wurde. Auch wenn Kraus den
Zionisten vorwarf, die Juden von den anderen abspalten zu wollen, hatte er doch
eine recht zwiespältige Einstellung zur Assimilation. Wünschte er sich, wie
bereits erwähnt, nach außen hin eine völlige Assimilation, hatte er doch immer
noch eine Mission der Juden vor Augen: „Bestimmt in allen umgebenden Cultu-
ren [sic] unlösbar aufzugehen und dennoch immerdar Ferment zu bleiben."[56]
Schnitzler wiederholt (vielleicht bewußt) Gedanken von Kraus fast wörtlich,
wenn er Heinrich Bermann sagen läßt: „Daß wir, wir Juden, mein ich, gewissermaßen ein Menschheitsferment gewesen sind – ja, das wird vielleicht heraus-
kommen in tausend bis zweitausend Jahren."[57] In demselben Roman beschreibt
er die Juden als das Volk, „in deren Seelen sich die Zukunft der Menschheit
vorbereitete".[58] Durch die Tatsache des Antisemitismus dazu gezwungen, ihre
Beziehung zur Welt in Frage zu stellen, übernahmen für Kraus und Schnitzler
die Juden die Rolle der kulturellen Avantgarde. Durch äußeren Zwang gewannen
sie Einsicht in die Probleme ihrer Zeit und in jene, die sich bei der Schaffung
einer neuen Welt stellten.

In seinem großen Roman, *Der Weg ins Freie,* zeichnet Schnitzler das umfas-
sendste Bild der kulturellen Elite Wiens. Die meisten Charaktere sind Juden.
Aber jeder in dem Roman, ob Jude oder Nichtjude, trachtet danach, der Pattstel-
lung seiner oder ihrer Existenz zu entfliehen. Für dieses Problem gibt es jüdische
und nichtjüdische Lösungen. In dem Roman geht es sowohl darum, daß sich die
Wege der Juden und Nichtjuden innerhalb der kulturellen Elite scheiden, als
auch um die allgemeine Zwangslage. Die Nichtjuden ziehen aus und werden
antisemitische Deutschnationale, das heißt Insider, während die Juden den „Weg
ins Freie" suchen müssen. Zionismus, Sozialismus, Konversion, das Kaffeehaus,
nichts von alldem brachte die versprochene Rettung. Der Weg zur Freiheit
scheint von allen Seiten versperrt.

Der berühmteste Abschnitt des Buches, der auch in der heutigen Literatur
häufig zitiert wird, ist die Szene, wo Heinrich Bermann dem Aristokraten Georg
von Wergenthin den einzig wahren Weg zur Freiheit erklärt: „Ich glaube überhaupt nicht, daß solche Wanderungen ins Freie sich gemeinsam unternehmen
lassen . . . denn die Straßen dorthin laufen ja nicht im Lande draußen, sondern
in uns selbst. Es kommt nur für jeden darauf an, seinen inneren Weg zu finden."[59] Es ist dies eines der deutlichsten Hinweise auf den Rückzug in sich selbst
als Weg aus jener Sackgasse, die das Wien der Jahrhundertwende darstellte. Er
kann als Bestätigung der Idee des Rückzugs in eine aristokratische, ästhetische
Welt der Gefühlskultur gesehen werden. Wenn man den Text allerdings genau
liest, so zeigt sich, daß es nicht das war, was Schnitzler sagen wollte. Georg von

---

56 Kraus, *Eine Krone für Zion*, S. 23.
57 Schnitzler, *Der Weg ins Freie*, S. 205.
58 *Ibid.*, S. 94.
59 *Ibid.*, S. 205.

Wergenthin, der in dem Roman den Aristokraten verkörpert, reagiert auf Bermanns Rede, indem er denkt, daß dieser „ebenso krank wie sein Vater" ist. Er glaubt in Bermanns Worten auch einen Beweis dafür zu sehen, wie jüdisch er ist: „Mit allen Juden fühlt er sich zusammengehörig und mit dem letzten von ihnen noch enger als mit mir."[60] So sieht der Vertreter des aristokratischen, ästhetischen Prinzips in Bermanns Taktik, über die Erkenntnis des eigenen Ich zur Freiheit zu gelangen, etwas Jüdisches. Für Schnitzler repräsentieren die Juden eine eigene Denkrichtung innerhalb der kulturellen Elite Wiens.

Ein ethisches Streben

Schnitzler sah in dieser Taktik der Selbstprüfung keinen Rückzug in das Ästhetische, sondern vielmehr ein ethisches Streben, die Suche nach Wahrheit und nach den wahren Werten. Häufig wurde er für einen Ästheten gehalten, einen Rebell gegen die liberalen Werte der Generation seines Vaters. Daran ist viel Wahres, aber wie jeder Halbwahrheit liegt auch dieser eine tiefere Wahrheit zugrunde, nämlich jene, daß Schnitzler in einer ästhetischen Form das Wesen jener Werte bewahrte, nur klammerte er sie aus der politischen Sphäre aus. Es war ihm klar, daß der Liberalismus als politische Ideologie gescheitert war. Der Grund dafür war dessen völlig fehl angebrachter Optimismus im Hinblick auf die Gesellschaft.[61] In *Professor Bernhardi* zeigt er deutlich auf, was für eine Illusion es war, auf den Sieg von Licht und Wahrheit zu setzen, den der Liberalismus versprach: Angesichts der verwirrenden Natur des österreichischen Staates und seiner Gesellschaft, lautete der einzig weise Ratschlag, sich zurückzuziehen, „nicht hineinzumischen".[62] Das bedeutete allerdings nicht, daß er die Werte seiner Jugend aufgab, sondern er bewahrte sie vielmehr innerhalb der Welt der Kultur.[63]

Die *Neue Freie Presse* schrieb im Mai 1895 von der „moralischen Wirkung der Cultur", und gerade durch Kultur versuchte Schnitzler, einen moralischen Effekt zu erzielen.[64] Sein Ästhetizismus, sein geschliffener Stil waren, wie Schorske meint, nur die gewandte Hülle eines großen Moralisten.[65] Schnitzlers Einstellung gegenüber den alten liberalen Werten war, zumindest 1908, eher nostalgisch, und in vielen seiner Werke erscheint er als Verteidiger der Grundwerte des

---

60 *Ibid.*, S. 205.

61 O. Schnitzler, *Spiegelbild*, S. 48.

62 Arthur Schnitzler, *Professor Bernhardi*, in: Schnitzler, *Dramen*, Bd. 6 (Frankfurt am Main 1962), S. 253.

63 Zu einer detaillierteren Untersuchung dieses Punktes und des Nachfolgenden siehe Norbert Abels, *Sicherheit ist nirgends: Judentum und Aufklärung bei Arthur Schnitzler* (Königstein 1982).

64 *NFPm*, 31. Mai 1885, S. 1.

65 Schorske, *Wien: Fin de Siècle*, S. 10–14; Barea, *Vienna*, S. 326–327.

liberalen und damit jüdischen Denkens.[66] Sein oberstes Ziel war es, wahr zu sein. Mit Werken wie *Professor Bernhardi, Der Reigen, Der Grüne Kakadu, Das Weite Land* und *Leutnant Gustl* suchte er die Heucheleien der Gesellschaft aufzudecken. Bereits anläßlich seines ersten großen Erfolges mit dem 1895 uraufgeführten Stück *Liebelei* wurde er als Verkünder der Wahrheit beschrieben. Ludwig Speidel nannte ihn „den unbekümmerten, tapferen Mann", der die Wahrheit über die Wiener Gesellschaft ans Licht bringt. Er fährt fort: „Allein es kommt hier gar nicht darauf an, geistreich, sondern wahr zu sein."[67] Schnitzlers Bedürfnis nach Wahrheit, auch sich selbst gegenüber, brachte es mit sich, daß er für Zeitgenossen weit mehr einem nordischen als einem Wiener Schriftsteller ähnelte.[68] Auch Olga Schnitzler entlehnt ein Wort Ibsens, um die Einstellung ihres Mannes zur Kunst zu beschreiben: „Dichten heißt, Gerichtstag halten über sich selbst."[69]

Freud, in so vieler Hinsicht Schnitzlers Doppelgänger, verfolgte aus ganz ähnlichen Gründen dasselbe Hauptziel. Die Psychoanalyse war ein anderes Mittel, um das Prinzip der intellektuellen Aufrichtigkeit vor der institutionalisierten Unaufrichtigkeit des Wiener Ambientes zu bewahren.[70] In der Erkenntis, daß die liberale Ideologie hinsichtlich der menschlichen Beweggründe eine Illusion war, versuchte Freud den einzelnen wieder zur Selbstkontrolle zu befähigen.[71] Nach einer erfolgreichen Sitzung zeigte Freud seinem Patienten einen Stich von Oedipus: nicht *Oedipus Rex,* sondern *Oedipus und die Sphinx.*[72] Wer die wahre Natur des Menschen und seine Fehler erkennt, der kann, so wollte Freud dadurch zu verstehen geben, die Mächte der Finsternis, verkörpert durch die Sphinx, überwinden. „Freud, der Moralist" ist daher keineswegs das *non sequitur,* das viele seine Kritiker uns glauben machen wollen.

Der Wunsch, sich selbst gegenüber wahr zu sein, der sowohl Freud als auch Schnitzler beseelte, war eines der großen Themen des europäischen und damit

---

66 Siehe Arthur Schnitzler, *Aphorismen und Betrachtungen,* Bd. 4 von Schnitzler, *Gesammelte Werke* (Frankfurt 1967), S. 18 und *passim.* Siehe auch Hans Kohn, *Kraus, Schnitzler und Weininger: aus dem jüdischen Wien der Jahrhundertwende* (Tübingen 1962), S. 27.

67 *NFPm,* 13. Oktober 1895, S. 1.

68 Alfred Polgar nannte Schnitzler den „Ibsen in Wienerwaldes Luft", siehe H. Schnitzler, R. Urbach und C. Brandstätter, Hgg., *Arthur Schnitzler: sein Leben, sein Werk, seine Zeit* (Frankfurt am Main 1981), S. 137. Schnitzler selbst soll gesagt haben: „Ich weiß nicht, ob die Neigung, wahr gegen mich zu sein, von Anfang an in mir lag. Sicher ist, daß sie sich im Laufe der Jahre gesteigert hat, ja, daß mir diese Neigung heute die lebhafteste und beständigste Regung meines Innern zu sein scheint." Zitiert in O. Schnitzler, *Spiegelbild,* S. 48. Vgl. auch Schnitzler, *Aphorismen,* S. 51.

69 O. Schnitzler, *Spiegelbild,* S. 47.

70 Heinz Politzer verteidigt seinen Vergleich von Schnitzlers *Bernhardi* mit Freud folgendermaßen: „. . . weil sein Verstehen dem Glauben der Herrschenden zuwiderlief." Zitiert in H. Schnitzler *et al.,* Hgg., *Arthur Schnitzler,* S. 106. Siehe auch Claudio Magris, *Weit von wo?* (Wien 1974), S. 162.

71 Vgl. Schorske, *Wien: Fin de Siècle,* S. 188–189.

72 Fritz Wittels, *Sigmund Freud,* S. 114.

auch des Wiener *Fin de siècle*. Die Welt der „Ästheten" war keine Welt der Illusion, sondern vielmehr eine Welt, in der Illusionen erkannt und aufgedeckt wurden, wo Träume ans Tageslicht gebracht wurden, wo die Musik die innere Landschaft des Menschen zum Ausdruck brachte und nicht nur das Ohr erfreute.[73] Daß die österreichische Kultur beim Aufdecken der dunklen Seiten der menschlichen Persönlichkeit eine so wichtige Rolle spielte, hängt sowohl damit zusammen, daß es hier Leute gab, die diese Fakten erkannten, als auch mit diesen Fakten selbst. Daß es fast durchwegs Juden waren, die zu dieser Erkenntnis gelangten, ist kein Zufall, übertrugen doch Leute wie Schnitzler und Freud einfach die Normen ihrer Vorfahren auf ihre eigene gesellschaftliche und psychologische Zwangslage. Ihre Ästhetik war nur eine recht dürftige Verkleidung für den ethischen Antrieb zur Suche nach der Wahrheit. Was Bermann wirklich meint, wenn er vom inneren Weg zur Freiheit spricht, wird deutlich, wenn er fortfährt: „Dazu ist es natürlich notwendig, möglichst klar in sich zu sehen, in seine verborgensten Winkel hineinzuleuchten! Den Mut seiner eigenen Natur zu haben. Sich nicht beirren lassen. Ja, das müßte das tägliche Gebet jedes anständigen Menschen sein: Unbeirrtheit!"[74] Die Suche nach Freiheit ist die Suche nach innerer Sicherheit, völliger Aufrichtigkeit sich selbst gegenüber.

Hier jedoch stießen Schnitzler und seine Generation auf ein scheinbar unüberwindbares Problem. Auch wenn sie die reale Notwendigkeit eines Ich erkannten, das über einen freien Willen verfügt, war ihnen doch auch bewußt, daß es dieses Ich in Wirklichkeit nicht gibt, daß die empirische Psyche nicht jene Einheit ist, wie sie in den Theorien vom freien Willen vorausgesetzt wird. Es war Schnitzler klar, daß die Annahme eines freien Willens eine Notwendigkeit war, wenn das Leben irgendeinen Sinn haben sollte, denn die Annahme, daß der einzelne für seine Taten nicht verantwortlich war, würde, um mit seinen Worten zu sprechen, die Moral zerstören, das moralische Ich sprengen und Tragödie und Komödie zu einer bloßen Farce machen.[75] Schnitzler blieb einer Metaphysik der Wahrheit und der Willensfreiheit treu, die in der Vorstellung eines moralischen Ich gipfelte, selbst wenn diese im Grunde liberale Ansicht sich auf die innere Welt beschränkte. Aber Schnitzler sah auch, daß dieses moralische Ich keineswegs eine Selbstverständlichkeit war. Er und seine Schriftstellerkollegen glaubten an Ernst Machs Idee vom „unrettbaren Ich". Dieser verstand das Ich nicht als Einheit, sondern als eine Summe von Empfindungen, und nichts mehr.[76] In sich

---

73 Siehe Allan Janik und Stephen Toulmin, *Wittgensteins Wien* (München – Wien 1984), S. 138–140; Moritz Csáky, „Die sozial-kulturelle Wechselwirkung in der Zeit des Wiener Fin de siècle", in: P. Berner, E. Brix und W. Mantl, Hgg., *Wien um 1900: Aufbruch in die Moderne* (Wien 1986), S. 143 ff.

74 Schnitzler, *Der Weg ins Freie,* S. 205.

75 Schnitzler, *Aphorismen,* S. 32; vgl. O. Schnitzler, *Spiegelbild,* S. 138.

76 Siehe William Johnston, *Österreichische Kultur- und Geistesgeschichte. Gesellschaft und Ideen im Donauraum 1848 bis 1938* (Wien – Köln – Graz 1974), S. 190–195.

zu kehren, würde letztlich nicht zur versprochenen moralischen Sicherheit führen. Schnitzler brachte dies, einmal mehr in *Der Weg ins Freie,* sehr gut zum Ausdruck, wenn Bermann die Bemerkung macht, daß die eigene Schuld von der Ebene des eigenen Ich abhängt, und selbst wenn alle Ebenen ausgeleuchtet sind, ist es immer noch nicht klar, wie das wirkliche Urteil lautet. Bermann fragt: „Was hilft's mir am Ende, daß in allen meinen Stockwerken die Lichter brennen? Was hilft mir mein Wissen von den Menschen und mein herrliches Verstehen? Nichts . . . Weniger als nichts."[77] Dieses Dilemma – für Schnitzler ein jüdisches Dilemma – bedeutete, daß es im moralischen Universum keinen Fixpunkt mehr gab. Es handelte sich also sowohl um eine moralische als auch um eine kulturelle Krise.

Mehrdeutig aber bleibt Schnitzlers Ansicht über die Möglichkeit einer moralischen Ordnung. Er erkannte die Notwendigkeit eines moralischen Ich, und an einer Stelle deutet er ein Ich jenseits alles Empirischen an. An Georg von Wergenthin gerichtet, stellt Bermann fest: „Ich, wenn ich eine wohlgeordnete Welt haben will, ich muß mir immer selbst erst eine schaffen. Das ist anstrengend für jemanden, der nicht der liebe Gott ist."[78] Das bedeutet, daß jeder einzelne sich seine Wertwelt selbst schaffen muß. Daher nahm man ein Ich jenseits des alten Wertesystems an, wie sonst hätte man eine Wertwelt schaffen sollen?[79]

Mit Otto Weininger gab ein anderer Jude zu Beginn unseres Jahrhunderts die deutlichsten Antworten auf die von Schnitzler aufgeworfenen Fragen. In seinem Werk läßt sich der vertraute Weg verfolgen, wie er versucht, die Judenfrage gemeinsam mit der allgemeinen kulturellen Krise zu lösen.

Juden, Werte und das Ich

Otto Weininger gilt als das beste pathologische Beispiel für die jüdische Assimilation in Wien. Er ist als der jüdische Selbsthasser *par excellence* bekannt.[80] Weiningers Weltsicht aber umfaßt viele Einstellungen, die in der jüdischen Gemeinde Wiens weit verbreitet waren. Das Bemerkenswerte an seinem Werk ist, wie er den Zusammenhang zwischen seinem Versuch einer Bewältigung der Judenfrage und seiner Philosophie ganz allgemein darlegt. Es ist offensichtlich, daß viele seiner Ansichten unmittelbar aus seiner Erziehung resultierten. Er enstammte einer Familie mit einem gemischt böhmisch, ungarisch und wiene-

---

77 Schnitzler, *Der Weg ins Freie,* S. 329–330.
78 *Ibid.,* S. 330.
79 Zu Schnitzlers eigenem Erklärungsversuch siehe Schnitzler, *Aphorismen,* S. 30–31.
80 Z. B. Theodor Lessing, *Der jüdische Selbsthaß* (Berlin 1930), S. 80ff; Peter Gay, „Encounter with Modernism: German Jews in German Culture 1888–1914", in: *Midstream,* Feb. 1975, Bd. XXI, Nr. 2, S. 58.

risch jüdischen Hintergrund. Somit wurde er als Jude geboren und erhielt bei seiner Beschneidung den jüdischen Namen Schlomo.[81] Sein Vater Leopold kann zu Recht als jüdischer Antisemit beschrieben werden. Obwohl sein Vater bis knapp vor seinem Tod jüdisch blieb, gibt es Hinweise aus der Familie, daß er die übrigen Juden verachtete und, wie so viele Wiener Juden, ein großer Bewunderer Wagners war mit allem, was das bedeutete.[82] Weininger wuchs so in der Spannung zwischen einem jüdischen Hintergrund und dem Haß auf alles Jüdische auf.

Kompliziert wurde all dies noch dadurch, daß sein Vater bestimmte Haltungen vertrat, die auf sein jüdisches Erbe zurückzuführen gewesen sein dürften. Zu Hause war er ein strenger Patriarch, von größerer Bedeutung aber war, daß er alles in seiner Macht stehende tat, um Ottos früh zutagetretende Intelligenz zu fördern, indem er ihn mit Büchern und immer mehr Büchern überschüttete.[83] So war es nur natürlich, daß Otto sich darum bemühen würde, das Problem seiner inneren Widersprüche zwischen seinem Jüdischsein und seinem Haß auf die Juden in der Welt des Geistes, der Bücher, zu lösen und diese Widersprüche zu überwinden. Dazu gab es ein fertiges Modell in der Tradition der deutschen Philosophie, nämlich die Theorie von der Selbstüberwindung. Wir haben uns bereits am Beispiel von Josef Ehrlich und anderen damit beschäftigt, wie sehr sich die assimilierten Juden von der Theorie des ethischen Ich, das fähig dazu ist, das empirische Ich zu überwinden, angezogen fühlten. Die Strategie der Assimilation stand ja in einem engen Zusammenhang mit der Theorie eines autonomen Ich, denn ohne diese Theorie wäre weder der Bruch mit der Vergangenheit noch die Errichtung einer neuen Gesellschaft realisierbar. Aber gerade dieses Ich erkannte nun unter anderen Schnitzler als Illusion. Das Ich wurde auf eine Vielzahl widerstreitender Ichs reduziert, womit jene Entschiedenheit unmöglich wurde, die für einen klaren Bruch mit der Geschichte notwendig war. Dazu mußte Weininger auf Kants Theorie vom „intelligiblen Ich" zurückgreifen und berücksichtigte gleichzeitig die Theorien der empirischen Psychologie, die die Existenz eines moralischen Ich leugneten.

Genau das tat er in seinem berühmten Buch *Geschlecht und Charakter*. Seine Antwort auf Machs „unrettbares Ich" ist eine metaphysische Ordnung von Ichs nach dem Vorbild Schopenhauers, die er mit Ausdrücken der Sexualität beschreibt.[84] Der Mann ist eine Abwandlung von Kants „intelligiblem Ich", die Frau eine Mischung aus Lombrosos Ansichten über die Frauen, Freuds These von einer von der Sexualität getriebenen Psyche sowie Machs „unrettbarem Ich".[85] Weininger kommt zu dem Schluß, daß das wahre Ich, die Bedeutung der

---

81 David Abrahamsen, *The Mind and Death of a Genius* (New York 1946), S. 6–16.
82 *Ibid.,* S. 8, 57.
83 *Ibid.,* S. 15.
84 Otto Weininger, *Geschlecht und Charakter* (Wien 1903, 1919), S. 9–10, 469.
85 *Ibid.,* v.a. *passim,* S. 93–99; zu Kant, S. 202 ff.

Menschheit, im Mann verkörpert ist, in seiner vollkommensten Form im Genie.[86] Da wir jedoch in einer unvollkommenen Welt leben, sind wir alle gewissermaßen „bi-sexuell", bestehend aus männlichem und weiblichem Plasma, und verfügen somit sowohl über Aspekte der männlichen als auch der weiblichen Ideale. Dies erklärt, warum die Männer sexuell sind, der „Mann" aber die Antithese der Sexualität wäre.[87] Könnte das höhere Ich in uns allen das empirische, das weibliche Ich, überwinden, würden wir alle zu moralischer Perfektion gelangen.[88]

Große Aufmerksamkeit erregte Weiningers zugegebenermaßen schockierender Frauenhaß.[89] Damit wird die andere Seite seiner Gleichung, seine Theorie vom Mann, vernachlässigt. Das ist bedauerlich, wird doch Weiningers Ziel viel deutlicher, wenn diese Seite seines Denkens erkannt wird. Der Kanon von Charakteren, den er verwendet, stellt den Versuch dar, eine apolitische Lösung für den Kampf der Geschlechter zu finden. Wie bei Schnitzler ist die einzig mögliche Lösung eine persönliche, ethische und nicht gesellschaftliche – eine radikal-stoische Haltung. Die innere Bedeutung des Mannes ist das Genie, das reine Bewußtsein.[90] Weininger ist völlig klar, daß das Ziel des Mannes nicht Nietzsches Wille zur Macht, sondern der Wille zum Wert ist.[91] Dies ist ein rein ethisches Ziel, jenseits des gesellschaftlichen oder politischen Bereiches.[92] Lebensziel des Mannes ist das Genie, d. h. die Allwissenheit, in ihrem Ideal ident mit Gott.[93] Logik und Gedächtnis werden ebenfalls mit Gott identifiziert, womit als einzig mögliche Konsequenz das Streben nach Wissen und logisches Denken die ethischen Ziele des Mannes sind.[94] Wissen nimmt seinen Ausgang bei der Selbsterkenntnis, und das Ich ist die Wurzel aller Logik – nach dem Gesetz der Identität.[95] Logik und Ethik bedeuteten somit, sich selbst gegenüber wahr zu sein: „Logik und Ethik aber sind im Grunde nur ein und dasselbe – Pflicht gegen sich selbst."[96] Das Streben nach innerem Wissen wurde zum Ziel der Ethik. Darüber hinaus entwickelte Weininger die Theorie, daß Schönheit, Erotik und Ästhetik nur die Projektion des ethischen Ich auf den Gegenstand der Betrachtung oder die Schöpfung waren.[97] So bleibt „alle Ästhetik ein Geschöpf der

---

86 *Ibid.,* S. 126–139.
87 *Ibid.,* S. 13–50.
88 *Ibid.,* S. 451–461.
89 Z. B. Jacques Le Rider, *Der Fall Otto Weininger. Wurzeln des Antifeminismus und Antisemitismus* (Wien – München 1985), S. 127–165.
90 Weininger, *Geschlecht und Charakter,* S. 137, 145.
91 *Ibid.,* S. 167 ff.
92 *Ibid.,* S. 189, 218–219.
93 *Ibid.,* S. 215.
94 *Ibid.,* S. 198, 228–229.
95 *Ibid.,* S. 191–199.
96 *Ibid.,* S. 200.
97 *Ibid.,* S. 316.

Ethik".[98] Es gibt keine absolute Ästhetik, alles hängt ab vom ethischen Ich. Diese Art der philosophischen Konstruktion kam aus der deutschen Philosophie, viele von Weiningers Theorien entsprachen aber auch seiner puritanischen Erziehung und erwecken den Eindruck einer säkularisierten Form des jüdischen Stoizismus.

Ein Paradoxon ist, daß Weininger seine Theorie vom ethischen Ich, dem Genie, als Gegenmittel zur zeitgenössischen Gesellschaft einsetzte, die er nicht nur durch die weibliche Sexualität, sondern auch durch den jüdischen Nihilismus verdorben sah. Ein langes Kapitel seines Buches beschäftigt sich mit dem Thema *Das Judentum.*[99] Hier zeigt sich deutlich, daß Weininger das Jüdischsein als Theorie oder Prinzip verabscheute. Alles, was Weininger in Gesellschaft und Kultur als falsch empfand, lastete er den Juden an.[100] Oder vielmehr *dem* Juden, denn das gesamte Kapitel hindurch ist Weininger gewissenhaft darum bemüht herauszustreichen, daß die Theorie des Judentums nicht mit den einzelnen Juden verwechselt werden darf.[101] Die Begründung liefert er am Ende seiner Schmährede, wo er seinen schwersten Vorwurf äußert: „Der Jude ist ein ungläubiger Mensch."[102] Ausgehend von dieser Behauptung entwickelt Weininger seine Lösung für das auch von Schnitzler erkannte Problem des Fehlens einer Identität.

Für Weininger war der Glaube das Fundament aller Dinge. Der Glaube an die Wahrheit Gottes ermöglichte den Glauben an das Ich, der wiederum den Gesetzen der Logik zugrundelag. Die Existenz eines Gesetzes der Logik kann nicht bewiesen werden, sagt Weininger. Es ist nicht möglich, gedanklich das zu beweisen, was die Grundlage eben dieses Gedankens ist. Wir müssen glauben, wenn unser Denken überhaupt Gültigkeit haben soll.[103] Der Jude als ungläubiger Mensch ist so für Weininger das Symbol des Nihilismus der Kultur der Moderne. Der Jude glaubt an nichts, nicht einmal an sich selbst. Schlimmer noch, während der Arier jede Situation klar sieht, gibt es für den Juden immer verschiedene Möglichkeiten, weil sein Charakter keine Einheit ist. Es fehlt ihm die „Einfalt" des Glaubens; statt dessen ist „innere Vielfältigkeit . . . das absolut Jüdische".[104]

Genau das beklagt auch Schnitzler. Weininger bietet eine Lösung in der Anerkennung der Existenz einer Wertwelt und eines jenseits des empirischen Ich stehenden Ich. So kann der Weg zur Freiheit durch das innere Ich wiederhergestellt werden. Ja mehr noch, Weininger sah darin ein jüdisches Problem, das jeder einzelne Jude lösen mußte. Das Problem der Verbreitung des Unglaubens

---

98 *Ibid.,* S. 320.
99 *Ibid.,* S. 399–442.
100 *Ibid.,* S. 406 ff.
101 *Ibid.,* S. 402–405, 414.
102 *Ibid.,* S. 427.
103 *Ibid.,* S. 193–198, 427.
104 *Ibid.,* S. 427–432.

und des Verlustes der Identität konnte nicht durch eine Massenbewegung gelöst werden, am wenigsten durch Antisemitismus oder Zionismus. „Darum kann die Judenfrage nur individuell gelöst werden."[105] Im Grunde ging es bei der Judenfrage darum, den Glauben wiederzufinden. Die Lösung der Judenfrage ist demnach die Lösung für eine allgemeine Krankheit der Menschheit. Die Antwort ist die Selbstüberwindung.

Aus Weiningers Werk geht deutlich hervor, daß „der Jude" derjenige ist, der mit den von der Moderne aufgeworfenen Problemen zu kämpfen hat. Das arische Genie wird mit dem Glauben an Gott und an sich selbst geboren. Das wahrhaft große Genie ist für Weininger jedoch das religiöse Genie, der Religionsgründer, und dieser muß Jude sein, denn um ein Retter der Menschheit zu werden, muß man zunächst sich selbst überwinden, wie dies Jesus Christus während der vierzig Tage in der Wüste getan hat.[106] Die jüdische Religion erscheint nun in einem anderen Licht. Weininger preist das alte Judentum. Was dann geschah, war, daß sich das Christentum, das in seiner Anlage eine Möglichkeit des Judentums war, von dieser Religion abspaltete, womit die beiden einander verneinen mußten. Das Christentum ist damit das Ergebnis einer inneren Dialektik des Judentums. Christus mußte „jüdisch" sein, um sich selbst zu überwinden und rein zu werden: „Das Judentum ist der Abgrund, über dem das Christentum aufgerichtet ist." Das theologische Ziel des Fortbestands des Jüdischen in der Welt ist es daher, daß andere „Juden" in der Nachfolge Christi ihre jüdische Natur überwinden und selbst Erlöser werden können.[107] Weiningers Hoffnung für die Welt liegt in der Selbstüberwindung der Juden.

Vieles an dieser Schlußfolgerung ist paradox. Weininger, der „Selbsthasser", sah eine Hoffnung für die Zukunft, die aus dem jüdischen Volk kam, denn, obwohl es für jemanden wie Wagner möglich war, trotz seiner arischen Geburt ein „Jude" zu sein, waren es die Juden, die über den höchsten Grad an „Judentum" verfügten.[108] Die Juden mußten nur ihr jüdisches Ich hinter sich lassen, indem sie an die Gültigkeit von Ich, Logik und Gott glaubten. Der Jude spielte damit die zentrale Rolle in Weiningers gesamter Theorie von der kulturellen Dekadenz und ihrer Heilung. Schnitzlers Problem wird durch die nachdrückliche Betonung der Existenz eines aus der Notwendigkeit geborenen moralischen Ich gelöst. Das größte Paradoxon aber ist, daß die von Weininger angebotene Lösung, der Glaube an das Ich, an die innere Wahrheit und den inneren Wert, wie eine Spielart der Tradition des jüdischen Stoizismus anmutet, wo die persönliche Beziehung des einzelnen zu Gott im Vordergrund steht. Was Weininger abwertend als „jüdisch" bezeichnet, ist in vieler Hinsicht das Produkt der ursprünglichen „Selbstüberwindung", der Assimilation, die von religiösen Juden bereits in

---

105 *Ibid.,* S. 415.
106 *Ibid.,* S. 433–437.
107 *Ibid.,* S. 438–440.
108 *Ibid.,* S. 440, 442.

den achtziger Jahren des 19. Jahrhunderts für die Areligiosität und den jüdischen Antisemitismus unter der neuen Generation verantwortlich gemacht wurde.[109] Weiningers Überwindung des Juden war in gewissem Sinne die Antwort auf eine Zwangslage, die in erster Linie durch die Assimilation hervorgerufen worden war.[110] Was wie ein Angriff auf die jüdische Tradition anmutet, war, zumindest einer Auslegung zufolge, in vieler Hinsicht eine wenn auch unbewußte Rückkehr zu eben dieser Tradition.[111] Diese Interpretation ist allerdings eine rein theoretische. Eindeutig ist jedoch, daß Weiningers Lösung für die Problematik des Juden in einer antisemitischen Gesellschaft auf dem Glauben an eine Welt der absoluten Werte aufbaute, die nicht in der gesellschaftlichen Sphäre, sondern in ihm selbst lag. Er machte den Juden zu demjenigen, der durch seine Selbstüberwindung diese Werte verwirklichte. Religion wird so für den Juden, der sich selbst überwindet, zur letzten Zufluchtsstätte, da das seine Welt ist.

Man könnte meinen, Weininger sei mit seinem Frauenhaß und seinem jüdischen Selbsthaß eine Randfigur in der kulturellen Elite Wiens in den ersten Jahren unseres Jahrhunderts gewesen. Das war aber keineswges der Fall, zählte Weininger doch zu den einflußreichsten Persönlichkeiten seiner Zeit, vor allem unter den Juden der kulturellen Elite. Er war eines der Hauptgesprächsthemen in den Literatencafés, und selbst Stefan Zweig sah in ihm ein Genie.[112] Besonders hervorgehoben sei die Anerkennung, die Weininger von den kulturellen Radikalen um Karl Kraus zuteil wurde. Nicht nur Kraus selbst, sondern auch Schönberg und Wittgenstein bewunderten ihn.[113] Auch die etwas jüngeren Hermann Broch und Franz Kafka dürfte Weininger beeinflußt haben.[114]

Wie groß dieser Einfluß im einzelnen war, ist nicht so wichtig wie die Tatsache, daß Weiningers Denkweise diese Leute faszinierte, was sich nicht allein aus dem

---

109 Vgl. J. S. Bloch, „Wie gebieten wir Einhalt dem rapiden Verfall des religiösen Geistes?“, in: *Österreichische Wochenschrift. Centralorgan für die gesammten Interessen des Judenthums (ÖW)*, 15. Oktober 1884 (I.1), S. 3–5. Bloch machte eine religiöse Apathie unter den Eltern für den „religiösen Nihilismus“ der jüdischen Jugend verantwortlich, der sie seinerseits Schönerer in die Arme trieb und den „jüdischen Antisemitismus“ hervorbrachte.

110 Vgl. Willi Handl, *Die literarische Welt: Erinnerungen* (München 1960), S. 29–32.

111 Georg Klaren, *Otto Weininger: der Mensch, sein Werk und sein Leben* (Wien 1924), S. 203.

112 Siehe Hartmut Binder, „Ernst Polak – Literat ohne Werk“, in: *Jahrbuch der deutschen Schiller Gesellschaft* 1979[23] (Stuttgart 1979), S. 384; *Das Wiener Kaffeehaus*, S. 76; auch Milan Dubrovic, „Joseph Roth und der ‚Querulant‘“, in: *Spectrum, Die Presse*, 3. März 1984; Stefan Zweig, *Europäischs Erbe* (Frankfurt am Main 1960), S. 223–226.

113 Janik und Toulmin, *Wittgensteins Wien*, S. 90f.; Arnold Schönberg, *Harmonielehre*, 7. Aufl. (Mainz 1966), S. VI, in deren Originalvorwort Schönberg schreibt: „Oder wie Weininger und alle andern, die ernsthaft gedacht haben.“ Wittgenstein, *Vermischte Bemerkungen* (Frankfurt am Main 1977), S. 19.

114 Manfred Durzak, *Hermann Broch* (Hamburg 1966), S. 43; Le Rider, *Der Fall Otto Weininger*, S. 223; siehe auch den Beitrag von Gerd Stieg, *Langue maternelle, langue marâtre: Karl Kraus et Franz Kafka*, am Österreichischen Institut, Paris, 9. Oktober 1984, anläßlich der Konferenz *Vienne 1880–1938: Fin de Siècle et Modernisme*.

succès de scandale seines Selbstmords erklärt. Diese Leute fühlten sich von Weininger angezogen, weil sie zum Teil ähnlich dachten, vor allem was den Stellenwert von Ethik und Religion in der Kultur betrifft.[115] In vielen Bereichen der Wiener Kultur schwang ein religiöser Unterton mit, der durch die modernen Ausdrucksformen kaum überdeckt wurde. Zahlreiche Konversionen beispielsweise waren nicht Ausdruck berechnender Überlegungen, sondern erfolgten aus tiefer religiöser Überzeugung. Viele waren sich einig mit Weininger, daß das Judentum in seiner derzeitigen Form keine eigentliche Religion war, sondern mit den Worten Theodor Gomperz' „ausgehöhlt und überlebt", „baar [sic] nahezu jedes ethischen Nährgehalts".[116] Zahlreiche Juden kamen durch die Suche nach einem neuen Glauben zu ihrer neuen Religion.[117] Aber ein Mensch wie Kraus nahm keine neue Religion nur wegen des Dogmas der Kirche an. Als er versuchte zu erklären, warum er dem Judentum, „der letzten Gemeinschaft mit den Literaturschwindlern", den Rücken kehrte, konnte er über den Katholizismus nur sagen, daß es nicht darum ging, dem Dogma der Kirche zu folgen.[118] Kraus hatte klare Vorstellungen von den wahren Werten, und als die Kirche durch ihre heimliche Absprache mit Reinhardt gegen diese verstieß, gab Kraus seinen Katholizismus auf.[119] Religion steht über der Doktrin, und zwar über jeder.

Kraus hatte ähnlich wie Weininger eine sehr radikale, individualistische Einstellung zur Religion. Auch für Wittgenstein war laut Paul Engelmann Religion im Grunde eine Angelegenheit des einzelnen, allein mit seinem Glauben. Die Äußerlichkeiten der Religion waren überflüssig, was zählte, war die Suche nach innerer Wahrheit, das Erreichen einer Identität zwischen den äußeren moralischen Imperativen und dem inneren Willen.[120] Wittgenstein vertrat eine stoische Auffassung von Religion, und viele andere Angehörige der kulturellen Elite teilten diese Ansicht.[121]

Einigen war auch bewußt, woher diese religiöse Seite der Wiener Kultur kam. In seinem Roman *Die Schlafwandler* charakterisiert Hermann Broch den Juden als Herold einer abstrakten, weltabgewandten Religion im Gegensatz zur christlich-platonischen Vision einer Welt voller Werte.[122] Um dieses Thema geht es auch in einer Aufzeichnung aus dem Jahre 1938, wo er feststellt, daß der ungläubige Jude absolut böse ist, weil er das völlige Gegenteil seines wahren Ich ist.[123] Der

---

115 Vgl. Hermann Bahr, *Selbstbildnis* (Berlin 1923), S. 263, über die Beziehung der Juden zur Religion.

116 *Gomperz: ein Gelehrtenleben,* S. 173.

117 Z. B. Alma Mahler, *Gustav Mahler,* S. 126.

118 Paul Schick, *Karl Kraus* (Hamburg 1965), S. 68.

119 *Ibid.,* S. 110.

120 Paul Engelmann, *Ludwig Wittgenstein. Briefe und Begegnungen* (Wien – München 1970), S. 50–61.

121 Vgl. Jakob Wassermann, *Mein Weg als Deutscher und Jude* , S. 112–114.

122 Hermann Broch, *Die Schlafwandler* (Frankfurt am Main 1978), S. 580–582.

123 Durzak, *Broch,* S. 17.

Jude ist, mit anderen Worten, *der* religiöse Mensch schlechthin. Theodor Hertzka stützte sich in den neunziger Jahren auf dieselbe Theorie, als er davon sprach, daß der semitische Geist ethisch ist, während der arische technologisch ist.[124] In diesen Diskussionen kam oft der Hinweis, daß Christus Jude war. Freud schlug in dieselbe Kerbe, als er versuchte, den Antisemitismus nicht als Reaktion darauf zu erklären, daß Christus von den Juden gekreuzigt wurde, sondern vielmehr dadurch, daß Christus selbst Jude war: Antisemitismus war die Rache für die Unterdrückung des instinktbetonten Lebens der heidnischen Völker durch das Christentum. Das Christentum selbst war gewissermaßen jüdisch.[125]

Die Tatsache, daß Christus Jude war, wurde von Mitgliedern der kulturellen Elite, wie etwa Weininger, häufig ins Treffen geführt, um jüdischen Konvertiten eine besondere Stellung und Bedeutung zuzuschreiben. Franz Werfel soll in Christus eine Art Rabbi gesehen haben.[126] Für Kraus war Christus der Inbegriff des Juden ohne jüdische Eigenschaften.[127] Wittgenstein dürfte ebenfalls auf eine Theorie Weiningers angespielt haben, als er schrieb: „Das jüdische ‚Genie' ist nur ein Heiliger."[128] Die Juden waren, sei es von ihrem Wesen her oder als Antithese zu diesem, vom Schicksal dazu bestimmt, Träger der Idee der Religion zu sein, die als die durch Selbstüberwindung erreichte Form der ethischen Wahrheit und als rein ethische Sicht der Welt definiert wird – oder zumindest einigen Angehörigen der kulturellen Elite so erschien.

Inwiefern stimmt nun die Theorie, daß die starke Betonung von Ethik und Religion durch diese Leute durch ihren jüdischen Hintergrund bedingt war? Es wäre töricht behaupten zu wollen, der religiös-ethische Faktor wäre in Wien ausschließlich von jüdischer Seite eingebracht worden. Es gab schließlich auch einen Adolf Loos, der dem Gedankengut beispielsweise eines Karl Kraus in vieler Hinsicht sehr nahe stand.[129] Die meisten der bedeutendsten Persönlichkeiten im Kreis um Kraus aber waren Juden. Es erhebt sich nun die Frage, ob *ihre* Einstellungen ein Spiegelbild ihrer Situation als Juden waren oder ob dieser Umstand für ihre Arbeit ohne Bedeutung war. War ihre Haltung Ausdruck ihres jüdischen Erbes und der Tatsache, daß sie Juden waren? Oder verhält es sich bei ihnen ähnlich wie bei Loos, der nur von seiner mährischen Herkunft sowie der Wiener und ganz allgemein der europäischen Kultur der Moderne beeinflußt scheint?

---

124 Theodor Hertzka, „Arischer und semitischer Geist", Artikel in *ÖW*, 20. Jänner 1893,(X.3), S. 37–40.

125 Zitiert in Wolfgang Häusler, „Toleranz, Emanzipation und Antisemitismus", in: N. Vielmetti, Drabek, Häusler, Stuhlpfarrer, *Das österreichische Judentum* (Wien 1974), S. 121.

126 Gespräch mit Milan Dubrovic, 29. September 1983, Wien.

127 Kraus, „Er ist doch e Jud", S. 362.

128 Wittgenstein, *Vermischte Bemerkungen*, S. 18.

129 Janik und Toulmin, *Wittgensteins Wien*, S. 121, 144; siehe aber auch Burkhardt Rukschcio und Roland Schachel, *Adolf Loos: Leben und Werk* (Salzburg 1982), S. 295 darüber, wie sehr Loos zu dieser „jüdischen" Welt gehörte.

Auf diese Fragen gibt es keine eindeutige Antwort, wir können aber dennoch einige wichtige Fakten anführen. Karl Kraus beispielsweise stammte aus einer typisch jüdischen Unternehmerfamilie, die von Böhmen nach Wien gezogen war, als Kraus noch ein Kind war.[130] Wie viele andere jüdische Kinder erhielt er eine umfassende Ausbildung, und als er sich mit dem Gedanken der Herausgabe seiner Zeitschrift *Die Fackel* trug, streckte sein Vater ihm das nötige Geld vor und unterstützte ihn auch moralisch. Jakob Kraus war stolz auf seinen Sohn und dessen intellektuelle Unabhängigkeit, sogar als dieser jene bürgerliche Gesellschaft angriff, der er selbst angehörte.[131] Dies zeigt, daß die individualistische Einstellung von Karl Kraus' in der Traditon seiner Familie durchaus nichts Außergewöhnliches war.

Oft wurde behauptet, Karl Kraus stehe als der prophetische Verteidiger des Wortes durchaus in einer jüdischen intellektuellen Tradition.[132] Dem könnte man unschwer widersprechen, hätte Kraus dies nicht selbst bestätigt. Im Februar 1934 schrieb er, daß er „in der freien Verfügung geistigen Hohns, in der Ehrerbietung für das geschändete Leben und die besudelte Sprache die Naturkraft eines unkompromittierbaren Judentums dankbar erkennt, und über alles liebt: als etwas, das von Rasse und Kasse, von Klasse, Gasse und Masse, kurz jeglichem Hasse zwischen Troglodyten und Schiebern unbehelligt in sich beruht."[133]

Diese Worte sind klar eine trotzige Antwort auf die Hitlerzeit und daher eher rhetorisch als wahr. Es sind aber doch gewaltige Worte, und was sie juridisch nennen, ist gerade jene Art der ethischen Tradition, die wir schon diskutiert haben. Wenn Kraus wirklich meinte, was er hier sagte, gewinnt die Behauptung, er sei ein in der jüdischen Tradition stehender Prophet gewesen, durchaus an Glaubwürdigkeit. Sein ethischer Standpunkt wird dann zu einem jüdischen.[134]

Eine ähnliche Geschichte gibt es auch von Arnold Schönberg. Er kehrte, wie Kraus, seinem jüdischen Glauben den Rücken und wurde Protestant.[135] Seine große Vorliebe für biblische Themen aber stammte aus seiner jüdischen Jugend.[136] Er bewahrte seine bereits erworbenen Werte einfach auch in der neuen Religion. Er erhielt die typische Erziehung der unteren Mittelschicht in der Leopoldstadt, inmitten von jüdischen Freunden wie David Bach.[137] Schon von

---

130 Schick, *Kraus,* S. 10–13.
131 *Ibid.,* S. 37, 43.
132 Frank Field, *The Last Days of Mankind* (London 1967), S. 22–23; Ernst Lothar, *Das Wunder des Überlebens* (Wien 1966), S. 370; Erich Heller, „Karl Kraus", in: *Enterbter Geist. Essays über modernes Dichten und Denken* (Frankfurt am Main 1954), S. 337–370 u. v. a. m.
133 Karl Kraus, „Warum die Fackel nicht erscheint", in: *Die Fackel* (München 1973), Bd. 39, Ende Juli 1934, XXXVI, Nr. 890–905, S. 38; zitiert in Schick, *Kraus,* S. 131.
134 Vgl. Timms, *Kraus,* S. 241–243 zu Kraus' katholischer und jüdischer Identität.
135 H. H. Stuckenschmidt, *Schönberg: Leben, Umwelt, Werk* (Zürich – Freiburg im Breisgau 1974), S. 33.
136 *Ibid.,* S. 26, 104.
137 *Ibid.,* S. 22 ff.

Beginn an war er ein Außenseiter in der Wiener Gesellschaft. Seine Vorbilder waren Norddeutsche, nicht Österreicher.[138] In den kulturellen Zirkeln seiner Zeit dürfte er eine „recht jüdische" Erscheinung abgegeben haben. Ab den zwanziger Jahren wandte sich Schönberg als unmittelbare Reaktion auf die Erfahrung des Antisemitismus jedenfalls wieder dem Judentum zu.[139] Als er *Moses und Aron,* diese Oper gegen die Oper, komponierte, konnte er bemerken, daß sie eine Bestätigung seines jüdischen Selbstbewußtseins war.[140]

Bei Wittgenstein läßt sich kein unmittelbarer jüdischer Einfluß feststellen, da er zu weit von jeder Tradition entfernt stand. Vieles weist allerdings auf einen indirekten Einfluß hin. Die Familiengeschichte liest sich wie eine Aufzählung von willensstarken Persönlichkeiten, die durchwegs mit den gängigen Konventionen brachen. Der erste in dieser Reihe war Großvater Hermann Wittgenstein, der seine jüdische Familie und das Ghetto verließ und schließlich gemeinsam mit seiner Frau zum Protestantismus konvertierte. Die Familie übersiedelte nach Wien, wo sie in die gehobene nichtjüdische Gesellschaft einheiratete – eine erfolgreiche Assimilation also. Hermanns ältester Sohn Karl hatte einen mindestens ebenso starken Willen wie sein Vater. Er ging nach Amerika und heiratete später die „Halbjüdin" Leopoldine Kalmus, eine Verbindung, die in der Familie nicht auf große Zustimmung stieß. Diese Familiengeschichte ist das typische, wenn auch sehr geglückte Beispiel für den Prozeß der jüdischen Emanzipation und Assimilation. So manche Neigung Karl Wittgensteins, die er offensichtlich von seinem Vater übernommen hatte, war keineswegs „protestantisch", sondern ähnelte vielmehr dem stoischen Erbe aus dem Ghetto, aus dem einst sein Großvater gekommen war. Karl Wittgenstein lehnte eine Nobilitierung ab, und als die Regierung sich in seine Geschäftsangelegenheiten einzumischen begann, legte er 1898 ohne einen anderen ersichtlichen Grund alle seine Direktionsposten nieder und zog sich im Alter von 52 Jahren aus dem aktiven Geschäftsleben zurück. Das war die Tat eines Mannes, der überzeugt davon war, daß die gesellschaftlichen Werte, die Wahrung des Scheins, nicht die wahren Werte waren.[141]

Der Ethos der Familie Wittgenstein kann in dem Ausspruch zusammengefaßt werden: „Leben als Aufgabe". Im Vordergrund stand die Pflicht des einzelnen, seine Verantwortungen zu erfüllen. Das galt auch für die Welt der Ästhetik. Wenn wir Janik und Toulmin Glauben schenken dürfen, sah die Familie ihr

138 *Ibid.,* S. 33–34.
139 Mahler gab Schönberg und Zemlinsky die Spitznamen „Eisele und Beisele", *ibid.,* S. 106. Zur Wirkung des Antisemitismus siehe Joseph Rufer, „Hommage à Schoenberg", in: Arnold Schönberg, *Berliner Tagebuch* (Frankfurt am Main 1974), S. 54.
140 Schönberg stellte dies in zumindest zwei Briefen fest: einer an Armin Berg, 16. Oktober 1933, abgedruckt in Hilmar, Hg., *Arnold Schönberg,* Katalog (Wien 1974), S. 125; und ein anderer an Joseph Rufer, 24. Juli 1935, abgedr. in Hilmar, *Schönberg,* S. 329.
141 Vortrag von Brian McGuiness am 14. Juni 1984 an der School for Slavonic and East European Studies, London; Janik und Toulmin, *Wittgensteins Wien,* S. 229–232; Engelmann, *Ludwig Wittgenstein Briefe,* S. 99, 115–116.

jüdisches Erbe als eine Art „ästhetischen Idealismus".[142] Mit anderen Worten, die Sicht der Welt der Ästhetik als eine Welt der Verantwortung wurde der jüdischen Tradition zugeschrieben. In diesem Milieu, wo die Ethik, die dem Großteil der Wiener Gesellschaft fremd war, so stark betont wurde, wuchs Wittgenstein auf.[143] Auf der anderen Seite verstand er sich, als es ihn während des Ersten Weltkrieges in die mährische Stadt Olmütz verschlug, sofort mit dem Freundeskreis um Paul Engelmann, zu dem durchwegs Juden zählten.[144] Es ist eine reine Spekulation, aber Wittgenstein und diese Leute scheinen die Welt durch dieselbe „moralische Brille" gesehen zu haben wie Kraus, Weininger und Schönberg. Auch wenn das ebenso für einen Adolf Loos zutrifft, so war er doch die Ausnahme, während alle anderen zu jener großen Gruppe gehörten, der die „Familienähnlichkeiten" ihres jüdischen Hintergrundes gemeinsam waren. Auch wenn nicht alle Juden, dafür aber einige wenige Nichtjuden ähnlich dachten, zeigt doch die historische Entwicklung und die Erfahrung mit den verschiedenen Gruppen, daß eine solche Weltanschauung in der Wiener Kultur mehr oder weniger auf Leute mit einem jüdischen Hintergrund beschränkt war. Abschließend wollen wir einige theoretische Überlegungen anstellen, wie sich dieser religiös-ethische Ansatz in der Wiener Kultur zeigte.

Einige Überlegungen zur Ethik der Ästhetik

Wir haben bereits gesehen, in welcher Form beispielsweise Freud und Schnitzler von einem ethischen Ansatz ausgingen. Weininger bezeichnete die Ästhetik ausdrücklich als den Widerschein des ethischen Ich. Wir haben auch gesehen, auf welch großes Echo Weiningers Festellung der Notwendigkeit des Glaubens in der Wiener Avantgarde stieß. Gleiches gilt für Weiningers Tendenz, Ethik und Ästhetik miteinander und mit dem metaphysischen Ich in Beziehung zu setzen. Man könnte sagen, daß die Kultur für viele Angehörige der Wiener Elite, vor allem die Anhänger von Karl Kraus, abseits vom gesellschaftlichen Leben zur Sphäre des ethischen Strebens jedes einzelnen wurde.

Paul Engelmann schrieb in seinen Erinnerungen an Wittgenstein: „Kraus war (nach Weininger) der erste ernste Mahner, der in einer Epoche einseitiger ästhetischer Kunst- und Lebensbewertung die entscheidende Bedeutung der Moralität eines Künstlers für sein Werk betont hat."[145] Weininger wird hier nicht zufällig erwähnt. Es ist richtig, daß Kraus mit Weiningers Einstellung zur Frau nicht einverstanden war, sondern im weiblichen Prinzip vielmehr den Urquell

---

142 Janik und Toulmin, *Wittgensteins Wien*, S. 233f.
143 Vgl. Frederick Morton, *Schicksalsjahr Wien 1888–1889* (Wien – München — Zürich – New York 1981), S. 70–71.
144 Engelmann, *Ludwig Wittgenstein Briefe*, S. 41–49.
145 *Ibid.*, S. 104.

aller Schöpfung sah, den es anzubeten und nicht zu leugnen galt. Mit vielen Theorien Weiningers aber stimmte Karl Kraus überein. Die Idealisierung der Geschlechter, der radikal individualistische Ansatz der Gesellschaft, aber vor allem die ethische Natur der künstlerischen Schöpfung waren Punkte, bei denen Kraus und Weininger einer Meinung waren. Obwohl schöpferische Inspiration für Kraus weiblich war und jenseits der Moral stand, erfüllte der Künstler durch die Umsetzung der Inspiration in Kunst eine männliche Funktion. Er war so Gegenstand des ethischen Imperativs, seiner Inspiration gegenüber wahr zu sein. Sein Ansatz ist damit nicht identisch mit jenem Weiningers, liegt aber auf derselben Linie.[146]

Paul Schick geht es vor allem um Kraus' Theorie von der moralischen Verantwortung des Künstlers. Er schließt daraus, daß für Kraus „Ethik und Ästhetik . . . untrennbar waren". Reine Ästhetik ist wertlos. Um mit Kraus zu sprechen: „Der Ästhet verhält sich zur Schönheit wie der Pornograph zur Liebe und wie der Politiker zum Leben."[147] Mit anderen Worten hielt es Kraus für die Pflicht des Künstlers, die Wahrheit seiner Schöpfung zum Ausdruck zu bringen. Das ästhetische Werk durfte nicht danach beurteilt werden, wie gefällig es war, sondern nach ethischen Grundsätzen, wie wahr es war. Kraus ging es um den Imperativ, der Schöpfung gegenüber wahr zu sein, die für den Dichter in seiner Sprache, im Wort, lag.[148] Wie erwähnt, schrieb Kraus zumindest einmal seine Verehrung für die Sprache seinem Jüdischsein zu. Seine beißenden Angriffe auf die Wiener, d. h. die „jüdische" Presse können somit aus der jüdischen Tradition heraus als seine Verurteilung der Prostitution der Sprache, die der Journalismus für ihn darstellte, im Geiste der Propheten verstanden werden. Eben weil die Juden durch die Zerstörung des Wortes ihr wahres Jüdischsein verrieten, griff Kraus sie an.[149] Seine ganze Karriere kann als der Versuch gesehen werden, die ethische Wahrheit der Sprache in der ästhetischen Welt zu bewahren.

Arnold Schönberg vertrat denselben Ansatz wie Kraus und Weininger.[150] Ebenso wie Kraus beschäftigte er sich mit dem Problem, wie die Kunst der inneren Inspiration zum Ausdruck verhelfen konnte. „Der musikalische Gedanke" sollte in authentischer Form ausgedrückt werden.[151] Für Schönberg war die Musik ein Medium der Logik, das „Gedanken" vermittelte; sie war nicht schöner Klang.[152]

---

146 Janik und Toulmin, *Wittgensteins Wien,* S. 90f.; Field, *The Last Days of Mankind,* S. 57–58; Heller, *Kraus,* S. 351–353; zu Kraus als Individualisten siehe Belke, *Popper-Lynkeus,* S. 200.
147 Schick, *Kraus,* S. 66.
148 Janik und Toulmim, *Wittgensteins Wien,* S. 83–116; Field, *The Last Days of Mankind,* S. 26–27.
149 Siehe Field, *The Last Days of Mankind,* S. 22–23; Bertold Viertels Ausführungen in Harry Zohn, *Wiener Juden in der deutschen Literatur* (Tübingen 1964), S. 69; Schick, *Kraus,* S. 37–40.
150 Schönberg schrieb in das Exemplar seiner Harmonielehre, das er Kraus schenkte: „Ich habe von Ihnen vielleicht mehr gelernt, als man lernen darf, wenn man noch selbständig bleiben will"; zitiert in Janik und Toulmin, *Wittgensteins Wien,* S. 134.
151 *Ibid.,* S. 138 ff.
152 Vgl. Stuckenschmidt, *Schönberg,* S. 360.

Sein Problem war, wie diese Gedanken im Falle des Zusammenbruchs der Konventionen der Tonalität in der westlichen Musik ausgedrückt werden könnten.[153] Er wandte sich zunächst der Atonalität zu und entwickelte dann die Zwölftonskala.[154] Es war aber immer die Komposition, und nicht irgendeine besondere Mechanik der Komposition, die ihm am Herzen lag, „Zwölfton-*Komposition* und nicht *Zwölfton*-Komposition". Er wollte den Komponisten befähigen, in einer Art und Weise zu komponieren, die ihn vom Satz befreite, von der gesellschaftlichen Konvention, sodaß die Komposition die eigene Schöpfung des Komponisten war und damit seine eigene ethische Verantwortung.[155] Dies entsprach Kraus' Betonung der Notwendigkeit von Authentizität, dem Zusammenspiel von Persönlichkeit und Schöpfung, es war derselbe individualistische Ansatz.

Lange Zeit hindurch scheint Schönberg in seinem Ansatz in dem Maße völlig deutsch gewesen zu sein, wenn man überhaupt in der Musik einen solch nationalen Ansatz unterscheiden kann. Aber es schwang immer ein gewisser religiöser Unterton mit, der latent schon lange vorhanden war, ab den zwanziger Jahren aber immer deutlicher zutage trat. In *Moses und Aron* zeigt sich seine – jüdische – Religiosität ganz eindeutig.[156] In eben dieser Oper bringt Schönberg seine Vorstellungen über die Beziehung zwischen Wahrheit, Ethik und Ästhetik in aller Einzelheit zum Ausdruck. Sie wurde auch *die* Oper des österreichischen Expressionismus genannt.[157] Dies sei dahingestellt. Die These der Oper geht jedenfalls auf eine viel ältere kulturelle Tradition zurück. Die Hauptaussage ist, daß der ethische Mensch – Moses – die ethische Wahrheit von Gottes Wort zwar kennen, aber weder ausdrücken noch der breiten Masse vermitteln kann. Arons Rolle ist es, die Wahrheit in ästhetische Form zu bringen, in eine Musik, welche die Masse verstehen kann. Aber Aron zerstört in seiner sinnlichen Freude am Singen die Botschaft Gottes. Sein Lied wird von der Masse weiter zu einem Kult der Sinnlichkeit und des Exzesses, des Götzendienstes, pervertiert. Der einzige Ort, an dem die Einheit mit Gott erreicht werden kann, ist die Wüste.[158] Nur ohne Sinnlichkeit, jenseits der

---

153 *Ibid.*, S. 403; Charles Rosen, *Schoenberg* (Glasgow 1976), S. 26 ff.

154 Stuckenschmidt, *Schönberg,* S. 260; Rosen, *Schoenberg,* S. 41ff; Janik und Toulmin, *Wittgensteins Wien,* S. 325.

155 *Ibid.*, S. 140–144, 325.

156 Schönberg unterstrich in seinem Brief an Alban Berg vom 16. Oktober 1933, daß sein Werk seit 1922 jüdische Einflüsse zeigt, vor allem in *Der biblische Weg* (begonnen 1922, vollendet 1926–27) und in seinem *Credo*, S. 27, von 1926, Schönberg, *Briefe.* Ausgewählt und herausgegeben von Erwin Stein (Mainz 1958), S. 200–201; Peter Gradenwitz, „Mahler and Schoenberg", in: *LBIY* 1960, S. 270; Stuckenschmidt, *Schönberg,* S. 306 (Brief an Anton von Webern vom 5. August 1933 über *Moses und Aron* als jüdisches Werk). Siehe auch die hervorragende Analyse von George Steiner, „Schoenberg's ‚Moses and Aron'", in: *Encounter,* Juni 1965[24], S. 40–46.

157 Vgl. Schorske, *Wien: Fin de Siècle,* S. 340f.

158 *Ibid.*, S. 342; Gradenwitz, „Mahler and Schoenberg", in: *LBIY* 1960, S. 276–282. Der dritte Akt endet mit Moses' Worten: „Aber in der Wüste seid ihr unüberwindlich und werdet das Ziel erreichen: Vereinigt mit Gott." Arnold Schönberg, *Moses und Aron: Textbuch* (Mainz 1957), S. 32.

Welt der hedonistischen Ästhetik, in der gestaltlosen Wüste allein kann der Mensch wahre Einsicht und Glauben finden. Das entspricht praktisch der jüdischen Einstellung zum Götzendienst. Statt eines barocken Dramas ist dieses kulminierende Werk aus dem Wien um 1900 die moderne Version der Legende vom Goldenen Kalb, dem Ursprung der jüdischen Anti-Ästhetik.[159]

Der Grund, weshalb das Wort Gottes in dieser Oper durch die Musik verzerrt wird, liegt darin, daß Aron sich der Schönheit des Liedes hingibt. Was geschähe, wenn diese Musik nun wahr und nicht schön wäre? In Antwort auf diese Frage versuchte Schönberg die Musik laut Schorske zu einer logischen Konstruktion zu machen, die den Kanon der Ästhetik ignorierte. Damit wurde die Logik zum Schiedsrichter der musikalischen Form, ungeachtet der Schönheit.[160] Hinter der augenscheinlichen Unbändigkeit der Musik würde die logische Wahrheit zutage treten. Für Weininger stand die Logik am Ursprung von Ethik und Ästhetik. Ein anderer jüdischer Wiener Denker, Hermann Broch, hatte ähnliche Vorstellungen.[161] Auch er hielt Logik für identisch mit Logos, dem Wort Gottes.[162] In *Der Tod des Vergil*, wo es um die künstlerische Integrität geht, beschreibt er das Wort Gottes als reine Musik.[163] Wer so dachte wie Broch, für den verlieh Schönberg der Musik wieder ihre ursprüngliche Funktion, nämlich das Wort Gottes zum Ausdruck zu bringen, indem er die Logik zur Grundlage der musikalischen Sprache machte. Ist es gerechtfertigt zu meinen, das gerade das seine Absicht war? Schönberg ist jedenfalls ein Paradebeispiel für das Einfließen des ethischen Impulses in die Welt der Ästhetik, und möglicherweise rührt dies von einer Einstellung her, die ihren Ursprung in seinem jüdischen Hintergrund hatte.[164]

Auch Wittgenstein vertrat wie Kraus und Schönberg die Theorie von der ethischen Verantwortung des Künstlers. Er forderte die „Aufrichtigkeit" in jeder Form des kulturellen Ausdrucks – die Übereinstimmung von Gefühl und Form.[165] Seine *Vermischten Bemerkungen* aus den Jahren 1914–1916 zeugen von einer eingehenden Beschäftigung mit dem Problem der Ethik, und Engelmann behauptet, er hatte auch die gleiche persönliche Einstellung zur Religion.[166]

---

159 Vgl. Gradenwitz, „Jews in Austrian Music", in: Fraenkel, Hg., *The Jews of Austria,* S. 24.

160 Schorske, *Wien: Fin de Siècle,* S. 342.

161 Durzak, *Broch,* S. 86.

162 Erich Kahler, *Die Philosophie von Hermann Broch,* (Tübingen 1962), S. 20 ff.

163 Hermann Broch, *Der Tod des Vergil* (Frankfurt am Main 1976), S. 454. Das Buch endet mit den Worten: „. . . trotzdem immer noch Wort: er konnte es nicht festhalten, und er durfte es nicht festhalten; unerfaßlich unaussprechbar war es für ihn, denn es war jenseits der Sprache". Vgl. Steiner, *Moses and Aron,* S. 45.

164 Vgl. Steiner, *Moses and Aron,* S. 42–43, wo Schönberg als ein Jude gesehen wird, der die künstlerische Moral gegen die Freizügigkeit beispielsweise eines Richard Strauss verteidigt.

165 Engelmann, *Ludwig Wittgenstein Briefe,* S. 62–68; siehe auch Erich Heller, „Karl Kraus und die Ethik der Sprache", in: W. Kudszin und H. C. Seeba, Hgg., *Austriaca: Beiträge zur österreichischen Literatur* (Tübingen 1975), S. 306.

166 Ludwig Wittgenstein, *Tagebücher 1914–1916* (Frankfurt am Main 1960), S. 165–175; Engelmann, *Ludwig Wittgenstein Briefe,* S. 50–61.

Erstaunlich groß aber ist die Ähnlichkeit seiner Ansichten über Logik, Ethik und Ästhetik mit denen der anderen hier beschriebenen Künstler und Denker. Janik und Toulmins Buch *Wittgensteins Wien* beschäftigt sich im Grunde nur damit, was Wittgensteins kryptische Behauptung, „Ethik und Ästhetik sind ein und dasselbe", bedeutet.[167] Sie haben untersucht, welcher Zusammenhang zwischen dieser Behauptung und den Theorien von u. a. Kraus, einschließlich Weininger, besteht.[168] An dieser Stelle möchte ich noch auf andere Übereinstimmungen im Denken Wittgensteins und Weiningers eingehen, die ebenfalls im Zusammenhang mit diesem kryptischen Zitat stehen.[169] Sie betreffen die Einstellung beider zum Problem des Ich.

Weininger hielt jede positivistische Leugnung des Ich für töricht, da dieses weder bewiesen noch widerlegt werden kann, es *ist* einfach. Einen Beweis kann nur die Sprache liefern, aber Sprache und Logik würden Identität voraussetzten. Daher erklärt sich für Weininger bereits aus dem Gesetz der Identität die Existenz eines Ich.[170] Das kann nicht bewiesen werden, denn dieser Annahme liegt die Sprache selbst zugrunde.[171] Weininger sagte über das Ich: „Die Existenz des Subjektes läßt sich nicht ableiten, hierin behält Kantens Kritik der rationalen Psychologie vollkommen recht. Aber es läßt sich dartun, wo diese Existenz streng und unzweideutig auch in der Logik zum Ausdruck gelangt; und man braucht nicht das intelligible Ich als bloße Denkmöglichkeit hinzustellen, die uns allein das moralische Gesetz völlig zur Gewißheit zu machen geeignet sei, wie Kant dies tat."[172]

Er stellte auch fest, daß das Gesetz der Identität „durch seine Evidenz also die Existenz des Subjektes offenbaren" wird.[173]

Wittgensteins Theorien im *Tractatus Logico-Philosophicus* stehen diesem Ansatz sehr nahe. Hier ist das wahre Ich das „metaphysische Subjekt", das die „Grenze der Welt ist – nicht ein Teil von ihr". Das Subjekt kann, obwohl es existiert, nicht in der Welt der Sprache ausgedrückt werden – *der* Welt. Es steht so jenseits des Beweiskriteriums; es manifestiert sich vielmehr durch die Tatsa-

---

167 Janik und Toulmin, *Wittgensteins Wien,* S. 227–272. Zitat S. 254.

168 *Ibid.,* S. 260; zum Einfluß von Karl Kraus.

169 Vor allem Allan Janik stellte eine Beziehung zwischen Weininger und Wittgenstein her; siehe Janik, „Wittgenstein and Weininger", in: *Second Kirchberg Wittgenstein Symposium 1977* (Wien 1978), S. 25–28; Janik, „Wittgenstein, Ficker and Der Brenner", in: C. G. Luckhardt, Hg., *Wittgenstein: Sources and Perspectives* (Ithaca 1979), S. 1762–175. Siehe auch Rush Rhees, Hgg., *Ludwig Wittgenstein. Porträts und Gespräche.* (München – Wien 1987), S. 134–137, wo jegliche bedeutendere intellektuelle Verbindung verneint wird.

170 Otto Weininger, *Geschlecht und Charakter,* S. 190–204.

171 *Ibid.,* S. 193: „Der Satz der Identität . . . vermehrt nicht einen Reichtum, den er vielmehr gänzlich erst begründet." Also: „Die Norm des Denkens kann nicht im Denken selbst gelegen sein."

172 *Ibid.,* S. 198.

173 *Ibid.,* S. 197.

che der Welt als „meine Welt".[174] Wittgenstein und Weininger haben damit das
Subjekt aus der Welt der Sprache, der Intersubjektivität, herausgenommen. Es
wird zum Absoluten, erhaben über jeden „Seelenverkäufer" und über jeden Zufall
der Geburt: „Der Sinn der Welt muß außerhalb ihrer liegen."[175] Die Bedeutung
wird unabhängig von den Wechselfällen des Lebens. Für Weininger sieht das
Genie, das metaphysische Ich, die Dinge in ihrer Bedeutung, im Gegensatz zum
Wissenschaftler, der nur sieht, wie sinnfähig sie sein können.[176] Wittgenstein
sagt nun dasselbe: der Wert ist Sache des Subjekts, jenseits aller Intersubjektivität. Dies ist entweder extremer ethischer Individualismus oder ethischer Universalismus, aber nichts dazwischen.[177] Ethik und Ästhetik sind ein und dasselbe, weil beide Ausdruck des unabhängigen Subjekts in der Welt sind.[178] Wittgenstein stand mit seiner ethischen Einstellung, seiner religiösen Auffassung des
absoluten Wertes und seinem radikalen Individualismus den anderen hier besprochenen potentiellen jüdischen Stoikern sehr nahe.

Aber war Wittgenstein ein *jüdischer* Stoiker? War für die Ausprägung dieser
stoischen Haltung wirklich ein jüdischer Hintergrund vonnöten? Diese Frage
kann nur theoretisch positiv oder negativ beantwortet werden. Angesichts seiner
Umgebung und der Leute in Wien, die er bewunderte und von denen er beeinflußt war, spielte das jüdische Element meiner Meinung nach zweifellos keine
unbedeutende Rolle. Letztlich war Wittgenstein das Produkt des vielschichtigen
und unerhört komplexen Prozesses der jüdischen Assimilation.[179] Als dieser
vertrat er die gleichen Einstellungen wie andere Leute mit demselben Hintergrund, Einstellungen, die eine entscheidende Wirkung auf breite Bereiche der
Wiener Kultur hatten. Das zeigt sich im Rückzug auf sich selbst und in der
ethischen Natur dieses Rückzugs. Aus der Perspektive des Scheiterns jeder
wahren Assimilation und des Fortbestands einer Art säkularisierter Form der
jüdischen Tradition heraus gesehen, können wir diesen Rückzug sowohl als
Reaktion auf die antisemitische Umgebung als auch als die Beibehaltung der vor
der Assimilation liegenden jüdischen Vorliebe für die Welt des Geistes, nun zur
Ästhetik gewandelt, erklären. Aus jüdischer Sicht ergab es einen Sinn, wenn
diese Persönlichkeiten des kulturellen Lebens in der Ästhetik nicht einen Weg
sahen, der Wahrheit durch das Ausleben von Träumen auszuweichen, sondern
vielmehr jene glühende und ikonoklastische Suche nach der Wahrheit, die ihre

---

174 Ludwig Wittgenstein, *Tractatus Logico-philosophicus* (London 1961), Satz 5.641. Vgl. Satz
5.5421: „Dies zeigt auch, daß die Seele – das Subjekt etc. – wie sie in der heutigen oberflächlichen Psychologie aufgefaßt wird, ein Unding ist."

175 *Ibid.* Satz 6.41.

176 Otto Weininger, *Geschlecht und Charakter*, S. 214.

177 Engelmann, *Ludwig Wittgenstein Briefe*, S. 88–89.

178 Vgl. Wittgenstein, *Tractatus*, Satz 6.421.

179 Vgl. Engelmann, *Ludwig Wittgenstein Briefe*, S. 98; Wittgenstein war „der größte Sprößling und
Antipode jener späten, wienerisch-jüdischen Kulturepoche, in der sich im ersten Viertel unseres
Jahrhunderts ein bisher letztes Aufleuchten des europäischen Geistes kundgegeben hat."

Vorfahren so stark geprägt hatte, in den hehren Tempel der Kunst brachten: der einzige Unterschied lag darin, daß diese Leute nun die Wahrheit *durch* die Kunst fanden.

Viele kulturelle Anliegen im Wien der Jahrhundertwende können als Versuch angesehen werden, die Ästhetik zum ethischen Reich des einzelnen zu machen. Die Ästhetik war für Weininger und Schönberg nicht mehr so sehr das Reich der Schönheit, sondern vielmehr jene Arena, wo der einzelne um den Sinn des Lebens – die ethische Wahrheit – kämpfte. Hinter *diesem* Ansatz stand meiner Meinung nach eine Tradition, die für Leute wie Rabbi Boruch und Lazar Klima weit hinter die deutsche Aufklärung zurückreichte. Das kulturelle Klima im Wien der ersten Jahrzehnte unseres Jahrhunderts und auch der radikale ethische Individualismus eines Kraus oder Wittgenstein verdanken ihren großen Einfluß einer grundsätzlichen Umwandlung des Judentums, wobei dieser Einfluß um so mächtiger war, als es sich dabei um einen verborgenen, vielleicht sogar unbewußten Faktor handelte.

In seiner Verbindung von Ästhetik und Ethik, in seinem Versuch, den Ursprung jedes Wertes, das Subjekt oder das moralische Universum, jenseits der Welt der Intersubjektivität zu sehen, blieb Wittgenstein der Logik der jüdischen Erfahrung in Wien treu. Da die Gesellschaft nichts vom neutralen Menschen wissen wollte, sondern den einzelnen in rassische und ethnische Kategorien einordnete, war es *eine* mögliche Reaktion, sich außerhalb dieser Gesellschaft im metaphysischen Subjekt eine eigene Welt zu schaffen. Dort konnte, trotz einer Gesellschaft, die diesen Zielen widersprach, das ethische Streben nach Wahrheit und Aufrichtigkeit fortgesetzt werden. Mit dem Versuch, dem eigenen Jüdischsein zu entfliehen, kam es auch zu einer Übertragung jüdischer stoischer Haltungen auf diesen neuen Bereich, der über alle Rassen erhaben war.

Wittgenstein war letztlich kein jüdischer Stoiker, sondern ganz einfach ein Stoiker. Dieser Stoizismus aber hatte auch noch andere Ursprünge. Es ist aber keineswegs völlig abwegig zu behaupten, daß in diesem Stoizismus eine jüdische Tradition fortlebte und daß Wittgenstein mit seinem Versuch, sich zu assimilieren und gleichzeitig eine gewisse jüdische ethische Tradition zu bewahren, an diesem Phänomen des jüdischen Einflusses auf die Wiener Kultur beteiligt war. Und wenn das für Wittgenstein gilt, so noch viel mehr für alle anderen, von denen hier die Rede war.

Schlußfolgerung:
Ein Ausblick auf Wien und die Juden

Ziel dieser Studie war es nicht, den Beweis zu erbringen, daß die Kultur in Wien um die Jahrhundertwende eine rein jüdische Angelegenheit war, die durch die auf den vorangehenden Seiten skizzierten spezifischen Erfahrungen der Juden völlig erklärt werden sollte. Selbstverständlich spielten auch noch andere Faktoren eine Rolle. Als Vermächtnis des Josephinismus beispielsweise war bei einigen Angehörigen der Bürokratie ein aufgeklärtes Denken zu erkennen. Außerdem, so könnte man argumentieren, war in der Habsburgermonarchie, diesem zerfallenden Großreich ohne wirklichem Zentrum, jeder ein „Außenseiter".[1] Musils Wien existierte also auch, zumindest in der Theorie. Die Erfahrung der Juden, die sie mit Wien gemacht hatten, war nicht die einzige in der Wiener Hochkultur der Moderne.

Was diese Studie jedoch zu zeigen versucht hat, ist, daß die unerhört starke Beteiligung von Juden an der Wiener Kultur um 1900 weder ein Zufall noch eine Begleiterscheinung dieser spezifischen Kultur und ihrer Schöpfungen in den Werken der einzelnen Angehörigen ihrer Elite ist. Es ist kein Zufall, daß die berühmtesten Vertreter dieser Kultur jüdisch waren, da – wie die Untersuchung der Gymnasien gezeigt hat – das liberale Bildungsbürgertum in Wien überwiegend jüdisch war. Es sieht so aus, als hätte die alte Vermutung, daß das Bildungsbürgertum ein jüdisches Bürgertum war, ihre Richtigkeit. Der hohe Anteil von Juden unter der kulturellen Elite war aber auch keine Nebenerscheinung dieser Kultur, da die Auswirkungen der jüdischen Tradition und die Tatsache, ein Jude zu sein, großen Einfluß darauf hatten, in welcher Weise der jüdische Teil der Wiener Kultur auf die Ereignisse um die Jahrhundertwende reagierte. Diese Reaktionen waren unterschiedlichster Art. Das Augenmerk dieser Studie konzentrierte sich aber lediglich auf den Fortbestand eines ethischen Individualismus. Die hier angeführten Beispiele zeigen zumindest, daß die Erfahrungen der Juden einen entscheidenden Einfluß auf die Einstellung der jüdischen kulturellen Elite zu ihrem Werk und damit auf dieses Werk selbst hatten.

Ich hoffe, daß es mir gelungen ist aufzuzeigen, daß es einen stichhaltigen, wenn auch spekulativen konzeptuellen Rahmen gibt, in dem der jüdischen Erfahrung eine entscheidende Rolle zugesprochen wird. Im allgemeinen Wiener Kontext

---

1 Siehe Michael Pollak, „Cultural Innovation and Social Identity in *fin de siècle* Vienna", in: I. Oxaal, M. Pollak und G. Botz, *Jews, Antisemitism and Culture in Vienna* (London 1987), S. 59–74; auch Michael Pollak, *Vienne 1900: une identité blessée* (Paris 1984); Edward Timms, *Karl Kraus: Apocalyptic Satirist: Culture and Catastrophe in Habsburg Vienna* (London 1986), S. 12 ff.

gesehen erhebt sich jedoch die Frage, wieso Nichtjuden wie Hermann Bahr, Adolf Loos, Oskar Kokoschka oder Robert Musil ohne den „jüdischen Hintergrund", von dem in diesem Buch so viel die Rede war, die im wesentlichen selben Ansichten vertreten konnten wie ihre jüdischen Kollegen. Wenn der hier gebotene konzeptuelle Rahmen auch in einem größeren Zusammenhang seine Gültigkeit haben soll, müssen wir nach einer zufriedenstellenden Antwort auf diese Frage suchen. Für mich gibt es zumindest zwei Ansätze, die mir dafür geeignet schienen. Beim ersten geht es um die Frage der Interpretation aus dem Wiener Kontext heraus, beim zweiten darum, dies zur Unterstützung meiner Argumentation in einem größeren historischen und geographischen Zusammenhang zu sehen.

Beim ersten Ansatz gilt es, die Tatsache zur Kenntnis zu nehmen, daß auch Leute, die nicht aus einem jüdischen Hintergrund kamen, ähnliche Ansichten vertreten konnten. Gleichzeitig muß man sich aber den Hintergrund dieser Leute im Lichte der jüdischen Erfahrung näher ansehen. Das heißt, daß wir, nachdem wir den Einfluß des jüdischen Hintergrundes auf die jüdischen Angehörigen der kulturellen Elite Wiens bereits aufgezeigt haben, uns nun mit dem Hintergrund der verbleibenden kulturellen Elite beschäftigen müssen, um zu erkunden, wie sie zu diesen ähnlichen Ansichten kam. Wenn wir für die Juden die Auswirkungen ethnischer, religiöser und kultureller Faktoren gelten lassen, dann können, ja müssen wir dasselbe auch für die Nichtjuden tun. Der für die jüdische Erfahrung hier abgesteckte Rahmen dürfte mit anderen Variablen durchaus auch auf Nichtjuden anwendbar sein. Es gibt eindeutig Faktoren in der jüdischen Erfahrung, die sich nicht auf die Juden allein beschränken. Die Aufklärung und die Bewunderung für den Westen sind Traditionen, die die Juden mit Leuten wie Bahr oder Loos teilten. Die Architekturtheorie von Loos war letztlich das Ergebnis seiner Erfahrungen in den Vereinigten Staaten und seiner Beschäftigung mit der Möbelbaukunst in England.[2] Die meisten seiner Anregungen erhielt Bahr bei seinen zahlreichen Auslandsaufenthalten, vorwiegend in Frankreich.[3] Beide Männer kamen aus einem betont deutschen Umfeld. Bahr stammte aus einer ursprünglich schlesischen Familie und wurde später ein aufrechter deutschnationaler und antisemitischer Student, bevor er sich zu einem österreichischen Patrioten wandelte.[4] Loos machte sich als strenger mährisch-deutscher Moralist und Außenseiter in Wien einen Namen.[5] Beiden ge-

---

2   Zu Loos und den Vereinigten Staaten siehe die Ausführungen von Emil Szittya in *Das Wiener Kaffeehaus* mit einer Einführung von Hans Weigel (Wien 1978), S. 90; William M. Johnston, *Vienna: the Golden Age 1815–1914* (New York 1981), S. 207; zur Möbelbaukunst siehe den Artikel von Adolf Loos in *Neue Freie Presse (Morgenausgabe)*, 19. Juni 1898, S. 16.

3   Siehe William M. Johnston, *Österreichische Kultur- und Geistesgeschichte. Gesellschaft und Ideen im Donauraum 1848 bis 1938* (Wien – Köln – Graz 1974), S. 130f.

4   Siehe Hermann Bahr, *Selbstbildnis* (Berlin 1923), S. 7–11; Olga Schnitzler, *Spiegelbild der Freundschaft* (Wien), S. 114.

5   Siehe *Das Wiener Kaffeehaus,* S. 90.

meinsam war eine im Grunde antagonistische Einstellung zum Wiener Establishment.[6] So weit gab es also durchaus Parallelen.

Man könnte einwenden, daß viele dieser augenscheinlichen Parallelen zwischen den Ideen und dem Hintergrund von Juden und Nichtjuden täuschen. Obwohl Klimt und Mahler in vieler Hinsicht vergleichbare Persönlichkeiten des *Fin de siècle* waren – unmittelbare Zeitgenossen und beide laut Schorske Opfer gesellschaftlicher Ablehnung –, trennten sie in ihrer Sicht der Welt und der Kultur doch Lichtjahre: Klimt liebte den reinen Hedonismus und die Erotik, während Mahler ein wenn auch emotionaler, doch völlig intellektueller Komponist war, für den Musik zur religiösen Pflicht wurde. Es fällt nicht schwer, diese Unterschiede auf den völlig anderen Hintergrund der beiden zurückzuführen.[7] Gleiches gilt für die beiden „Entdecker" der Zwölfton-Musik, Arnold Schönberg und Josef Matthias Hauer. Daß ein aus Wiener Neustadt stammender Katholik Schönbergs „jüdische" Tonskala entdecken sollte, ist ein köstliches Paradoxon, der Effekt wird aber abgeschwächt, wenn man merkt, daß Hauer diese Skala ganz anders sah als Schönberg.[8]

Man könnte auch einwenden, daß weder Bahr noch Loos, jene beiden Persönlichkeiten mit den meisten Gemeinsamkeiten mit dem „jüdischen" Teil der Wiener Kultur, nie wirklich in vollem Einklang mit ihren jüdischen Kollegen standen. Edward Timms beispielsweise verweist auf die großen Unterschiede in der Einstellung, vor allem in ethischen Belangen, die sich aus den jeweils von Kraus und Loos gewählten Betätigungsfeldern ergeben. Während Loos in seiner Architektur nie weit über die Errichtung von Bauten hinauskam, war Kraus in der Welt der Sprache auf einer wesentlich höheren intellektuellen und ethischen Ebene in den unmittelbaren Denkprozeß eingebunden.[9] In Hermann Bahrs Autobiographie finden sich auch einige interessante Abweichungen von den üblichen jüdischen Einstellungen. Er beschreibt sich als einen Menschen, der nie irgendeine moralische Verantwortung für seine Handlungen empfand.[10] Und dennoch erkannte er die Existenz einer ewiggültigen Kategorie von Werten, das

---

6 Zu Bahr siehe O. Schnitzler, *Spiegelbild,* S. 114–115; zu Loos siehe Ilsa Barea, Vienna (London 1966), S. 257; B. Zeller, L. Greve und W. Volke, Hgg., *Jugend in Wien: Literatur um 1900,* Katalog (Stuttgart 1974), S. 312.

7 Vgl. Carl E. Schorske, „Mahler und Klimt: Social Experience and Artistic Evolution", in: *Daedalus,* Bd. III, Nr. 3, Sommer 1982, S. 29–50. Siehe auch Maria Bisanz-Prakken, „Programmatik und subjektive Aussage im Werk von Gustav Klimt", in: R. Waissenberger, Hg., *Traum und Wirklichkeit: Wien 1870–1930* (Salzburg 1984), S. 110–119. Interessant in diesem Zusammenhang ist, daß Kirk Varnedoe schreibt, die bildende Kunst sei in Wien – relativ gesehen verglichen mit Freud und Schönberg – gescheitert. Siehe Varnedoe, *Wien 1900: Kunst, Architektur & Design* (Köln 1987), S. 220.

8 Siehe H. H. Stuckenschmidt, *Schönberg: Leben, Umwelt, Werk* (Zürich – Freiburg im Breisgau 1974), S. 239–240; weitere Beispiele für solche Unterschiede finden sich in Paul Engelmann, *Ludwig Wittgenstein. Briefe und Begegnungen* (Wien – München 1970), S. 21–23.

9 Timms, *Kraus,* S. 121–123.

10 Bahr, *Selbstbildnis,* S. 85.

Reich der Schönheit. Es ist richtig, daß die Ästhetik ihn letztlich zu Gott führt, aber offensichtlich nicht über die Ethik.[11] Bahr unterschied sich dadurch von den anderen Mitgliedern von *Jung Wien*.[12]

Daß es sogar innerhalb der Elite der Hochkultur der Moderne solche Unterschiede in den Ansätzen gab, vor allem was die Stellung der Ethik in der Ästhetik anbelangt, ist interessant und wäre eine Bestätigung meiner Vermutungen hinsichtlich des Fortbestands eines gewissen jüdischen Ansatzes. Wir müssen aber gar nicht so weit gehen. Selbst wenn sie dieselben Ansichten vertreten, ist damit nur bewiesen, daß die nichtjüdischen Mitglieder der Elite über bestimmte Aspekte ihres Hintergrunds zu ihren Ideen kamen, die zufällig sehr ähnlich mit parallelen Aspekten im jüdischen Hintergrund waren. Letzterer wäre damit noch immer ein unabhängiger Faktor.

Dieser erste Ansatz erfährt seine Berechtigung zu einem beträchtlichen Teil aus Überlegungen, die mit dem zweiten und wie ich glaube stichhaltigeren Ansatz zu dem Problem in Verbindung stehen, die Juden in einem größeren Zusammenhang zu sehen. Beginnen wir mit der Prämisse, die wir schon für den ersten Ansatz aufgestellt haben, daß kein Kulturkreis Ideen hervorbringen kann, die ausschließlich für diese Kultur oder kulturelle Erfahrung gelten. Mit anderen Worten, keine Kultur oder kulturelle Gruppe kann je ein Monopol auf eine bestimmte Idee für sich beanspruchen. Die hermetisch begrenzte Exklusivität ist in der Geschichte der Ideen eine Unmöglichkeit. Daher ist es nur recht und billig, daß Nichtjuden mit einem beliebigen Hintergrund sich auf die ein oder andere Weise eine Weltsicht angeeignet haben können, die hier als die Folge einer jüdischen Erfahrung beschrieben wurde. Dies entkräftet aber nicht die Behauptung, daß diese jüdische Erfahrung eine wichtige Rolle spielte.

Wenn Leute wie Musil, Loos oder Bahr gleiche Ideen wie ihre jüdischen Kollegen vertraten, so ist das Entscheidende dabei, das sie in der Gruppe, aus der sie kamen, eine Ausnahme darstellten. Musil kam aus einer Beamtenfamilie und bewahrte sich seine Beamtenmentalität sogar, als er den *Mann ohne Eigenschaften* schrieb.[13] Wieviele Architekten gingen in die Vereinigten Staaten? Wieviele nichtjüdische Wiener Schriftsteller reisten durch ganz Europa? Es ist richtig, daß herausragende Persönlichkeiten des kulturellen Lebens sich schon von der Definition her in einer Randposition befinden. Die hier angesprochenen nichtjüdischen Angehörigen der kulturellen Elite hatten in dieser Randgruppe aber gewissermaßen noch einmal eine Sonderstellung, was bei ihren jüdischen

---

11 *Ibid.*, S. 80–82. Erwähnenswert ist, daß auch Kokoschka in seiner Biographie jegliches Interesse am moralischen Aspekt seiner Malerei leugnet; siehe Oskar Kokoschka, *Mein Leben* (München 1971), S. 72, 77–78.

12 Pollak, *Vienne 1900*, S. 122 spricht davon, daß Bahr nicht zum inneren Kreis um Hofmannsthal, Andrian, Schnitzler und Beer-Hofmann gehörte.

13 Wilfried Berghahn, *Robert Musil* (Hamburg 1973), S. 9 ff.; die Charakterisierung von Musil als typischen Beamten stammt von Stella Ehrenfeld, Gespräch am 25. März 1984 in Surrey.

Kollegen nicht der Fall war. Wie wir gesehen haben, befanden sich die Juden in Wien in einer Situation, die ganz selbstverständlich bestimmte Einstellungen hervorbrachte und in der in Frage stehenden Randgruppe der kulturellen Elite die sensibelsten Angehörigen der assimilierten jüdischen Gemeinde zwang, mit dem Problem der persönlichen Isolation zurechtzukommen. Die jüdische Erfahrung hat zwar nicht eine spezifisch jüdische Weltsicht hervorgebracht. Jedoch kann man meiner Meinung nach in bezug auf Wien sagen, daß die weiter oben beschriebenen Ansichten damals von Juden und Antisemiten gleichermaßen als „typisch jüdisch" angesehen wurden.

Wir können vielleicht sogar noch einen Schritt weiter in diese Richtung gehen, ist es doch bemerkenswert, zu welchem Ausmaß Nichtjuden mit dieser „jüdischen" kulturellen Elite in Verbindung traten. Ein ganz augenscheinlicher Weg war die Heirat. Wir haben bereits von einigen Beispielen gehört. So war Franz Brentano mit einer von Lieben und Kolo Moser mit einer Mautner-Markhof verheiratet. Martha Heimann, jene Frau, die Musil so bewunderte, war ebenfalls jüdischer Abstammung.[14] Auch zwei der Ehefrauen von Adolf Loos waren Jüdinnen. Die berufliche Karriere von Loos gibt uns einen weiteren Hinweis auf eine Möglichkeit, wie diese Nichtjuden Aufnahme in diesen Kreis finden konnten: Als Loos einmal nach Aufträgen Ausschau hielt, rieten ihm seine Gönner, doch nach Palästina zu gehen und dort zu bauen. Loos wollte davon nichts wissen, aber der Vorschlag ist verständlich, bedenkt man die ethnische Zusammensetzung der Gruppe seiner Gönner.[15] Das heißt, sogar wenn ein Mitglied der kulturellen Elite selbst nicht jüdisch war, teilte es sein Leben doch häufig mit jemandem, der aus diesem Hintergrund kam, oder erhielt Unterstützung, Ermutigung und Ratschläge von solchen Leuten.

Nun erhebt sich die Frage, wie Nichtjuden in diese Kultur der Moderne eingebunden wurden. Im Falle von Bahr erzählt er selbst uns, daß ihn sein Onkel S. Robiczek, der zufällig ein jüdischer Dentist war, in das „intellektuelle Leben Wiens" einführte.[16] Können wir aus solchen Beispielen nicht den Schluß ziehen, daß es – zumindest unter der kulturellen Elite – zu einer, wie sie genannt wurde, „zweifachen Assimilation" kam? Das heißt, die Juden assimilierten sich an das, was sie für die westliche Kultur hielten, gleichzeitig aber assimilierten sie, bewußt oder unbewußt, ihr gesellschaftliches Umfeld, das sehr wenig von der westlichen Kultur als solche wußte, an ein neues Wertsystem.[17]

Vieles, was Schorske darüber sagt, daß die Juden im wesentlichen die gleichen Werte vertraten wie die norddeutschen Protestanten, ist, wie auch aus den Ausführungen über die Aufklärung und die deutsche Kultur hervorgeht, zweifel-

---

14 Siehe Berghahn, *Musil,* S. 68.
15 Burckhardt Rukschio und Roland Schachel, *Adolf Loos: Leben und Werk* (Salzburg 1982), S. 295.
16 Bahr, *Selbstbildnis,* S. 118 ff.
17 Genau darauf verweist auch Karl Kraus in einer weiteren Schmährede gegen die *Neue Freie Presse.* Siehe Kraus, *Die Fackel,* Nr. 71, Mitte März 1901, S. 1.

los richtig.[18] Es sei allerdingst betont – und dessen sind sich Schorske und auch andere zumindest in ihren Veröffentlichungen, so glaube ich, nicht ganz so klar bewußt –, daß auch dann, wenn es absolut keinen Unterschied zwischen dem jüdischen und dem protestantischen beziehungsweise liberal-bürgerlichen Wertsystem gibt, der jüdische Hintergrund der kulturellen Elite Wiens von höchster Bedeutung war, da es nur aufgrund der Juden in Wien ein liberales Bürgertum dieser Prägung gab. Das nichtjüdische liberale Bürgertum, das Schorske voraussetzt, gab es im Grund nicht. Die „Protestanten" in Wien waren die Juden.

Der einfachste Weg, die Juden im großen Zusammenhang zu sehen, ist es, das Wien der Jahrhundertwende selbst im großen Zusammenhang zu sehen. In der Einführung wurde kurz die Problematik der Historiographie Wiens um die Jahrhundertwende angeschnitten und als das wirklich Bemerkenswerte hervorgehoben, daß Wien in dieser Zeit plötzlich zu einem bedeutenden Zentrum der geistigen Erneuerung wurde, während es zuvor nur für seine Musik bekannt war. Diese Sicht der Stellung Wiens innerhalb der Kulturgeschichte der Moderne eröffnet uns einen Einblick in die Rolle der Juden im kulturellen Leben der Stadt. Wenn meine Auslegung stimmt, so kann diese große geistige Öffnung der Wiener Kultur in dieser Zeit weitgehend durch die jüdische Tradition der Achtung vor dem Geist und der Bildung erklärt werden. Der Zusammenhang zwischen dem Prozeß der Assimilation und dem Entstehen einer mächtigen intellektuellen Tradition in Wien ist zu augenscheinlich, um als zufällig abgetan werden zu können.

Wenn wir noch eine andere Idee aufgreifen, die in der Einführung bereits angesprochen wurde, so kann mit ziemlicher Sicherheit behauptet werden, daß das Wien des *Fin de siècle* nicht als *die* Geburtsstätte der Kultur der Moderne angesehen werden kann, als die es gemeinhin gilt. Es vermittelt uns indes ein erstes Vorgefühl all jener kulturellen und gesellschaftliche Probleme, denen wir uns heute gegenübersehen. Schorske vertritt die Ansicht, daß es in Wien war, wo der Liberalismus und die westliche Ideologie erstmals ein Ende fanden.[19] Stellen wir nun Überlegungen an, welche Rolle dabei das jüdische Element spielte. Politisch wurde der Liberalismus von einer erklärtermaßen antisemitischen Koalition besiegt, deren Wähler überwiegend aus der nichtjüdischen Mittelschicht kamen. Wäre es auch dazu gekommen, wenn der exponierteste und einflußreichste Teil des liberalen Bürgertums nicht jüdisch gewesen wäre? Wäre dem Antisemitismus und damit der reaktionären Massenpolitik der gleiche Erfolg beschieden gewesen? Ich bezweifle das. Die Judenfrage hatte daher entscheidenden Einfluß auf die Verhältnisse zur Zeit des *Fin de siècle* und den Zusammenbruch des Liberalismus. Man könnte einwenden, daß die Juden lediglich das Vakuum füllten, das durch die Auswirkungen der Gegenreformation auf

---

18 Carl E. Schorske, *Wien: Geist und Gesellschaft im Fin de siècle* (Frankfurt am Main 1985), S. 138–139.

19 *Ibid.,* S. XXVI–XXVII.

die Anfänge einer kapitalistischen Klasse in Wien entstanden war. Dies trifft aber nicht den Punkt, da der spezifische Wesenszug der jüdischen Bevölkerung und ihrer historischen Stellung innerhalb der österreichischen Bevölkerung dafür verantwortlich war, daß die Unterstützung des Liberalismus seitens der Nichtjuden untergraben wurde und eine Massenpolitik ihren Ausgang nahm, die, anders als in den westlichen Demokratien, politischen Radikalismus mit einer partikularistischen Diskriminierung verband.

Die Bedeutung Wiens um die Jahrhundertwende lag in erster Linie in der Tatsache, daß es hier eine kulturelle Elite gab, die – da sie aus einem jüdischen Hintergrund kam – vom Rest der Gesellschaft in einer Art und Weise isoliert werden konnte, die im Europa des späten 19. Jahrhunderts unmöglich gewesen wäre, wenn es sich dabei bloß um protestantische oder katholische Liberale gehandelt hätte. Diese Isolation, durch die die dunklen Seiten der Gesellschaft des 19. Jahrhunderts aufgedeckt wurden, erlaubte es den Juden in der kulturellen Elite, ihre Beobachtungen und ihre Aufzeichnungen über das Wesen der post-liberalen Gesellschaft und die Krise des einzelnen mit einer Intensität und in einer Art und Weise zu betreiben, wie sie in anderen Gesellschaften erst später auftrat. In diesen Gesellschaften traten diese Probleme nur am Rande auf, während sie für die Juden in Wien zur zentralen Frage wurden.

Der Ansatz der Juden war jenem der Liberalen andernorts ähnlich, wenn auch nicht notwendigerweise identisch mit diesem, nur war er hier verbunden mit der grundlegenden Labilität ihrer gesellschaftlichen Position, die unmittelbar aus ihrem Jüdischsein resultierte. Diese Labilität war es, die sie zu ersten Kandidaten dafür machte, ihre Zwangslage der individuellen Isolation in einer Massengesellschaft zum Ausdruck zu bringen. Außerdem war ihr Jüdischsein dafür verantwortlich, daß das liberale Bürgertum auch noch nach dem politischen Zusammenbruch des Liberalismus, wenn auch in anderer Form, wie etwa im Sozialismus oder im kulturellen Bereich, liberale Werte hochhielt. In den assimilierten Juden verfügte Wien über eine Gruppe von Leuten, die den Glauben an die Grundwerte der Freiheit des einzelnen und die Gleichheit der Rechte nicht aufgeben wollten, da die Aufgabe dieser Überzeugungen ihre *raison d'être* zerstört hätte. Wenn Wien um 1900 eine so wichtige Rolle spielte, so war dies auf die schwere Krise des Vertrauens in die liberalen Werte zurückzuführen, und diese Krise war überwiegend eine jüdische Krise. Es war die jüdische Problematik, die Wiens kulturelle Erneuerung vorantrieb. Was die anderen, die Nichtjuden betraf, so teilten sie nur die Werte der jüdischen kulturellen Elite. Das jüdische Element, das die große Mehrheit dieser Elite darstellte, brachte die führenden Ideen und Prinzipien der Wiener Moderne hervor, und die anderen folgten ihnen.

Durch diesen zweiten Ansatz wird die Bedeutung der Juden im Wiener und im gesamteuropäischen Kontext deutlich. Nicht sie allein erfanden die Welt der Moderne. Ein Blick auf die anderen kulturellen Zentren genügt, damit wir erkennen, daß die Wiener Juden nur eine der treibenden Kräfte der europäischen Avantgarde um 1900 waren. Ich glaube jedoch, daß das Jüdische der kulturellen Elite in Wien der Hauptstadt der Habsburgermonarchie zu einer kulturellen und intellektuellen Bedeutung verhalf, die sie nie zuvor besessen hatte und heute zweifellos auch nicht mehr besitzt. Die vielleicht nicht ganz so angenehme, aber unausweichliche Schlußfolgerung scheint zu sein, daß es in der Tat die Juden waren, die Wien den Rang verliehen, den es im Bereich der Kultur der Moderne einnahm.

Bibliographie

1. Archive

Archive und Datenindex der *Bibliographica Judaica*, Frankfurt am Main.
Geburts- und Todesbücher der *Israelitischen Kultusgemeinde* (Kopien) im Besitz der städtischen Behörden.
Datenindex von Dr. Hanns Jäger-Sunstenau, Wien.
Verzeichnis der im Wiener Gemeindegebiet wohnhaften Wähler für die Wahlen in den Kultusvorstand und der Vertrauensmänner im Jahre 1910 (Wien 1910).

2. Schulberichte

Hauptkataloge und Maturaprotokolle des Akademischen-, Franz Josephs-, Josefstädter-, Mariahilfer-, Schotten-, Sophien-, Sperl- und Wasa-(Maximilians-)Gymnasiums, 1870–1910 (oder vom ersten Maturajahrgang der betreffenden Schule an).
Maturaprotokolle des Landstraßer Gymnasiums.
Jahresberichte der oben genannten Schulen sowie aus dem Gymnasium der Theresianischen Akademie und dem Elisabethgymnasium.
(Mit freundlicher Genehmigung des Wiener Stadtschulrates, Oberrat Dr. Wieser und Dr. Anzböck)

3. Statistische Quellen

Bihl, Wolfdieter, „Die Juden“, in: A. Wandruszka und P. Urbanitsch, Hgg., *Die Habsburger Monarchie 1848–1918* (Wien 1973), Bd. 2, Teil 2, S. 880 ff.
Frühling, Moritz, *Biographisches Handbuch der in der k. u. k. österr. ung. Armee und Kriegsmarine aktiv gedienten Offiziere, Ärzte, Truppen-Rechnungs-Führer und sonstigen Militärbeamten jüdischen Stammes* (Wien 1911).
Cohen, Gary B., „Die Studenten der Wiener Universität von 1860 bis 1900: ein soziales und geographisches Profil“, in: R. G. Plaschka und K. Mack, Hgg., *Wegenetz europäischen Geistes II: Universitäten und Studenten* (Wien 1987), S. 290–316.
Goldhammer, Leo, *Die Juden Wiens: eine statistische Studie* (Wien 1927).
Heuer,Renate, *Bibliographica Judaica* (Frankfurt am Main 1982).
Jäger-Sunstenau, Hanns, *Die geadelten Judenfamilien im vormärzlichen Wien* (Wien, Univ.-Diss., 1950).
Leitner, Helmut, *Alphabetisches Register wissenschaftlich bedeutender Mediziner jüdischer Abstammung in Österreich (mit Einschluß der Emigranten)* (maschinschriftliches Manuskript).
Maderegger, Sylvia, *Die Juden im österreichischen Ständestaat 1934–1938* (Wien 1973).
Ruppin, Arthur, *Sociologie der Juden* (Berlin 1930), 2 Bde.
Schimmer, G. A., „Die Juden in Österreich“, in: *Statistische Monatsschrift*, 7 (1881), S. 489–503.
Statistisches Jahrbuch der Stadt Wien (Wien 1883–1911).
Stern, Julius, *Werden und Walten der Concordia: Festschrift* (Wien 1909).
Thon, Jakob, Hg., *Die Juden in Österreich* (Berlin 1908).
Öffentliche Vorlesungen an d. kk. Universität Wien, Sommer 1910 (Wien 1910).
Windt, Berthold, „Die Juden an den Mittel- und Hochschulen Österreichs seit 1850“, in: *Statistische Monatsschrift*, 7 (1881), S. 442–457.

4. Zeitschriften

Deutsche Wochenschrift, Hg. H. Friedjung, 1884–1888.
Freies Blatt. Organ zur Abwehr des Antisemitismus, 1894–1895.
Die Neue Freie Presse, 1895–1900 (NFP).
Die Neuzeit: Wochenschrift für politische, religiöse und Cultur-Interessen, 1861–1867, 1895–1900.
Österreichische Wochenschrift. Centralorgan für die gesammten Interessen des Judenthums, Hg. Dr. Bloch, 1884–1900 (OeW).
Die Wage: eine Wiener Wochenschrift, Hg. R. Lothar, 1898–1900.
Die Welt, Hg. T. Herzl, 1897–1900.
Wiener Tagblatt. Demokratisches Organ, Hg. M. Szeps, 1886–1895.
Die Zeit, 1894–1896.

5. Manuskripte

Adler, Victor: Brief an Heinrich Friedjung, 12. März 1870.
Friedell, Egon: „Rezension über Geschlecht und Charakter", 1904.
Lipiner, Siegfried: Brief an Moritz Necker, 26. August 1885.
Neurath, Wilhelm: Briefe an L. A. Frankl, 3. Juli 1889, 2. Februar 1890, 4. November 1893.
Zuckerkandl, Berta: Brief an Josef Hoffmann, Februar 1912.

6. Interviews / Gespräche

Browne, Professor Martha Steffy, New York, 12. September 1987.
Campbell, Joan, (Stolper), Hamilton, Ontario, 9. Oktober 1987.
Czuczka, Erika, Wien, 7. Juni 1983.
Dubrovic, Milan, Wien, 29. September 1983.
Ehrenfeld, Stella, Surrey, 25. März 1984.
Ehrlich, Bettina, London, 4. Jänner 1984.
Faust, Marcel, Wien, 2. Mai 1983.
Federn, Ernst, Wien, 30. Oktober 1982.
Frei, Bruno, Klosterneuburg, 13. Oktober 1982.
Fuchs, Ernst, Wien, 15. Mai 1984.
Hacker, Iwan, Präsident der Israelitischen Kultusgemeinde Wiens, Wien, 12. April 1984.
Häussermann, Ernst, Wien, 27. Oktober 1982.
Heinz, Ella, Berkeley, August 1983.
Hofmannsthal, Frieda von, London, 31. Mai 1984.
Kraus, Professor Walther, Wien, 25. November 1983.
Lauterbach, Professor Albert, Wien, 15. Oktober 1982.
Neurath, Paul, Wien, 17. Mai 1983.
Ray-Rappaport, Rudolf, London, 4. Jänner 1984.
Schnitzler, Lily, Wien, 27. Oktober 1987.
Spiel, Hilde, London, 31. Mai 1984; Wien, 15. März 1985.
Stern, Dr. Michael, Wien, 23. Jänner 1984.
Sussmann, Heinrich, Wien, 7. Juni 1983.
Thalberg, Hans, Wien, 22. März 1987.
Tischler, Manina, Venedig, 1. Mai 1985.
Unger, Ann, Berkeley, August 1983.
Wellesz, Emmy, Wien, 12. März 1985.
Wyatt, Professor Frederick, London, 30. Oktober 1986.

7. Primärquellen

Adler, Guido, *Wollen und Wirken* (Wien 1935).

Anon., *Der jüdische Gil Blas* (Leipzig 1834).

Bahr, Hermann, *Selbstbildnis* (Berlin 1923).

Bauer, Otto, *Die Nationalitätenfrage und die Sozialdemokratie* (Wien 1907).

Baum, Vicki, *Es war alles ganz anders* (Berlin 1962).

Benedikt, Dr. Moritz, *Aus meinem Leben: Erinnerungen und Erörterungen* (Wien 1906).

Bettauer, Hugo, *Die Stadt ohne Juden* (Wien 1980), Neudruck.

Bloch, Dr. Joseph S., *Der nationale Zwist und die Juden in Österreich* (Wien 1886).

   Ders., *Erinnerungen aus meinem Leben* (Wien 1922).

Bondi, August, *The Autobiography of August Bondi, 1833–1907* (Galesburg, Ill., 1910).

Braun, Felix, *Das Licht der Welt: Geschichte eines Versuches als Dichter zu leben* (Wien 1962).

Braunthal, Julius, *Auf der Suche nach dem Millenium* (Wien 1964).

Broch, Hermann, *Der Tod des Vergil* (Frankfurt am Main 1976).

   Ders., *Die Schlafwandler* (Frankfurt am Main 1978).

Burckhardt, Jakob, *Briefe*, Bd. 5 (Basel 1963), Bd. 8 (Basel 1974).

Canetti, Elias, *Die gerettete Zunge: Geschichte einer Jugend* (Frankfurt am Main 1979).

Clare George, *Letzter Walzer in Wien. Spuren einer Familie* (Frankfurt am Main – Berlin – Wien 1984).

Daviau, D. G., Hg., *The Letters of Schnitzler to Hermann Bahr* (Chapel Hill 1978).

Drucker, Peter Ferdinand, *Zaungast der Zeit. Ungewöhnliche Erinnerungen an das 20. Jahrhundert* (Düsseldorf – Wien 1981).

Dubrovic, Milan, „Im Milieu der fließenden Übergänge", in: *Spektrum, Die Presse,* 14. Mai 1983.

   Ders., „Joseph Roth und der ‚Querulant'", in: *Spektrum, Die Presse,* 3. März 1984.

   Ders., *Veruntreute Geschichte: die Wiener Salons und Literatencafés* (Wien 1985).

Eckstein, Friedrich, *Alte unnennbare Tage!* (Wien 1936).

Ehrenstein, Albert, *Menschen und Affen* (Berlin 1925).

Ehrlich, Josef R., *Der Weg meines Lebens* (Wien 1874).

Engelmann, Paul, *Ludwig Wittgenstein. Briefe und Begegnungen.* Hg. von B. F. McGuinness (Wien – München 1970).

Ewart, Felice (Marie Exner), *Zwei Frauenbildnisse – Erinnerungen* (Wien 1907).

Frank, Philipp, *Between Physics and Philosophy* (Cambridge, Mass., 1941).

Frankl, L. A., *Erinnerungen von Ludwig August Frankl* (Prag 1910), Hg. S. Hock.

Franzos, Karl Emil, *Der Pojaz* (Berlin 1950).

Freud, Sigmund, *Die Traumdeutung* (Frankfurt am Main 1942).

   Ders., *Briefe 1873–1939* (Frankfurt am Main 1980), Hg. von Ernst und Lucie Freud.

Friedell, Egon, *Kulturgeschichte der Neuzeit,* 2 Bde. (München 1976).

Goldmark, Karl, *Erinnerungen aus meinem Leben* (Wien 1922).

Gomperz, H. und R. A. Kann, Hgg., *Briefe an, von und um Josephine von Wertheimstein* (Wien 1981).

Gomperz, Julius von, *Jugend-Erinnerungen* (Brünn 1903).

Gomperz, Theodor, *Essays und Erinnerungen* (Stuttgart 1905).

Theodor Gomperz: ein Gelehrtenleben im Bürgertum der Franz-Josephs-Zeit, Hgg. H. Gomperz und R. A. Kann (Wien 1974).

Gomperz-Bettelheim, Caroline von, *Biographische Blätter* (Wien 1915).

Graf, Max, *Jede Stunde war erfüllt* (Wien 1957).

Grossmann, Stefan, *Ich war begeistert: eine Lebensgeschichte* (Berlin 1931).

Haas, Willy, *Die literarische Welt: Erinnerungen* (München 1960).

Hatvany, Ludwig, *Bondy Jr.* (München 1929).

Herdan-Zuckmayer, Alice, *Genies sind im Lehrplan nicht vorgesehen* (Frankfurt am Main 1983).

Hichler, Leopold, *Der Sohn des Moses Mautner: ein Wiener Roman* (Wien 1927).

Hofmannsthal, Hugo von, Arthur Schnitzler, *Briefwechsel* (Frankfurt am Main 1983).

Horváth, Ödön von, *Geschichten aus dem Wienerwald. Volksstück in drei Teilen* (Berlin 1931).

Jaques, Dr. Heinrich, *Denkschrift über die Stellung der Juden in Österreich* (Wien 1959).

Jeiteles, Israel, *Die Kultusgemeinde der Israeliten in Wien mit Benützung des statistischen Volkszählungsoperates v. J. 1869* (Wien 1973).

Jerusalem, Wilhelm, *Gedanken und Denker: gesammelte Aufsätze* (Wien 1925), neue Serie.

Kautsky, Karl, *Erinnerungen und Erörterungen* (Den Haag 1960).

Klein-Löw, Stella, *Erinnerungen: Erlebtes und Gedachtes* (Wien 1980).

Kohn, Hans, *Bürger vieler Welten* (Wien 1965).

Kokoschka, Oskar, *Mein Leben* (München 1971).

Kola, Richard, *Rückblick ins Gestrige: Erlebtes und Empfundenes* (Wien 1922).

Kompert, Leopold, *Zwischen Ruinen* (Leipzig 1887).

Kraus, Karl, *Eine Krone für Zion* (Wien 1898).

Ders., *Worte in Versen* (Bd. 7 der *Werke* (München 1959–)).

Ders., *Die Fackel* (München 1968–), Nr. 1, 11, 13.

Ders., *Frühe Schriften II, 1897–1900* (München 1979).

Ders., „Er ist doch e Jud", in: *Untergang der Welt durch schwarze Magie* (Wien 1922), S. 360–367.

Ders., „Warum die Fackel nicht erscheint", Neudruck in: *Die Fackel,* Juli 1934, (36) Nr. 890–905, Bd. 39 (München 1973).

Käthe Leichter: Leben und Werk, Hg. Herbert Steiner (Wien 1973).

Lessing, Gotthold E., *Nathan der Weise* (Stuttgart 1982).

Lipiner, Siegfried, *Adam, ein Vorspiel; Hippolytos, Tragödie* (Bern 1974, Faksim.).

Lothar, Ernst, *Das Wunder des Überlebens: Erinnerungen und Erlebnisse* (Wien 1966).

Ders., *Der Engel mit der Posaune: Roman eines Hauses* (Salzburg 1947).

Mahler, Alma, *Gustav Mahler: Erinnerungen und Briefe* (Amsterdam 1940).

Mauthner, Fritz, *Erinnerungen* (München 1918).

Mayer, Sigmund, *Ein jüdischer Kaufmann 1831–1911: Lebenserinnerungen* (Leipzig 1911).

Mayreder, Rosa, *Das Haus in der Landskrongasse* (Wien 1948).

Mises, Ludwig von, *Erinnerungen* (Stuttgart 1978).

Mosenthal, Salomon Hermann, *Deborah* (Leipzig 1908).

Musil, Robert, *Der Mann ohne Eigenschaften*, 2 Bd. (Reinbek bei Hamburg 1987).

Neurath, Otto, *Empiricism and Sociology.* (Dordrecht 1973).

Polgar, Alfred, *Sperrsitz*, Hg. U. Weinzierl (Wien 1980).

Popper, Karl, *Ausgangspunkte. Meine intellektuelle Entwicklung* (Hamburg 1979).

Redlich, Josef, *Schicksalsjahre Österreichs 1908–1919: das politische Tagebuch Josef Redlichs*, Hg. F. Fellner (Wien 1953).

Roth, Joseph, *Juden auf Wanderschaft*, in: *Werke*, Bd. 3 (Köln 1956), S. 625–690. Das Original erschien 1927.

Ders., *Die Kapuzinergruft* (München 1967).

Ders., *Radetzkymarsch* (München 1981).

Ders., *Hiob* (Köln 1982).

Sacher-Masoch, *Der Mann ohne Vorurtheil* (Bern 1877).

Salten, Felix, „Der junge Hofmannsthal: das Bild eines Dichters", in: *Neue Volkszeitung*, Datum unbekannt (Presseausschnitt im Steininger-Nachlaß, Archiv der *Bibliographica Judaica*).

Schnitzler, Arthur, *Professor Bernhardi*, in: Bd. 6 von Schnitzler, *Dramen* (Frankfurt am Main 1962), S. 127–253.

Ders., *Aphorismen und Betrachtungen*, Bd. 6 von Schnitzler, *Gesammelte Werke* (Frankfurt am Main 1967).

Ders., *Leutnant Gustl*, in: Bd. 2 von Schnitzler, *Romane* (Frankfurt am Main 1977), S. 207–236.

Ders., *Der Weg ins Freie* (Frankfurt am Main 1978).

Ders., *Jugend in Wien* (Frankfurt am Main 1974).

Schnitzler, Olga, *Spiegelbild der Freundschaft* (Wien 1962).

Schönberg, Arnold, *Moses und Aron: Textbuch* (Berlin 1932).

Ders., *Ausgewählte Briefe*, Hg. E. Stein (Schott 1965).

Ders., *Harmonielehre*, 7. Aufl. (Mainz 1966).

Ders., *Berliner Tagebuch* (Frankfurt am Main 1974).

Sieghart, Rudolf, *Die letzten Jahrzehnte einer Großmacht* (Berlin 1932).

Sperber, Manès, *Die Wasserträger Gottes* (München 1981).

Steed, Henry Wickham, *Through Thirty Years* (London 1924).

Torberg, Friedrich, *Die Tante Jolesch oder der Untergang des Abendlandes in Anekdoten* (München 1977).

Ders., *Die Erben der Tante Jolesch* (München 1981).

Trebitsch, Siegfried, *Chronik eines Lebens* (Zürich 1951).

Vasili, Graf Paul (Fürstin Radziwill), *Die Wiener Gesellschaft* (Leipzig 1885).

Wassermann, Jakob, *Hofmannsthal der Freund* (Berlin 1930).

Ders., *Deutscher und Jude. Reden und Schriften 1904–1933.* (Heidelberg 1984).

Weininger, Otto, *Geschlecht und Charakter* (Wien 1919). (Ohne Änderungen gegenüber der ersten Auflage im Jahre 1903).

Ders., *Taschenbuch und Briefe an einen Freund*, Hg. Arthur Gerber (Wien 1921).

Ders., *Über die letzten Dinge* (Wien 1930).

Weisskopf, Victor F., *Einige persönliche Eindrücke von Österreich,* Vortrag auf Schloß Duino, 20. September 1983.

Wittgenstein, Ludwig, *Tagebücher 1914–16,* in: Ludwig Wittgenstein. Werke. Bd. 1 (Frankfurt am Main 1960).

Ders., *Tractatus Logico-Philosophicus*, in: Ludwig Wittgenstein. Werke. Bd. 1 (Frankfurt am Main 1960).

Ders., *Vermischte Bemerkungen* (Frankfurt am Main 1977).

Zuckerkandl, Berta, *Österreich Intim. Erinnerungen 1892–1942* (Frankfurt am Main 1970).

Zuckerkandl, Berta Szeps-, *Ich erlebte fünfzig Jahre Weltgeschichte* (Stockholm 1939).

Dies., *Clemenceau, tel que je l'ai connu* (Algier 1944).

Zweig, Stefan, *Europäisches Erbe* (Frankfurt am Main 1960).

Ders., *Die Welt von Gestern* (Frankfurt am Main 1982).

8. Sekundärquellen

(A) Wien

Vierhundertjahre Akademisches Gymnasium 1553–1953: Festschrift (Wien 1953).

Bab, Julius und Willi Handl, *Wien und Berlin: Vergleichendes zur Kulturgeschichte der beiden Hauptstädte Mitteleuropas* (Berlin 1918).

Bahr, Hermann, *Wien* (Stuttgart 1907).

Barea, Ilsa, *Vienna: Legend and Reality* (London 1966).

Berner, Peter, Emil Brix und Wolfgang Mantl, Hgg., *Wien um 1900: Aufbruch in die Moderne* (Wien 1986).

Boyer, John W., *Political Radicalism in Late Imperial Vienna* (Chicago 1981).

Broch, Hermann, *Hofmannsthal und seine Zeit*, in: Broch, *Schriften zur Literatur I* (Frankfurt am Main 1975), S. 111–285.

Chapple, G. und H. H. Schulte, *The Turn of the Century German Literature and Art 1890–1915* (Bonn 1981).

Crankshaw, Edward, *Vienna: the Image of a City in Decline* (London 1976).

Dietrich, Margret, Hg., *Das Burgtheater und sein Publikum* (Wien 1976).

Field, Frank, *The Last Days of Mankind* (London 1967).

Francis, Mark, Hg., *The Viennese Enlightenment* (Beckenham 1985).

Fuchs, Albert, *Geistige Strömungen in Österreich 1867–1918* (Wien 1949).

Guglia, Eugen, *Das Theresianum in Wien* (Wien 1912).

Hirschfeld, Ludwig, *Was nicht im Baedeker steht: Wien und Budapest (München 1927).*

Janik, Allan und Stephen Toulmin, *Wittgensteins Wien* (München – Wien 1984).

Johnston, William M., *Österreichische Kultur- und Geistesgeschichte. Gesellschaft und Ideen im Donauraum 1848 und 1938* (Wien – Köln – Graz 1974).

Ders., *Vienna, The Golden Age 1815–1914* (New York 1981).

Kudszin, W. und H. C. Seeba, Hgg., *Austriaca: Beiträge zur österreichischen Literatur* (Tübingen 1975).

Lentze, Hans, *Die Universitätsreform des Ministers Graf Leo Thun-Hohenstein,* SKAW-Wien, Phil. Hist. Klasse 239/2 (1962).

Leser, Norbert, Hg., *Das geistige Leben Wiens in der Zwischenkriegszeit* (Wien 1981).

Lichtenberger, Elisabeth, „Wirtschaftsfunktion und Sozialstruktur der Wiener Ringstraße“, in: R. Wagner-Rieger, Hg., *Die Wiener Ringstraße* (Wien 1969–), Bd. 6.

McGrath, William, *Dionysian Art and Populist Politics in Austria* (New Haven 1974).

May, A. J., *The Habsburg Monarchy 1867–1914* (London 1979).

Morton, Frederic, *Schicksalsjahr Wien 1888–1889* (Wien – München – Zürich – New York 1981).

Müller-Guttenbrunn, Adam, *Im Jahrhundert Grillparzers: Literatur und Lebensbilder aus Österreich* (Wien 1893).

Nebehay, Christian M., *Ver Sacrum 1898–1903* (München 1979).

Pascal, Roy, *From Naturalism to Expressionism: German Literature and Society 1880–1918* (London 1973).

Pfabigan, Alfred, Hg., *Ornament und Askese im Zeitgeist des Wien der Jahrhundertwende* (Wien 1985).

Pollak, Michael, *Vienne 1900: Une identité blessée* (Paris 1984).

Powell, Nicholas, *The Sacred Spring: the Arts in Vienna, 1898–1918* (London 1974).

Sagarra, Eda, *Deutsche Literatur und Gesellschaft 1830–1890* (München 1972).

Schorske, Carl E., *Wien: Geist und Gesellschaft im Fin de Siècle* (Frankfurt am Main 1985).

Ders., „Generational Tension and Cultural Change: Reflections on the Case of Vienna“, in: *Daedalus,* Frühjahr 1978, S. 111–122.

Shedel, James, *Art and Society: the New Art Movement in Vienna 1897–1914* (Palo Alto 1981).

Singer, Herta, *Im Wiener Kaffeehaus* (Wien 1959).

Smith, Barry, Hg., *Structure and Gestalt: Philosophy and Literature in Austria-Hungary and her Successor States* (Amsterdam 1981).

Staël, Mme (Germaine) de, *Deutschland und Frankreich. De l'Allemagne* (Hamburg 1941).

Steiner, George, „Le langage et l'inhumain“, in: *Revue d'esthétique,* neue Serie, Nr. 9, 1985, *Vienne 1880–1938* (Toulouse 1985), S. 65–70.

Stone, Norman, *Europe Transformed 1878–1919* (Glasgow 1983).

Strakosch-Grassmann, Gustav, *Geschichte des österreichischen Unterrichtswesens* (Wien 1905).

Strobl, Alice, „Zu den Fakultätsbildern von Gustav Klimt“, in: *Albertina Studien, II* (Wien 1964), S. 138–169.

Festschrift: 100 Jahre Gymnasium Stubenbastei 1872–1972, Hg. Dr. Ernst Nowotny (Wien 1972).

Varnedoe, Kirk, *Wien 1900: Kunst, Architektur und Design* (Köln 1987).

Vergo, Peter, *Art in Vienna 1898–1918* (London 1975).

Vienne 1880–1938: l'apocalypse joyeuse (Paris 1986), Katalog.

Waissenberger, R., Hg., *Wien 1870–1930: Traum und Wirklichkeit* (Salzburg – Wien 1984).

Ders., *Traum und Wirklichkeit: Wien 1870–1930* (Wien 1985), Katalog.

Wandruszka, Adam, *Geschichte einer Zeitung: das Schicksal der „Presse“ und der „Neuen Freien Presse“ von 1848 zur Zweiten Republik* (Wien 1958).

Das Wiener Kaffeehaus, mit einer Einführung von Hans Weigel (Wien 1978).

Weihsmann, Helmut, *Wiener Moderne 1910–1938* (Wien 1983).

Wien um 1900: Kunst und Kultur (Wien 1985), Konzept von Maria Marchetti (Übersetzung des Katalogs aus Venedig).

Wunberg, Gotthart, Hg., *Die Wiener Moderne* (Stuttgart 1981).

Zeller, Bernhard, L. Greve und W. Volke, Hgg., *Jugend in Wien: Literatur um 1900*, Katalog (Stuttgart 1974).

(B) Juden

Allerhand, Jacob, *Das Judentum in der Aufklärung* (Stuttgart 1980).

Anon., *Die Juden in Böhmen und ihre Stellung in der Gegenwart* (Prag 1863).

Arendt, Hannah, *Die verborgene Tradition* (Frankfurt am Main 1976).

Dies., „Privileged Jews", in: *Jewish Social Studies (JSS)*, VII, 1946, S. 7–30.

Atlas, Moshe, „Jüdische Ärzte", in: Fraenkel, Hg., *The Jews of Austria* (siehe weiter unten), S. 41–63.

Barth, Gerda, „Der Beitrag der Juden zur Entfaltung des Pressewesens in Wien zwischen 1848 und dem erstenWeltkrieg", in: Lohrmann, Hg., *1000 Jahre* (siehe weiter unten), S. 152–160.

B'nai B'rith 1895–1975 (Wien 1975).

Bondi, E., *Geld und Gut oder Erziehung und Bildung: Jüdisches Familien- und Culturbild aus dem ersten Drittel des vorigen Jahrhunderts* (Brünn 1902).

Botz, G., I. Oxaal, M. Pollack, *Eine zerstörte Kultur: Jüdisches Leben und Antisemitismus in Wien seit dem 19. Jh.* (Buchloe 1990).

Boyer, John W., „Lueger and the Viennese Jews", in: *LBIY* 1981, S. 125–144.

Carlebach, Julius, „Forgotten Connection – Women and Jews in the Conflict between Enlightenment and Romanticism", in: *LBIY* 1979, S. 107–138.

Chamberlain, Houston Stewart, *Die Grundlagen des 19. Jahrhunderts* (München 1899).

Cohen, Carl, „The Road to Conversion", in: *LBIY* 1961, S. 259–279.

Cohen, Gary B., „Jews in German Society: Prague 1860–1914", in: *Central European History*, Bd. X (Atlanta 1977).

Ders., *The Politics of Ethnic Survival: Germans in Prague 1861–1914* (Princeton 1981).

Denscher, Bernhard, „Vergessene jüdische Literatur", in: Lohrmann, Hg., *1000 Jahre* (siehe weiter unten), S. 205–224.

Ders., „Der jüdische Anteil an der Literatur", in: Lohrmann, Hg., *1000 Jahre* (siehe weiter unten), S. 200–204.

Encyclopaedia Judaica (Jerusalem 1972), 16 Bde.

Fraenkel, Josef, Hg., *The Jews of Austria. Essays on their Life, History and Destruction* (London 1967).

Gay, Peter, „Encounter with Modernism: German Jews in German Culture 1888–1914", in: *Midstream*, Feb. 1975, Bd. XXI, Nr. 2, S. 23–65.

Goldstücker, Eduard, „Jews between Czechs and Germans around 1848", in: *LBIY* 1972 (XVIII), S. 61–71.

Grab, W. und Julius H. Schöps, Hgg., *Juden im Vormärz und in der Revolution von 1848* (Stuttgart 1983).

Gradenwitz, Peter, „Jews in Austrian Music", in: Fraenkel, Hg., *The Jews of Austria* (siehe weiter oben), S. 17–24.

Grunberger, Richard, „Jews in Austrian Journalism", in: Fraenkel, Hg., *The Jews of Austria*, S. 83–94.

Grunfeld, Frederic V., *Prophets without Honour* (London 1979).

Grunwald, Max, *Geschichte der Wiener Juden bis 1914* (Wien 1926).

K. H., *Statistisches zur modernen Judenfrage*, Pamphlet (c. 1905).

Habermas, Jürgen, „Der deutsche Idealismus der jüdischen Philosophen", in: *Philosophisch-politische Profile* (Frankfurt am Main 1971).

Häusler, Wolfgang, „Toleranz, Emanzipation und Antisemitismus 1782–1918", in: Vielmetti, *Das österreichische Judentum (siehe weiter unten)*, S. 83–134.

Heer, Friedrich, *Land im Strom der Zeit* (Wien 1958).

Ders., *Gottes erste Liebe. Die Juden im Spannungsfeld der Geschichte* (München 1967).

Jenks, W. A., „Jews in the Habsburg Empire 1879–1918", in: *LBIY* 1971, S. 155–163.

Ders., *The Jews of Czechoslovakia: Historical Studies and Surveys,* Bd. 1 (Philadelphia 1968).

Kampf, Avram, *The Jewish Experience in the Art of the Twentieth Century* (South Hadley, Mass. 1984).

Kann, R. A:, „Hungarian Jewry during Austria-Hungary's Constitutional Period 1867–1918", in: *JSS* VII, 1945, S. 357–372.

Ders., „Jewry during Austria-Hungary's Constitutional Era", in: *JSS* XI, 1948, S. 239–250.

Karady, Victor, „Jewish Enrollment Patterns in Classical Secondary Education in Old Régime and Inter-War Hungary", in: *Studies in Contemporary Jewry I,* Hg. J. Fraenkel (Bloomington 1984).

Katz, Jakob, *Aus dem Ghetto in die bürgerliche Gesellschaft. Jüdische Emanzipation 1770–1870.* (Frankfurt am Main 1986).

Kaznelson, Sigmund, Hg., *Juden im deutschen Kulturbereich: ein Sammelwerk (Berlin 1962).*

Kestenberg-Gladstein, Ruth, „The Jews between Czechs and Germans in the Historic Lands 1848–1938", in: *The Jews of Czechoslovakia* (siehe weiter oben), S. 21–71.

Kobler, Franz, „The Contribution of Austrian Jews to Jurisprudence," in: Fraenkel, Hg., *The Jews of Austria* (siehe weiter oben), S. 25–40.

Kohn, Hans, „Before 1918 in the Historic Lands", in: *The Jews of Czechoslovakia* (siehe weiter oben), S. 12–21.

Lange, Nicholas de, *Judaism* (Oxford 1986).

Lazarus, Moritz, *Die Ethik des Judentums* (Frankfurt am Main 1898).

Leitner, Helmut, „Die jüdischen Ärzte in Österreich und ihr Beitrag zur medizinischen Wissenschaft", in: Lohrmann, Hg., *1000 Jahre* (siehe weiter unten), S. 161–169.

Leo Baeck Institute Yearbook (LBIY), (London 1956–).

Lessing, Theodor, *Der jüdische Selbsthaß* (Berlin 1930).

Liebeschütz, Hans, „Jewish Thought and its German Background", in: *LBIY* 1956, S. 217–236.

Lohrmann, Klaus, Hg., *1000 Jahre österreichisches Judentum* (Eisenstadt 1982).

Lohrmann, Klaus, Wilhelm Wadl und Markus Wenninger, „Die Entwicklung des Judenrechtes in Österreich und seinen Nachbarländern", in: Lohrmann, Hg., *1000 Jahre,* S. 25–53.

McCagg, William, *Jewish Nobles and Geniuses in Modern Hungary* (New York 1972).

Magris, Claudio, *Weit von wo?* (Wien 1974).

Mahler, Raphael, *A History of Modern Jewry* (London 1971).

Maimon, Salomon, *Salomon Maimons Lebensgeschichte. Von ihm selbst erzählt.* Hg. K. P. Moritz, Bd. I von Salomon Maimon, *Gesammelte Werke* (Hildesheim 1965).

Malino, Frances und Phyllis Albert, Hgg., *Essays in Modern Jewish History* (London 1982).

Marrus, Michael R., *The Politics of Assimilation: the French Jewish Community at the Time of the Dreyfus Affair* (Oxford 1971).

Mayer, Hans, *Außenseiter* (Frankfurt am Main 1981).

Mayer, Sigmund, *Die Wiener Juden: Kommerz, Kultur, Politik 1700–1900* (Wien 1918).

Mendes-Flohr, Paul R., „The Study of the Jewish Intellectual: some Methodological Proposals", in: Malino und Albert (siehe weiter oben), S. 142–166.

Moser, Jonny, „Von der antisemitischen Bewegung zum Holocaust", in: Lohrmann, Hg., *1000 Jahre* (siehe weiter oben), S. 250–286.

Mosse, George L., *Germans and Jews: the Right, the Left, and the Search for a „Third Force" in Pre-Nazi Germany* (London 1971).

Mosse, W. E., „Judaism, Jews and Capitalism – Weber, Sombart and Beyond", in: *LBIY* 1979, S. 3–16.

Oxaal, Ivar, *The Jews of Pre-1914 Vienna: Two Working Papers* (Hull 1981).

Oxaal, Ivar, und Walter R. Weizmann, „The Jews of Pre-1914 Vienna: an Exploration of Basic Sociological Dimensions", in: *LBIY* 1985, S. 395–432.

Oxaal, Ivaar, M. Pollak und G. Botz, *Jews, Antisemitism and Culture in Vienna* (London 1987).

Pulzer, P. G. J., *Die Entstehung des politischen Antisemitismus in Deutschland und Österreich 1867–1914* (Gütersloh 1966).

Reinharz, J. und W. Schatzberg, Hgg., *The Jewish Response to German Culture: from the Enlightenment to the Second World War* (Hannover, New Hampshire 1985).

Robertson, Ritchie, „The problem of ‚Jewish self-hatred' in Herzl, Kraus and Kafka", in: *Oxford German Studies*, 16 (1985).

Rosenkranz, Herbert, „The Anschluss and the Tragedy of Austrian Jewry, 1938–1945", in: Fraenkel, Hg., *The Jews of Austria* (siehe weiter oben), S. 479–545.

Rosensaft, M. Z., „Jews and Antisemites in Austria at the End of the Nineteenth Century", in: *LBIY* 1976, S. 57–86.

Rozenblit, Marsha L., *Juden in Wien 1867–1914. Assimilation und Identität* (Wien 1989).

Rychnovsky, Ernst, Hg., *Masaryk und das Judentum* (Prag 1931).

Sachar, Abraham Leon, *A History of the Jews* (New York 1965).

Scholem, Gershom, *Jews and Judaism in Crisis* (New York 1976).

Schwarz, Egon, „Melting Pot or Witch's Cauldron? Jews and Anti-Semites in Vienna at the Turn of the Century", in: David Bronsen, Hg., *Jews and Germans from 1860 to 1933: the Problematic Symbiosis* (Heidelberg 1979), S. 262–287.

Seidl, J., *Der Jude in Österreich-Ungarn: Skizzen aus dem sozialen Leben des 19. Jahrhunderts* (München 1900).

Silber, Michael K., „The Historical Experience of German Jewry and its Impact on Haskalah and Reform in Hungary", in: Jakob Katz, Hg., *Towards Modernity: the European Jewish Model* (New Brunswick 1987), S. 107–157.

Simon, Walter B., „The Jewish Vote in Austria", in: *LBIY* 1971, S. 97–122.

Spiel, Hilde, „Jewish Women in Austrian Culture", in: Fraenkel, *The Jews of Austria* (siehe weiter oben), S. 97–110.

Steiner, George, „Some ‚Meta-Rabbis'", in: Douglas Villiers, Hg., *Next Year in Jerusalem: Jews in the Twentieth Century* (London 1976), S. 64–76.

Stern, J. P., *Hitler. Der Führer und das Volk* (München 1981).

Stern-Täubler, Selma, „The First Generation of Emancipated Jews", in: *LBIY* 1970, S. 3–40.

Stölzl, Christoph, *Kafkas böses Böhmen: zur Sozialgeschichte eines Prager Juden* (München 1975).

Tietze, Hans, *Die Juden Wiens* (Wien 1935).

Vielmetti, Nikolaus, „Zur Geschichte der Wiener Juden im Vormärz", in: Lohrmann, Hg., *1000 Jahre* (siehe weiter oben), S. 93–111.

Vielmetti, Nikolaus, Drabek, Häusler und Stuhlpfarrer, *Das österreichische Judentum* (Wien 1974).

Whiteside, A. G., „Comments on the Papers of W. A. Jenks and D. L. Niewyk", in: *LBIY* 1971, S. 174–176.

Wistrich, Robert S., *Socialism and the Jews: the Dilemmas of Assimilation in Germany and Austria-Hungary* (London 1982).

Wolf, G., *Geschichte der Juden in Wien, 1156–1876* (Wien 1876).

Zohn, Harry, *Wiener Juden in der deutschen Literatur* (Tübingen 1964).

Ders., „Fin de Siècle Vienna: the Jewish Contribution", in: Reinharz und Schatzberg, Hgg., *The Jewish Response to German Culture* (Hannover, New Hamshire 1985), S. 137–149.

(C) Biographien

Abels, Norbert, *Sicherheit ist nirgends: Judentum und Aufklärung bei Arthur Schnitzler* (Königstein 1982).

Ableitinger, Alfred, *Rudolf Sieghart 1866–1934* (Graz, Univ.-Diss., 1964).

Abrahamsen, David, *The Mind and Death of a Genius* (New York 1946).

Ders., „The Jewish Background of Victor and Friedrich Adler: Selected Notes", in: *LBIY* 1965, S. 266–276.

Adler, Gusti, *Aber vergessen Sie nicht die chinesischen Nachtigallen* (Wien 1980).

Ardelt, Rudolf G., *Friedrich Adler: Probleme einer Persönlichkeitsentwicklung um die Jahrhundertwende* (Wien 1984).

Bartley, W. W., *Wittgenstein, ein Leben* (München 1983).

Bein, Alex, *Theodor Herzl. Biographie* (Frankfurt am Main 1983).

Belke, Ingrid, *Die sozialreformerischen Ideen von Josef Popper-Lynkeus 1838–1921* (Tübingen 1978).

Berghahn, Wilfried, *Robert Musil* (Hamburg 1973).

Binder, Hartmut, „Ernst Polak – Literat ohne Werk", in: *Jahrbuch der deutschen Schiller Gesellschaft*, 23. (Stuttgart 1979), S. 366–415.

Blackmore, John T., *Ernst Mach als Außenseiter* (1972).

Blaukopf, Kurt, *Mahler, Zeitgenosse der Zukunft* (München 1973).

Ders., *Mahler: a Documentary Study* (London 1976).

Bronsen, David, *Joseph Roth: eine Biographie* (München 1981).

Ders., „Austrian versus Jew – the Torn Identity of Joseph Roth", in: *LBIY* 1973, S. 220–227.

Burstyn, Ruth, „Theodor Herzl – Krisenzeit und Selbstbesinnung", in: Lohrmann, Hg., *1000 Jahre* (siehe weiter oben), S. 225–249.

Clark, Ronald W., *Sigmund Freud* (Frankfurt am Main 1990).

Durzak, Manfred, *Hermann Broch* (Hamburg 1966).

Ehrlich, Bettina, *Georg Ehrlich 1897–1966: biographische Notizen* (ohne Ort und Datum).

Fiedler, Leonhard M., *Max Reinhardt* (Hamburg 1975).

Freud, Ernst, L. Freud und I. Grubrich-Simitis, Hgg., *Sigmund Freud: Sein Leben in Bildern und Texten* (Wien 1979).

Gay, Peter, *Freud, Juden und andere Deutsche. Herren und Opfer in der modernen Kultur* (München 1989).

Glaser, *Im Umfeld des Austromarxismus: ein Beitrag zur Geschichte des österreichischen Sozialismus* (Wien 1981).

Gluck, Mary, *Georg Lukacs and his Generation 1900–1918* (Cambridge, Mass., 1985).

Gradenwitz, Peter, „Gustav Mahler and Arnold Schoenberg", in: *LBIY* 1960, S. 262–286.

Haas, Willy, *Hugo von Hofmannsthal*, Bd. 34 in: *Köpfe des XX. Jahrhunderts* (Berlin 1964).

Hall, Murray G., *Der Fall Bettauer* (Wien 1980).

Heller, Erich, „Karl Kraus und die Ethik der Sprache", in: W. Kudszin und H. C. Seeba, Hgg., *Austriaca: Beiträge zur österreichischen Literatur* (Tübingen 1975), S. 198–314.

Ders., „Karl Kraus: Satirist in the Modern World", in: Heller, Erich, *Entlebter Geist: Essays über modernes Dichten und Denken* (Berlin 1954).

Hock, Stefan, „Komperts Leben und Schaffen", in: *Leopold Komperts sämtliche Werke in zehn Bänden*, Bd. 1 (Leipzig 1906), S. V–LVIII.

Janik, Allan, „Wittgenstein and Weininger", in: *Second Kirchberg Wittgenstein Symposium 1977* (Wien 1978), S. 25–28.

Ders., „Wittgenstein, Ficker and Der Brenner", in: C. G. Luckhardt, Hg., *Wittgenstein – Sources and Perspectives* (Hassocks, Sussex 1979), S. 161–189.

Kahler, Erich, *Die Philosophie von Hermann Broch* (Tübingen 1962).

Kellner, Leon, *Theodor Herzls Lehrjahre* (Wien 1920).

Klaren, Georg, *Otto Weininger: der Mensch, sein Werk und sein Leben* (Wien 1924).

Klein, Dennis B., *The Jewish Origins of the Psychoanalytic Movement* (New York 1981).

Kohn, Hans, „Eros and Sorrow: Notes on Arthur Schnitzler and Otto Weininger", in: *LBIY* 1961, S. 152–169.

Ders., *Kraus, Schnitzler und Weininger: aus dem jüdischen Wien der Jahrhundertwende* (Tübingen 1962).

Kraft, Viktor, *Der Wiener Kreis* (Wien 1950).

Leichter, Otto, *Otto Bauer: Tragödie oder Triumph?* (Wien 1970).

Le Rider, Jacques, *Der Fall Otto Weininger* (Wien – München 1985).

Leupold-Löwenthal, Harald, „The Minutes of the Vienna Psychoanalytic Society", in: *Sigmund Freud House Bulletin*, Bd. 4, Nr. 2, 1980, S. 23–41.

Lützeler, Paul Michael: *Hermann Broch. Eine Biographie.* (Frankfurt am Main 1988).

McGrath, William J., *Freud's Discovery of Psychoanalysis: the Politics of Hysteria* (Ithaca, New York 1986).

Métall, R. A., *Hans Kelsen: Leben und Werk* (Wien 1969).

Ders., „Ludwig von Mises – seine Ideen und seine Wirkung", in: *Wirtschaftspolitische Blätter*, 28, Nr. 4 (Wien 1981).

Natorp, Paul, „Siegfried Lipiner", in: *Biographisches Jahrbuch und deutscher Nekrolog*, Hg. A. Bettelheim, Bd. XVIII (1913) (Berlin 1917), S. 284–290.

Nebehay, Christian M., *Gustav Klimt* (München 1976).

Patterson, Gordon, „Race and Antisemitism in the Life and Work of Egon Friedell", in: *Jahrbuch des Instituts für Deutsche Geschichte* (Tel Aviv 1981), S. 319–339.

Pears, David, *Wittgenstein* (München 1971).

Prater, D. A., *Stefan Zweig. Das Leben eines Ungeduldigen* (München – Wien 1981).

Reinhardt, Gottfried, *Der Liebhaber* (München 1975).

Rhees, Rush, Hg., *Ludwig Wittgenstein. Porträts und Gespräche* (München – Wien 1987).

Roazen, Paul, *Sigmund Freud und sein Kreis* (Hersching 1976).

Rosen, Charles, *Schoenberg* (Glasgow 1976).

Rukschcio, Burkhardt und Roland Schachel, *Adolf Loos: Leben und Werk* (Salzburg 1982).

Scheible, Hartmut, *Schnitzler* (Hamburg 1976).

Schick, Paul, *Kraus* (Hamburg 1965).

Schnitzler, H., R. Urbach und C. Brandstätter, Hgg., *Arthur Schnitzler: sein Leben, sein Werk, seine Zeit* (Frankfurt am Main 1981).

Arnold Schönberg, Gedenkausstellung 1974, Katalog, Hg. Ernst Hilmar (Wien 1974).

Schorske, Carl E., „Mahler and Klimt: Social Experience and Artistic Evolution", in: *Daedalus*, Bd. 111, Nr. 3, Sommer 1982, S. 29–50.

Schumpeter, Joseph, *Geschichte der ökonomischen Analyse* (Göttingen 1965).

Simon, Ernst, „Sigmund Freud, the Jew", in: *LBIY* 1957, S. 270–306.

Sperber, Manès, *Alfred Adler oder das Elend der Psychologie* (Wien – München – Zürich 1970).

Stadler, Friedrich, *Vom Positivismus zur „wissenschaftlichen" Weltauffassung* (Wien 1982).

Ders., Hg., *Arbeiterbildung in der Zwischenkriegszeit, Otto Neurath*, Katalog (Wien 1982).

Steiner, George, „Schoenberg's ‚Moses and Aaron'", in: *Encounter*, Juni 1965 (24), S. 40–46.

Stewart, Desmond, *Theodor Herzl, Artist and Politician* (London 1974).

Stolper, Toni, *Gustav Stolper* (Tübingen 1960).

Stuckenschmidt, Hans K., *Schönberg. Leben, Umwelt, Werk* (Zürich 1974).

Timms, Edward, *Karl Kraus, apocalyptic satirist: culture and catastrophe in Habsburg Vienna* (London 1986).

Volke, Werner, *Hofmannsthal* (Hamburg 1967).

Wagner, Nike, *Geist und Geschlecht* (Frankfurt am Main 1982).

Wagner, Renate, *Arthur Schnitzler* (Wien 1981).

Weber, Horst, *Alexander Zemlinsky* (Wien 1977).

Weiler, Gerschon, „Fritz Mauthner: a Study in Jewish Self-Rejection", in: *LBIY* 1963, S. 136–148.

Weinzierl, Ulrich, *Er war Zeuge: Alfred Polgar* (Wien 1978).

Wittels, Fritz, *Sigmund Freud* (London 1924).

Zohn, Harry, *Karl Kraus* (Frankfurt am Main 1990).

Ders., „Three Austrian Jews: Schnitzler, Zweig and Herzl", in: Fraenkel, Hg., *The Jews of Austria* (siehe weiter oben), S. 68–80.

Neue Österreichische Biographie, Hgg. A. Bettelheim et al. (Wien 1923–).

Österreichisches Biographisches Lexikon 1815–1950, Hgg. L. Santifaller et al. (Graz 1957–).

(D) Zeitungsartikel

Gorsen, Peter, „Das Pathos der einsamen Seele", in: *Frankfurter Allgemeine Zeitung*, 18. Februar 1984, Nr. 42, S. 25. (Artikel über eine Gerstl-Ausstellung).

Herz, Peter, „Viktor Leon – ein jüdischer Meisterlibrettist", in: *Illustrierte Neue Welt*, März 1984, S. 12.

Schorske, Carl E., Artikel über sein Buch, in: *Freibeuter* 16 (Berlin 1983), S. 146.

(E) Tagungen

Vienne 1880–1938: Fin de Siècle et Modernisme, 8.–12. Oktober 1984, Centre Pompidou und Österreichisches Institut in Paris.

Versunkene Welt: die Welt von Gestern: Juden in der Habsburger Monarchie, 19.–22. November 1984, Wiener Rathaus.

Les juifs viennois de la fin-de-siècle à la deuxième guerre mondiale, 26.–28. März 1985, Österreichisches Institut in Paris.

Wien um 1900: Aufbruch in die Moderne, 14.–15. April 1985, Hotel Panhans, Semmering.

The Habsburg Monarchy in Transition 1890–1914: „Decay and Innovation", 16.–20. September 1985, School of Slavonic and East European Studies, Senatshaus, Universität London.

(F) Verschiedenes

Arabella, Programmheft einer Aufführung in der Wiener Staatsoper am 23. Februar 1983.

Le Arti a Vienna, Katalog der Ausstellung im Palazzo Grassi in Venedig (Venedig 1984).

Edinburgh Festival 1983, Programm.

Richard Gerstl, Katalog (Wien 1983), Hgg. Breicha, Kassal-Mikula und W. Deutschmann.

Vergo, Peter, *Vienna 1900*, Katalog (Edinburg 1983).

Zirkel und Winkelmaß: 200 Jahre Große Landesloge der Freimaurer, Katalog (Wien 1984).

Bildnachweis:

Umschlag: Wien I., Michaelerplatz/Ecke Herrengasse.
   Café Griensteidl innen. Aquarell von Rudolf Völkel,
   Foto: Bildarchiv d. Österr. Nationalbibliothek.

1. Innenansicht der Synagoge Tempelgasse, Foto: Historisches Museum der Stadt Wien.
2. Akademisches Gymnasium in Wien, Foto: Bildarchiv d. Österr. Nationalbibliothek.
3. Victor Adler († 1918) in einem Gruppenbild der Burschenschaft „Arminia", um 1874, Foto: Bildarchiv d. Österr. Nationalbibliothek.
4. Josefine Gomperz (1820–1894) in vorgerückten Jahren zusammen mit ihrer erwachsenen Tochter Franziska von Wertheimstein († 1907) und dem Maler Franz von Lenbach († 1904), Foto: Bildarchiv d. Österr. Nationalbibliothek.
5. Wien XIX., Döblinger Hauptstraße 96 (1881): Villa Wertheimstein, Gemälde von Rudolf von Alt, Foto: Bildarchiv d. Österr. Nationalbibliothek.
6. Ingres: „Ödipus", Foto: Bildarchiv d. Österr. Nationalbibliothek.
7. Leopold Kompert (fl 1886) in jüngeren Jahren. Gemälde von A. B., Foto: Bildarchiv d. Österr. Nationalbibliothek.
8. Secession Vorderansicht. Zeichnung von Josef Maria Olbrich. Titelbild der Zeitschrift „Ver Sacrum" II. Jahrgang, 1. Heft, 1. Jänner 1899, Foto: Bildarchiv d. Österr. Nationalbibliothek.
9. Arthur Schnitzler, Foto: Bildarchiv d. Österr. Nationalbibliothek.
10. Richard Gerstl: „Arnold Schönberg" (1909), Foto: Historisches Museum der Stadt Wien.
11. Oskar Kokoschka: „Hans Tietze und Erica Tietze-Conrat" (1909), Foto: Collection. The Museum of Modern Art, New York.
12. Alexander von Zemlinsky in großer Gruppe u. a. mit Arnold Schönberg, Franz Schreker und mit den Mitgliedern des Wiener Philharmonischen Chores anläßlich von Aufführungen der 8. Symphonie von Gustav Mahler im Deutschen Theater zu Prag (1912), Foto: Bildarchiv d. Österr. Nationalbibliothek.

Personen- und Sachregister

Böhlaus Zeitgeschichtliche Bibliothek
Herausgegeben von Helmut Konrad

Die Bände 2, 3, 4 und 5 sind vergriffen

1: *Mommsen-Reindl,* Margareta: Die Österreichische Proporzdemokratie und der Fall Habsburg. 1976. II , 264 S. Br. ISBN 3-205-07126-3

6: *Einwitschläger,* Arno: Amerikanische Wirtschaftspolitik in Österreich 1945-1949.1986. 206 S. Br. ISBN 3-205-08814-X

7: *Steger,* Gerhard: Rote Fahne, Schwarzes Kreuz. Die Haltung der Sozialdemokratischen Arbeiterpartei Österreichs zu Religion, Christentum und Kirchen. Von Hainfeld bis 1934. 1987. 329 S. m. zahlr. Tab. Br. ISBN 3-205-08815-8

8: *Carsten,* Francis L.: Die Erste Österreichische Republik im Spiegel zeitgenössischer Quellen. Aus d. Engl. v. Verf. 1988. 235 S. Br. ISBN 3-205-05087-8

9: *Bansleben,* Manfred: Das österreichische Reparationsproblem auf der Pariser Friedenskonferenz. 1988. 171 S. Br. ISBN 3-205-05127-0

10: *Miller,* James W.: Engelbert Dollfuß als Agrarfachmann. Eine Analyse bäuerlicher Führungsbegriffe und österreichischer Agrarpolitik 1918-1934. 1989. 165 S. Br. ISBN 3-205-05141-6

11: Die Universität und 1938. Hrsg. v. *Brünner,* Christian / *Konrad,* Helmut. 1989. 180 S. Br. ISBN 3-205-05246-3

12: *Sturmthal,* Adolf: Zwei Leben. Erinnerungen eines sozialistischen Internationalisten zwischen Österreich und den USA. Hrsg. v. Hauptfeld, Georg/Rathkolb, Oliver, unter Mitarb. v. Wesemann, Christa. 1989. 244 S. Br. ISBN 3-205-05047-9

13: *Hwaletz,* Otto: Über den Prozeß von Akkumulation und Kapitalverwertung in Österreich. 1990. 207 S. Br. ISBN 3-205-05244-7

14: *Matyas,* Irene: Die Internierung der an der Westküste der USA lebenden japanischen Staatsbürger und amerikanischen Staatsbürger japanischer Abstammung während des Zweiten Weltkrieges. Vorgeschichte, Ereignisse und Folgen. 1990. X, 257 S. Br. ISBN 3-205-05319-2

15: *Hubert,* Rainer: Schober. „Arbeitermörder" und „Hort der Republik". Biographie eines Gestrigen. 1990. 495 S. Br. ISBN 3-205-05341-9

16: *Konrad,* Helmut / *Schmidlechner* Karin M.: Revolutionäres Potential in Europa am Ende des Ersten Weltkrieges. Die Rolle von Strukturen, Konjunkturen und Massenbewegungen. 1991. 174 S. Br. ISBN 3-205-05343-5

17: *Uhl,* Heidemarie: Zwischen Versöhnung und Verstörung. Eine Kontroverse um Österreichs historische Identität fünfzig Jahre nach dem Anschluß. 1991. 470 S. Br. ISBN 3-205-05419-9

18: *Miersch,* Klausjürgen: Emil Kaler-Reinthal. Sozialethiker und früher österreichischer Arbeiterführer. 1992. 518 S. Br. ISBN 3-205-05427-X

19: *Hödl,* Klaus: „Vom Shtetl an die Lower East Side". Galizische Juden in New York. 1991. 305 S. 13 SW-Abb. u. zahlr. Tabellen. Br. ISBN 3-205-05442-3

20: *Hwaletz,* O./*Kramer-Fischer,* D./*Lackner,* H./*Klein-Assmann,* A.: Industriesystem, Region und Arbeiterbewußtsein. Das histor. Beispiel der Obersteiermark nach 1945. 1991. 250 S. Br. ISBN 3-205-05461-X

21: *Ránki,* György: The Economics of the Second World War. 1993. 359 S. Br. ISBN 3-205-05429-6

22: *Kaser,* Karl / *Stocker,* Karl: Clios Rache. Neue Aspekte strukturgeschichtlicher und theoriegeleiteter Geschichtsforschung in Österreich. 1992. 242 S., 33 SW-Abb. Br. ISBN 3-205-05486-5

23: *Beller,* Steven: Wien und die Juden 1867–1938. 1993. 288 S. m. 8 S. SW-Abb. Geb. ISBN 3-205-05542-X

24: *Svoboda,* Wilhelm: Die Partei, die Republik und der Mann mit den vielen Gesichtern. Oskar Helmer und Österreich II. Eine Korrektur. 1993. Ca. 196 S. Br. ISBN 3-205-98086-7

25: *Ziegler,* Meinrad / *Kannonier-Finster,* Waltraud: Österreichisches Gedächtnis. Über Erinnern und Vergessen der NS-Vergangenheit. 1993. Ca. 232 S. Br. ISBN 3-205-98110-3

Erhältlich in Ihrer Buchhandlung!

BÖHLAU VERLAG   WIEN KÖLN WEIMAR